인문학의 거짓말

인문학의 거짓말

인문학을 어떻게 읽을 것인가?

박홍규 지음

인물과
사상사

● 일러두기

1. 외래어 인명과 지명 등은 국립국어원 외래어표기법에 따라 표기했다.
2. 단행본은 『 』, 시 · 논문은 「 」, 영화 · 연극 · 그림 · 노래는 〈 〉로 표기했다.
3. 도서명은 국내에 번역된 도서는 번역된 제목으로 표기했으며, 번역되지 않은 도서는 저자가 번역한 제목과 원서 제목을 함께 표기했다.
4. 본문에 나오는 『성경』 구절은 개역개정을 따랐다.

책머리에

이 책은 인문의 출발과 고대의 인문에 대한 이야기다. 과거 한자문화권에서 '인人'은 지배계층의 인간, '민民'은 피지배계층의 인간을 뜻하고 '문文'이란 민이 아닌 인의 문화를 뜻했다. 그런 과거의 지배·피지배를 규정한 신분은 지금 사라지고 없지만, 과거의 신분 위에 성립한 인문은 여전히 군림하고 있다. 동서양 어디에서나 마찬가지다.

이 책은 그 점에 대한 비판이다. 가령 노예제를 인정한 과거의 계급적 문화인들이 세운 인문에 대해 그 노예제를 빼고 말해서는 안 된다. 제국주의자로서 제국의 약소국 침략을 당연시한 것도 마찬가지다. 남녀 차별주의, 장애인 차별주의 등 모든 소수자에 대한 차별에 대해서도 마찬가지다. 궁극적으로 모든 차별은 폭력으로서 폭력 자체와 함께 배제되어야 한다. 전쟁도, 국가폭력도, 국가주의도, 기타 모든 부당한 권력도 거부되어야 한다.

나는 보수는 물론 진보라는 이름의 사람들도 동서양의 지배문화에 대해 비판적인 관점 없이 무조건 찬양하는 것에 역겨움을 느껴왔다. 대부분의 인민이 전근대의 어둠 속에서 정신적 빈곤에 허덕이고 있는데, 초근대의 외국 이론 소개에 여념이 없는 자들에 대해서도 마찬가지다. 특히 진보는 자기 전공에 대해서는 보수 이상으로 굳은 신앙을 보여준다. 전근대적인 집단주의나 차별주의도 마찬가지다. 진보일수록 학벌이나 족벌이나 문벌 따위에 갇혀 산다. 그런 패거리 진보의 인문학에는 진보가 없다.

게다가 최근의 대중적 인문학의 유행에 대해 우려한다. 인문학이 스티브 잡스와 함께 대두된 우리의 CEO 상업 인문학은 대학에서 인문학과를 폐지하는 소동이 벌어지는 등 우리의 인문이 얼마나 낮은 수준인지, 우리의 교양이 얼마나 천박한 것인지를 잘 보여준다. 이는 집단적 유행에 휩쓸리지 않는 자기주장, 독선의 지양, 권력의 불의와 부정에 대한 사회적 분노, 약자에 대한 공감과 지원을 본질로 삼아야 할 인문학에 대한 배신이다.

인문학이 필요한 이유는 민주주의를 이루기 위해서다. 인문이 모든 인간의 문화를 뜻하는 이상 민주적이지 않을 수 없다. 따라서 인간이 인간을, 특히 소수 인간이 다수 인간을 지배하고 차별하고 배제하는 비민주적 사상을 인문이라고 할 수 없다. 특권층의 대두를 합리화하거나 그 권력을 미화하기 위한 인문은 있을 수 없다. 비민주적 인문이란 말 자체가 모순이다.

인문학이 필요한 이유는 민주주의자를 가르기 위해서다. 지금 민주주의자 없는 민주주의가 개탄되고 있는 현실이기 때문에 민주주의를 문학으로, 역사로, 철학으로, 예술로 말하는 인문학을 우리는 고민해야 한다. 민주주의를 배신하는 인문학은 백해무익하다.

이 책에 실린 글은 2013년 8월부터 2015년 11월까지『월간 인물과사상』에 연재한 것을 수정·보완한 것이다. 제1부 제5장은 새로 쓴 것이고 나머지는 보완이나 자구 수정에 그쳤다. 2년여 내 글을 연재해준 인물과사상사에 감사한다.

2017년 4월 19일,

4·19학생운동 47주년에

박홍규

차례

책머리에 ———————————— 5

제1부 **첫 인문 이야기**

제1장 첫 이야기 ———————————— 13

제2장 첫 사람 이야기 ———————————— 29

제3장 첫 예술 이야기 ———————————— 45

제4장 첫 농사 이야기 ———————————— 61

제5장 첫 인문 이야기 ———————————— 77

제6장 첫 독재 이야기 ———————————— 93

제7장 첫 민주 이야기 ———————————— 109

제8장 첫 붓다 이야기 ———————————— 125

제9장 첫 제국 이야기 ———————————— 141

제10장 첫 평화주의자 이야기 ———————————— 157

제11장 첫 폴리페서, 공자 ———————————— 173

제12장 첫 권학 ———————————— 189

제13장 첫 민학 ———————————— 205

제14장 첫 권예와 민예 ———————————— 221

제2부 고대 인문 이야기

제1장 그리스 이야기 —————————— **239**

제2장 그리스의 문학과 신화 이야기 —————— **254**

제3장 그리스, 페르시아, 헤로도토스 이야기 —— **268**

제4장 아테네 민주주의 이야기 ——————— **284**

제5장 소크라테스 이야기 ————————— **300**

제6장 플라톤 이야기 —————————— **315**

제7장 아리스토텔레스 이야기 ——————— **332**

제8장 디오게네스 이야기 ————————— **348**

제9장 고대 그리스 연극 이야기 —————— **364**

제10장 에피쿠로스 이야기 ————————— **379**

제11장 로마 이야기 —————————— **395**

제12장 로마인 이야기 —————————— **410**

제13장 로마의 문학과 예술 이야기 —————— **425**

제14장 모세와 유대교 이야기 ——————— **442**

제15장 예수와 기독교 이야기 ——————— **458**

제16장 우리의 고대 인문 이야기 —————— **470**

참고문헌 ————————————— **486**

××× 제1부 ×××

첫 인문 이야기

봄의 죽음

올해 봄이 있었던가? 5월은 '봄날은 간다'의 마지막 봄이 아니라 여름, 그
것도 한여름인 8월만큼이나 더웠다. 봄의 침묵이 아니라 아예 봄의 죽음,
봄의 사망이었다. 봄만이 아니다. 가을도 죽었다. 이제는 여름과 겨울뿐이
다. 부드러운 계절은 죽고 극단의 계절만이 남았다. 계절도 각박한 삶을
닮아가는가? 삶이 계절을 닮는 것이 아니라 그 반대가 되었는가? 그래서
계절감도 없어지는가? 계절이 바뀌어도 무심한 것인가? 1년 내내 에어컨
으로 조작되는 닫힌 공간에서 스마트폰만 바라보며 살기 때문인가?

　　그래서 국정원의 댓글 알바라는 불법 선거 개입에다가 수사 축소, 증
거인멸, 사건 은폐, 그것을 뒤집기 위한 북방한계선NLL 포기 조작 등의 온
갖 반민주적 작태도 막장 드라마처럼 시시할 뿐인가? 나라의 운명이 뒤집
어질 역사적 변고인데도 눈앞의 정치적 이권을 위해 막장으로 치닫는 꼴
은 조선시대 당파 싸움과 조금도 다르지 않다. 극단적인 권력의 만행에 의
한 헌정과 정신과 계절의 동시 파괴, 자연과 자치와 자유의 동시 파괴가 이

시대의 본질이고 특징, 아니 이 나라의 전통이고 문화인가?

20세기 후반부터 자연 파괴가 심각해졌지만, 우리 피부에 와닿기는 최근 몇 년 사이이다. 그럼에도 우리는 여전히 그 중요 원인의 하나인 자동차를 더욱 많이 굴리고 있다. 이 좁디좁은 나라에서 자동차를 경쟁적으로 굴리는 것은 모두 죽고 죽이는 바보 같은 것이니 대중교통 수단을 더욱 많이 늘여 교통을 민주화해 함께 살아야 하거늘, 자가용으로 상징되는 이기적 경제성장에 여전히 미쳐 있다. 1960년대부터 우리의 삶은 기계문명과 물질주의, 경제성장과 이기적 경쟁 등에 대한 맹신에 젖어 그런 미명의 어떤 광기도 찬양해왔으나, 이제는 자멸할 위기에 처해 있다.

물론 자동차나 스마트폰을 비롯한 기계를 전부 없애자거나 물질이 아닌 정신만을 강조하자는 것은 아니다. 그런 것들이 꼭 필요한 사람도 있다. 그러나 나를 비롯해 많은 사람, 특히 대중교통이 상당히 발달된 서울 같은 도시에 사는 사람들은 굳이 자가용을 탈 필요가 없다. 다른 기계나 물질도 마찬가지다. 꼭 필요한 경우에만 만들어 팔고 사용하는 것이 옳지, 팔아서 돈이 된다는 이유만으로 함부로 만들어 팔아도, 사용해도 안 된다.

나는 자가용도 스마트폰도 없이 살고, 농약이나 제초제도 없이 농사를 짓는다. 1962년 레이철 카슨Rachel Carson이 『침묵의 봄』에서 밝힌 대로 DDT로 인해 벼룩이나 모기가 사라졌고 말라리아나 티푸스도 없어졌다. 그러한 강한 독성을 지닌 화학물질의 대량 살포는 공기, 대지, 하천, 해안을 오염시키고 자연을 침묵하게 했으며 그 속에서 인간도 사회도 마비되고 있다. 지금 이런 종류의 책은 이미 상식이 되었지만, 1962년의 한국은 아예 상식 이하였다.

1972년 로마클럽Club of Rome의 『성장의 한계』는 급속한 공업화와 인구 증가, 천연자원의 고갈과 환경의 악화가 계속된다면 100년 내에 세계는 파국에 이른다고 경고했다. 카슨과 로마 클럽의 책은 국내에서도 번역되었으나, 다른 나라에 비해 그리 큰 충격을 주지는 못했다. 도리어 『성장의 한계』는 출판사가 삼성이라는 재벌의 문화재단(삼성문화문고)이었던 것처럼 소위 녹색 상품의 포장지처럼 이용되었다. 이는 1960년대는 물론 1970년대에도 우리는 '성장의 한계'가 아니라 '성장의 무한계'를 주장하는 현실에 살았기 때문이다. 아니 그 과거만이 아니라 지금까지도 그렇다. 언제까지 그럴 것인가? 언제까지 그럴 수 있는 것일까? 봄과 가을이 완전히 죽어도 계속 그럴 것인가? 자연과 자치와 자유가 완전히 파괴되어도 그럴 것인가?

물질주의의 승리

이 책들에 이어 그런 책들이 사람들의 사고방식과 행동 양식에 반물질적인 가치관을 서서히 가지도록 했다고 분석한 로널드 잉글하트Ronald Inglehart의 『조용한 혁명The Silent Revolution』(1977)은 지금까지도 우리말로 번역되지 못하고 있다. 그는 심리학자 에이브러햄 머슬로Abraham Maslow의 분석에 따라 인간의 욕구가 생존, 신체 안전, 사랑과 귀속과 존경, 지적 만족과 미적 만족, 자기실현에 대한 욕구 단계로 나아가고 유아기에 형성된 가치관은 성년이 되어서도 유지된다고 보았다. 그리고 1970년대 서양 여러 나라에서는 물질적 가치관이 우세했으나 부유한 나라일수록, 연령이 낮을수록, 농민-노동자-중산계급 순으로 반물질적 가치관을 갖는다고 분석했다. 나아가 반물질적 가치관을 가질수록 현실에 대해 비판적이고 좌파적이며 국제주의적이고, 엘리트에 대해 도전적이고 기성 정당이나 노동조합이나 교회에서 멀어진다고 보았다.

이어 잉글하트가 2002년에 발표한 '가치관 지도'에서는 세로축을 전통 가치에서 비전통적이고 비종교적이며 합리적인 가치로 상승하는 것,

가로축을 생존 가치에서 자기표현 가치(외부의 구속이나 지도력의 영향을 받지 않는 조건에서 자유롭게 형성된 자신만의 선호를 중시하는 것)로 상승하는 것으로 설정하고 대부분의 서양 국가를 그 양극의 상단에 놓았다. 반면, 한국은 전통 가치는 박약하지만 자기표현 가치보다 생존 가치에 머물고 있는 수준으로 중국과 유사하게 평가했다. 일본은 전통 가치는 마찬가지로 박약하지만, 자기표현 가치는 훨씬 높다고 보았다.

이는 잉글하트의 『민주주의는 어떻게 오는가』나 다른 조사에서도 확인된다. 가령 스웨덴의 '세계 가치관 조사'에서는 인종차별이 가장 심한 10개국에 한국이 포함되었고, 여성과 노인 등 사회적 약자의 위상에 대한 인식이 가장 낮은 곳이 한국이며, 의회와 정당에 대한 불신이 가장 높고 의회나 선거에 개의치 않는 강력한 지도자를 선호하는 곳도 한국이라고 했다. 요컨대 강한 사람이 살기 좋은 곳이 한국이다. 그래서 2012년 국정원의 막장 드라마 같은 불법 선거도 아무런 문제가 안 되는 것일까?

누구나 민주주의를 말하지만 사실은 독재자나 강력한 지도자를 선호하는 유교 사상에 수백 년 이상 길들여진 탓으로 반민주주의적인 타율적 통치 사고와 불평등에 젖어 있다. 민족주의 사관이니 신자유주의 사관이니 하고 떠들지만, 사실은 영웅 사관이 유일한 사관임을 각종 드라마나 뉴스를 보면 확연히 알 수 있다. 게다가 백인-황인-흑인이라는 인종차별 구조의 서열은 언제부턴가 한국인의 세계관이 되어 선진이라는 백인에 대한 열등감과 후진이나 야만이라는 흑인 혹은 준흑인(동남아시아나 중동인 등)에 대한 우월감을 낳았다.

잉글하트의 견해나 가치관 조사에는 여러 가지 비판이 있을 수 있지만, 언제 어디에서나 마찬가지로 지금 한국에서는 반물질주의적인 자기표현 가치를 상향시킬 필요가 있음을 부정할 수 없다. 이러한 자기표현은 자유표현이라고도 할 수 있고, 그것은 자유사고에서 비롯되어 자유행동으로 나아가는 것이다. 여기서 자유란 자별, 자율, 자주로 타율과 반대다. 또한 개별, 개성, 단수로서 집단, 획일, 복수와 반대다. 나아가 자치는 통치의 반대이고, 자연은 기계와 반대다.

그런 자유-자치-자연이 지금 이 땅에서는 죽어가고 있다. 반면 구속과 방종, 타율과 억압, 인공과 제도만이 판을 친다. 바로 물질주의의 승리다. 생존을 위한 물질은 최소한으로 필요하지만, 오로지 물질적 가치에만 도취하는 물질지상주의는 문제다. 그런 물질주의의 승자만이 살 수 있는 곳이 한국이다. 그런 물질주의에 패하거나 그것이 인간의 도리가 아니라고 생각해 스스로 물러서는 사람은 도저히 살 수 없는 곳이 아닌가 하고 물을 정도로 우리의 물질주의 중독 상태는 심각하다.

인문 · 문화 · 문명 · 법

이처럼 반인간적인 물질주의가 판을 치고 있음에도 물질과 반대인 정신이나 인간을 중시한다는 인문 혹은 인문학이 유행하고 있으니 기이하다. 누구나 민주주의를 말하는데도 사실은 반민주주의가 판을 치듯이 말이다. 가장 반인간적인 입시지옥의 차원에서 논술이라는 시험 과목이 새로 생기면서 인문이 별안간 강조되기 시작해 각종 입시학원이 우후죽순처럼 생겨났다. 더욱 황당한 것은 그런 입시지옥에서 출세한 소수의 힘센 사람들이 소위 CEO 교양이니 인문이니 고전이니 하는 것을 만들어 유행을 선도한다는 점이다. 그야말로 귀족 인문, 강자 인문, 사치 인문이다. 힘과 돈에다가 글과 문화까지 갖겠다는 것이다. 얼마 전까지는 부자가 권력자가 되고 거기다 명예박사까지 되더니 이제는 아예 인문학까지 하겠다는 것이다.

인문人文의 인은 사람을 뜻하고 문은 글을 뜻하지만 국어사전에서는 인문을 "인류의 문화"로 풀이한다. 인문이나 인문(과)학은 자연과학이나 사회과학과 구별되지만, 자연과학과 사회과학도 당연히 인류의 문화에 포함되는 것이니 인문학에 포함된다고 볼 수 있다. 인문(과)학은 물론 자연과학이나 사회과학도 포함하는 문화란 무엇일까? 문화文化라는 말도 참으로 뜻이 다양하면서도 모호한데, '인문'의 '문'으로 '화'한다는 뜻이라면 '인문'과 직결된다. 그런데 국어사전에서는 문화를 "문명이 발달되어 생활이 편리하게 되는 일"이라고 풀이하여 문명이 문화로 변하는 것처럼 생각하게 한다. 즉, 문명이 발달된 뒤 '생활이 편리하게 되면' 문화라는 것인가? 다시 국어사전을 보면 문명을 "사람의 지혜가 열리고 정신적·물질적 생활이 풍부하고 편리하게 된 상태"라고 풀이한다. 이처럼 문명이라는 말도 그 뜻이 모호하고 문화라는 말과 구별하기 힘들다.

문화나 문명의 구별에 대해서는 시대나 나라에 따라 차이가 나고 한국에서는 국어사전의 풀이에서 보듯이 구별이 모호하지만 어느 경우에나 글을 뜻하는 '문'이라는 말이 사용된다는 것이 흥미롭다. 문명이나 문화는 문, 즉 글의 근원인 문자를 갖는 것을 중요한 요소로 하는 것으로 보지만, 문자가 없는 문명이나 문화도 있으므로 반드시 적합한 말은 아니다. 문명이나 문화의 서양어 어원에는 글이나 문자라는 것이 없는데 한자어로 번역되면서 그 점이 특별히 강조되었음은 역시 전통적으로 문을 중시한 문화였기 때문이다. 그러나 인문이란 한자말은 우리가 만든 것이 아니라 문보다 무를 숭배한다고 우리를 보는 일본인들이 만들었다.

'문'이란 칼을 뜻하는 '무'와 구별되기도 하지만 '문명'이니 '문화'에는 '무명'이니 '무화'라는 말이 없듯이 칼(무)에 대응하는 글(문)이라는 뜻을 담는 것은 아니다. 그러나 문명이니 야만이니 하는 구별이 사실은 그런 무기를 통한 구별이었다. 대포 등의 무기로 전쟁에서 승리한 서양은 문명이고 그렇지 못해 대포에 굴복하는 비서양은 야만이나 미개라는 것이었다. 문명은 서양, 미개는 원시, 야만은 개화 이후의 비서양을 뜻했으니 19세기 말의 우리는 야만인으로 여겨졌다. 이러한 서양인의 생가이 천부당만부당하다는 것은 두말할 필요도 없지만, 그것이 19세기까지 서양의 생각을 넘어 그들이 만든 세계의 법이자 상식이고 학문이고 예술이었음이 역사적 사실이다. 이런 식으로 사용된 문명이라는 말은 19세기에 제국주의를 주도한 영국과 프랑스의 영향을 받아 19세기 말에 주로 사용된 말인 반면 일제강점기 후기부터는 독일의 영향을 받아 문화라는 말로 바뀌어 사용되었다. 하지만 그 둘은 야만이나 미개에 반대되는 유럽 우월주의의 표현이라는 점에서는 동일하다.

그런 문화나 문명이 학문, 예술, 상식에 그쳐도 큰 문제가 있을 수 있지만 법이 되면 정말 엄청난 문제다. 당시의 그런 법을 만국공법이라고 했다. 바로 지금의 국제법이다. 국제법에도 서양 중심주의적인 부분이 적지 않지만, 1세기 전까지의 국제법이란 그야말로 그 전체가 서양 중심적이었다. 우리가 서양이나 일본 등과 최초의 조약을 맺을 때 불평등조약을 맺은 것은 우리가 잘못해서가 아니라 당시 국제법이 잘못된 탓이었다. 따라서 문제는 이미 하나의 제도로 형성된 국제법이라는 틀이지, 특정 당사국들의 구체적인 입장이 아니었다. 물론 그 국제법에 저항해서 끝까지 싸우는 것도 하나의 대안이었지만, 그것은 당시로서는 상상도 하기 어려운 것이었고 결국은 강대국의 침략에 굴복했어야 했다.

지금 세계는 그따위 황당무계한 국제법의 차원은 벗어났다고 하지만 국제법에는 여전히 문제가 많을 뿐 아니라, 사람들의 머릿속에는 그런 구분이 존재한다. 단적인 보기로 우리는 지난 1세기 동안 끊임없이 후진국, 빈곤국, 야만국 등이라는 콤플렉스에 젖어왔고, 서양을 닮고자 하는 욕망에 사로잡혀왔다. 5·16 군사쿠데타 이후 국시로 삼은 근대화라는 말이 그 대표적인 구호이고, 그 말이 다르게 변용되었어도 여전히 우리의 믿음으로 남아 있다. 심지어 얼굴까지 서양인처럼 뜯어고치는 풍조가 어떤 나라보다도 심하다. 그보다 문제인 것은 정신의 식민지화, 인문의 빈곤이다.

문사철 · 학문 · 학예 · 교양 · 고전

인문학은 문사철, 즉 문학 · 사학 · 철학을 뜻한다고도 한다. 국어사전에서 문학은 "사상과 감정을 상상력에 의해 언어로 표현하는 예술", 사학은 "인류 사회의 변천과 흥망의 과정을 기록하는 역사", 철학은 "인간이나 세계에 대한 지혜와 원리를 탐구하는 학문"이라고 풀이된다. 언어와 역사는 서양인들이 문명이나 문화를 판단하는 가장 중요한 요소였고, 철학은 그러한 문명을 반문명과 구별하는 기준을 제공했다. 그런 요소나 기준에는 그밖에도 종교, 미술, 음악 등 여러 가지가 있는데 그것들도 각각 기독교, 프랑스 미술, 독일 음악을 최고로 여기는 가치의 차별화로 이루어진다. 도덕, 법, 기술 등도 문화나 문명에 포함된다면 인문에도 포함된다.

그렇게 보면 인문의 범위는 참으로 넓어지는데, 이에 대해 문사철은 여전히 학문의 기초라거나 왕자라는 지위를 주장하는 경향이 있고, 그래선지 더욱 고답적이고 신비하며 난해하게 변하기도 한다. 가장 황당한 것은 외국어와 외국 문헌으로 치장해 읽는 사람을 지극히 소수에 한정하여 자기들끼리의 은밀한 놀이로 타락시키고 극소수 전공자 이외의 개입을 철저히 막는 것이다. 그런 인문학의 반민주적인 비밀주의나 고급주의는 CEO의 사치로 타락한 인문학보다 더욱 타락한 것이다.

최근 문화라는 말이 너무나도 남용되는 경향도 문제인데, 문화를 인문이라고 바꾸어 말하기 어려운 경우도 있다. 가령 '정치문화'를 '정치인문', '청소년문화'를 '청소년인문'이라고 하기는 어렵다. 그 문화란 인문과는 다른 특정한 세계를 뜻한다. 또는 중국 문명에는 황허문화 등 여러 가지 문화가 있다는 식으로 여러 문화의 총칭을 문명이라고 하는 경우도 있지만 그런 경우에도 문명과 문화를 구분하기는 어렵다. 이러한 논의는 복잡다단하게 이어질 수 있다. 최근 독일학파는 독일의 문화학, 영미학파는 영미의 문화이론 등을 각각 대단한 것인 양 주장하지만 실제로는 우리 학계와 거리가 멀다. 결국 인문이란 말의 뜻이 무엇인지에 대한 정확한 답을 논리적으로 얻기란 어렵다.

인문에 예술까지 포함하여 사용하고 그런 인문과 함께 요즘 유행하는 말로 교양이니 고전이니 하는 경우가 있다. 교양이란 말 자체는 '가르쳐 기름'이라는 뜻이지만 구체적으로는 대학의 전공과목 이외의 문사철 등 인문 과목을 중심으로 한 과목을 말한다. 그러나 그 내용도 대학교에 따라 천차만별이어서 명확하게 말하기 힘들다. 가령 학과가 80개 이상으로 나누어지는 경우 각 학과의 기초과목들을 교양이라고 하는 경우도 있다. 이러한 교양과목 설정의 이유에는 여러 가지가 있지만 그중 가장 큰 것은 국가의 법이다. 그 법이 없다면 교양과목이란 대학에서 사라질지도 모른다.

그런 교양과목의 하나 또는 그 내용의 하나로 고전이 있다. 고전은 지금도 교양을 줄 수 있는 과거의 유명한 작품을 말하는데, 주로 문사철 중에서 선택되지만 경우에 따라서는 80개 이상의 학과에서 뽑은 것들을 포함하기도 한다. 그래서 참으로 희귀한 것들이 고전으로 꼽히는 경우도 있다. 과거 한반도에서는 사서오경四書五經이 모든 가치의 근거이자 영원한 고전이었다. 서양에서도 『성경』을 비롯한 몇 권의 책이 그러했다. 그러다가 최근에 와서 서양에서 문사철의 고전을 익히는 것이 교양이라는 생각이 나오고 이를 대학 교육에서 중시했다. 비서양에서도 서양의 그런 사례를 모방했는데 서양의 고전에다가 비서양이나 자국의 고전까지 합치다보니 더욱 복잡하게 되었다.

교양이나 고전의 구체적 내용은 때와 곳에 따라 다르기 마련이다. 하지만 서양 대학에서 고전 교양이라는 것이 영미독불 등 종래의 강대국 중심의 백인 남성적인 것이었다가 1970년대 이후 이에 대한 반성이 생겨난 뒤 비서양, 여성, 흑인, 사회주의 등의 고전적 가치를 갖는 작품들을 새롭게 포함하게 되었다. 그러나 역시 구체적 내용의 변화는 다양할 수밖에 없다. 가령 그런 교양이나 고전 중에서도 가장 으뜸으로 치는 플라톤이나 아리스토텔레스, 공자나 맹자 같은 사람들의 저작은 물론 우리가 흔히 보는 대부분의 고전은 인종차별과 노예 인정을 포함한 불평등주의 혹은 계급주의를 주장한 사람들의 것이었다.

그럼에도 서양에서는 물론 한국에서도 그런 고전의 문제점을 지적하는 경우는 거의 없고, 도리어 나 같이 그런 문제점을 지적하는 사람들을 학문의 적으로 취급한다. 한국에서는 자신이 어떤 분야의 어떤 학자를 전공으로 택하면 그를 신주 모시듯 하는 경향이 있다. 그래서 집안에서는 조상에게 제사를 지내고 직장에서는 전공 분야 사람들을 제사 지낸다. 그리고 다른 집안 조상을 멸시하듯이 다른 전공 분야를 멸시한다. 나아가 제사를 둘러싼 권력 투쟁이 끝없이 이어져 결국 다수파가 득세해 교과서나 고전의 반열에 전공 조상을 올리게 된다. 한국에서는 교과서가 절대적이어서 교과서에 글이 실리면 살아서도 대단한 국민 학자 대접을 받는다.

이런 고전의 등장은 소위 10월유신과 함께 당시 대통령을 플라톤의 '철인왕'에 비유하면서 플라톤의 『국가』 등을 최고의 고전으로 삼은 한국 최초의 고전 대중화 운동으로 비롯되었다. 플라톤과 쌍벽을 이루는 공자가 함께 등장한 것은 물론이다. 플라톤과 아리스토텔레스부터 프리드리히 니체Friedrich Nietzsche나 마이클 샌델Michael Sandel에 이르는 반민주주의의 전통은 제국주의적 사고에 근거한 것으로 그것들이 선진국 인문학이라면 이는 참으로 잘못된 것이다. 그런데 실제로 그런 것이 인문학이라는 이름 아래 아직도 통용된다. 그 단적인 보기가 서양이 비서양을 지배하기 위해 조작한 오리엔탈리즘인데, 더욱 심각한 점은 우리와 같은 비서양에서도 그런 오리엔탈리즘을 훌륭한 인문학으로 믿고 있다는 점이다. 그런 인문학이야말로 물질주의의 학문이다. 그런 인문학이 물질의 만능 시대에 유행하고 이를 CEO 등이 주도하는 것은 어쩌면 당연한 일인지 모른다.

이런 문제 제기는 얼마든지 할 수 있지만 여기서는 그런 목록을 만들 필요는 없다. 여하튼 그런 사람들이 오랫동안 고전 중의 고전 대접을 받고 있으나 이 시대에 과연 맞는 고전인지 의문이고, 이처럼 고전의 목록은 항상 바뀐다는 것이다. 따라서 영원한 교양이나 고전 따위는 없다. 우리가 무엇보다도 주의해야 할 점은 서양의 기준을 무조건 따른다는 것이 아니라 우리 나름의 기준을 선택한다는 것이다.

'인문'을 말하다

나의 인문 이야기는 종래의 문사철이나 예술 따위의 요약이 아니다. 특히 그리스·로마부터 시작되는 서양 문화와 중국·인도에서 비롯되는 동양 문화의 적절한 결합 같은 것도 아니다. 인문을 그 밖의 모든 '인류 문화'로 본다고 해도 그 전부를 말할 수는 없지만, 여기서는 그 내용을 엄격하게 한정하지는 않겠다.

그보다 중요한 문제는 인문 '학', 인문 '연구', 인문 '론' 등이 아니라 인문 '이야기'라는 점이다. 이야기란 국어사전이 풀이하듯이 "지난 일 또는 마음속에 품은 것을 남에게 일러주는 말", "서로 말을 주고받음" 등을 뜻한다. 나는 자유로운 인간들이 자치하는 사회를, 자연과 조화롭게 만드는 세상을, 마음속에 품고서 독자들과 대화하기 원한다. 따라서 그 어떤 것에 대해서도 자유-자치-자연이라는 입장에서 판단한다. 즉, 자유-자치-자연이라는 나의 입장과 같은 맥락의 인문은 높이 평가하고, 그와 반대인 자유억압-권력통치-자연정복을 주장하는 경우에 대해서는 가차 없이 비판한다.

따라서 이 글은 소위 중립적이거나 객관적인 글이 아니라 입장이 뚜렷하고 주관적인 글이다. 한국에서는 흔히 중립적이거나 객관적인 글이 좋은 글이라고 하지만 세상에 그런 글은 없다. 객관적이라고 하면서 사실만을 기록하는 책도 그 사실을 어떤 입장에서 어떻게 기록하느냐에 따라 차이가 있기 마련이므로 주관적인 글이다. 중립적이라는 것도 아무런 입장이 없는 것을 흐리멍덩한 경우를 말하는 것이 아니라면 어떤 하나의 편견에 기울기 마련이다. 따라서 성실한 저자라면 자신의 입장을 미리 정직하게 밝히고 자기 생각을 명확하게 보여주는 게 옳다. 그렇게 하지 않고 남의 나라 사람들의 난해한 이야기나 잔뜩 늘어놓으며 모호한 외래어투로 헛된 권위만을 세우려는 것은 그만두어야 한다. 사실 지금까지의 인문학이란 그런 것이었다고 해도 과언이 아니다.

이 책을 역사 이야기라고 해도 좋다. 역사와 이야기는 다르다고도 하지만 여기서는 같은 것이라고 본다. 역사란 해석이고 그 해석의 관점은 역사관이다. 따라서 역사관이 없는 역사란 없다. 그런 점에서 모든 역사란 주관적인 것이지 객관적일 수가 없다. 그 누구든 자신의 역사 해석을 객관적이라고 주장하는 사람은 사기꾼에 불과하다. 누구나 "나는 역사를 이렇게 본다"라고 겸손하게 말해야 한다.

역사관의 역사나 유형 등을 여기서 설명할 겨를은 없다. 그러나 단 하나, 가장 심각한 문제가 서양 중심의 세계 역사관이고 이를 서양은 물론 비서양도 그대로 따랐다는 점에 대해서는 분명히 말해야겠다. 오랫동안 세계를 지배한 서양이 서양 중심의 세계사관을 갖는 것이야 그래도 있을 수 있는 일이다. 이를 비서양, 특히 서양의 식민지 지배를 받은 시대는 물론이고 그 지배에서 벗어나 독립을 이룩한 나라들이 지금까지도 그대로 따르고 있다.

서양에서는 서양 중심의 세계사관에 입각한 세계사를 어려서부터 학교에서 가르치고 그런 교육을 받아 성인이 된 뒤 죽을 때까지 그런 역사관을 갖고 살아간다. 그러나 비서양인은 서양 중심의 세계사관을 타파하고 비서양 중심의 세계사관을 하루속히 수립해 그것을 아이들에게 가르쳐야 한다. 일찍이 마하트마 간디Mahatma Gandhi나 자와할랄 네루Jawaharlal Nehru도 그런 작업을 했다. 특히 간디는 서양 문명을 근본적으로 부정하고 인도의 비폭력 전통을 존중했다. 살아 있을 때는 물론 그가 죽은 이후 지금까지도 그의 가르침은 인도에서 확고하게 뿌리내리지 못하고 있어도 말이다.

인문의 원리, 자유-자치-자연

이 글의 취지는 3자의 원리다. 이는 첫째, '나'라고 하는 인간의 자유를 전제한다. 신이나 권력이 아니라 모든 사람이 각자의 모든 것을 자유롭게 결정한다는 것이다. 따라서 최소한 미신이나 이데올로기, 돈과 권력과 명예, 조작된 대중문화나 상업적 서비스를 비롯한 모든 비인간적인 가치에서 철저히 해방되어 자유로워야 하고, 특히 그 가치의 제도화에서 자유로워야 하며, 자신의 경험과 감각과 사고에 따라 스스로 판단하고 결정해야 한다. 그러한 최소한의 보편성을 원칙으로 하여 모든 인간은 다양한 존재일 수밖에 없고, 따라서 그 보편성과 다양성은 인간의 존엄성이란 차원에서 당연히 인정되어야 한다. 이러한 자유에 전제되는 평등 역시 모두가 기계적으로 동일하다는 것이 아니라 각자의 다양성을 존중하는 가운데 그 모든 다양성이 똑같이 중요성을 갖는다는 점에서 평등하다는 것을 뜻한다. 즉, 평등은 동일이나 획일이 아니다.

둘째, '우리'라고 하는 인간들이 함께 사는 사회를 스스로 만든다고 하는 자치의 원리다. 삶의 목적은 신, 국가, 정부, 계급, 가족, 지역, 혈연 등이 아니라 그 모든 것에서 해방된 '나'라는 자유로운 인간들이 자발적으로 이루는 작은 자치사회, 서로 지배하거나 종속하는 관계가 아니라 함께 다스리는 자치를 원칙으로 하는 소규모의 사회생활을 이루는 것이다. 정치적으로는 간접민주주의가 아닌 직접민주주의, 군사적으로는 반핵 반전평화운동, 국제적으로는 반세계화운동, 경제적으로는 독과점 규제와 직장민주주의, 사회적으로는 재판 등 시민 결정권의 확대와 각종 소수자(여성, 장애인, 동성애자, 양심적 병역 거부자, 이주민, 정신병자, 동성동본가족 등)나 기타 모든 사회적 편견에 대한 차별의 철폐 등 인권 보장이 그 구체적 모습이다.

셋째, 모든 인간이 인류로 자연이라는 환경에 속한다는 원칙이다. 자연은 사회를 인간만이 아니라 모든 생물이 사는 세계로 확대한 것이라고도 볼 수 있으나, 동시에 사회는 물론이고 개인에게도 당연한 듯이 부여될 수도 있는 비자연성에 대한 재검토를 위해 굳이 별도의 요소로 제시되는 것이다. 개인의 자유나 사회의 자치라는 것이 자연 속에서 자연과 조화되어야 한다는 것을 뜻한다. 나아가 자연은 인간의 자유와 사회의 자치가 자연을 파괴하지 않고 존중하면서 자연스러워야 한다는 것을 뜻한다. 그것이 원시주의나 반문명주의로 이르는 극단적인 것이 아니라고 해도 이미 한계를 넘은 문명의 타락을 항상 경계하면서 자연으로 돌아갈 것을 요구한다.

이러한 3가지 원칙은 '나'의 자유, '우리'의 자치, '세계'의 자연이라고 하는 3가지로 인류 문화인 인문이 구성됨을 뜻한다. 그런데 자유와 자치와 자연은 그 어느 것이든 간에 언제 어디서든 하나가 아니라 다양하되 보편성을 갖는 것이다. 이는 자유와 자치와 자연이 각각 대응하는 인간과 사회와 세계가 균질성이나 획일성이 아니라, 보편주의와 다원주의에 의해 항상 움직이는 것임을 뜻한다. 보편주의는 그것이 그 탐구의 '출발'점에서 미리 주장되어 타인에게 강요되거나 그 '최종'의 목표로 미리 결정되어 그 속에 매몰되는 것이 아니라, 타인과의 관계 속에서 서로 이해하기 위해 공통의 공간을 탐구하는 '과정'의 보편주의이기 때문에 언제나 다양히게 나타난다. 간단히 말해 이는 상호의 '차이'를 인정하면서 서로의 '보편'을 찾아 대화를 계속하는 것이다.

인문에 반하는 것 중에서도 가장 나쁜 것은 인간의 자유와 자율성을 부인하고 인간을 이념이나 집단으로 파악하고 차별하는 전체주의, 국가주의, 집단주의, 지역주의, 혈통주의, 파벌주의, 차별주의 등이다. 인종(민족)과 계급이나 반공과 자본을 인간의 결정 요인으로 보는 파시즘, 제국주의, 공산주의, 자본주의, 상업주의 따위는 그 변태들이다. 이는 인간 행위의 목적을 개인이 아니라 인종과 민족의 승리나 순결, 또는 계급이나 물질이나 소비의 승리와 독재로 보고 이를 위한 개인의 희생을 당연하게 본다. 또한 이는 인간 집단을 선악으로 구별해 가령 백인이나 프롤레타리아는 선하고 비백인이나 부르주아는 악하다는 식으로, 또는 그 반대의 흑백논리에 의해 구분한다. 한국인은 선하고 일본인이나 서양인은 악하다, 또는 한국은 착하고 북한은 악하다, 또는 그 반대 등도 모두 마찬가지다.

이는 소위 과학주의와도 결부되어 더욱 강화되기도 한다. 이러한 이념들은 인간의 선택이 인간이 아닌 다른 것, 가령 경제(자본주의, 공산주의), 인종(파시즘, 제국주의), 무의식(정신분석) 등의 요인에 의해 무조건 결정된다며 과학적 법칙으로 위장한 것과 결부된다. 물론 이 요인들이 인간에게 중층적으로 작용하여 인간의 사고와 행동에 영향을 미치는 것은 분명하지만 인간에게는 그러한 조건들을 스스로 극복하는 능력, 즉 개선 가능성이 있다고 본다.

종교는 물론 모든 학문과 예술이 목표로 삼아야 할 인간의 자율성 확보, 즉 자기표현 가치 증대는 무엇보다도 물질주의와 엘리트주의에 대한 도전이고 정신주의와 민주주의에 대한 믿음과 실천이어야 한다. 자본주의, 산업주의, 국가주의에 대한 도전이자 엘리트 중심의 개인주의와 과학주의에 대한 철저한 도전이어야 한다. 이것이 지금부터 이 책에서 이야기하고자 하는 인문의 핵심이다. 잘못 돌아가는 세상을 비판하고 바로잡기 위한 자기표현 가치의 증대를 위해 인문이 필요한 것이지 요즘 유행하는 것처럼 입시 논술이나 취업 준비, CEO 조찬 교양이나 유한부인의 명품 교양을 위해 필요한 것이 아니다. 이는 도리어 인문을 죽이는 행위다. 여기서 필요한 것은 비판적 인문과 인문 비판이다. 그리고 주류 인문에 대항하는 비주류 인문의 수립이다. 그것이 인문의 봄을 되찾는 르네상스다.

최초의 인류를 말하다

나는 인문이 죽었다고 말했다. 어떤 인문학자가 과격한 이야기라고 비판했지만, 언제나 낡은 것은 죽고 새로운 것이 태어나는 것이 이치이니 전혀 과격한 이야기가 아니다. 내가 새로운 인문으로 말한 자유-자치-자연의 삶도 언젠가는 없어지고 또 새로운 것이 나올 것이다. 마찬가지로 우리 모두 새로운 사람으로 이 세상에 태어났다. 내 뒤를 잇는 사람에게는 첫 사람이고 내 앞 사람에게는 마지막 사람이다.

이 글에서 첫 사람이란 최초의 사람, 최초의 인류를 말한다. 종래 그를 원시인, 미개인, 야만인, 선사인先史人 등으로 불러온 것은 차별적이고 모욕적이어서 적절치 않다. 특히 그 후손인 우리 인류를 모독하는 것이다. 이 글을 쓰는 나나 이 글을 읽는 독자를 모독한 것이다. 지금 우리는 그런 부류가 수천만 년 전의 초기 인류나 아프리카 또는 아마존 등의 밀림에서 벌거벗고 사는 사람들만 일컫는다고 생각하지만, 수십 년 전까지는 우리도 그들처럼 그렇게 불렸다. 17세기의 헨드릭 하멜Hendrik Hamel은 물론

19~20세기 서양인도 조선인을 그렇게 불렀다. 그런 것에 경악하듯이 지금 우리가 그렇게 부르는 사람들도 그 말을 듣는다면 경악하리라.

마찬가지로 원시문화, 원시사회, 원시예술 등도 첫 문화, 첫 사회, 첫 예술 등으로 부르도록 하겠다. 이는 그다음을 둘째나 셋째 등으로 부르는 것을 뜻하지는 않지만 '마지막'에는 대응될 수 있다. 그러나 마지막 사람이란 최후의 사람을 뜻하지 않고 '마지막 사람에게도', '마지막 사람까지도'라고 하듯이 마지막 지위나 처지에 있는 사람까지도 포함하여 모든 사람을 아우름을 강조하는 것이다. 간디가 젊어서 애독한 책인 존 러스킨John Ruskin의 『나중에 온 이 사람에게도』의 경우에도 그러했다. 요컨대 모든 인간은 하나의 인류임을 뜻한다.

알베르 카뮈Albert Camus의 유작 『최초의 인간』도 순우리말로 '첫 사람'으로 옮길 수 있지만, 그 '사람'은 카뮈의 백인 조상을 말하므로 이 글에서 말하는 첫 사람과는 다르다. 카뮈와 그 아버지는 프랑스에서 그 식민지인 알제리로 건너온 백인들의 후손이다. 카뮈는 그들을 첫 사람이라고 부르지만 알제리의 첫 사람은 그들이 아니라 검은 알제리인들이고 프랑스인은 그의 첫 소설처럼 알제리인을 죽인 '이방인'이다. 카뮈가 죽기 몇 년 전부터 알제리에서는 독립운동이 치열하게 전개되었다.

알제리의 독립에 반대한 카뮈는 그 땅이 자신의 아버지가 가난하게 살다 묻혔고, 자신이 그 아들임을 강조할 필요가 있었기에 『이방인』을 집필했다. 일제강점기 말의 일본인 작가가 조선 땅에 묻힌 선조를 생각하며 그런 책을 썼다고 생각해보라. 카뮈는 한국에서도 상당히 유명하지만 그의 작품은 읽기가 쉽지 않고 별 느낌을 주지도 못한다. 그래서 한국 문학인들이 그를 왜 가장 좋아하는지 의문이다. 그는 알제리를 비롯한 아프리카나 중동 등 비서양 대부분에서 인기가 없다. 카뮈에 열광하는 비서양 나라는 한국과 일본 정도뿐인데, 일본은 우리와는 비교가 안 될 정도로 그의 인기기 악히디.

카뮈가 아프리카에 살았던 시절을 잘 보여주는 영화 〈아웃 오브 아프리카〉를 보면 더욱 그런 생각이 든다. 20세기 초 유럽 여성이 아프리카에 살면서 힘들게 커피 농장을 경영하고 멋진 사랑도 하다가 유럽에 돌아온 실화를 바탕으로 만든 영화다. 유명한 백인 남녀 배우가 나오는 러브 스토리이지만, 유럽의 아프리카 식민지 침략을 극단적으로 미화하여 보여주는 영화이기도 하다. 메릴 스트리프Meryl Streep가 연기한 아름다운 여주인공의 드넓은 커피 농장은 오늘날 아프리카의 식량 빈곤을 낳은 원흉으로 식민지 착취를 상징하고, '꽃미남' 로버트 레드퍼드Robert Redford가 연기한 무소유 사냥꾼의 상아는 동물 살육 등 자연 파괴를 상징한다. 그것을 은폐하기 위한 반식민주의적인 발언들이 두 주인공의 입에서 가끔 흘러나오지만, 이는 고상한 백인의 취미를 보여주는 정도에 불과하다. 사랑도 우정도 대화도 흑인과 백인 사이가 아니라 백인 사이에서 생길 뿐이다. 흑인은 백인을 섬기는 하인이나 노동자, 백인이 가르치고 치료해주는 무지한 인간에 지나지 않는다.

서양이 비서양을 다루는 문학이나 영화 등의 전형이라고 할 수 있는데, 이 영화의 제목을 우리말로 그대로 옮긴다면 '아프리카를 떠나' 혹은 '아프리카 탈출'이다. 더는 식민지 착취가 불가능해지자 유럽인이 아무런 미련 없이 그곳을 떠났다는 점을 강조한 것인데, 영어로 적으면 더 로맨틱하게 보인다고 생각해 그대로 놔두었는가? 유럽의 식민지 지배가 극성을 부린 20세기 초의 이야기를 1986년에 영화로 만들었고, 그 영화가 아카데미상을 휩쓴 것은 서양의 식민지 환상이 여전히 왕성함을 단적으로 보여준다.

그럼에도 똑같은 식민지를 경험한 한국에서 그런 점이 지적된 적은 없다. 아프리카와 우리는 비교할 수 없다고 생각해서일까? 우리는 흑인이 아니라 백인에 가깝다고 생각해서일까? 아프리카나 남미 등 식민지를 경험한 나라에 대한 백인 중심의 이야기들은 식민지 시대는 물론 그전부터 지금까지 끊임없이 쏟아져나왔다. 그중 상당수는 대부분 무비판적으로 소개된다. 영화나 드라마, 게임 등이 특히 그렇다. 아프리카나 남미 등 소위 원시사회에 대한 관심은 커졌지만 성적인 흥미 중심으로 그 기이한 야만성을 강조하는 것들에 불과해 이제는 우리가 남을 미개니 야만이라고 부르며 모독하고 있다.

역사라는 허구

옛날이나 지금이나 역사책을 읽으면 대부분 서양 중심주의라는 느낌을 지울 수 없다. 한때 유행한 아날학파니 하는 것도 그렇지만 특히 최근 아마존 베스트셀러니 하는 광고와 함께 나오는 영미의 역사서들이 그렇다. 가령 재러드 다이아몬드Jared Diamond의 『총,균,쇠』, 폴 케네디Paul Kennedy의 『강대국의 흥망』, 데이비드 S. 랜즈David S. Landes의 『국가의 부와 빈곤』, 니얼 퍼거슨Niall Ferguson의 『시빌라이제이션』, 이언 모리스Ian Morris의 『왜 서양이 지배하는가』 등이다. 심지어 대영제국주의적인 책도 있다. 가령 니얼 퍼거슨은 서양 문명의 근간이 영국 책 몇 권에서 나왔다고 주장한다.

　한국인이 열광하는 하버드대학 등 영미의 일류 대학과 연관되고 텔레비전 드라마 등으로도 제작되어 대중적 인기를 끌기도 하는 이런 책들은 더 많이 출간될 수 있다. 비슷한 종류의 책들이 중국에서도 쏟아져나왔다. 『대국굴기』, 『중국굴기』, 『부흥의 길』 등이 그것들이다. 어느 것이나 소위 강대국 되기의 방법론이어서 걱정스럽다. 강자되기의 출세서나 자기개발서와 같은 것과 다름없다.

　한때 일본에서도 그런 책들이 유행했다. 아니 지금도 유행한다. 한국에서도 인기가 높은 시바 료타로司馬遼太郎의 책들이나 시오노 나나미鹽野七生의 『로마인 이야기』 등이다. 그런 책들의 번역과 함께 진기 세계사나 상식 세계사 같은 책도 널리 읽히고 있다. 앞으로 일본은 더욱더 그런 역사 파시즘으로 나아갈 것이다. 덩달아 한국에서도 그런 풍조가 생겨날 것 같아 걱정이다. 물론 그렇지 않은 책들도 있지만 소수다. 가령 크리스 하먼Chris Harman의 『민중의 세계사』와 윌리엄 맥닐William McNeill의 『세계의 역사』를 비롯해 새로운 시각의 세계사가 출간되고 있지만 그렇게 흥미롭지는 못하다.

가라타니 고진柄谷行人의 『세계사의 구조』나 『세계공화국으로』와 같은 책들이 주목된다. 한때 한국의 어떤 문학평론가보다 유명했다는 고진은 카를 마르크스Karl Marx의 생산양식 대신 교환양식으로 세계사를 설명하는 것이 옳다고 주장한다. 그러나 경제에는 생산만이 아니라 교환은 물론 분배와 같은 여러 요소가 있고, 그것들이 시대나 나라에 따라 다르기에 그 요소 가운데 어느 하나만을 중심으로 역사를 설명하는 것이 과연 옳은지 의문이다.

어떤 양식이 역사의 기본인가 하는 논의와 무관하게 또는 유관하게 나는 자유-자치-자연이 역사의 지향志向이라고 본다. 사상적으로는 부처-묵자-디오게네스-예수의 맥락이고 정치적으로는 고대 자치 사회, 초기 불교 공동체, 초기 기독교 공동체 등이다. 그러나 역사의 대세는 자유-자치-자연에 반하는 예속-통치-자연 파괴의 맥락이다. 사상적으로는 공자-소크라테스-플라톤-아리스토텔레스이고 정치적으로는 고대의 그리스·로마·중국 제국이다.

종래 내가 이렇게 보아온 바와 고진이 말하는 것이 비슷하기도 하지만 나는 그의 책을 즐겨 읽지는 않는다. 어렵고 모호하며 믿기 어려운 탓이다. 고진과 함께 최고 인기라는 슬라보이 지제크Slavoj Žižek도 마찬가지다. 그래도 그와 같은 사람들이 한국에도 많았으면 좋겠다. 고진이 문학평론

가로서 '근대문학의 종언'을 말하듯이 1960대에 '근대역사의 종언'을 말하는 것이 너무나도 참신하기 때문이다.

한국의 어떤 문학평론가도 문학연구자나 문학의 '종언'을 말한 적이 없다. 아니 어떤 분야의 전문가도 제 분야의 '종언'을 말한 적이 없다. 최근 '인문학의 위기'라는 것은 그런 '종언'에 대한 위기의식을 노골적으로 드러낸 것에 불과하다. 나아가 서양에 대한 비판과 함께 자국 문화에 대해서도 철저히 비판적인 그의 태도가 부럽다. 우리 주변, 특히 60~70대의 노학자 가운데 그런 사람은 없기 때문이다.

한국인의 조상은 흑인인가?

〈아웃 오브 아프리카〉를 비롯한 아프리카 이야기의 압권은 역시 그 광활한 대자연이다. 배경인 케냐는 물론 에티오피아까지 펼쳐진 대평원은 이곳이 세계의 배꼽, 인류의 발상지, 인간의 진화가 진행된 곳임을 실감케 한다. '아웃 오브 아프리카'라는 말은 최초의 인류가 수십만 년 전 아프리카에서 태어나 몇 만 년 전부터 전 세계로 퍼져갔다는 것을 뜻하기도 한다. 이는 20세기 후반에야 밝혀진 사실이어서 그 영화의 배경이 된 20세기 초에는 알려지지 않았고, 영화 속의 백인들이 이런 이야기를 들었다면 놀라서 기절했을지도 모른다. 자신들의 조상이 노예나 하인인 아프리카인이라니 말이다. 그 사실이 알려진 20세기 말에는 그런 제목의 영화가 흑인 남녀 배우들이 아프리카에 살다가 유럽을 거쳐 한반도에 오는 이야기로 엮어질 수 있었을 텐데 그런 영화를 본 적은 없다.

지금은 아프리카 기원설이 옳다고 보는 것이 일반적이지만 한국에서는 여전히 다지역 기원설을 따르는 경향이 있다. 즉, 한반도와 주변(만주 등)에서 살며 구석기 문화를 만든 사람들이 신석기 문화를 만들었고, 그들

중 단군이 고조선을 세웠으며 그 후손들이 삼국(고구려, 신라, 백제)을 세웠다는 것이다. 그러나 한국인은 아프리카에서 출발한 최초의 인류가 여러 경로로 한반도에 정착한 자들의 후손일 가능성이 높다. 중앙아시아와 시베리아 대륙에서 왔다고 보는 것이 일반적이지만, 그들보다 먼저 남방 해안을 거쳐 정착한 사람들이 있었고 그 두 경로로 온 사람들이 혼혈을 일으켜 한국인이나 한민족을 형성했다고 보는 견해도 있다. 여하튼 중요한 것은 모든 인류가 아프리카에서 온 이주민이라는 것이고 한국인의 조상도 그 하나라는 점이다. 즉, 우리도 모두 이주민이다. 아프리카에서 온 이주민이다. 지금 아프리카를 비롯하여 다른 나라에서 이주해온 사람들보다 우리가 좀더 빨리 이주했을 뿐이다. 그러니 어떤 이주민도 무시해서는 안 된다.

인류만이 아니라 모든 생물이 하나의 공통 조상에서 진화했음을 화석을 통해 설명한 책이 찰스 다윈Charles Darwin의 『종의 기원』이다. 그 뒤 그 조상은 수십억 년 전에 살았을 것으로 추정되었다. 즉, 30~50억 년 동안 생물은 수없이 많고 다양한 형태로 진화하는 가운데 자연환경에 잘 적응한 종들만 살아남았다. 다윈은 화석을 찾는 5년간의 여행 중 남미에서는 노예들이, 호주에서는 원주민들이 처참하게 착취당하는 것을 보고 인간이 동물의 자손이라고 하는 생각을 굳혔다. 그렇다고 식민지 착취에 반대한 것이 아니라 선교사들이 야만인의 삶을 개조해야 한다고 주장했다. 그러나 그의 학설은 기독교의 천지창조설의 부정일 뿐 아니라 플라톤 이래 고정된 위계질서에 대한 근본적인 도전이었다. 즉, 신을 정점으로 하는 대영제국이나 백인 제국의 세계 지배를 부정하는 것이었다. 그래서 다윈은 30년 동안 자신의 견해를 발표하지 않았다.

다윈이 『종의 기원』을 발표한 1859년에도 그가 인간을 원숭이의 자손으로 떨어뜨렸다고 하는 등 맹비난이 쏟아졌지만, 1세기가 더 지난 지금도 그의 주장은 제대로 이해되지 못하고 있다. 오히려 인간을 만물의 영장이라고 하고 인간 외의 동물은 모두 하등으로 여기는 것이 더 일반적이다. 〈아웃 오브 아프리카〉의 주인공들이 다윈을 어떻게 이해했는지는 알 수 없지만, 당시 대부분의 유럽인처럼 자신들을 흑인은 물론 원숭이의 자손일 거라고 생각했을 리가 없다. 영화의 실제 주인공은 20세기 초의 사람들이었으니 그럴 수 있다고 해도, 이 영화를 본 20세기 말의 사람들까지 그렇게 생각했다면 참으로 황당한 일이다. 하지만 적어도 미국에서는 지금도 대다수 사람들이 진화론을 믿지 않는다. 로널드 레이건Ronald Reagan은 임기 말년에 창조론을 학교에서 가르쳐야 한다고 주장했을 정도였다.

레이건 못지않은 기독교도로 유명한 한국의 어느 전직 대통령은 그런 주장까지는 하지 않아 조금은 나은 대통령이라고 볼 수 있을지 모른다. 그러나 두 사람 모두 적자생존이라는 진화론의 핵심을 신봉한 점에서는 누구보다도 철저한 진화론자였다. 한국이든 미국이든 진화론을 믿는 사람보다도 믿지 않는 사람이 많을 수 있다. 이는 기독교도가 많기 때문이라고 볼 수 있으나, 더 큰 문제는 진화론을 알지만 믿지 않는 것이 아니라 제대로 알지 못하고 있다는 점이다. 여전히 진화론은 인류가 원숭이에서 나왔다고 생각한다.

인간은 이기적인가?

〈2001 스페이스 오디세이〉라는 영화는 앞서 언급한 〈아웃 오브 아프리카〉와 비교할 수 없을 정도의 걸작이라고 하는데, 그 첫 장면이 300만 년 전의 인간들이 처절하게 싸우는 장면이다. 그 인간은 소위 호모하빌리스로 우리의 조상인 호모사피엔스와는 구별된다. 그러나 이 장면은 앞에서 본 인류의 아프리카 기원설에서 호모사피엔스가 아프리카에서 전 세계로 이주하는 도중에 만난 네안데르탈인 등의 두 발 보행 유인원을 모두 죽였고 인류는 잔인하고 폭력적이며 이기적이라고 주장된 것과 통한다. 그런 주장은 인류의 조상 모델로 수컷 침팬지를 상정한 것이었다.

〈2001 스페이스 오디세이〉가 만들어진 1968년에는 〈혹성탈출〉이라는 영화도 만들어졌는데, 이 영화에서도 유인원들은 인간사냥을 벌인다. 여러 편의 영화, 드라마, 애니메이션, 만화 등으로 수없이 리메이크된 〈혹성탈출〉의 원제는 'Planet of the Apes'로 '유인원 행성'이라는 뜻이다. 대부분의 리메이크 작품에서 유인원이 인간을 방불케 하고, 특히 일사불란한 유인원 군대가 등장하지만 인간 외에 무리를 짓는 동물은 개미뿐이고 개미에게도 군대식 명령 체계는 없으니 심각한 왜곡이다. 침팬지는 잔인한 지도자, 고릴라는 바보 같은 복종자, 오랑우탄은 노예 상인으로 나오는 것도 실제 유인원의 특성과는 전혀 다르다.

이런 영화뿐만 아니라 『정글북』(1894), 『모로 박사의 섬』(1896)과 같은 소설, 〈유인원 타잔〉(1914), 〈킹콩〉(1932), 〈콩고〉(1980) 같은 영화는 1세기 동안 유인원을 비롯한 동물에 대한 인간의 차별을 노골적이고 지속적으로 보여준다. 〈아웃 오브 아프리카〉가 인간 차별 영화라면 유인원 영화는 동물 차별 영화다. 이런 작품들이 나오는 배경에는 콘라트 로렌츠Konrad Lorenz의 '폭력 본능설', 리처드 도킨스Richard Dawkins의 '이기적 유전자설', 에드워드 윌슨Edward Wilson의 '사회생물학'이니 하는 인간 본성에 대한 이기설–성악설의 근거를 유인원에서 찾는 경향에 있다.

이것은 그야말로 인간성에 대해 꾸며진 '이야기'에 불과하고 인간성을 그렇게 볼 과학적 근거는 어디에도 없는데도 과학이라는 이름으로 그런 이야기나 영화가 판을 친다. 인간 학대와 동물 학대를 부추기는 이런 작품들은 한국에서 특히 인기가 높다는 생각이 들 정도로 우리는 그것들을 계속 읽고 듣고 보아왔다.

영화나 만화나 드라마로 그런 이야기가 인간을 풍자하거나 은유하는 것으로 유행하는 것과 달리 이를 그대로 학문이나 과학의 차원에서 받아들이면 문제가 생길 수 있다. 가령 토머스 홉스Thomas Hobbes가 '인간은 인간에 대해 늑대'라고 한 말(원래는 고대 로마의 속담이었다)도 동물 중에서 가장 사회적이고 충성심과 협동심이 강하고 사회적 조화를 중시하는 늑대에 대한 모독이다. 늑대만이 아니라 대부분의 동물이 사실 그렇다. 인간에 비유할 동물은 아예 없는지도 모른다.

그렇지만 현대의 홉스라고 해도 과언이 아닌 도킨스의 인기가 하늘을 찌르는 듯하고 윌슨의 사회생물학은 통섭이라는 미명 아래 모든 학문을 지배하고자 하는 학문 제국주의에 이르고 있다. 인간 행동의 차이, 능력의 차이, 사회적 성취의 차이를 유전자 때문으로 보면서 사회적 불평등을 옹호하는 이런 보수주의적 이데올로기가 대두한 것은 레이건과 마거릿 대처Margaret Thatcher가 각각 미국과 영국을 통치한 1980년대 이후 탐욕을 자유시장의 기초로 본 신자유주의 시대와 무관하지 않다.

침팬지와 보노보

종래 인간과 가장 가까운 동물인 침팬지의 공격성을 근거로 성악설이 주장되었다. 도킨스나 윌슨 이상으로 인기가 있는 제인 구달Jane Goodall이나 재러드 다이아몬드의 영장류 동물학이나 새로운 세계사를 보면 침팬지는 전쟁만이 아니라 제노사이드genocide까지 범한다. 침팬지 가족은 애정 어린 결속을 평생 유지하고, 가까운 친척끼리 서로 돕고 지지하며, 성숙한 수컷이 사냥을 하고 경계 영역을 순찰하면서 암컷과 새끼들을 보호하지만 집단 간의 관계에서는 폭력적인 공격성을 드러내어 동족을 죽이거나 잡아먹기까지 한다. 그래서 〈혹성탈출〉이 묘사한 인간과 침팬지 사이의 전쟁도 충분히 있을 수 있는 것으로 생각된다. 이러한 관찰을 통해 평범한 일반인도 제노사이드와 대량학살을 저지를 수 있다는 견해가 나온다.

이에 반하는 성선설의 근거로 보노보가 제시되었다. '숲속의 다른 사람'이니 '삼림인간'이라고도 하는 보노보는 침팬지와는 대조적으로 평화적 기질을 보여준다. 즉, 보노보 사회의 암컷 지배, 협력적 성격, 사회적 조화를 위한 섹스 등은 종래의 침팬지식 남성 중심주의에 타격을 가했다. 보노보는 어떤 유인원보다 훨씬 많은 소리를 내고 소리나 몸짓으로 의사를 교환하며 간단한 계산도 할 줄 안다. 다른 보노보의 얼굴에서 감정 변화를 읽어내고 서로 손을 가볍게 두드려 애정을 표현하며 키스와 포옹을 하는 등 성적 행동도 유별나다. 더욱 바람직한 점은 다른 유인원보다 훨씬 평화적이어서 가까운 친척을 죽이지 않고 새끼가 죽으면 몇 주씩 안고 다니며 슬퍼한다는 점이다. 〈혹성탈출〉에는 인간을 돕는 여성 유인원이 나오는데 그 여성이 보노보에 가깝지만 보노보가 알려진 것은 최근 일이니 그 유인원은 사실 침팬지다. 보노보와 침팬지는 다르지만 침팬지 사회에도 권력의 통제에 대한 헌법 같은 가치관의 제도화가 있었음을 부정할 수 없다.

침팬지와 보노보의 자질이 모두 인간에게 공존한다면, 인간의 특징적 성격이 사랑이냐 증오냐, 생존에 가장 중요한 것이 경쟁이냐 협력이냐 같은 질문은 어리석은 것이 된다. 상식적으로 생각해보아도 인간은 완전히 평화롭거나 경쟁적이지도, 오로지 이기적이거나 도덕적이지도 않다. 한 사람에게는 물론 인류 모두에게도 그 둘은 공존한다. 따라서 전체주의적인 사상 개조에 대해서 인간은 개인의 이익을 위해 저항한다. 그렇지만 플라톤의 『국가』에서 비롯된 우생학은 나치 독일에서는 물론 영미에서도 크게 환영되었고, 강자가 약자를 구축한다는 자유방임주의는 오늘날에도 모든 삶의 기본이 되고 있다. 우생학이나 자유방임주의는 여러 문제를 갖지만 특히 모든 사람에게 자신은 우생이거나 강자인 반면 자기 외의 타인은 열성이거나 약자라는 환상을 심어주어 모두를 경쟁에 나서게 하는 점이 문제다. 보노보만을 특별히 강조하거나 찬양하는 것도 마찬가지다.

물론 침팬지나 보노보가 사람과 아무리 가깝다고 해도 사람은 아니니 그들에 대한 연구로 사람을 알았다고 말할 수는 없다. 그러나 인간을 만물의 영장이라고 하고 다른 생물은 모두 하등으로 여기는 것도 망상에 불과하다. 그러한 망상은 수많은 조각으로 나누어진 우리의 지식 체계가 우리가 물려받은 자연의 유산에서 우리를 철저히 분리시키기 때문에 생겨난다. 〈아웃 오브 아프리카〉, 〈2001 스페이스 오디세이〉, 〈혹성탈출〉 같은 영화도 그런 파편화가 낳은 것에 불과하다. 그리고 그 결과는 지금 우리가 목도하고 있는 자연의 생태적 균형 파괴다.

사상의 주류는 이기주의인가?

인간의 행동이 생물학적 특성에 의해 결정된다고 보는 생물학적 결정론 외에도 그것과 반대되는 문화적 결정론, 나아가 모든 결정론을 부정하는 반反결정론이 있다. 문화적 결정론은 인간의 행동을 문화와 환경이 결정한다고 보는 입장으로 인간의 본성이란 것은 없고 이를 사회적 관계들의 총체로 본다. 즉, 사회적 관계들의 총체를 바꾸면 인간 본성도 바꿀 수 있다고 한다. 그러나 인간의 행동은 생물학적인 요인에 의해 나타나기도 하고 문화적인 것에 의해 나타나기도 한다. 나아가 인간의 능력이란 미리 정해져 있지 않고 재능이란 변화하며 뒤바뀌고 뒤집힐 수 있으며 예측 불가능하기도 하다.

생물학적 결정론으로 중국에서 맹자의 성선설과 순자의 성악설이 대비되는 것과 같은 차원의 대조적 주장이 서양에서 명확하게 제기된 것은 아니다. 하지만 적어도 니콜로 마키아벨리Niccoló Machiavelli, 토머스 홉스,

존 로크John Locke, 허버트 스펜서Herbert Spencer, 토머스 헉슬리Thomas Huxley 등은 성악설이나 이기설을 주장했다고 볼 수 있다. 멀리는 플라톤의 철인국가나 아리스토텔레스의 인종차별, 니체의 초인과도 관련되는 치열한 경쟁주의가 그 배경에 있다. 서양의 정치사상에서는 그것이 주류였고 그것을 진리처럼 받아들인 19세기 이후 비서양에서도 주류를 형성했다. 즉, 조선을 비롯한 여러 비서양 세계에서 스펜서나 헉슬리의 성악설에 바탕을 둔 생존투쟁설을 받아들였다. 이처럼 경쟁을 인간 본성이라고 믿는 사람은 의외로 많다. 가령 요한 하위징아Johan Huizinga가 『호모 루덴스』에서 말하는 '놀이하는 인간'도 '경쟁하는 인간'을 뜻한다.

1860년대 일본과 중국의 지식인들이 유럽에서 공부한 것은 당시 유럽에 유행한 제러미 벤담Jeremy Bentham · 존 스튜어트 밀John Stuart Mill · 허버트 스펜서 · 찰스 다윈 · 토머스 헉슬리의 공리주의와 진화론, 장 자크 루소Jean Jacques Rouseau · 샤를 드 몽테스키외Charles de Montesquieu · 오귀스트 콩트Auguste Comte의 사상과 실증주의였다. 이는 영국과 프랑스가 당대 세계의 양대 강국으로 중국이나 일본과 직접 관계가 있었고, 동시에 19세기 말 지식인들이 봉건 정부를 타도하려고 한 개혁주의자들이 영국과 프랑스에서 그 사상을 찾으려고 했기 때문이다. 그중 특히 다윈보다 진화론을 먼저 주장했고 적자생존이라는 말을 최초로 사용한 스펜서가 주목되었으나 그의 책이 전혀 번역되어 있지 않아 우리가 직접 그 사상을 검토하기란 쉬운 일이 아니다.

반면 헉슬리의 『진화와 윤리』와 그것을 중국어로 번역한 『천연론』이 우리말로 번역되어 검토할 수 있게 되었다. 그 책의 중국어 번역자인 엄복嚴復은 1877년부터 3년간 영국에서 유학하고 돌아와 존 스튜어트 밀의 『논리학』, 애덤 스미스Adam Smith의 『국부론』, 몽테스키외의 『법의 정신』 등을 번역했다. 헉슬리는 생존경쟁을 무한으로 긍정하는 19세기 말 영국의 조류를 극단적인 개인주의라고 비판하고 자기 억제, 즉 자유의 억제를 역설했다. 그러나 당시 중국인이나 일본인은 그 책을 통해 냉혹한 현실 국제정치의 적자생존 법칙을 깨달았다.

또 역사를 미개화-반개화(야만)-개화(문명)로 파악하고 중국과 일본은 반개화 단계에 있다고 본 서양의 시각을 그대로 따라 서양을 모방할 것을 주장했다. 이는 '자연도태', '적자생존', '생존경쟁'을 주장한 다윈이나 스펜서의 사회진화론에 의해 과학이란 이름으로 정당화되었다. 이 결과 『주역』 등에서 나타나는 전통적인 중국의 조화 사상, 즉 자연의 원리를 인간 사회에 적용하는 자연주의적 사고가 파괴되었다.

인간은 이타적인가?

이러한 이기설-성악설은 적어도 첫 사람들에게는 맞지 않을지 모른다. 왜냐하면 인구가 극히 적었을 지난 수백만 년 동안은 인류가 서로 싸울 이유가 전혀 없었다. 크로마뇽인이 네안데르탈인을 죽여 멸족시킨 것이 아니라 단순히 추위에 더 잘 견디거나 사냥에 능해서 살아남았을 수도 있다. 지구의 여러 곳을 이동하면서 데리고 다니기에 적합한 소수의 자식만 낳았고 물건도 공동으로 가능한 한 적게 소유했다. 금지된 곳이 없이 어디에나 자유롭게 갔고 사유재산과 돈이 없었다. 서류나 전기가 필요했을 리 없고 두 발 외에 다른 운송 수단도 필요 없었다.

모든 사람이 생산 과정에 참여하므로 타인의 시중을 받는 집단이 존재할 수 없었다. 명령과 엄격한 통제, 법, 경찰, 행정관, 통치, 통치자도 없이 지성과 협력으로 유연하게 살았다. 학교도 병원도 없이 숲에서 나는 식물을 이용해 병을 치료했다. 숲을 비롯한 자연적인 것에 대한 존중과 배려는 그들의 신화나 종교의 토대였다.

신석기시대에 농경을 시작하고 청동기시대니 철기시대에 무기를 만들기 전에는 전쟁이나 폭력도 없었다. 지금까지 존재하는 여러 원시민족 중에도 침략의 역사가 없어서 누군가가 침입하면 맞서 싸우지 않고 더욱 깊은 숲으로 들어가 숨어버리는 민족도 많았다. 남녀나 부자 관계 외에는 부와 권력과 지위 등에서 어떤 차별도 인정하지 않는 것처럼 인류의 조상도 수백만 년 동안 그렇게 살았다. 그러나 이는 본능적으로 그러했다는 것이 아니라 그렇게 되도록 노력한 결과였다는 사실에 주목할 필요가 있다. 즉, 언제 어디서나 제한된 자원을 둘러싼 이기심은 생기기 마련이므로 그런 이기심을 제도적으로 억제했으며 남을 지배하고자 하는 자에게는 비난을 가했다. 따라서 지배자에 대항하여 자유를 추구하고자 하는 자유의 헌법은 인류 최초 사회에서도 당연히 존재했다.

도킨스나 윌슨에 맞서 인간성이 이기적이지만은 않다고 주장한 생물학자도 많다. 가령 스티븐 제이 굴드Stephen Jay Gould는 적자생존을 경쟁과 연결하는 것이 문화적 편견이라고 비판하고 더 많은 자손을 남기는 것을 성공으로 본다면, 그 목표는 상호협력과 공생을 포함하는 다양한 전략을 통해 달성될 수 있다고 한다. 따라서 자연선택이 선험적으로 경쟁이나 협력 중 어느 것을 선호한다는 것은 사실이 아니다. 애슐리 몬터규Ashley Montagu도 자연선택은 우리가 흔히 생각하듯 경쟁이 아니라 협력에 의해 더 많이 적용되어왔고, 경쟁을 통해 자연선택이 된 개체나 종들도 결국 생존을 위해서는 협력할 수밖에 없었다고 한다. 경쟁이나 협력이 인간의 본성이고 따라서 불가피하다는 주장에 대한 반론으로 경쟁이나 협력을 지향하는 태도는 학습된 것에 불과하다고 보는 견해도 있다.

이런 견해는 20세기 초부터 레프 톨스토이Lev Tolstoi나 표트르 크로폿킨Pyotr Kropotkin을 통해 우리에게도 전해졌다. 어쩌면 그것은 동양의 전통에 더 맞는 것이있는지도 모른다. 그 가운데서도 특히 한국의 전통과 맞는 것인지도 모른다. 그러나 19세기 말 참혹한 국제 정세 아래 적자생존의 논리에 압도당한 우리 지식인들은 3·1운동 이후에야 그 논리에 대한 본격적인 반성을 시작했다. 그래서 생존경쟁이냐 상호부조냐에 대한 논쟁이 여러 매체를 통해 전개되었다.

특히 1920년대 중국이나 일본에서 유행한 혁명적인 노동조합주의와 달리 한국에서는 사회진화론을 극복할 수 있는 대안으로 자치적인 상호부조론이 주목되었음은 지금 우리에게 소중한 지적 유산이다. 물론 시대적 한계는 분명히 있었다. 특히 정신 개조 또는 인격 수양의 강조로 한정되어 그 정치성이 거세되었다. 따라서 과거의 식민지적 왜곡에 대한 엄정한 평가가 필요하지만 그 근본의 뜻까지 부정해서는 안 된다.

그것은 바로 공산주의와 자본주의를 동시에 부정한 제3의 길이라는 점이었다. 그 제3의 길은 임시정부의 노선이었고 이는 해방 후 최초의 여론조사에서도 국민의 대다수가 희망한 새로운 체제였다. 그런 제3의 길은 20세기 처음부터 끝까지 일관되게 추구되었지만, 언제나 공산주의나 자본주의에 의해 주변으로 밀려났다. 그 공산주의나 자본주의도 가장 고약한 원리주의적인 것들이어서 서로를 철저히 거부했을 뿐 아니라 제3의 길도 용납하지 않았다. 그러나 이제는 제3의 길을 다시 찾아야 한다. 바로 자유-자치-자연의 삶을 중심으로 한 새로운 인문의 길이다. 그것이 첫 사람의 길이다.

제3장

첫 예술 이야기

예술의 위기

첫 예술에 대해 쓰려고 하니 문득 예술이 우리말로 어떻게 불렸는지 궁금해졌다. 그러나 아무리 찾아보아도 알 수 없었다. 그러다 고대 그리스어에도 예술이라는 단어가 없었다는 것을 돌이키고서 위안을 삼았다. 히포크라테스가 "인생은 짧고 예술은 길다"라고 했다는 것은 오역의 대표적 사례다. '예술'이 아니라 '기술'이기 때문이다. 그러나 '기술'의 그리스어 테크네techne는 예술에 해당하는 공예나 조각이나 시는 물론 의술이나 요리나 통치술, 심지어는 말 조련술까지 포함하는 것으로 무언가를 만들고 행할 수 있는 인간의 모든 능력을 뜻했다. 그런 의미에서는 우리말의 '솜씨'나 '재주'에 해당한다고 할까? 솜씨나 재주를 예술로 보기에는 문제가 많지만, 옛사람들에게는 통하는 말이었는지 모르겠다.

옛사람들은 솜씨나 재주는 사람이라면 누구나 갖는 고유한 능력이지 특별한 사람에게만 인정되거나 수련을 거쳐야 갖는 것이라고 생각하지 않았다. 예술 활동은 언제 어디에서나 누구에게나 나타나기 마련인 인류의 보편적 특성이지 특수한 시대나 지역 · 인종 · 계급 · 성性에만 나타나는 것이 아니었다. 따라서 예술사라는 것이 주로 서양 백인 남성 중심의 르네상스 이후 것이라는 통념은 지극히 잘못되었다. 이는 19세기 이후 예술사가 당시 세계를 지배한 서양 제국을 중심으로 조작된 탓이었으니 우리는 그것을 비판적으로 읽어야 한다.

서양이 아직까지도 그런 제국의 꿈에 취해 깨어나지 못하는 건 어쩔 수 없다고 해도, 우리가 그들과 마찬가지로 그 꿈을 모방한다는 것은 있을 수 없는 일인데 우리는 여전히 그러고 있다. 또한 오늘날 많은 사람이 예술에 참여하지 않고 심지어 자신이 예술과는 무관하며 전혀 소질이 없다고 생각한다. 예술은 몇몇 천재에게만 가능하고 일반인은 그들의 작품을 감상하는 것에 만족해야 한다고 보는 것은 인류 역사에서 지극히 예외적인 현상이다.

이 글을 읽는 독자들은 어떠한가? 매일 예술을 즐기면서 행복하게 살고 있는가? 짧은 글이라도 매일 쓰고 책을 읽고, 노래를 하거나 음악을 감상하고, 춤을 추거나 연주를 하고, 그림을 그리거나 붓글씨를 쓰고, 영화를 보거나 연극을 하거나, 조그마한 것이라도 만드는가? 그러한 예술을 즐겨서 자유롭고 행복한가? 그것들을 보고 누군가가 뛰어나다고 평가할 수 있을 수도 있겠지만, 그보다 먼저 스스로 만족스럽고 행복한가? 아니 만족스럽지 못해 계속 추구해보았는가?

불행히도 나는 주변에서 그런 사람을 많이 보지 못했다. 도리어 초등학교 졸업 후 예술과는 담을 쌓고 지내는 걸 자랑으로 삼는 사람들이 대부분이었다. 이런 특별한 현상은 오늘날의 범세계적인 현상이어서 그야말로 예술의 위기라고 할 만하지만, 특히 현대 한국에서는 더 큰 문제다. 그 단적인 보기가 천재예술론이나 예술학습론이다. 전자를 조작하는 대중매체나 학교 교육이나 학원 교육도 문제지만, 이는 예술의 일반적 향유를 가로

막고 있는 후자의 잘못된 부산물이기도 하다. 후자를 대변하는 말이, "보는 만큼 보인다", "듣는 만큼 들린다", "그리는 만큼 그린다" 등의 원칙을 거부하는 "아는 만큼 보인다", "아는 만큼 들린다", "아는 만큼 그린다" 따위의 지식주의적인 예술론의 천박한 변칙적 구호다.

이처럼 만인이 예술을 즐기거나 사랑하는 것을 지식이 막아왔다. 누구나 글을 쓰고 그림을 그리며 음악을 사랑하고 춤을 추어야 하는데 그것을 막아왔다. 그것이 지금 우리 예술의 위기다. 예술 자체의 위기가 아니라 보통 사람들이 자유롭게 예술을 즐기지 못하게 만드는 것이 우리에게 가장 심각한 예술의 위기이고 인문의 위기다. 그런 위기를 조장하는 머리 좋은 특수 예술 귀족들은 예술의 전당에서 추방해야 함에도 도리어 예술의 전당을 지배하는 관료나 기자나 교수와 교사 자리를 독점하고 있어서 더욱 문제다. 그들은 천재예술론으로 일반인의 예술적 기를 죽이고 자기들에게 아양 떠는 예술가를 천재로 조작하며, 동시에 예술학습론으로 예술에 대한 신비주의와 계급주의를 신장시키고 있다.

순수예술과 대중예술

특별한 예술적 능력을 갖는 예술가라는 직업이 생긴 것은 극히 최근의 일이다. 조선 후기 노래쟁이, 환쟁이, 춤쟁이처럼 '쟁이'란 '재주를 가진 사람'이라는 뜻으로 예술가에 가깝지만 그들 대부분은 농민이었고, 예술가가 직업이 된 요즘도 대부분 겸업을 한다. 예술로만 먹고사는 사람이 아직도 드물다. 그래선지 옛날처럼 얕잡는 뜻이 아니라고 한다면 예술가를 쟁이라고 부르는 것도 나쁘지 않지만 당사자들은 싫어할 것 같다. 소위 CEO를 돈쟁이, 정치인을 힘쟁이, 군인을 총쟁이, 의사를 칼쟁이, 법률가를 법쟁이라고 하면 역시 당사자들은 싫어하겠지만 쟁이라는 말만큼 그들을 잘

표현하는 것도 없다.

예술가들은 자신들이 쟁이와 다르다고 할 때 스스로 '순수예술'을 한다고 주장하며 그 역사를 그리스의 예술에서 찾기도 한다. "예술은 길다"보다 길게 "예술은 영원하다"라고 하는 말의 보기가 그리스 예술일 것이다. 그리고 그것은 바로 그리스 순수예술을 뜻한다. 그리스에는 순수한 것밖에 없고 지금 우리 주변에 있는 대중예술 같은 것은 없었다는 듯이 말이다. 그러나 그리스에도 당연히 그런 것들이 있었다. 어쩌면 우리가 지금 그리스 예술이라고 하는 것의 상당 부분이 대중예술이었는데도, 2,000년 이상이 지난 지금은 그것이 오래된 것이라는 이유에서만 대단히 순수한 것으로 보는 것인지도 모른다.

가령 아리스토텔레스는 『정치학』에서 요리를 비롯한 가정사는 그리스에서 노예의 지식이지 시민의 지식이 아니라고 말했다. 근대도 마찬가지다. 가령 셰익스피어의 희곡은 당대에는 일시적인 대중 공연을 위한 가변적인 대본에 불과했다. 그것이 영원한 예술의 대표격이 된 것은 19세기에 대영제국이 세계를 지배한 뒤부터였다. 사실 19세기에 와서 순수예술과 비순수(유행·대중) 예술의 구별이 생겨났고 이때 셰익스피어는 별안간 순수 예술가의 대표로 승격되었고, 그리스신화도 단순한 이야기에서 신비한 신화로 승화되어 대영제국을 고상하게 장식했다.

각종 예술사, 즉 미술사나 음악사나 문학사도 그리스 예술을 전범으로 삼고, 그리스에 예술이라는 단어는 없었어도 순수예술이 있었다고들 하며 그런 개념을 플라톤이나 아리스토텔레스가 2,500년 전에 말했다고도 주장한다. 나는 이 두 사람을 그다지 좋게 보지 않아(그들을 반민주주의, 즉 독재주의·전체주의·군국주의·인종차별 등의 원류라고 보기 때문이다) 학자들이 그렇게 말하는 것도 좋게 보지 않는다. 하지만 그 둘은 음악·회화·조각·건축·시 등을 예술이라는 하나의 범주로 묶지 않았고, 특히 순수

예술과 비예술(가령 공예나 가요 같은 응용예술이나 생활예술)이라는 구분도 하지 않았다는 사실만큼은 밝혀두어야겠다. 문학을 뜻하는 리터라투라 literatura도 원래는 '기록'을 뜻하는 것으로 법률이나 의례 같은 것까지 포함한 거의 모든 글을 뜻했다. 그러니 법률도 기록으로서 존중되었고, 따라서 그만큼 훌륭한 문장으로 작성되어야 했다. 지금과 달리 고대 법률가의 문장이 뛰어난 이유가 바로 그 점에 있었다.

그리스 이야기를 이렇게 장황하게 끄집어낸 것은 한국에서는 그리스라고 해야 먹힐 수 있기 때문이다. 아프리카를 비롯한 대부분의 지역이나 나라에도 예술이라는 말이 없었다고 하면 '야만이고 미개니 당연히 그렇겠지'라고 하는 독자가 많을 것이고, 그런 곳과 한국을 비교하면 기분 나빠하는 독자가 있을 것이기 때문이다. 여하튼 중요한 점은 예술이라는 말은 19세기 서양에서 발명한 것이고 20세기까지 서양 몇 나라를 제외하고 그런 말을 아는 나라가 거의 없었으며 그것이 아무런 문제가 아니었다. 그런데 19세기에 서양의 비서양 침략이 시작된 뒤 갑자기 서양을 받들면서 문제가 되기 시작했다는 사실이다. 즉, 예술을 순수예술과 비예술로 나누고, 순수예술을 서양 순수(고급)예술로만 생각하며, 비서양의 예술을 비예술, 즉 예술이 아닌 것으로 보게 되었다는 것이다. 특히 비서양에서는 자국을 비롯한 비서양의 예술을 무시하는 것만이 아니라 예술 자체가 없었다는 자기 폄하로 나아갔다. 이를 극복하기 위해서는 엄청난 세월과 시련이 필요했다. 그 하나의 보기가 멕시코 벽화다.

세상에서 가장 아름다운 멕시코 벽화

나이가 든 탓일까, 사람들이 지금까지 여행한 곳 중에서 어디가 제일 좋은가, 무슨 책, 무슨 그림, 무슨 음악이 제일 좋은가 등을 물어올 때가 있다.

어느 것이나 다양한 개성을 갖는다고 하면서 제대로 답을 못하지만 멕시코 벽화를 보았을 때의 감동이 제일 컸다고는 말할 수 있다. 그래서 미술의 역사에 대해 쓸 때면 언제나 그것을 중시했다. 1990년대 초부터 고야Goya 이후의 미술사에 대해 쓴 글들을 모은 『시대와 미술』에서는 20분의 1 정도의 분량을 멕시코 벽화를 그린 화가들에 대해 할애했다. 20세기 미술사로 친다면 10분의 1 정도로 다룬 셈이다. 그 뒤 20년이 지난 지금은 5분의 1 정도로도 다룰 수 있다. 아니 20세기 최고의 예술로 볼 수도 있다. 그만큼 현대 미술 중에 멕시코 벽화가 가장 뛰어나다고 생각한다. 최근의 그라피티graffiti도 좋아하지만 멕시코 벽화만큼의 감동은 받지 못했다. 우리의 걸게 그림도 좋아하지만 예술이라고 하기는 어렵고 그나마 없어졌다.

국내외의 세계 미술사를 다루는 책에서 그라피티는 물론 멕시코 벽화를 다루는 경우는 거의 없다. 2006년에 출간된 영국의 보수주의 역사가인 폴 존슨Paul Johnson의 『새로운 미술의 역사』는 제목과 달리 내용은 서양 미술사이고 파블로 피카소Picasso Pablo를 사기꾼으로 모는 것 외에는 크게 새로운 바가 없으며(프랑스 루브르박물관은 약탈의 소산이라고 욕하면서 영국은 정당한 값을 치렀다고 주장하며, 영국 미술을 과도하게 찬양하고 1945년 이후 현대 미술을 순수미술이 아닌 유행미술이라고 욕하는 부분도 새롭다고 하면 새롭지만 황당무계하다), 820쪽에 이르는 두꺼운 책인데도 멕시코 벽화에 대한 언급이 없는 점도 기왕에 나온 책들과 크게 다르지 않다.

멕시코 벽화에는 현대 작품 이외에도, 그것이 모델로 삼은 식민지화 이전의 토착 인디오 벽화가 있었으나 19세기 독립 이후에 재발견되기 전까지는 철저히 무시되었다. 20세기에 들어 인디오의 유적이 계속 발견되면서 9세기에 만들어진 '벽화의 신전'을 비롯한 수많은 전통 벽화가 발견되었다. 3세기부터 7세기 사이, 멕시코 중앙고원에서부터 마야 문명과 중남미에 이르는 광대한 지역을 문화적으로 지배한 테오티우아칸 문화의 중심인 테오티우아칸Teotihuacàn의 모든 건물 외벽이 벽화로 장식되었고, 여타 다른 지역에서도 수많은 벽화 유적이 발견되었다. 식민지 시대에 와서도 인디오의 벽화 기술은 식민지 문화에 적합한 것으로 변용되기는 했지만 공공건물의 장식에 이용되었다. 그러나 서구에서 르네상스 이후 벽화가 쇠퇴한 것과 마찬가지로 인디오 벽화도 쇠퇴했다. 1810년 독립과 함께 인디오 벽화가 재흥再興되었으나, 그 소재는 성서와 그리스·로마 신화 등이어서 식민지적인 차원을 벗어나지 못했다.

새로운 멕시코 벽화는 1910년 멕시코혁명 이후 멕시코 문화의 정체성이 확립됨으로써 비로소 가능해졌다. 이는 학살당한 인디오와 메스티소(백인과 인디오의 혼혈)가 멕시코의 정당한 주민이고 그 문화의 참된 계승자라는 인식에 의한 것이었다. 벽화는 또한 세계 보편적인 것이었다. 특히 서양 근대의 출발인 르네상스 문화의 핵심으로 벽화를 재조명하여 멕시코 미술이 서구의 아류에서 벗어나도록 했다. 그러나 벽화를 건물 내벽에 그렸던 서양에서와 달리 멕시코에서는 인디오 벽화 전통처럼 건물 외벽에 그림으로써 공공성을 확보했다. 이는 20세기 현대미술에서 가장 예외적인 것이자 가장 혁신적인 것으로 전 세계에 충격을 던졌다.

벽화 운동은 종래 일부 특권층이 독점한 문화를 민중에게 돌려주는 것을 뜻했다. 과거의 특권 문화를 상징한 작은 평면화를 부정하고, 화가와 민중이 일체가 되어 그린 그림을 민중에게 영원히 언제나 보고 싶을 때 보여줄 수 있는 것이 벽화였다. 화가의 그림이라는 과거의 전통과 달리 벽화는 민중의 적극적인 참여에 의해 이루어졌고, 그 내용도 민중의 일상과 혁명이었다. 그리하여 예술의 '창조성'이라든가 '예술가는 천재'라는 신화는 사라지고 예술은 '개인 표현'이 아니라 '공동 표현'이자 '협동 표현'의 형식, 그리고 공동의 일상과 노동의 협동과 공생의 혁명 표현이라는 내용으로 변했다. 또한 벽화는 혁명의 교육에도 중요한 역할을 했다. 말하자면 멕시코 벽화는 거리의 벽화와 광장의 벽화로 민중의 자유와 평등을 강렬하게 주장했다.

동굴벽화는 첫 예술이 아니다

폴 존슨의 『새로운 미술의 역사』 제1장은 '동굴벽화와 거석 미술'인데, 이는 대부분의 미술사 책의 첫 장과 같다. 존슨은 동굴벽화를 시스티나성당 천장화와 비교하며 그것을 미켈란젤로Michelangelo 같은 전문 미술가가 그렸을 것이라고 하고 미술가를 인간 최초의 직업이라고도 한다. 그리고 벽화는 집단의 결속력을 다지는 역할을 했다고 본다. 이러한 해석은 동굴벽화만이 아니라 거석문화에 대해서도 마찬가지인데, 그것을 만든 의도를 질서에 대한 욕망이라고 한다. 존슨이 보수주의를 대표하는 사람으로 그가 쓴 다른 책들에서도 볼 수 있는 내용이니 그다지 놀라운 게 아니지만 문제가 많다.

우선 미술가라는 직업은 선사시대는커녕 고대나 중세를 거쳐 그야말로 미켈란젤로가 등장한 15~16세기까지도 제대로 존재하지 않은 직업이었고 미켈란젤로도 미술가만을 직업으로 삼지 않았다. 즉, 미술가란 전문직업이 아니었고 미술은 일반인의 생활에 속했다. 따라서 모든 사람이 아마추어 예술가였다. 예술가가 무시되었다기보다도 모든 사람이 예술가여서 예술가라는 존재가 특별히 부각되지 못했던 것이다. 선사시대의 동굴벽화부터 20세기 후반의 벽화에 이르는 민중미술이나 공공미술의 전통이 대단히 길고 많은 사람이 즐긴 것인 반면 개인 미술이나 사적 미술의 전통은 겨우 최근 500년, 그것도 서유럽이라는 매우 한정된 지역에서 생긴 것에 불과하다.

한국에서 널리 읽힌 언스트 곰브리치Ernst Gombrich의 『서양미술사』가

"미술이라는 것은 사실 존재하지 않는다. 다만 미술가들이 있을 뿐이다"라는 유명한 문구로 시작되는 것도 지극히 서유럽적인 생각이다. 또 헨드릭 빌럼 판론Hendrik Willem Van Loon의 『예술사 이야기』는 1937년 미국에서 쓰인 책인데도 한국에서 여러 번 번역된 것을 보면 꽤나 좋은 책인 듯하다. 하지만, 그 책이 "모든 예술은 본질적으로 한 사람의 체험이며 따라서 초월적이고 배타적"이므로 대중에게 "예술을 가져다주려"는 것에 의문이 든다고 말한다. 그러나 예술은 예술가의 것이고 대중은 예술과 무관하다는 생각에 대해서는 의문이다.

예술가의 개인 표현이 예술처럼 된 것은 500년에 불과하고, 그전의 수만 년의 역사에서 예술은 예술가의 개인 표현이 아니라 대중의 공동 표현이었다. 미술을 포함한 모든 예술의 시작인 동굴벽화부터 르네상스까지의 벽화 전통이 그것을 단적으로 보여준다. 1920년대 멕시코와 미국에서 일어난 벽화운동은 그것을 재흥한 것이었다. 1944년까지 살았던 판론이 그 책에서 당시 성행한 벽화운동에 대해 아무런 언급을 하지 않은 것은 참으로 유감이다. 그러나 약 70년 전에 죽은 판론을 탓할 필요도 없는 것이 지금 사람들도 대부분 그렇게 생각하기 때문이다. 판론의 책과 달리 아르놀트 하우저Arnold hauser의 『문학과 예술의 사회사』는 좌파적 견해를 보여준다고 하지만 벽화운동에 대해 언급하지 않는 점은 마찬가지다. 그러나 하우저의 책은 서양을 대상으로 한 것이니 멕시코에 대해 다루지 않은 것이 당연할지 모른다. 이는 곰브리치의 『서양미술사』도 마찬가지다.

폴 존슨의 견해에서 더욱 의심스러운 부분은 벽화가 질서에 대한 욕망에서 나와 집단의 결속력을 강화하는 역할을 했다고 보는 점이다. 왜냐하면 동굴벽화는 사람이 살지 않거나 살기 어렵고 찾아가기 힘든 동굴의 가장 깊숙한 곳에 은밀하게 그려졌기 때문이다. 동굴벽화가 종교적인 역할을 했으리라고 보는 견해는 그래서 나왔다. 이에 대해 존슨은 벽화에 제물이나 인간이 나오는 경우가 없고, 하나의 동굴을 제외하면 그림에 성직자 · 마법사 · 주술사가 나오지 않기 때문에 그렇게 볼 수 없다고 하지만 짐승을 숭배의 대상으로 삼는 종교는 선사시대에 일반적이었고 지금도 볼 수 있는 현상이다. 그러나 동물들이 살해되는 모습으로 그려진 것을 보면 숭배의 대상으로 삼았다고만 하기도 어렵다. 반대로 사냥을 위해 동물을 죽이는 그림으로 볼 수도 있다.

이처럼 동굴벽화를 어떻게 이해할 것인지에 대해서는 아직까지 정설이 없다. 다만 미술사가들만이 아니라 다양한 학문 분야에서 다양한 견해가 나왔다. 가령 제이콥 브로노우스키Jacob Bronowski는 『인간 등정의 발자취』에서 동굴벽화를 앞을 내다보는 예상의 힘에 의한 그림이라고 하지만, 이는 문화적 진화를 상상력의 성장으로 보는 자기주장에 꿰맞춘 느낌이다. 경험하지 못한 것을 예상하여 그림으로 그린다는 것이 가능하다고 생각되지 않기 때문이다. 이보다는 라스코 동굴벽화에서 들소 아래에 누워 있는 남자의 성기가 발기되어 있고 그 밑에 새가 있는 그림을 두고 꿈을 묘사한 것이라고 보는 심리학자들의 견해가 더 흥미롭다. 즉, 잠자고 있거나 죽어 있어도 남자의 영혼이 새가 되어 신체의 밖으로 나가 들소 사냥거리가 있는 곳을 가르쳐주어 사냥한 꿈을 보고 있다는 것이다. 그러나 성기의 발기란 성性을 생산의 근원으로 본 샤머니즘에서 비롯된 표현인지도 모른다.

이처럼 동굴벽화에 대해서는 다양한 해석이 가능한데 그보다 더욱 중요한 문제는 동굴벽화가 첫 예술이나 첫 미술이 아니라는 점이다. 프랑스 남부의 라 페라시 유적 동굴 벽에 새겨진 조각은 3만~2만 5,000년 전에 만들어진 유럽 최초의 미술로 여성의 성기를 조각한 것이다. 또 1만 년 이전의 각인刻印이나 악기는 자연의 현상인 시간과 소리를 인간의 척도로 파악한 기초적인 논리 수단이었다. 특히 주기적 시간에 대한 관념이 있어 달이 변하는 모습이나 동물의 번식 등 변화의 패턴을 파악하는 인간의 사고가 발전하고 있음을 보여준다.

　　동굴벽화나 조각보다 일찍 누구나 볼 수 있는 그림이나 조각이 높은 바위 등에 그려지고 새겨졌을 수도 있다. 지금 우리가 그것을 볼 수 없는 것은 동굴벽화와 달리 쉽게 사라졌기 때문이다. 그러나 동굴벽화보다 뒤에 그려진 암각화가 동굴벽화 이전의 암각화와 크게 다르지 않았다고 본다면, 그 그림이 대부분 노동 협력의 필요성에 의해 생겨난 것임을 알 수 있다. 고래잡이라는 노동 협력을 보여주는 울산의 대곡리 반구대 암각화는 7,000~3,500년 전 신석기시대의 작품으로 추정되지만 농경에 관한 표현이 전혀 없어서 그보다 오래전의 것으로 볼 수도 있다. 또 그보다 오랜 암각화가 많았을 수도 있다. 댐 건설로 훼손된 반구대 암각화를 다시 훼손하는 일이 계속되고 있는 것을 보면 그 이전에 파괴되었을 수많은 첫 예술이 아깝다.

예술의 기원

에마뉘엘 아나티Emmanuel Anati의 『예술의 기원Aux Origines de L'art』이라는 책이 있다. 그러나 그 내용은 '미술의 기원'이다. 이는 '아트art'를 무조건 '예술'이라고 번역하는 탓에 생긴 난센스다. 미술의 기원에 대해서는 많은 이론이 있다. 『털 없는 원숭이』를 쓴 데즈먼드 모리스Desmond Morris는 원숭이에게 화구畵具를 주었더니 그림을 그리더라고 하며 '본능설'을 주장했다. 그러나 원숭이의 마구잡이 그림을 예술이라고 할 수 있을지 의문이다. 이와 유사한 것이 아기가 그림을 그리듯이 선사인들이 우연히 그림을 그리다가 의도한 바를 그렸다고 보는 심리학적 견해인데, 이는 예술적 창의력의 기원을 설명하지 못한다.

　　첫 예술에 대한 견해 가운데 가장 빨리 제기된 것은 19세기 후반 유럽에서 제기된 '예술로서의 예술' 이론이었다. 이는 당시 유행한 '예술을 위한 예술'이라는 주장과 유사하게 선사시대 예술은 그 자체가 목적이었다고 본 것이다. 그러나 이는 동굴벽화가 동굴 깊숙한 곳에서 주로 동물을 대상으로 그려진 특징을 설명하지 못한다. 그래서 등장한 여러 '주술' 이론은 동굴벽화가 사냥과 다산을 기원한 주술이라고 보지만, 이는 동굴벽화 주제에는 동물 외에도 많고 주술과 무관하게 동굴 밖 노천에 그려진 것도 많다는 점을 설명하지 못한다. 유사한 것으로 샤머니즘이나 신화와 관련된 것이라고 보는 견해도 나왔지만, 샤머니즘은 동굴벽화가 그려진 구석기시대보다 훨씬 뒤에 나타났다고 보는 반론도 있다.

그 밖에 성적 상징과 관련 있다고 보는 견해도 있고, 특히 페미니즘이 유행인 최근에는 여성을 찬미하고 숭배하는 것에서 예술이 시작되었다고 보는 대모신大母神 이론이 나와 각광을 받았다. 선사 인류에게 신이라는 개념은 없었고 이는 훨씬 뒤에 생겨났다고 보는 것이 일반적이지만, 미술·음악·무용·연극 등은 주술이나 제의가 그 기원이라는 견해는 여전히 존재한다.

이상의 이론들이 갖는 문제점 중 가장 심각한 것은 그것들이 유럽의 선사 미술에 근거하는 유럽 중심주의에 입각한다는 점이다. 선사 미술은 유럽인의 미술적 재능을 확인할 수 있는 증거라고 생각하고 그것과 유사한 비서양 세계의 부족 예술은 야만적인 것이라고 생각한 것의 반영이었다. 나아가 선사 미술과 부족 미술을 비교하는 것을 이단으로 취급한 것이었다. 이러한 점을 지적한 아나티는 『예술의 기원』에서 새로운 미술의 기원을 탐구한다고 하지만 특별한 답을 내리지 못하고 미술 이전에 생긴 말을 표현하는 문자의 전조前兆라고만 밝히고 있을 뿐이다. 이는 네안데르탈인이 힘겨운 삶을 살았기에 협력이 절실하여 언어와 음악을 합친 것이 생겼다고 보는 스티븐 미슨Steven Mithen의 견해와 유사하다. 즉, 음악에서 말이 생기고 미술에서 문자가 생겨났다는 것이다. 또 말이 문자보다 먼저이니 음악이 미술보다 먼저다.

미슨은 『노래하는 네안데르탈인』에서 우리가 노래할 때 경험하는 집단정체성과 공동체 의식 같은 것을 고양시켜 사회적 헌신과 협력을 이끌어냈다고 본다. 미술도 마찬가지로 그 기원은 노동 협력의 표현에 있었다고 볼 수 있다. 그 단적인 보기가 경북 울산의 반구대 암각화다. 바위에 고기잡이와 사냥을 하는 여러 사람이 끌로 쪼아 그려져 있다. 즉, 망보는 사람·여러 명이 탄 배·활·그물·어책漁柵·작살을 맞은 고래 등이 노동 협력의 매뉴얼처럼 그려져 있다.

동굴벽화와 생태계 파괴

'직립 보행을 하는 사람'을 뜻하는 호모에렉투스의 유골 가운데 가장 오래된 것은 150만 년 전쯤의 것으로 추정된다. 그들은 아프리카에서 생겨나 50~100만 년 전에 유럽과 아시아로 퍼져나갔다. 한반도에서도 50만 년 전의 1.5톤이 넘는 코뿔소의 뼈와 불 피운 흔적, 깨진 돌 등이 발견되었다(평안북도 상원군 검은모루 동굴 유적). 사람 뼈는 나오지 않았지만 사람들이 동굴에 살면서 사냥하고 불을 피웠음을 알 수 있게 해준다. 불을 사용한 호모에렉투스는 동굴에서 함께 살기 시작하면서 자신들이 작고 의미 있는 공동체라고 생각했고 그런 집단적 교류를 통해 언어가 생겨났다. 어느 시점에서 불을 관리하는 사람과 불 전문가가 생사를 좌우하는 두렵고 신비로운 사람으로 나타나 우두머리가 되기도 했지만, 그가 지배자로서 막강한 권력을 행사했다고 보기는 어렵고 모두 자연 속에서 자유롭게 살았다. 내가 말하는 삼자주의(자유, 자치, 자연)의 원형인 셈이다.

현생 인류인 호모사피엔스도 아프리카에서 생겨나 다른 곳으로 이주했다. 5~10만 년 전에는 유럽과 아시아의 따뜻한 지역으로, 5~6만 년 전에는 오스트레일리아와 뉴기니, 아메리카와 시베리아까지 나아갔다. 한반도에 온 것도 그 무렵이었다. 5만 년 전에는 몇 백만 명이었던 세계 인구도 기원전 2000년경에는 1억 5,000만 명을 넘었다. 어쩌면 당시 한반도, 즉 단군이 나라를 세웠을 무렵에는 그 100분의 1 정도인 150만 명 정도가 살았을지 모른다. 이는 지금의 한반도 인구가 세계 인구의 100분의 1 정도라서 매우 단순하게 유추한 것으로 당연히 정확한 것은 아니다.

구석기시대의 사회 단위는 100명 미만이었고 인구밀도는 1제곱마일 당 2명 미만이었으며 물질적으로 필요한 것이 많지 않아 풍요롭게 살았다. 이동하는 그들에게 물건의 소유는 장애가 되었으므로 소유물이 거의 없었고 살아가는 데 필요한 수단을 공유했다. 구석기인은 문자 · 예술 · 사회 · 상거래 · 신화 · 장신구 · 조각 · 동굴벽화 · 도구를 만들었다는 점에서 우리의 자랑스러운 조상이지만, 그들이 최초로 자연을 식민화하기 시작했음도 주의해야 한다. 우리에게 널리 알려진 스페인 알타미라 동굴벽화나 프랑스 남부 론Rhone 계곡 쇼베의 동굴벽화는 기원전 1만 8,000~2만 년 전에 그려진 것으로 추정되는데, 이는 당시 인류가 대형동물의 사냥꾼이었음을 보여준다. 왜냐하면 구석기시대 동굴벽화에는 없었던 표범과 하이에나가 사자 · 코뿔소 · 곰 · 올빼미 · 매머드 · 들소 · 빙하기의 말 · 지금은 멸종한 큰뿔사슴 등과 함께 나타나기 때문이다.

미술사 책은 동굴벽화의 회화적 우수성을 격찬하고 그 종교적 의미를 추켜세우는 문장으로 넘쳐나지만, 반대로 인류 최초의 생존투쟁을 보여주는 그것은 자연에 대한 인간의 정복을 나타내는 잔인무도한 그림으로도 볼 수 있다. 왜냐하면 그 그림들이 그려진 뒤인 홍적세 말기에 많은 대형동물이 멸종했기 때문이다. 이는 오늘날의 범세계적 생태계 파괴의 시작이었다. 동굴벽화는 대부분 그런 살해 장면을 보여주기도 한다. 따라서 미술시에서 흔히 말하는 종교적 의미보다도 실용적 목적이 컸다고 볼 수 있다. 그림을 그림으로써 그려진 사물을 지배하는 힘을 얻는다고 생각했을 수도 있다. 특히 그림 속의 짐승을 죽임으로써 실물을 죽인다고 생각했을 것이다. 이는 예술 세계가 일상생활의 연장이었기 때문이지만, 예술이 자연 파괴로 연결될 수도 있다는 점에서 끔찍하다.

예술은 자유로운 협력에서 나온다

예술의 기원은 하나다. 즉, 경쟁 생활이 아닌 협력 생활에서 기원한다. 그러나 사회가 협력에서 경쟁으로 바뀌면서 예술도 바뀐다. 가장 결정적인 변화는 19세기에 초래되었다. 선사시대는 물론 고대나 중세와 18세기까지 예술과 기술은 구분되지 않았고, 그 둘은 인간의 생활 영역으로서 자연에 대립되었다. 그러나 19세기에 와서 예술은 기술 · 공예 · 오락 · 대중 · 사회와 구분되었고, '미적인' 고상함과 관조적인 순수예술 작품의 창조자인 예술가와 '실용적인' 오락이거나 유용하거나 재미있는 무엇인가를 만드는 단순 제작자인 공예가(장인) 등으로 분리되었다. 심지어 예술은 종래의 종교와 같이 고매한 진실이나 영혼 치유의 초월적 영역으로 숭배의 대상이 되었다. 그런 경향에 대해 19세기부터 비판적인 견해가 나타났지만 대세를 바꾸지는 못했다. 그런 비판에 앞장 선 사람으로는 장 자크 루소Jean Jacques Rouseau, 메리 울스턴크래프트Mary Wollstonecraft, 랠프 월도 에머슨Ralph Waldo Emerson, 존 러스킨John Ruskin, 윌리엄 모리스William Morris, 레프 톨스토이 등이 있었고, 20세기의 다다이스트와 팝아티스트 등이 그 뒤를 이었다.

그런데 더욱 중요한 문제는 그런 대세적 경향이 인종과 계급, 성별의 경계 강화와 함께 초래되었다는 점이다. 백인 예술만 예술이고 황인이나 혹인 등의 유색인종 예술은 예술은커녕 미개나 야만의 증거로 간주되었다. 또 서양 미술 내에서도 민중예술과 여성 예술은 열등한 공예나 수예 등으로 간주되어 제외되었다. 그런 경향에 대한 비판이 혹인 해방과 식민지 해방과 여성 해방 등이 격렬하게 전개된 20세기 후반에 와서 제기되자 종래 제외되었던 제3세계 예술·민중예술·여성 예술을 예술에 포함시키자는 움직임이 생겨났지만, 그것만으로는 충분하지 않다. 예술의 개념 자체를 바꾸어야 한다.

특히 극소수 천재 예술가의 양성을 위한 치열한 경쟁 교육이라는 우리의 예술 교육 풍토야말로 가장 비예술적인 것으로 바꾸어야 한다. 나아가 천재 예술가가 극도의 부와 명성을 누리는 반면 대부분의 예술 지망생들은 낙오하는 것과 일반인이 예술과는 철저히 담을 쌓고 지내는 것을 당연하게 생각하는 것 등 우리의 비예술적인 현실도 바꾸어야 한다. 게다가 이 천재 예술가는 클래식 음악 연주자이거나 서양에서 출세한 화가나 건축가, 디자이너 등이어서 더욱더 일반인과는 동떨어진 신비한 존재인 것도 바꾸어야 한다. 동양적·한국적 예술가라고 해도 신비롭기는 마찬가지인 점도 바꾸어야 한다. 나는 이런 비예술적인 예술 현실이 너무나 싫다. 협력은 자유로운 행위이고 자치의 행위이며 지극히 자연스러운 행위이고 예술은 더욱 그렇다. 그러나 그 협력이 자연 파괴에 이르는 것이어서는 안 된다.

제4장

첫 농사 이야기

첫 문명

2013년 9월 미국과 서방 국가들이 시리아에서 화학무기가 사용되었다며 근거로 제시한 화학무기 비디오가 조작된 것이라는 주장에도 미국의 시리아 공습이 시작될 것 같더니 주춤하고 있었다. 예전에 이라크전쟁에서 고대 메소포타미아의 유적들이 상당수 파괴되었는데, 같은 지역인 시리아에도 많은 문제가 있었다. 이라크를 폭격할 때 세계 최초의 문자가 적힌 점토판들이 무수히 파괴되자, 세계적인 진보주의자이자 작가인 에두아르도 갈레아노Eduardo Galeano는 조지 W. 부시가 미국 텍사스에서 문자가 발명되었다고 알고 있음이 틀림없다고 비꼬았다. 그리고 수많은 육신만이 아니라 인류의 기억도 말살했다고 비난했다. 그야말로 역사의 파괴였다. 역사의 종말이 아니라 역사의 몰살이고 파괴였다. 미국이 파괴한 점토판에는 이렇게 적혔다. "우리는 먼지이고, 아무것도 아니다." "죽는다는 것은 흙으로 돌아간다는 것이다."

1994년의 보스니아내전과 르완다사태 이후 시리아 난민을 포함한 세계 난민이 사상 최대치인 1,000만 명을 넘어섰지만, 미국을 비롯한 소위 선진국들은 난민에 대한 지원은 아랑곳없이 폭격만을 서둘렀다. 한국도 이스라엘과 함께 가장 강경한 폭격 지지 입장에 섰다. 이는 기원전 4000년경부터 400년경까지의 4,000년 문명이었던 메소포타미아문명, 특히 그 처음인 수메르문명, 즉 인류사의 첫 문명을 파괴하는 것이다. 새뮤얼 노아 크레이머Samuel Noah Kramer는 『역사는 수메르에서 시작되었다』에서 인류 역사상 39가지의 '최초'를 설명한다. 인류 최초의 문자, 숫자, 수레, 바퀴, 도자기, 물레, 요일, 도시, 정치, 민주주의, 연방제, 종교, 신화, 역사, 법, 경제혁명, 문학, 미술, 음악, 무용, 사랑 등이 모두 조지 W. 부시의 고향인 텍사스가 아니라 그가 폭격한 수메르에서 시작되었다. 심지어 맥주도 수메르에서 시작되었다.

그러니 인류 역사는 다시 새로 쓰여야 한다. 그리스나 이집트가 아니라 수메르가 세계 최초의 문명국이라고 써야 한다. 문명의 기본인 문자도 그들이 발명했다. 수메르어가 바빌로니아어로, 다시 그리스어와 라틴어로 변했다. 언어만이 아니라 모든 것이 그랬다. 수메르의 7신에서 7일이 나오고 월화수목금토일 7요일이 나왔다. 1년이 12개월, 1일이 24시간, 1시간이 60분, 1분이 60초라는 것도 수메르인이 만들었다. 그들은 60을 기반으로 한 수학을 발명하고 1부터 9까지의 숫자로 여러 조합을 만들었다. 원은 360도, 1타스는 12개, 1피트는 12인치라는 것과 곱셈과 나눗셈, 제곱과 제곱근도 모두 그들이 만들었다.

인류 최초의 역사가라는 헤로도토스의 『역사』는 2,500년쯤 전의 페르시아와 그리스의 전쟁을 다룬 것이지만, 그보다 2,300년 이상 앞선 길가메시의 전쟁을 다룬 『길가메시 서사시』가 수메르에서 기록되었다. 이 서사시는 호메로스의 『오디세이아』보다 2,000년 이상 앞선 것이다. 호메로스는 『길가메시 서사시』를 읽고 『오디세이아』와 『일리아스』를 썼을지도 모른다. 이뿐만 아니라 고대 그리스 신화나 유대 신화를 비롯한 인류의 여러 신화나 종교도 수메르 신화와 종교의 영향을 받았다. 카를 융Carl Jung은 노아 홍수의 원형인 수메르 신화의 홍수 전설을 인류 공통의 태곳적 기억이라고 했다. 조지 W. 부시는 그 기억을 자신이 노아인 양 거들먹거리면서 파괴했다.

더욱 놀라운 것은 수메르에 왕권을 제한하고 정치적 집회의 권리를 인정하여 민주적 정부를 향한 발걸음인 '최초'의 양원제가 있었다는 점이다. 그것을 만든 왕이 길가메시다. 그는 먼저 연장자를 모아 나라를 위협하는 적과 전쟁을 하자고 호소하지만 거부당한다. 그러자 다시 젊은이들을 모아 전쟁에 찬성하게 해 전쟁을 치르고 승리했다는 것이다. 상하원이 어떻게 구성되었고 운용되었는지에 대해서는 알 수 없지만, 민주주의가 그곳에서 시작된 것은 분명하다.

또 '최초'의 사회개혁이 있었고 법으로 보장된 자유도 있었다. 그들은 권리의 중요성을 인식했고, 그들의 생활에 필수적인 경제적·개인적 자유에 위협이 되는 정부의 행동에 민감하게 대처했다. 인류 '최초'의 법전은 기원전 1750년의 『함무라비 법전』으로 알고 있으나 그보다 150년 이상 앞선 법전이 1947년에 발견되었고, 이어 1952년에는 기원전 2050년경의 법전이 발견되었다. 그리고 그 내용은 정의를 세워 시민들의 복리를 증진한다는 것이었다. 또한 법원인 시민회의와 검사, 변호사까지 등장하는 인류 '최초'의 판례가 있었다.

그 밖에도 최초의 의학서, 원예서, 철학, 윤리학, 고난과 복종, 속담과 격언, 동물 설화, 문학 논쟁, 성서, 대홍수, 부활, 용의 살해, 문학적 인용, 서사문학, 사랑 노래, 도서관, 세계 평화와 조화, 병든 사회, 종교적 애도가, 메시아, 마라톤 우승자, 문학적 상상력, 신성한 결혼식, 슬픔에 잠긴 성모, 자장가, 이상적인 어머니, 장송곡, 노동자 승리, 수족관, 바퀴, 60진법, 대

수학과 기하학, 도량형, 별자리 지도 등이 수메르에서 만들어졌다. 지금까지 지속된 인류 문화의 모든 것이 수메르에서 생겨났다.

그러나 아무리 수메르가 좋다고 해도 그것이 '소머리'라는 말에서 나왔다고 하며, 수메르어가 한국어와 같은 교착어이고 검은 머리·청회색 토기·순장·씨름 등이 우리와 비슷하다는 점 등을 들어 고대 한국인이 수메르를 건설했다고 하는 식의 이야기에 나는 관심이 없다. 무엇보다도 수메르 미술에 등장하는 그들의 모습이 서양인이나 아랍인의 얼굴이고 몸이지 우리의 모습이 아니기 때문이다.

첫 농사

현재 동식물의 유전자 변형과 조작이 문제되고 있지만, 이러한 변형은 야생종을 길들이고 농업을 시작하면서부터 나타났다. 그 시작은 빙하시대의 마지막이 지난 1만 5,000여 년 전이었다. 중국이나 한반도에서도 적어도 기원전 6000년경에는 농사를 짓고 토기를 만들었다. 지금까지 확인된 바로는 시리아에서 세계 최초의 농사가 지어졌다. 시리아 제2의 도시인 알레포Aleppo에서 동쪽으로 120킬로미터, 유프라테스 강가의 아부 후레이라 Abu Hureira라는 거대한 언덕(아랍어로 텔이라 한다)에 남아 있던, 약 1만 2,000년 전쯤에 형성된 인류 최초의 농촌 유적이 1971년에 발견되었다. 이 유적은 2년 뒤에 발발한 이스라엘과의 전쟁 때 발굴되었지만 댐 건설로 인해 수장되었다. 지금은 내전의 최격전지인 그곳에 아무도 살지 않는다. 농사만이 아니다. 인류 '최초'의 농업서도 그곳에 있었다. 이는 1950년까지 세계 '최초'의 농업서로 알려진 헤시오도스의 『일과 나날들Work and Days』보다 1,000년이나 앞선 것이다.

1만 년 전 당시의 수메르는 밀·보리·포도 등의 농작물 재배의 최적지였다. 또 양·염소·소·말·낙타가 야생으로 많이 살고 있어서 그 동물들을 가축으로 길들이고, 식량화하고, 쟁기와 수레를 끄는 데 이용하고, 옷과 술 기름을 넣는 가죽주머니를 비롯한 가죽 제품을 만드는 재료를 얻기에 안성맞춤이었다. 지금도 그대로 사용되고 있는 농사의 3가지 기본 도구인 도끼, 괭이, 낫도 수메르 농경민들이 만들었다. 바구니와 항아리, 가마와 벽돌집, 고기 굽기와 양조, 천을 짜는 베틀도 그대로다. 농경에서 가장 중요한 변화인 뒤지개와 쟁기는 기원전 3000년경에 사용되었다. 그 결과 농민들은 한곳에 완전히 정착했다.

게다가 메소포타미아라는 말이 '강 사이에'라는 뜻이듯 두 강 사이에 만든 관개수로와 배수로, 저수지, 댐 등은 물을 공급하고 물건을 운반하는 데 적격이었다. 쉽게 물을 댈 수 있는 땅은 모두 개간되었고 관개된 지역에는 수천 명의 인구를 가진 10여 개의 도시가 산재했다. 그중 가장 큰 도시인 니푸르Nippur에 있는 신전에 수메르 전역의 신관들이 모여 정보와 의견을 교환하고, 서로의 분쟁을 재판했다. 신전은 또 상거래 장소로도 이용되었으나 당시에는 화폐 없이 물물교환이 이루어졌다. 농업 발전은 인구 성장을 촉진해 도시가 등장하는 것에 기여했고, 도시의 규모는 주변 지역의 농업에 의존했다.

농경사회에서는 유산 상속이 큰 문제였기 때문에 일찍부터 법이 발전했다. 수메르에서는 도시마다 통치자들이 법을 만들었다. 그중 가장 유명한 것이 바빌로니아 제6대 왕인 함무라비가 만든 법전이다. 도시 중앙에 세운 2.25미터 석판에 새긴 법전은 누구나 볼 수 있었다. 그 머리에는 "재판을 얻기 위한 자는 이 비 앞에 와서 읽고 들어라. 이 비는 그대들에게 법을 명백히 가르치고 그대들의 권리를 지킬 것이다"고 새겨져 있다. 따라서 법을 모른다는 것은 변명이 될 수 없었고, 그 원칙은 지금도 유지되고 있다. 또 돌에 새겼기 때문에 바꿀 수도 없었다. 지금도 "돌에 새겨졌다"고

하면 영원함을 뜻한다.

『함무라비 법전』은 "눈에는 눈, 이에는 이"라거나 "수술 중이나 후에 환자가 죽으면 의사의 손을 자른다"는 '탈리오의 법칙lex talionis'으로 유명하지만, 그보다 중요한 원칙은 유죄로 판정되기 전까지는 무죄라는 '무죄 추정의 원칙' 조항이다. 그 뒤 3,700년 이상이 지났지만 한국에서는 이 원칙이 잘 지켜지고 있지 않다. 더욱 잘 지켜지지 않는 것은 함무라비가 법은 "강자가 약자에게 부당한 짓을 저지르지 않도록 하기 위해" 존재한다고 한 원칙이다. 고대의 신명재판神明裁判, 즉 원고와 피고 모두 돌을 이고 강을 헤엄쳐 건너다가 빠지지 않는 사람이 승소한다는 재판이 유지되었지만 법전 덕분에 고문이 줄고 진실을 맹세한 진술에 힘이 실리게 되었다.

마찬가지로 중요한 것은 법을 숙지시키기 위한 교육이 발달했다는 점이다. 즉, 법치주의를 위한 법 교육을 중시했는데 이 점도 한국에서는 소홀히 된다. 메소포타미아의 모든 도시에 도서관이 있었고, 남녀 모두 글을 배우고 쓸 수 있게 했다. 그 교재가 『길가메시 서사시』와 『함무라비 법전』이었다.

그러나 수리시설이 지리적·기술적으로 한계를 보이자 분쟁은 더욱 심각해졌다. 관개수로가 크고 길어지면서 상류 도시보다 하류 도시가 쓸 수 있는 물의 양이 현저하게 줄어들어 수리권水利權 다툼이 잦아졌다. 그래서 도시 간 전쟁이 일어나고 이는 외부 유목민족의 침략을 초래했다. 초기의 도시 통치자들은 신관들 중에서 선출되었으나 점차 세습화되었고 이는 왕권신수설에 의해 정당화되었다. 각 도시는 독립을 주장했기 때문에 한 도시가 패권을 잡지는 못했지만, 차츰 도시 간 분쟁을 해결하고 외부의 적을 막기 위한 강력한 지도자가 필요해졌다. 그들은 법전의 공포, 임명직 관료제, 공식적인 우편 업무 등을 통해 권력을 강화했는데 이는 모두 정치의 원리가 되었다.

치수治水의 필요성이 권력과 권위를 집중시켰다고 보고 이런 사회를 '수력 사회'로 규정하는 이론도 있다. 특히 중국에서는 황허강黃河江의 범람을 막기 위한 제방과 벼농사를 위한 관개시설이 필요해 중앙집권적 관료제가 필요했다고 보는 것이다. 이런 점을 과도하게 강조하면 환경결정론이 될 위험성도 있지만, 치수가 왕조 교체에 일정한 구실을 한 것은 분명하다. 즉, 제방이 무너지고 홍수가 나서 가옥과 논밭이 파괴되면 왕조도 흔들렸을 것이다.

첫 노예

『함무라비 법전』은 3,700년 전의 법전이니 문제가 없는 것도 아니었다. 피해자가 가해자를 법정에 데려와야 하는 준사형準私刑주의, 고의와 과실의 무無구별 등도 문제였지만 무엇보다도 귀족, 평민, 노예라는 계급에 따른 불평등한 법 적용이 문제였다. 계급은 구석기시대에는 없었다가 신석기시대에 생겨났다. 구석기시대의 수렵채집 생활은 기원전 1만 년쯤부터 신석기시대의 농경 생활로 바뀌면서였다.

신석기시대가 시작되기 3,000년 전쯤 빙하시대에 형성된 빙하가 녹기 시작하면서 대륙을 다리처럼 이어주던 육지들이 물에 잠기고 기후가 더 쾌적해졌다(한반도와 일본을 연결하던 육지도 이때 잠겼다). 대형 야생생물의 숫자가 줄고 인구가 늘면서 정주생활과 집약농경이 나타났다. 최초의 노예인 가축을 통해 인간은 다른 모든 생물에 대한 소유권을 구축했다. 농경이 도입되면서 사냥 증대와 서식지 변경으로 생물 다양성이 줄어들었다. 지구 식민화의 시작이었다.

적어도 신석기시대의 초기에는 모든 사람이 자유롭고 평등했으나 기원전 5000년경부터 사정이 달라졌다. 하천 유역에서 강물을 관리하기 위해 대규모 공사가 필요해졌기 때문이다. 그전에 전쟁에서 패배한 적을 노예로 삼아 그들을 관개수로, 사원, 요새 등의 건설에 강제로 동원했을 수도 있다. 여하튼 유목민 사회에서는 나이 많은 사람이 힘을 가졌지만, 농경사회에서는 소수 남성 엘리트가 권력을 독점했고 노예가 등장했다.

원시 문자 시대 끝 무렵인 기원전 3000년쯤에 여자 노예를 상징하는 기호를 새긴 석판들이 발견되었고, 남자 노예를 상징하는 기호도 나타났다. 그리고 '완전한 자유민'과 '평민이나 예속 신분'을 구별하는 용어도 처음으로 나타났다. 자유를 박탈당한 노예가 등장하면서 그와 반대인 자유민도 등장한 것이다. 이렇게 계급이 분화되면서 특권을 쥔 소수가 다수의 노동에 기생하기 시작했고 소수의 지배를 위해 군인과 경찰로 이루어진 무장 집단인 국가가 등장했고 종교가 등장했으며 마지막으로 사유재산이 등장했다. 유목민에게는 없었던 세금도 생겨났고 사제도 등장했다.

상류층은 귀족, 사제, 정부 관리, 전사로 구성되었다. 그 밑에 상인이 있고, 상인 밑에 무역업자와 장인이 있었는데 이 셋은 빈약한 중산층 또는 '자유민' 계급으로 노동에서 해방된 10퍼센트 정도였다. 나머지 인구의 대부분을 차지한 농노·노예·농부는 관개수로·댐·저수지 건설과 청소 등 모든 육체노동을 담당했다.

사람들 사이의 위계질서가 강화되면서 초기 형태의 도시국가와 제도화된 불평등과 폭력에서 마침내 고대 문명이 나타났다. 문명은 가축의 착취, 식물의 작물화, 노예제도와 식민화의 결과였으니 반드시 찬양할 것이 아니다. 기술의 전문화와 함께 분업과 소유권이 나타나고 권력과 식량을 둘러싼 특권 상류계급도 나타났다. 이는 '경작cultivate'을 뜻하는 말이 뒤에 '노동'과 '문화culture'를 뜻하게 되었다는 것에서도 볼 수 있다.

문명은 생태계 파괴로 시작되어 끝났다. 중국 고대 문명도 예외가 아니어서 맹자는 환경 파괴를 개탄했다. 아마 당시의 한반도도 마찬가지였으리라. 맹자의 말은 사람들에게는 헛소리에 불과했고, 황무지를 개간해 인구를 늘려야 한다는 말이 먹혔다. 경제 위기와 기근이 계속되어 중국의 고대 문명이 멸망했어도 말이다. 플라톤도 아티카Attica 산들의 삼림 파괴를 개탄했다.

첫 신화

인류 '최초'의 신화이자 문학인 『길가메시 서사시』에서 가장 흥미로운 부분은 마지막에 나오는 인간의 창조 부분이다. 흔히 인류 최초라고 하는 그 신화는 노동을 하는 낮은 신들이 파업을 일으키자 지혜의 신이 그 주동자를 죽이고 그 피를 흙에 섞어 여신들에게 주고 출산하게 한 것이 노동하는 존재인 인간이라고 말한다. 그리고 신이 인간을 노예로 창조했으므로 인간이 식량과 옷을 비롯한 필수품을 신의 집인 신전에 빠짐없이 비치해 신이 그것을 몸소 생산하는 수고를 덜어주어 신들을 기쁘게 한다고 노래한다. 이는 고대인들에게 인간이 신의 노예로 창조되었음이 당연한 사실로 받아들여졌음을 뜻한다. 신은 통치자이자 왕이자 지배자이자 주인이었다. 흙으로 인간을 만드는 것은 『성경』에서도 답습되지만, 아담이 신의 노동을 대신하는 존재로 창조된 것은 아니다.

수메르 신화에서는 인간이 늘어나자 과거의 낮은 신들처럼 폭동을 일으켜 자유를 쟁취하고자 한다. 이에 신들의 제왕 엔릴Enlil은 인간을 죽이고자 한 반면 창조주 엔키Enki는 인간을 보호하려고 한다. 결국 엔키의 사제를 제외한 모든 인간은 대홍수로 몰살된다. 엔릴은 그리스신화에서 제우스로, 유대신화에서 여호와로 나타나고, 엔키는 그리스신화의 프로메테우스 등으로 나타난다. 길가메시는 그 후손이다. 『길가메시 서사시』에서는 왕을 이렇게 노래한다.

그는 왕이다. 원하는 건 무엇이든 할 수 있지

아버지에게서 아들을 빼앗아 그를 파괴할 수도 있고

어머니에게서 딸을 빼앗아 그를 마음껏 부릴 수도 있지

전사의 딸이든, 젊은이의 신부든 마음대로 할 수 있지

하지만 아무도 감히 그에게 대항할 수 없다네.

사람들은 길가메시를 폭군으로 저주하고 신에게 도움을 청하지만, 『길가메시 서사시』는 폭군의 모험담으로 시종始終한다. 특히 사랑과 우정에 대한 고전적인 이야기가 역사상 최초로 나타난다. 그러니 '첫 사랑'의 이야기이기도 하다.

첫 장식

역사학자 헨드릭 빌럼 판론은 수메르인이 잔인 그 자체를 위한 잔인을 좋아했고, 그 예술은 나치돌격대와 같은 남성상뿐이며, 민중예술이 없고 관제예술뿐이라고 비난하지만 무지에서 나온 편견일 뿐이다. 채석장이 없는 수메르에서는 대부분의 건물이 벽돌로 만들어져 세월이 지나면서 풍화되었고 돌로 된 조각도 거의 없었기 때문에 유적이 많지 않지만 최근까지 발굴된 것들만 보아도 여성상이나 민중예술품은 풍부하다. 특히 농경문화는 정착 생활에 필요한 도기 등의 실용적인 민중예술품을 낳기 마련이다. 동시에 농경문화는 인간의 운명이 일정한 섭리와 의도를 지닌 힘들에 의해 지배된다고 생각해 종교가 없었던 구석기시대와 달리 최초로 애니미즘이라는 종교와 더불어 우상, 부적, 신성의 상징과 헌납품, 부장품, 묘와 묘비 등 종교에 대한 예술적 수요를 낳았다. 이로써 생활예술과 종교예술이 분리되었다. 그러나 이집트와 달리 수메르에서는 내세에 대한 관심이 없었기 때문에 종교예술의 규모는 훨씬 작았디. 이집트의 피라미드에 해당되는 신전인 지구라트도 피라미드보다 작았다. 그 하나인 바벨탑은 『성경』에서처럼 인간의 오만에 의해 세워진 것이 아니라 그리스의 올림포스 신전처럼 신의 거처로 상정된 산 위의 신전이었을 뿐이다.

동적인 구석기시대는 세계를 일원적으로 보았지만, 정적인 신석기시대는 현실과 초현실, 인간을 육체와 정신으로 나누는 이원론에 입각하여 정신적, 추상적, 양식적, 전통적, 비개성적, 획일적, 고정적인 것에 기울어 지적이고 추상적인 기하학 양식을 낳았다. 즉, 구석기시대의 구체적인 자연 모사 대신 상징과 암호, 추상과 생략, 전형화와 인습화가 새롭게 나타났다. 구석기시대의 화가인 사냥꾼에게는 예리한 관찰력이 필요했지만, 신석기시대의 농사꾼에게는 관찰력이 아니라 추상화와 합리적 사고가 필요했다. 이러한 장식적이고 형식적인 예술은 어떤 예술 양식보다 장기적으로 지속되었다. 농경문화의 대다수 사람들인 하층 농민계급은 완고한 보수주의자들이었다. 그래서 당시 토기들은 모두 똑같은 모양이었다. 한반도에서 출토된 신석기시대의 토기도 마찬가지다.

그래서 구석기시대 예술은 사실주의적이지만, 신석기시대 예술은 양식주의적이다. 동굴벽화는 19세기 인상파가 등장하기 전에는 유례를 찾기 어려울 정도로 직접적이고 순수하며 어떤 지적 작용도 없이 순간의 동작에 대한 시각적 인상을 재현한다. 구석기시대는 수렵 채취민의 유동적이고 아나키anarchy한 세계로 신이나 내세에 대한 생각을 갖지 않았으며, 당시의 동적인 미술과 예술 모두 생존을 위한 실용 수단이었다. 따라서 지적 작용에 의한 개념의 고정 불변성에 의존하는 신석기시대 이후의 기하학적 장식의 그림들과는 근본적으로 달랐다.

신석기시대에 시작된 정신주의와 양식주의는 기원전 약 5000년부터 기원전 약 500년에 이르는 4,500년간 인류의 사상과 예술을 지배했다. 그 뒤 인도의 불교와 중국의 노장사상, 그리스 고대문명과 기독교는 원시로 돌아가는 운동으로 나타났으나 이는 기원후 3세기부터 시작된 양식화에 의해 중세 1,000년 동안 그 원시성을 상실했다. 그리고 고대문명으로 돌아가자는 르네상스가 시작되었으나 이는 17세기 이후 양식화되었다. 그러나 20세기 전후로 원시로 돌아가자는 움직임이 생겨나 오늘에 이르고 있다.

첫 붕괴

현재 문제가 되고 있는 4대강 수질 오염이 문명의 종말을 초래할 수도 있는 심각한 사건임을 우리는 수메르의 붕괴에서 배워야 한다. 수메르는 생태적 요인에 의해 붕괴한 첫 문명이었다. 즉, 문명으로 인한 최초의 생태계 붕괴였다. 관개시설을 통해 땅과 사람을 혹사한 결과였다. 댐과 운하에 퇴적물이 쌓이고 침수와 염분이 축적되어 땅이 척박해졌다. 바로 4대강 개발이 낳을 결과와 비슷한데 이는 기원전 1600년에 수메르가 경험한 것의 무모한 답습이다.

수메르에서 가장 오래된 도시는 『성경』에 나오는 에덴동산이 있었다고도 하는 에리두Eridu였다. 그 밖에도 아브라함의 고향이라고 하는 우르Ur 등 여러 도시국가의 통치자는 처음에는 주민이 선출한 제사장 겸 왕이었다. 그러한 도시국가들이 느슨하게 연대한 것이 중앙집권적인 메소포타미아 제국이었다. 그 지역에는 자연적인 방어물이 없어 어느 방향에서도 침략이 가능해 강력한 1인 지배의 통일이 불가능했다. 그래서 문명 발생 후 1,000년 정도가 지난 뒤에야 강력한 통치자가 나타났으나 단기간의 통일에 그쳤고 끝없이 전쟁이 이어졌다. 따라서 이집트에서와 같은 강력한 신성神性 왕위는 처음부터 없었다. 대신 지방의 대립, 외적의 침입, 군사력의 갑작스러운 발흥과 붕괴가 이어졌다. 농경사회에서는 추수가 끝난 뒤 농민을 군대에 차출할 수 있어야 전쟁이 가능했고 이는 주민들을 이동시키는 요인이 되었다. 그 결과 여러 문화의 혼합이 이루어졌다. 그 뒤에는 혈통을 근거로 왕위가 세습되었다.

농경지는 개인, 신전, 국가의 소유였다. 농민들은 신들을 대신해 땅을 관리한다는 신전이나 국가에서 땅을 빌렸고, 그들이 추수해 바치는 농산물은 정부 관리의 급료로 쓰였다. 농민들은 차차 소유권의 대상으로 전락해 마지막에는 대부분 노예로 전락했다. 우르에서는 남자가 파산으로 노예가 되는 것을 피하기 위해 아내나 자식을 팔아 돈을 마련하기도 했다.

자연에 대한 착취도 더욱 악화되었다. 홍수로 물이 범람하면 거주지와 곡식 창고가 파괴되었고 반대로 가뭄이 들면 수확량이 떨어져 기근이 발생했다. 또 관개수로와 강에 퇴적물이 쌓이면서 우회 수로가 높아지면 수로와 강의 방향이 자주 바뀌고 습지에서 강물이 증발해 염분이 증가하는 문제를 낳았다. 이로 인해 수확량은 더욱 줄어들고 결국은 경작이 불가능해졌다. 염분 증가는 휴경休耕과 잡초 재배, 염분이 많은 지하수 수위를 낮추는 방법으로 어느 정도 극복할 수 있었지만 임시방편에 불과했다.

또한 본래 광활한 삼목 숲이었던 그 지역은 수천 년에 걸친 광범위한 벌목으로 황폐해졌고, 이로 인한 표토 침식과 침적토 퇴적으로 인해 생태계는 더욱 빈약해졌다. 군국화와 제국주의도 숲의 파괴에 기여했다. 군사적 목적의 건축과 군함 건조를 위해 엄청난 벌목이 이루어졌다. 상업적 목적의 주택과 상선 건조도 마찬가지로 엄청난 벌목을 요했다. 청동기와 도자기 제조, 궁전이나 관청 등의 건축에도 마찬가지였다.

외부로 곡식과 모직물 등을 수출하고 국내 소비도 충당하기 위한 집약적인 사회경제 활동은 계속적인 잉여 생산을 추구했고, 이러한 대규모의 집약적인 경제 활동을 위해 삼림 파괴와 농업의 집약화와 가축의 대량 사육이 절대적으로 필요했다. 또 농민은 과도한 세금을 내기 위해 많은 잉여농산물을 생산해야 해서 더 넓은 농지를 개간했다. 이러한 과도한 집약 농업은 땅의 생태적 지속성을 근본적으로 파괴했다. 이러한 노동과 환경을 조직적으로 착취하는 시스템은 더욱더 강력한 집약적 생산 방식으로 변했고 상당수의 포유류와 새들을 멸종시켰다. 그곳에서 한때 번성했지만 지금은 볼 수 없는 동물로 코뿔소, 코끼리, 영양 등이 있다. 야생동물과 생물 다양성에 대한 악영향도 심각했다.

인류사의 새로운 구분

1만 2,000년 전쯤에 시작되어 6,000년 전쯤까지 진행된, 수렵 채집에 의한 획득 경제에서 식물 재배와 가축 사육에 의한 생산 경제로 이행한 농업혁명은 인류 역사에 18세기의 공업혁명(보통은 산업혁명이라고 하지만 공업 중심의 혁명이다)에 버금가는 중대한 변화였다. 그래서 그 둘을 기준으로 삼아 인류사를 원시시대, 농경시대, 상공시대로 나눌 수 있다. 인류사를 고대-중세-현대로 삼분하는 것은 르네상스 사람들이 시작한 것인데, 그 뒤 역사 구분에 대한 일반적인 생각이 되었지만 그런 구분에는 문제가 많아 지금까지 많은 이견이 있다.

　　최근에 나온 이견은 수렵 채취 시대, 농경 시대, 근대로 삼분하는 것이다. 가령 데이비드 크리스천David Christian이 『세계사의 새로운 대안 거대사』에서 그렇게 주장했지만 문제가 많다. 인류가 반드시 수렵 채취로 시작했는지에 대해서는 의문이 있어서 처음이라는 의미의 '원시'라는 말을 사용하도록 한다. '원시'라는 말은 '미개'와 같은 말처럼 모멸적인 의미가 포함되어 있다고 보는 사람들도 있지만 의문이 든다. '본래의 시작'이라는 뜻밖에 없기 때문이다. 다음 '근대'라는 말은 '가까운 시대'라는 뜻으로 우리 시대를 뜻하는 것으로 볼 수도 있지만, 앞의 농경시대에 대응해 말하자면 '상공시대'라는 말이 적합할 것 같다. 상업과 공업의 시대라는 것이다.

　약 25만 년에 걸친 원시시대는 약 1만 년 전에 끝났다. 그리고 9,800년 정도의 농경시대, 마지막이 250년 정도의 상공시대가 이어졌다. 그러나 이는 가장 빠른 시기로 잡은 것이고 나라에 따라 조금씩 다르다. 한반도의 농경시대는 5,000년 정도였고 상공시대도 50년 정도다. 이는 한반도가 역사 변화의 중심에 있지 못한 탓인데 이를 슬퍼할 필요는 없다. 중심이 아니라 변경이어서 좋은 점도 많기 때문이다. 여하튼 지리적 조건을 우리가 바꿀 수는 없고, 그런 불변 요소를 두고 좋다 싫다 할 수는 없다.

　농경시대의 세계는 4개권으로 구분되었다. 아프로-유라시아, 아메리카, 오스트레일리아, 태평양이었다. 1492년 전까지 그 4개권 사이의 교류는 거의 없었고 각 권 안에서도 교류는 제한적이었다. 농경시대 최초의 생산물은 곡식이 아니라 가축으로 아프리카 사하라 지역에서 약 1만 년 전에 길러졌고 이어 메소포타미아에서 곡물, 서아프리카에서 감자, 중국을 비롯한 동아시아에서 쌀이 재배되었다. 그리고 약 5,000년 전에 국가와 도시가 메소포타미아와 이집트에서 출현했고, 인도 · 파키스탄 · 중국에서도 세워졌다.

　이처럼 서로 접촉하지 않은 여러 지역에서 농경이 나타난 것은 그것에 특별한 매력이 있었기 때문이 아니라 기후 변화에 따른 압력 때문이었다. 즉, 마지막 빙하기가 끝나고 따뜻하고 습기가 많은 기후가 나타났기 때문이다. 그러나 첫 농민들의 건강과 영양 상태가 인근의 수렵 채취민보다 좋지 못해 그냥 수렵 채취민으로 남는 경우도 많았다. 그러니 농업은 처음부터 그다지 인기가 없었다. 농자천하지대본農者天下之大本이란 옛말도 농업을 권장하기 위해 만든 미사여구로 사농공상이라는 계급구조에서 농보다 높은 사, 즉 사대부가 농민들에게 농사를 짓게 해야 먹고살 수 있으니 억지 구호였다.

한 지역에서 농업이 나타나면 인구가 급격히 늘어나 농사를 지을 새 터전이 필요해 다른 곳으로 빠르게 전파되었다. 그러나 새로운 것이 반드시 좋은 것만은 아니다. 지금은 화전 농민이 없지만 그들은 첫 농사꾼이었는지 모른다. 숲에 불을 질러 재가 뒤덮인 땅에 씨를 뿌리고 몇 년 뒤 땅의 기운이 고갈되면 다른 곳으로 가서 화전농을 되풀이했다. 지금 우리가 사는 시골 마을들은 다 그렇게 만들어졌을지도 모르는데, 바로 환경 파괴의 시작이었다. 농경시대부터 모든 생산 형태의 사회적 조직은 환경 파괴에 영향을 미쳤다. 상공시대 이전 농경시대에는 환경 파괴가 전혀 없었다는 이야기는 거짓이다. 따라서 농경시대로 돌아가면 모든 문제가 해결된다고 하는 주장도 거짓이다. 물론 농경시대와 상공시대의 환경 파괴 정도는 비할 수 없을 정도로 큰 차이가 났지만, 수메르 · 인더스강 유역 · 그리스 · 페니키아 · 로마 · 마야 문명들이 붕괴한 데에는 생태적 요인들이 매우 큰 영향을 끼쳤다.

제**5**장
첫 인문 이야기

'노란 불빛의 서점'

"언젠가 저녁 무렵 노랗게 물든 서점을 그려봐야겠다고, 나는 여전히 생각하고 있다. 어둠 속 영롱한 빛 같은 풍경을." 루이스 버즈비Lewis Buzbee가 쓴 『노란 불빛의 서점』맨 앞에 나오는 빈센트 반 고흐Vincent van Gogh의 말이다. 황혼 때문에 노랗게 물들었는가, 아니면 거리의 가로등이나 서점의 불빛으로 그렇게 물들었는가? 여하튼 그에게 그 빛은 어둠을 밝혀주는 책 같은 것이다. 그는 평생 책을 빛으로 읽었다. 어둠 속의 빛으로 읽었다. 그만큼 열심히 책을 읽은 사람은 없다. 책을 그린 화가도 그밖에 없다. 낮에는 그림을 그리고 밤에는 책을 읽었다. 그림과 책, 그것이 그의 삶 전부였다. 그래서 나는 『독학자, 반 고흐가 사랑한 책: 책과 그림과 영혼이 하나된 사람의 이야기』를 썼다. 반 고흐의 독서에 대한 책으로서는 세계 최초이자 유일한 책이다.

반 고흐가 살았던 런던, 브뤼셀, 안트베르펜, 파리, 아를 등에도 멋진 서점이나 도서관이 많고 그곳을 그가 다녔을 수도 있지만 나는 반 고흐가 마지막 몇 개월을 보낸 오베르에서 찾은 기차 객실을 몇 개 연결한 기다란 서점을 제일 좋아한다. 서점을 여행하듯 찾는 나에게는 딱 맞는 곳이다. 무인역이어서 손님이 거의 없을 것 같은데도 내가 찾은 몇십 년을 잘도 견디고 있다. 반 고흐가 그곳에 있었을 때에는 없었던 서점이지만 갈 때마다 그곳에서 그를 만날 것 같은 기분이 든다.

버즈비는 17년간 서점 점원과 출판사 외판원으로 일하다가 그만두었지만, 여전히 일주일에 적어도 5번은 책방에 간다니 역시 매일 출근하는 셈이다. 제1장 「서점 가기 좋은 날」은 "나는 아침에 일어나 제일 먼저 서점에 간다. 아무 서점이고 일단 발을 들여놓으면 그 순간 조용한 흥분에 휩싸인다. 별 이유는 없다"고 시작한다. 나이가 몇인지 밝히고 있지 않지만 나는 멋대로 내 나이와 같다고 생각해버렸다. 이 문장이 나오는 쪽 다음 쪽에는 그 '이유'를 "필요하다면 언제까지고 머물 수 있기 때문이다"라고 쓴다. 그러나 더 큰 이유가 있다. "서점은 특정 시기에 다양한 발상과 사고가 교차하던 중심지였기에 공적인 담론을 탄생시키는 산파 구실을 해왔다. 그리고 언론 자유의 제반 권리를 지키는 보루가 되기도 했다."

따라서 서점은 민주주의의 산실이다. 아니 책 자체가 민주적이다. "기초적인 문자 해득력 외에 그걸 읽거나 다루는 데 특별한 훈련이 필요치 않"기 때문이다. 게다가 서점은 '군중 속에 혼자'가 될 수 있는 흔치 않은 장소이면서도 '공중의 광장이자 거리의 연장이며 장터이기도 한 곳'이다. 그런 서점은 고대 이집트 이후 3,000년이 넘는 세월을 지내왔다고 버즈비는 말하지만, 사실은 문자와 책이 시작된 고대 수메르에서부터 서점이 있었다.

물론 그가 말하는 '특정 시기'는 서양의 근대를 뜻한다. 그것이 최근 300년이든 500년이든 근대의 탄생에 서점이 중요한 역할을 했다는 것을 부정하는 사람은 없다. 단지 서점만은 아니겠지만 말이다. 그 점에서 서점이 19세기 말까지 존재하지 않았고, 지금도 서점이 그렇게 많지 않은 한국에 대해 우리는 고민해볼 필요가 있다.

한국과 달리 책과 서점이 성행한 나라에서도 1960년대 초에는 문학의 죽음, 1980년대 말에는 서점의 멸종, 21세기에는 텔레비전과 인터넷 등으로 교양과 독서의 종말이 예언되었지만 "어둠 속 영롱한 빛"인 서점은 사라지지 않을 것이라고 버즈비는 말한다. 그에 의하면 19세기에 자전거, 1920년대에 라디오, 1950년대에 텔레비전이 발명되었을 때에도 책의 종말이 예언되었지만 책은 죽지 않았다. 그러나 우리는 어떨까? 이 세상의 그 어떤 나라보다도 텔레비전과 인터넷에 중독된 우리에게 책과 서점은 과연 영원할까? 이런 고민 없이 우리가 어떻게 인문 이야기를 계속할 수 있을까?

인문인은 독서인

나는 무엇을 하는 사람일까? 버즈비와 마찬가지로 책을 읽는 사람이라고 하는 것이 옳다. 즉, 독서인이다. 또는 책을 사랑하는 애서인이다. 호모 무엇 하는 라틴어 조어로는 호모비블리아일까? 나는 세상 어느 곳엘 가도, 어느 나라엘 가도 서점이나 도서관을 찾아다닌다. 특히 아름다운 서점과 도서관을 좋아한다. 그러나 세상에서 가장 아름다운 서점이니 도서관이니 하는 제목의 화려한 책에 나오는 외국의 서점이나 도서관은 사실 그림의 떡이다. 내가 읽을 책이 거의 없는 탓이다. 물론 부럽기는 하다. 어떻게 그런 서점이나 도서관이 운영되는지 신비롭기도 하다. 우리에게는 불가능하게 보이는 탓이다.

내가 교수라는 직업을 가졌으니 당연하다고 말할 독자들이 있을지 모르겠다. 그러나 나는 교수라는 직업으로 전공서적을 찾아 서점이나 도서관을 찾지 않는다. 그런 전공서적에 전혀 관심이 없는 것은 아니지만 나는 분야를 가리지 않는다. 전공 분야 단행본이 드물 뿐 아니라 법학서라는 것이 대부분 수험서 수준이어서 연구용으로 읽을 가치가 거의 없기 때문이기도 하다. 소위 전공자나 전문가는 인문인 혹은 독서인이 아니다. 특히 대학교수가 그렇다. 교수만이 아니라 의사니, 변호사니, 관료니, 사장이니 하는 자들 대부분이 그렇다. 그들은 대부분 자기 분야의 좁은 지식 외에 아는 게 없다. 예술이나 문화에 대한 지식이나 안목도 지극히 낮다. 서점이나 도서관에도 가는 일이 거의 없다.

내가 기억하는 첫 서점은 1962년 어느 면 소재지의 유일한 서점이다. 초등학교 5학년이던 내가 처음으로 교과서 아닌 문학이나 미술 또는 과학책을 샀던 곳이다. 그곳을 자주 찾았던 추억은 1년쯤 살았던 그곳에서 가장 아름다운 일이었다. 그런데 10여 년 뒤 갔더니 서점은 없었다. 마찬가지로 중학교에 들어온 뒤로 매일처럼 찾아간 대도시의 서점들도 10여 년 뒤엔 대부분 없어졌다. 특히 고서점들이 없어졌다. 이제는 전국적 체인인 대형서점 몇 곳이 있을 뿐이다. 반면 다른 나라에는 왜 서점이나 고서점이 아직도 많이 있는 것일까?

1960년대에 내가 다닌 대도시의 중고교는 소위 일류였지만 도서관은 형편없이 빈곤했고 그나마 입시공부에 방해된다는 이유에서 책을 빌려주지 않았다. 그래서 읽던 책을 몰래 가져갔다가 정학을 당한 적이 있다. 그래선지 움베르토 에코Umberto Eco처럼 책도둑질을 장려하지는 않지만 특별히 나쁜 짓이라고 생각하지는 않는다. 그 도시의 유일한 시립도서관도 수험용 독서실에 불과했다. 따라서 책을 읽을 수 있는 곳은 고서점뿐이었다. 그러나 주인의 성화 때문에 책을 오래 읽을 수도 없었다. 1970년대에 다닌 대학 도서관도 마찬가지였다. 그곳의 장서는 내가 고서점에서 읽고 모은 책들보다 다양하지 못했다. 도서관은 어디나 독서실이었다. 아니 다양한 책을 읽는 독서실이 아니라 수험용 책만 외우는 입학이나 취직의 준비실이었다. 지금도 마찬가지다.

1983년 일본에 유학하면서 처음으로 도서관의 참맛을 알았다. 서점과 대학 도서관에서 수십만 권의 장서를 처음 만져보고 동 단위로 설치되어 있는 마을 도서관에도 몇 만 권의 장서가 있음을 보고 놀랐다. 책이 없는 나라에 살다가 별안간 책이 있는 나라에 온 느낌이었다. 서점이나 고서점도 너무나 많았다. 책을 읽는 사람도 너무나 많았다. 거리에도, 공원에도, 버스에도 온통 책을 읽는 사람들이었다. 그야말로 책의 나라였다. 그 뒤 미국이나 유럽에 가도 마찬가지였다. 대학은 물론 초중고교도 도서관 중심이었고, 사회도 도서관 중심이었다. 책이 세상의 중심이었다. 그렇지 않은 나라는 한국뿐이었다. 게다가 도서관은 수험서를 읽는 곳이 아니었다. 아이들이나 성인들은 물론 노인들까지 어떤 분야의 책을 수십 권 쌓아놓고 열심히 진지하게 검토하고 연구하는 곳이었다. 지하철이나 공원으로 몰려다니며 술에 취해 고함을 질러대는 사람들은 그곳에 없었다.

도대체 어떻게 우리가 글의 나라, 문의 나라이고, 남의 나라가 칼의 나라, 무의 나라라는 말인가? 적어도 책이 없는 나라, 책을 읽지 않는 나라와 그 반대라는 느낌뿐이었다. 그런 느낌은 지금까지도 변하지 않는다. 많이 달라졌다고들 하지만 사실상 변한 것은 없다. 나는 지금도 1년에 몇 번씩 오로지 도서관과 서점, 미술관과 음악관을 찾기 위해 외국엘 간다. 한국의 도서관이나 서점에서는 볼 수 없는 다양한 책들을 읽을 수 있고 그림을 보고 음악을 들을 수 있기 때문이다. 최근 한국에서도 책이 많이 출간된다고 하지만 내가 읽을 책은 그리 많지 않다. 다른 나라에 가는 이유도 마찬가지다. 다행히도 그런 곳에 한국인 관광객은 거의 없기 때문에 조용히 지낼 수 있다.

과거에는 달랐다고 할 사람이 있을지 모른다. 우리가 문의 나라, 선비의 나라였고 저들은 사무라이의 나라였으니 우리의 문화가 더 풍성했다고. 천만의 말씀이다. 저들은 수백 년 전부터 세계적인 규모의 서점 시장을 가졌고 수십만 권이 팔리는 베스트셀러까지 양산한 반면 우리에게는 조선이 망할 때까지 베스트셀러는커녕 서점 자체가 없었다. 우리의 서점이나 도서관도 일본인들에 의해 처음으로 만들어졌다.

이런 이야기에 분노하며 다시 묻는 사람이 있으리라. 우리는 세계 최초로 금속활자를 만든 나라라고. 그렇다. 그러나 우리는 책을 인쇄했어도 소수 양반만 읽었고 일반인에게 판매하지 않았다. 그러니 처음부터 국정교과서 체제 같은 것이었다. 그래서 아직까지도 그 유습遺習이 내려오는가? 사상의 자유 시장이 형성되지 못했고 지금도 마찬가지다. 적어도 서민에게는 책이란 불필요한 것으로 여겨졌다. 그것이 유교사회였다. 극소수 양반은 노동을 하지 않고 세금이나 병역에 특혜를 받으면서 그 이유를 선비니 문이니 글이니 책이니 과거니 해댔다. 그러나 그것도 기껏 사서오경의 수험용 암기에 불과했다. 이를 인문이라고 할 수 있는가? 인문이 책 없이, 도서관 없이, 서점 없이, 책장사 없이 가능할까?

첫 교육과 첫 학교

2012년 곽철완이 쓴 『도서관의 역사』는 알렉산드리아 도서관으로 시작한다. 2003년에 번역된 라이어넬 카슨Lionel Casson의 『고대 도서관의 역사』의 부제가 '수메르에서 로마까지'인데도 말이다. 새뮤얼 노아 크레이머의 『역사는 수메르에서 시작되었다』의 제1장에서 교육을 말하면서 "수메르의 학교는 인류 문명에 대한 수메르의 가장 중대한 공헌인 기원전 4000년과 3000년 사이의 쐐기문자체계의 발명과 발전의 직접적인 결과였다"는 문장으로 시작한다. 이집트의 상형문자나 중국의 한자도 마찬가지였다.

참된 민중문자인 알파벳은 기원전 1800년경 이집트의 셈족 노예에 의해 만들어졌다. 쐐기문자도 숫자와 마찬가지로 농업이 아닌 상업 활동에서, 즉 지적 엘리트가 아닌 낮은 계층인 상인들에 의해 만들어졌다.

기원전 3000년 전 우루크Uruk에서 학교 교육이 시작되었고, 500년 뒤에는 수메르 전역에 상당수의 학교가 세워져 교과서로 문자와 숫자의 교육을 실시했다. 그 학교의 교육 목표는 주로 왕을 위해 일할 관리를 양성하는 것이었다고 정규영은 『동서양 교육의 역사』에서 말했지만, 크레이머는 언어와 수학과 과학을 중심으로 한 실용교육이었고, 인류 최초의 사전까지 발간했다고 한다.

그러나 첫 학교가 첫 교육은 아니었다. 그리고 첫 교육은 다재다능하고 어떤 환경에서도 살아갈 수 있는 강인하고도 온전한 자족적 인간을 목표로 한 인간교육이었다. 장 자크 루소Jean Jacques Rouseau가 『에밀』에서 말한 자연인이었다. 그곳에는 학교가 없었다. 교육은 공동체 활동의 일부로 수행되었다. 인류 최초의 원시사회에는 문자가 없었으므로 말이 주된 교육 수단이었다. 그러나 문자가 없었다는 이유로 원시사회를 미개사회라고 할 수는 없다. 도리어 문자 없이 신석기시대에 위대한 진보가 이루어진 반면 문자 발명 이후 문명은 오래도록 정체했다. 특히 국가와 제국이 형성되고, 인간은 카스트와 계급으로 서열화되었다. 인류에게 광명을 가져다준 것이 아니라 착취의 편의를 제공했을 뿐이다.

그러나 아테네에서 보듯이 수메르나 여타의 고대사회에서의 교육이 국가주의적 전문가 교육뿐이었다고 볼 수는 없다. 종래의 통설과 달리 그런 사회의 민주적 성격을 인정한다면, 아테네의 소피스트들이 주장한 실용 교육이 보여준 과도한 전문성에 대한 경계나 자유분방한 개인주의와 같은 성격이 수메르 등에서도 볼 수 없다고 단언할 수는 없다. 어느 시대나 어떤 지역에서도 편차는 당연히 있겠지만, 국가주의 교육이라는 대세에 맞서서 인간주의적 대안 교육을 지키려고 한 사람들이 있었음을 부정할 수 없다.

나는 그러한 대안교육이 서머힐Summer Hill 등에서 볼 수 있듯이 도서관이나 서점이나 뮤지엄을 중심으로 한 주체적 교육이라고 생각한다. 나 자신이 정규수업 대신 그런 곳에서 몇 시간을 보내며 내가 좋아하는 것을 추구한 적이 있고, 그것이 학창시절의 유일한 추억이라고 할 정도로 강렬하게 남아 있다. 아니 학창시절만이 아니라 지금까지도 마찬가지다. 도서관이나 서점을 방랑하는 하루가 나에게 가장 즐거운 날이다. 이 책, 저 책을 뽑아서 읽어보고 마음에 들지 않으면 금방 꽂고 마음에 들면 사들고 집에 와서 읽거나, 후일을 기약한다. 그중에는 지금까지도 읽지 못한 책도 많다. 어쩌면 죽을 때까지 읽지 못할지도 모른다. 그래서 책은 점점 쌓이고 그것들을 둘 공간은 점점 없어진다. 그러나 죽을 때 누울 공간 정도가 있으면 좋지 않겠는가? 죽기 전에, 또는 죽은 뒤에 그 책들이 도서관의 장서가 된다면 더 좋지 않겠는가?

첫 인문, 첫 책, 첫 도서관, 첫 책장사

인문을 문사철, 즉 문학, 사학, 철학이라고 한다면 인류 최초의 인문은 수메르에서 시작되었다. 그러나 최초의 인문은 문사철을 모두 합친 것이었다. 문학은 『길가메시 서사시』를 비롯하여 신화와 역사적 이야기, 찬미가와 애도가, 속담과 에세이 등 많은 기록문학을 시작하고 발전시켰고 그 일부는 역사 자료로도 활용되었다. 인류 최초의 역사가도 수메르인이었다. 우리의 왕조실록처럼 수많은 사건을 기록했지만 서로 연관되는 역사 서술은 없었다. 그 역사관은 섭리사관攝理史觀 같은 것이었지만, 그런 것은 20세기의 한국 역사가인 함석헌에게서도 볼 수 있는 것이니 특별하게 원시적이라고 할 것은 아니다.

수메르에서 인류 최초의 창조론과 우주론을 가진 자연철학도 나왔지만, 역시 인식론 등의 추상적 사변철학思辨哲學은 없었다. 이는 고대 그리스의 자연철학과 같은 수준으로 그 선구라고 할 수 있는 것이었다. 정의와 일반화라는 과학적 방법은 소크라테스 이후 아테네에서 나왔지만, 그것이 수메르의 철학보다 우수하다고 할 수는 없었다. 도리어 철학이 소크라테스 이전으로 돌아가야 한다고 주장하는 칼 포퍼Karl Popper의 견해처럼 수메르 철학을 재조명할 필요가 있다.

최초의 윤리학도 그리스가 아닌 수메르에서 나왔다. 인류 최초의 속담과 격언에도 윤리적인 내용이 포함되었다. "죽기로 작정했다면 낭비하라, 오래 살려면 절약하라" 등이다. 『이솝우화』보다 앞선 최초의 동물설화도 수메르에서 나왔다. 최초의 성서도 이스라엘이 아니라 수메르에서 나왔고 그것은 유대인의 성서에 깊은 영향을 끼쳤다. 최초의 메시아도, 대홍수의 노아도, 부활도, 용을 죽이는 최초의 성 조지St. George도, 최초의 슬픔에 잠긴 성모도 수메르에서 비롯되었다. 파괴와 구원을 내용으로 하는 최초의 종교적 애도가도 수메르에서 왔다.

다른 학문 분야도 마찬가지였다. 가령 문법 목록은 있어도 문법의 정의나 규칙은 없었다. 수학에서도 여러 표나 계산이 있었지만, 일반적 원리는 없었다. 자연에 있는 수많은 사물의 목록은 있었지만, 원리나 법칙의 탐구는 없었다. 법률들을 완전하게 실은 수많은 법전을 인류 최초로 만들었지만 법 이론은 없었다.

수메르인들은 세계 최초로 '자유(아마르기)'라는 말을 사용했고, 세계 최초로 사회개혁을 했다. 사악한 관료주의의 구악을 일소하기 위한 세금 감면이었다. 법으로 보장된 자유는 기원전 2000년대를 살았던 수메르인들에게 삶의 일부분이었다. 세계 최초의 판례도 수메르에서 나왔다. 약물 치료법이 새겨진 의학 자료도 수메르에서 만들어졌다. 의사라는 직업도 수메르에서 세계 최초로 등장했다. 의학 관련 점토판은 2000년대 말까지 거슬러 올라간다.

인류 최초의 문자가 발명됨과 거의 동시에 학교가 생겨났고 책이 만들어졌다. 인류 최초의 책도 수메르에서 생겨났다. 반면 쐐기문자가 새겨진 원통형 점토를 책의 먼 조상으로는 간주할 수 있어도 책으로는 볼 수 없다고 보는 니콜 하워드Nicole Howard는 이집트의 파피루스에 남긴 기록을 책의 조상으로 삼는다. 아마도 종이에 가까운 형태라는 이유에서일 것이다. 도서관을 뜻하는 bibliothek(독일어)나 bibliothèque(프랑스어)의 biblion은 파피루스 두루마리, thek은 장소를 뜻한다.

그러나 최초의 역사, 최초의 법전, 최초의 판례, 최초의 의학서, 최초의 농업서, 최초의 철학서, 최초의 윤리학서 등 모든 최초의 책을 기록한 점토를 책이 아니라고 할 수 없다. 따라서 스튜어트 A. P. 머리Stuart A. P. Murray도 인류 최초의 책을 수메르의 그것으로 본다. 여하튼 그것이 책이든 아니든 간에 우리의 주제인 인문 이야기와 관련되어 '최초의 인문'이 수메르에서 비롯되었다는 것은 부정할 수 없다. 도서관도 수메르에서 비롯되었다. 머리에 의하면 세계 최초의 도서관 흔적은 에블라Ebla · 니네베 Nineveh · 님루드Nimroud · 페르가몬Pergamon 등에서 발견되었다. 이는 크레이머가 말한 바와 같다. 책과 도서관의 발전과 함께 책을 복사하는 필경사들이 중시되었다. 고대 이집트에서는 그들을 찬양하는 다음과 같은 시가 쓰이기도 했다.

> 그들은 자신의 상속인이 되어
> 자신의 이름을 영원하게 할 아이를 남기지 않았다.
> 대신 그들은 자신이 쓴 책과 그 안에 든 지각의 표상을

상속인으로 임명했다.

인간은 영면하고 그의 육체는 땅에 묻히며,
동시대 사람들도 모두 이승을 떠난다.

그러나 글로 쓰인 말은 그에 대한 기억이 되어
사람들의 입에서 입으로 전해진다.

책이 집이나 무덤보다 낫다.
책은 성이나 사원의 돌기둥보다 아름답다.

필경사는 서적상을 겸하기도 했다. 버즈비에 의하면 서적상에 대한 최초의 기록이 이집트 파라오 무덤의 상형문자로 쓰인 한 명문銘文에서 발견되었다. 이탈리아의 루치아노 칸포라Luciano Canfora는 『사라진 도서관』에서 기원전 1200년 전의 람세스 2세 무덤의 지성소, 즉 '영혼의 요양소'라는 문패를 단 '신성한 도서관'에 대해 썼다. 람세스 2세를 주인공으로 한 많은 기록이나 소설에는 그가 항상 도서관에 앉아서 몸소 분류 작업을 독려하는 장면들이 나온다. 도서관은 정치에도 중요했다. 그만큼 정치적으로 중요했던 파라오의 도서관은 지금 하나도 남아 있지 않다. 권력이 끝나면서 도서관도 파괴된 탓이었다.

에블라도서관을 이은 니네베도서관은 기원전 7세기에 아시리아Assyria의 마지막 왕 아슈르바니팔Ashurbanipal이 세운 것으로 그것이 공인된 인류 최초의 도서관이라고 하는 견해가 일반적이다. 그 도서관에 『길가메시 서사시』도 있었다. 기원전 600년까지 고대 그리스에서도 도서관과 장서관들이 번성했고, 다음 3세기 동안 도서 문화가 정점에 이르렀다. 가정과 사원의 개인 장서관과 도서관이 세워졌고, 지배 엘리트만이 아니라 시민을 위한 도서관도 세워졌다. 기원전 500년 전에 아테네와 사모스Samos에는 공공 도서관이 발전했다. 또 의학, 철학, 과학 등을 위한 전문 도서관도 세워졌다.

알렉산드리아도서관

알렉산드리아는 알렉산더의 이름을 따서 지어진 도시들이고 그중 가장 유명한 것이 이집트의 나일강 어귀에 있는 알렉산드리아다. 특히 그곳의 도서관이 유명하지만 알렉산더 자신은 정복지의 도서관을 파괴한 자이기도 했다. 특히 3세기 무렵 대규모 도서관이 있던 페르시아 수도 페르세폴리스Persepolis를 약탈하고, '암소 가죽에 금으로 글을 쓴' 성전들이 있던 문서보관소를 몰수한 뒤 모두 불태워 없애버렸다.

알렉산더 사후 이집트 왕권을 장악한 마케도니아 출신의 프톨레마이오스 1세 소테르Ptolemaios I Soter가 알렉산드리아도서관을 만들었다. 학자들이 4~40만 권을 소장했다고 보는 이 도서관은 기원전 300년부터 서기 642년까지 900년이 넘도록 존속했고, 로마시대에도 지식과 학문의 중심지로 많은 학자를 끌어모았다. 도서관은 시·음악·노래·웅변 등 예술을 주관하는 9명의 뮤즈 신에게 바쳐진 사원으로 뮤지엄, 즉 박물관으로도 불렸다. 도서관 입구에는 '영혼의 요양소'라는 간판이 붙었다. 이 말은 다른 유럽의 도서관에도 남아 있다.

로마에도 도서관은 많았다. 특히 여러 개의 공공도서관은 모든 사람에게 개방되었다. 공공장소에는 모든 시민이 읽을 수 있도록 일간 신문들이 내걸렸고, 시사문제에 대한 토론은 일반적으로 거리에서 행해졌다. 또한 서점도 성행했다. 로마시대에는 독서의 수요가 증가되어 필경사와 낭

독자가 더욱 많이 필요했는데 이를 노예들이 충족해주었다. 로마에서 수천 킬로미터나 떨어진 흑해 주변에서 유배 생활을 하던 오비디우스는 그곳에서 자기 작품의 사본을 발견했다. 당시의 서적상은 명예로운 직업이지는 않았으나, 19세기까지 출판업을 겸했다.

알렉산드리아도서관 주변에도 서적상이 붐볐다. 그들은 도서관원에게 뇌물을 바쳐 책을 빼내 손수 파피루스에 베낀 다음 그리스와 로마의 귀족들에게 보냈다. 그 결과 수많은 고전이 살아남았다. 그 시장에서는 누구나 책을 사볼 수 있었다. 그래서 책의 종류도 놀라울 정도로 다양해졌다. 엘리트에게서 책과 사상을 해방시키기 위한 투쟁이 계속되면서 서적상의 역할도 중요해졌고 책을 파는 노점상과 행상과 함께 최초의 서점이 등장했다.

알렉산드리아도서관에 이어 페르가몬도서관이 생기자 서적상들이 더욱 바빠지고 파피루스의 수요도 엄청나게 늘어났다. 4세기에 이집트에서 파피루스 수출이 금지되었다. 그러자 양가죽을 이용한 양피지가 발명되었다. 이어 1세기에 중국에서 채륜이 종이를 발명했지만, 사실은 그 2세기 전부터 종이가 사용되었다. 종이 제조법은 9세기경에 아랍으로, 유럽에서는 16세기부터 널리 사용되었다. 중국에서는 목판인쇄술이 발명된 6세기까지, 유럽에서는 구텐베르크의 이동식 활자가 나온 15세기 말까지 대부분의 책은 서적상이 베낀 것이었다. 중국에서 최초로 그려진 책 행상인은 20세기 초까지 전 세계에 존재했다.

알렉산드리아도서관이 끝나는 중세 초기부터 도서관의 역사도 암흑기로 접어들었다. 중세 1,000년 동안 출판은 성서나 교회가 인가한 종교 팸플릿, 소수 특권층만이 접근할 수 있는 고전, 과학과 철학 책에 한정되었다. 중세의 책표지가 묵직한 나무판, 특히 너도밤나무beech로 만들어져 그것을 뜻하는 독일어 buche, 영어 book이라는 말이 나왔다.

중세의 도서문화를 변화시킨 계기는 12~15세기에 생긴 대학이었다. 그것은 학생과 교사가 모여 책을 읽고 토론하는 도서관 중심이었다. 필경의 수요가 높아지면서 서점도 늘어났다. 여기에 구텐베르크의 인쇄술이 책의 수요를 급증시켰고 서점도 급증했다. 그러나 이러한 책의 역사에서 한국은 제외되었다. 중국과 일본은 그 중심이었으나 선비의 나라라는 한국은 철저히 제외되었다.

내가 사랑한 도서관

내가 평생 드나든 도서관은 직장인 대학교의 도서관이다. 1971년부터이니 47년간이다. 지금도 하루에 한 번 이상은 꼭 들르니 그 횟수는 수만 번에 이를 것이다. 죽는 날까지 들르면 좋겠지만, 그곳에서 책을 읽다가 죽으면 좋겠지만 희망사항일 뿐이다. 그러나 책을 찾고 빌리는 일 외에 그곳에 대해 내가 갖는 특별한 사랑은 없다. 한국이나 일본 또는 중국의 도서관은 사랑하기에는 너무나도 삭막하다. 나의 첫 사랑 도서관은 하버드대학의 와이드너도서관을 비롯한 여러 도서관이다. 1989년 봄 그곳에 처음 들어가서 1년 몇 개월을 보낸 추억은 약 30년이 지난 지금도 새롭다. 에드워드 사이드Edward Said도 공부한 그곳에서 나는 그의 『오리엔탈리즘』을 번역했다.

그러나 도서관에서 감격한 것은 보스턴 공공도서관을 찾았을 때였다. 그곳은 "민주공화국의 미래는 직접적인 시민교육에 달려 있고, 공공도서관은 건전한 시민교육에 매우 중요한 요소"라는 기치 아래 1852년에 세워진 미국 최초의 무료 공공도서관이다. 160년도 더 전에 무료였다니 당시 시민들에게는 너무나 고마운 일이었을 것이다. 그때 한국에는 도서관 자체가 없었고, 도서관 입장료도 최근에 와서야 없어지지 않았는가? 그곳의 역사에서 더욱 감격스러운 것은 새 건물이 세워진 1888년 법률가인 올리버 웬들 홈스Oliver Wendell Holmes가 다음과 같이 말한 것이었다. "활짝 열린 저 문 뒤에서는 무너져가는 왕좌를 찌르는 창도 굽실거리는 종도 대기하고 있는 관리도 없다. 이 궁전은 서민들의 것이니!" 그래서 '시민의 궁전'으로 불리는 그곳은 미국 최대의 공공도서관으로 시민이 후원하는 최초의 지역 도서관이자 최초로 일반인에게 대출을 한 도서관이다. 게다가 그곳은 미술관(매킴McKim관)을 겸한다. 그곳 처마 벽 머릿돌에는 그곳이 "배움의 향상을 위해 시민에 의해 세워져 바쳐졌다. 1888년"이라는 글씨가 새겨져 있다. 70만 명이 사는 보스턴에는 이 도서관 말고도 수많은 도서관이 있지만 이 도서관만 해도 700만 권의 장서에 3만 종의 잡지와 신문이 있고 170명의 전문 사서가 매년 240만 권의 책을 대출하고 7,000개 프로그램에만 14만 명의 주민이 참여한다니 한국에 비하면 정말 대단하다. 우리는 언제 도서관을 사랑하는 시민들이 그 정도로 많아질 수 있을까?

마이크로소프트 전 회장 빌 게이츠Bill Gates가 "오늘날 나를 있게 한 것은 동네의 공공도서관이었다"는 말을 빌릴 것도 없이 도서관의 역할은 중요하다. 그런데 빌 게이츠가 도서관에서 컴퓨터 책만 읽은 것이 아님을 아는 것이 중요하다. 아마도 그가 도서관에 다닐 무렵에는 컴퓨터 책은 존재하지도 않았을 것이다. 그는 책을 사랑하는 사람에 불과했다. 찰스 램Charles Lamb처럼 "나는 어떤 책이나 좋아한다. 다만 형태는 책이면서 책이 아닌 것, 궁궐 행사록, 법령집, 인명록 따위를 빼고는 무슨 책이든 즐겁게 읽을 수 있다"고 했을 것이고, 컴퓨터 관련서 같은 것들은 법령집처럼 그에게는 책이 아니었을 것이다. 우리의 궁궐 행사록인 왕조실록도 마찬가지였으리라. 여하튼 그는 벤저민 디즈레일리Benjamin Disraeli가 경계한 "오직 책 한 권밖에 읽지 않은 사람"은 아니었다.

그런데 한국에는 "오직 책 한 권밖에 읽지 않은 사람," 특히 교과서밖에 암기하지 않은 사람이 너무나 많고, 그것도 수험 교과서를 유독 잘 암기한 사람들이 출세해 지도층에 앉아 지배를 하는 경향이 너무나 극심하다. 즉, 인문인이나 교양인이 아닌 암기 출세자나 시험 출세자들이 한국을 지배한다. 그것도 곧 죽어갈 법령을 암기하는 자들이다. "법은 죽지만, 책은 죽지 않는다"고 한 에드워드 리턴Edward Lytton의 명언은 그들에게 무용지물이다.

서점과 도서관이 중심이어야 인문이 산다. 인문학이 발전되기 위해서는 그 인프라가 튼튼해야 한다. 즉, 학교, 서점, 도서관, 미술관, 박물관, 출판사 등이 튼튼해야 한다. 그러나 한국에는 그 모든 것이 약하다. 학교는 많지만 입시 준비만 하고 출판사도 많지만 수험서만 찍어내고, 외국에는 거의 없는 입시학원만이 모든 거리를 뒤덮고 있다. 그리고 서점, 도서관, 미술관, 박물관 등은 죽었다. 그러니 인문이 죽었다. 대학의 인문학과가 없어지는 것은 문제가 아니다. 그렇다고 인문이 죽지 않는다. 학교나 대학이 죽는 것이 문제다. 도서관 중심의 교육이 아닌 것이 문제다. 도서관에 수험서만 암기하는 아이들만 있는 것이 문제다. 그런 교육을 교육이라고 하고 있는 정부와 교육자, 학생과 학부모가 문제다.

무엇보다도 공공도서관이 많아져야 한다. 도쿄에만 350개 이상이고, 미국 전역에 1만 5,000여 개지만 한국에는 겨우 820개 정도뿐이다. 걸어서 10분 거리마다 도서관이 있는 독일을 비롯하여 유럽도 도서관 중심의 사회다. 유럽이 인터넷 문화에 크게 흔들리지 않는 것은 공공도서관이 많기 때문이라고 한다. 그 반대가 한국이다. 도서관과 서점 없이 인문은 없다.

제6장

첫 독재 이야기

첫 대륙

2013년 10월, 제18회 부산국제영화제에서 본 아프리카 차드Chad 영화 〈그리그리Grigris〉는 같은 이름의 소아마비 장애자가 도시에서 주로 백인을 상대하는 흑인 창녀와 사랑하면서 부패한 권력자와 싸우다가 창녀의 고향인 원주민 마을에 도망가 평화를 찾는다는 이야기다. 장애자 비보이 그리그리는 아프리카, 즉 인류가 살기 시작한 그 첫 대륙이 갖는 원시성·명랑성·낙관주의·인내력·예술적 재능 등을 상징하고, 창녀는 2,000년 전의 클레오파트라를 비롯해 오로지 관능으로 왜곡된 흑인 여성상을 연상하게 한다. 오랜 제국주의 침략의 잔재를 상징하는 부패한 도시는 지금도 여전히 마약에 취해 흑인 창녀를 찾는 백인 남성과 그들과 결탁한 권력에 의해 지배되고 있지만, 연인들이 찾아가는 원주민 마을은 아프리카 고유의 자치적인 마을 민주주의의 소박함을 표상한다.

21세기인 지금도 아프리카나 아시아, 중남미는 유럽이나 북미, 한국과 일본 등 소위 상공시대의 선두주자들이 볼 때 예외적인 세상으로만 보인다. 아니 그런 상공시대의 나라에도 여전히 농촌이 살아 있다. 비록 피폐해지고 도시에 비해 가난하기는 하지만 자연 속에 있는 농촌이야말로 여전히 인류의 희망이다. 수메르는 농사를 비롯해 인류의 삶 대부분을 시작한 문명이었고, 우리 모두 수메르인의 자식이다. 수메르인의 머리가 검었다는 이유로 그들을 한국인이라고 주장하는 것은 말도 안 되는 소설이지만, 수메르 이후 지난 1만여 년 지구에 살았던 모든 인류가 그들이 만든 것을 그대로 사용했다는 의미에서 인류는 모두 그들의 자식이고 한국인과 미국인도 그 하나임은 분명한 사실이다.

생각도 마찬가지다. 1936년 존 메이너드 케인스John Maynard Keynes는 17세기의 아이작 뉴턴Isaac Newton을 마지막 수메르인이라고 했다. 뉴턴은 1만 년 전 인류의 지적 유산을 만들기 시작했던 사람들과 똑같은 눈을 통해 세계를 바라보았기 때문이다. 그런 의미에서도 인류는 하나다. 우리 모두 아프리카에서 온 첫 인류의 후손이지만, 그 인류가 지구의 여러 곳에 흩어져 살면서 농사를 짓기 시작한 이래 지금까지 거의 같은 방법과 같은 생각으로 살고 있다는 점에서도 그렇다. 수메르 유적의 시골이나 지금 내가 사는 시골이나 농부들이 부지런히 밭을 갈고 살아가는 모습은 1만 년 전과 크게 다르지 않다. 18세기에 세상이 농경시대에서 상공시대로 변했다고 해도 그렇다. 우리는 여전히 밥을 먹고 산다. 세상이 어떻게 변해도 농부들은 밭을 갈고 산다. 세상이 망할 때까지 농사는 지속된다. 농사 없는 세상은 상상도 할 수 없다.

미국이 수메르 유적지를 폭격하려 하고, 한국이 빨리 폭격하라고 미국을 부추기는 것은 절대 옳은 일이 아니다. 아무리 삼류 소설가라고 해도 한국인이 수메르를 만들었다느니 하는 헛소리보다는 한국이 수메르를 파괴하는 데 동참하지 말라고 말하는 것이 옳다. 사실 수메르를 포함한 아랍권과 영미권을 비교해보면 아랍권이 훨씬 관용적임을 알 수 있다. 문명의 대화를 주장하는 아랍권에 대해 영미권은 문명의 파괴를 주장하기 때문이다. 그렇지만 미국을 세계 최고라고 착각하는 것이 우리다. 힘이나 돈이 세계 최고라고 좋아하는 이 천박함이야말로 인문의 적이다. 그러니 이 글에서 미국 찬양을 최대의 적으로 삼는다. 그러나 미국이 문제가 아니라 돈과 힘이 문제다. 요컨대 이 글은 돈과 힘에 미친 세상을 비판하는 것이다.

첫 미라

오래전부터 인류 문화의 대부분을 누가 처음 만들었는지, 즉 수메르냐 이집트냐에 대한 논쟁이 있었지만 1920년대에 수메르 유적이 발견된 뒤로는 수메르라는 것이 정설이다. 하지만 폴 존슨 같은 사람들은 지금도 이집트에서 최초의 국가가 생겼고 세계 최초의 돌을 재료로 한 저택이 지어졌다고 주장한다. 그의 책이 한국어로 번역되어 사대주의자들을 현혹시키지만, 그것들도 모두 수메르가 최초라는 것은 이미 정설이다. 존슨은 이집트의 재상 임호텝Imhotep이 홀로 인류 최초의 문화혁명을 이룩했고 전문적 화가들의 역할이 컸다고도 주장하지만, 역시 정설로 보기에는 문제가 많고, 특히 엘리트주의라는 비난을 면할 수 없다. 이집트의 미술이 수메르처럼 장식적인 민중예술이라는 정도 외에 특별히 강조할 점도 없다. 수메르보다 이집트를 강조하는 서양인의 태도는 이집트가 유럽과 관련이 깊다고 보는 반면 수메르는 아랍권의 역사로 이어진다고 보기 때문이다.

수메르는 이집트보다 훨씬 앞섰고 따라서 이집트에 영향을 미쳤다. 수메르인이 아라비아를 돌아 홍해로 들어가 이집트인과 접촉하면서 두 문화는 넓고 깊게 교류했다. 이집트인은 자신들에게 쓸모 있는 수메르의 것들을 받아들였고, 그 지역의 전통이나 지리적 여건에 맞지 않은 것들은 받아들이지 않았다. 그래서 수메르에서 1,000년 이상 걸린 것들이 이집트에서는 그보다 훨씬 짧은 기간에 실현되었다. 이는 단순한 모방이 아니라 창조적 개선으로 나타났다. 가령 수메르의 설형문자가 이집트에서는 상형문자로 개조되었다.

이집트에도 세계 최초는 있다. 가령 이스트를 넣은 빵이나 빵 굽는 오븐은 이집트인이 처음 만들었다. 그러나 더욱 중요한 것은 최초로 시신을 미라로 만든 것이다. 심지어 개와 고양이를 애완동물로 삼고 그 시체를 미라로 만들었다. 고양이가 죽으면 그 주인이 자신의 눈썹을 밀었고, 산토끼를 잡기 위해 사냥개를 길렀던 것도 이집트인이 처음이었다. 미라는 의학의 발달과 무관하지 않다. 해부학, 외과술, 약제학에서 이집트는 특별한 성과를 올렸다. 붕대와 부목도 처음으로 사용했다. 약초와 채소는 물론 생쥐와 뱀의 지방도 치료제로 사용했다. 호메로스는 『오디세이아』에서 이집트 의사가 최고라고 찬양했다.

그보다 더욱 중요한 것은 지금부터 설명하고자 하는 독재인데 미라도 독재와 무관하지 않았다. 수메르인이 신을 인간과 유사하지만 눈에 보이지 않는 존재로 생각한 것과 달리, 이집트인은 왕을 다른 인간에게 영혼의 불멸을 부여하는 신으로 여겼다. 이집트인이 파라오에게 절대적으로 복종하고, 파라오에게 도전하는 것은 내세의 모든 희망을 날려버리는 무모한 행동이라고 생각한 것과 관련이 있다. 이집트를 비롯한 고대사회의 미라 역시 독재자를 비롯한 사회 지도층의 시신이었고, 미라가 된 개나 고양이도 그들의 것이었다. 미라를 '영원으로 여행'이니 '인간의 몸에 기록된 인류의 역사'니 하고 찬양하거나 연구하지만 그것은 독재를 미화한 기술이지, 일반 서민의 것이 아니었음을 주의할 필요가 있다. 레닌, 스탈린, 마오쩌둥, 김일성, 호찌민 등의 시신이 미라로 만들어졌는데 그들 모두 독재자다. 그것이 수천 년 전 이집트에서 비롯되었다는 것은 끔찍한 역사다.

첫 피라미드

이집트 하면 피라미드나 스핑크스가 생각나지만, 나는 그것들을 보기 위해 이집트에 가려고 하지는 않았다. 언제 어디를 가든 그곳에 살고 있는 사람들의 삶이 가장 중요하다. 지금의 이집트는 고대 이집트와 다르다. 말도, 정치도, 종교도 다르다. 그러나 사람들은 같다. 그러니 말이나 정치나 종교란 얼마든지 변할 수 있는 것이지 고유한 것이 아니다. 한국어도 한국인에게 고유한 것이 아니다. 지금 이집트인은 고대 이집트에 그다지 흥미를 갖지 않는다. 일부는 피라미드 관광으로 먹고살고 정부도 이를 지원하지만, 그들이 진심으로 피라미드나 스핑크스를 좋아하는지는 잘 모르겠다.

피라미드는 멕시코에도 있고 그 비슷한 거대 돌무덤은 세계 도처에 있다. 그것들을 7대 불가사의라고 하지만 나는 그것들에 관심이 없다. 다른 돌무더기인 만리장성도 마찬가지다. 그런 것이 표상하는 거대권력을 나는 혐오한다. 나는 그런 노동력 착취로 만들어진 돌무더기가 없는 소박한 우리 땅이 더 좋다. 서울대학교 주경철 교수는 이집트인들이 농한기에 피라미드를 짓는 대신 식량 지원을 받았으니 피라미드를 전제정치의 산물이라고 볼 수 없다고 하지만, 식량은 그들이 낸 세금에서 나온 것이다. 그렇지 않다고 해도 이집트를 전제국가로 볼 수 없다는 것은 터무니없는 소리다. 성문법에 따른 수메르와 달리 이집트는 파라오가 제멋대로 통치했다. 비서양 사회에 대한 종래 서양의 과도한 폄훼를 비판하는 것은 좋지만, 그렇다고 해서 비서양 사회를 미화하는 것은 폄훼보다 나쁜 것이다. 한국에도 왕릉이라는 것들이 있지만, 나는 그 독재의 흔적이 싫다.

피라미드는 신석기시대 농업혁명의 소산이다. 아프리카의 농업혁명은 나일강 하구 삼각주에서 이루어졌다. 겨울비가 내리고 여름철이 길어 서남아시아의 작물과 가축이 쉽게 들어올 수 있었고, 땅이 비옥해 노동력을 별로 들이지 않고도 농사를 지을 수 있었기 때문이다. 기원전 5세기에 이집트를 방문한 헤로도토스는 "이집트는 나일강의 선물"이라며, 들에 씨를 뿌리고 동물을 내몰아 밟게 하면 되고, 곡물은 나일강 모래사막에 굴을 파 저장하면 무한대로 보존할 수 있다고 『역사』에 적었다. 그리고 인구밀도가 과포화되기 전까지 동물 사육이 어려운 지역도 없었다. 지금까지 발견된 농경 유적 가운데 가장 오래된 것은 기원전 6000년대의 것이다.

농업혁명에 의해 농산물을 저장할 수 있게 되자 그 저장, 곧 부의 힘을 과시하기 위해 거대한 건물을 짓기 시작했다. 그 대표적 유산이 바로 피라미드다. 흔히 피라미드 시대라고 불리는 이집트 고왕조기(기원전 2700년부터 2200년까지)에 약 80기가 건설되었다. 현존하는 12기 가운데 가장 큰 것은 카이로 부근 기자에 있는 쿠푸왕의 피라미드다. 바닥이 약 230미터, 높이가 146.5미터로 평균 2.5톤의 돌이 230만 개 정도 사용되었다. 피라미드 건조에 대한 사료는 헤로도토스의 『역사』에 남아 있다. 그는 10만 명이 연중 3개월씩 일해 석재를 운반하기 위한 도로 건설에 10년, 피라미드 건조에 20년, 합쳐서 30년이 걸렸다고 썼다. 19세기 말부터 20세기 초까지 피라미드를 철저히 조사한 플린더스 피트리Flinders Petrie는 헤로도토스의 말이 거의 정확하다고 보았다.

피라미드의 돌 접착 부분은 간격이 겨우 0.5밀리미터 정도로 지극히 정확하다. 230만 개의 돌을 이 정도로 정확하게 쌓기 위해서는 기중기도 사용되었을 것이나, 주력注力은 어디까지나 인간의 노동력이었다. 그 노동력에는 돌을 자르고 운반하며 쌓은 것만이 아니라, 피라미드를 설계하고 측량한 것도 당연히 포함된다. 또한 그 위치를 정한 천문학자 등 다양한 기술자가 있었을 것임이 틀림없다. 또한 작업 전체를 지휘하는 사람, 공정을 관리하는 사람, 노동자를 모으는 사람, 급료 지급을 관리하는 사람, 관리자를 총관리하는 사람 등 여러 분야의 지휘자나 전문가도 필요하다.

첫 기계문명

피라미드 건설처럼 집중적인 인간 노동력의 착취는 군대와 감시자로 운영되는 명백한 통치 구조를 갖춘 국가와 그것을 정당화하는 종교에 의해서만 가능하다. 소수가 다수보다 더욱 가치 있고 따라서 다수는 소수에게 복종해야 한다는 논리가 있어야 하는 것이다. 파라오들은 안으로는 군사적으로 조직된 국가기구를 세우고 그들의 가족이 장관이나 사제 같은 중요 지위를 차지하도록 했다. 그리고 밖으로는 남쪽과 서쪽, 동북쪽으로 침략하고 착취하는 제국주의적 정책을 폈다. 원래 사하라 지역은 초원지대여서 사람들이 살았지만, 기원전 2400년 이후로는 기후 변화에 의해 완전히 메말라 오늘날과 같은 사막으로 변했다.

　루이스 멈퍼드Lewis Mumford는 이러한 통제 관리 기구와 과학자, 기술자, 노동자가 일체가 되어 활동하는 인간 조직체를 '거대 기계'라고 부른다. 인간을 부품으로 하는 기계인 그것은 '보이지 않는 기계'로 경우에 따라 노동 기계나 군사 기계로 작동한다. 이러한 집단적 실체를 기계라고 부른다. 그 이유는 에너지를 이용해 업무를 수행하기 위해 각각 전문적 직능을 가지고 인간의 통제 아래 일하는 부품의 조합을 기계라고 한다면, 피라미드를 만드는 그런 거대한 노동 기구야말로 기계인 탓이다. 게다가 그 구성 요소가 뼈, 신경, 근육 등인 인간이 단순히 기계적 요소로 취급되어 각각 한정된 일을 하도록 엄격하게 표준화되었기 때문에 더욱 그러하다. 이러한 노동 기계는 고정된 외적 요소를 갖지 못해 근대적인 유동작업(컨베이어시스템)의 고정된 금속제 기계보다도 변화나 용도에 충분한 적응성이 있었다. 그래서 그것은 놀라울 정도의 효율성을 보여주었다.

　멈퍼드는 기계 시대의 기원을 이집트의 최초 권력 독재체제 문명에 의해 형성된, 인간을 부품으로 구성한 원형적 기계의 조직화에서 찾는다.

경제학자들이 기계 시대나 권력 시대가 18세기 산업혁명에서부터 시작되었다고 보는 것과 다르다. 그는 인류 문명이 그 출발부터 잘못되었다고 보았다. 그 상징이 피라미드이고, 파괴된 시골과 도시의 폐허와 오염된 대지다. 그것이 문명화된 현대 잔학 행위의 원형이라는 것이다. 멈퍼드는 피라미드와 우주 로켓을 대응시킨다. 그 어느 것이나 비인간적인 독재 권력에 의한 다수의 희생을 기초로 한, 혜택 받은 소수자에게 천국행을 확보시켜주는 장치다.

거대함은 과시의 표시다. 물건이 아니라 사람이 중시된 수렵 채취의 구석기 원시사회에서는 물건을 저장하지 않았다. 따라서 물건을 저장하는 인간은 경멸되었다. 신석기시대 초기에도 그러했다. 수메르에서는 최초 1,000년 동안 작은 도시국가가 느슨한 연방을 이루었기 때문에 권력이 그렇게 강력하거나 거대하지 않았고 그 뒤로 강력한 전제군주가 나타나도 집권 기간은 대단히 짧았다. 반면 이집트에서는 중앙집권과 지방분권이 반복되었으나 파라오라는 전제군주가 권력의 중심이었고, 그 상징이 피라미드였다. 지리적으로 외부의 침입에 무방비여서 권력이 항상 불안했던 수메르와 달리, 황량한 사막으로 둘러싸여 외부의 침입이 어려운 이집트에서는 권력이 안정적이었기 때문이다. 게다가 가장 종교적이었다는 점도 이집트의 독재를 크게 강화시켰다.

첫 독재

역사에서는 전제군주를 독재자라고 하지 않지만, 이 글에서는 독재자라고 부르겠다. 전제군주만이 아니라 모든 군주는 독재자다. 우리 역사는 물론 다른 나라의 역사에 나오는 모든 왕도 독재자다. 광개토대왕도 세종대왕도 독재자다. 독재는 나쁘다. 따라서 모든 왕은 나쁘다. 세상에 좋은 왕은 없다. 성군聖君이란 있을 수 없다. 군주란 모두 나쁜 것이니 성스러운 나쁜 군주란 어불성설이다. 그러니 제발 왕들을 찬양하는 역사서나 소설이나 드라마는 없어졌으면 좋겠다. 적어도 나는 어떤 왕도 찬양하지 않고, 항상 비판적으로 다루겠다. 물론 비판의 대상은 왕만은 아니다. 대부분의 정치가를 찬양하지 않는다. 이는 한국이 정치 과잉의 나라이기 때문에 더욱 관심을 갖게 되는 것이다.

힘을 추구하는 대부분의 정치가는 반인문적이다. 게다가 돈까지 추구하는 정치가는 더욱 더럽고 아예 인문과는 무관한 자들이다. 그러니 정치가를 존경한다는 것은 어불성설이다. 한국에서도 정치가가 존경을 받는다고 하기 어렵다. 절대적 숭상이나 혐오뿐이다. 반면 상대적이고 공정한 인문적 평가는 없다. 특히 권력에 대한 비판적 의식이 없다. 국민 모두가 권력욕에 젖어 있다. 가문 중심의 권력 투쟁이 극심했던 조선시대의 유산인지도 모른다. 관존민비의 유습이 낳은 것인지도 모른다. 이승만이나 박정희 탓이 아니라 그 앞의 수천 년 동안의 왕들 탓인지 모른다. 그러니 왕들을 철저히 비판해야 하지 않는가?

내가 철들고 들은 최초의 악은 독재였다. 독재 타도가 처음 들은 구호였다. 그리고 반세기, 나의 고민은 독재였고 지금까지도 독재다. 독재가 없는 세상이 나의 반세기 꿈이다. 내가 죽기 전에 꼭 이루고 싶은 것은 독재 없는 세상을 보는 것이다. 내가 죽은 뒤에는 제발 독재가 없기를 빈다. 내가 말하는 독재는 한 사람의 군주나 대통령만의 문제가 아니다. 최고 권력자가 독재이면 가장 밑바닥 사회나 종교, 직장, 학교, 가정, 골목 등의 최하 권력자까지도 독재가 되는 전체 체제의 독재 체질화가 문제다. 군주나 대통령의 독재는 개인의 생사 등의 변화로 바뀔 수도 있지만 학교의 교사나 직장의 상부, 종교 지도자나 가정의 가부장과 같은 제도화된 사회 기구의 독재는 영원하다.

따라서 그 독재자들의 독재가 없어지기는커녕 조금이나마 약화되는 것도 기대하기 어려운데 정치가 독재적으로 지속되면 경제·사회·문화의 독재는 더욱 쉽게 강화될 것이다. 또 그것이 다시 정치적 독재를 강력하게 뒷받침하는 독재 체제의 공고화와 무한한 확산, 신화의 날조에 기여하게 된다. 그리고 그것은 인간을 피폐하게 만든다. 내가 두려워하는 독재의 악은 그런 비인간화다. 폭력을 미화하고 권력을 숭상하며 전체에 복종하는 비인간화다.

첫 학살

〈이집트 왕자〉라는 애니메이션을 보고 깜짝 놀랐다. 모세 이야기였기 때문이다. 내가 이집트에 대해 처음 안 것도 영화 〈십계〉를 통해서였다. 세실 데밀Cecil DeMille이 1956년에 제작한 이 영화는 한국을 비롯해 세계적으로 최근까지 텔레비전을 통해 반복적으로 소개되면서 이집트와 이스라엘에 대한 이미지를 형성하고 있다. 1960년에 만들어진 〈영광의 탈출〉과 수많은 홀로코스트 영화를 통해 이해한 현대 이스라엘의 건국사와 함께 3,000년을 넘는 이스라엘 민족의 수난사가 우리의 민족 정서에 호소한 바는 엄청났다. 1960년대 이후 한국 기독교의 비약적인 팽창은 그러한 영화들에 빚진 바가 클 것이다. 세실 데밀은 그 이전인 1923년에도 〈십계〉를 제작한 적이 있는데, 일제강점기 조선인이 그것을 보았다면 그 영향도 컸으리라.

〈이집트 왕자〉까지 포함해 모세의 이야기를 다루는 영화는 이집트 다신교의 가짜 신들이나 파라오들을 이스라엘의 진짜 유일신과 대립시킨다. 그것이 근거하는 구약의 「창세기」 처음의 11개 장은 천지창조에서부터 바벨탑과 부족들의 분산까지 이르는 신화인데, 이는 메소포타미아 문명에서 본 것들이다. 여하튼 「창세기」는 단군신화처럼 신화다. 그러니 「창세기」 신화를 믿는 기독교인들이 단군신화를 거짓이라고 주장할 수는 없다. 신화는 신화고, 전설은 전설이다. 「창세기」 12장의 아브라함과 함께 시작되는 히브리인들의 이야기도 전설인데, 그 속에 모세의 이집트 탈출 이야기가 나온다. 영화에서는 모세의 탈출이 람세스 2세, 즉 기원전 1250년 전후의 일이었다고 하지만 역사적 사실이 아니라 전설에 불과하다. 도리어 뒤에 등장한 페르시아제국이 자신들이 정복한 국가들을 멸망시키지 않고 다시 정착시킨 역사적 사례의 하나가 히브리 민족을 포로 신세에서 풀어주고 가나안에 정착시켰듯이 이집트도 히브리인들을 가나안에 정착시키고자 했는지도 모른다.

이집트에는 인종차별이 없었다. 지금도 없지만 고대 이집트에도 인종차별이 없었다. 크리스티앙 들라캄파뉴Christian Delacampagne는 『인종차별의 역사』에서 고대 이집트는 오랫동안 외국인에게 친절한 나라였고 대단히 다양한 민족이 평화롭게 공존했다고 한다. 그렇다면 왜 모세는 이집트를 탈출해야 했다는 전설이 만들어졌을까? 『성경』에는 이집트에서 이스라엘인들이 종살이를 했다고 한다. 그러나 크리스토퍼 로이드Christopher Lloyd가 『지구 위의 모든 역사』에서 말하듯이 그런 일이 있었는지는 아무도 모른다. 얀 아스만Jan Assmann이 『이집트인 모세』에서 밝히듯이 모세는 역사에 없고 전설로만 존재할 뿐이다. 그것은 진짜 종교와 가짜 종교의 구별을 낳아 인류 역사에서 종교로 인한 모든 갈등과 폭력의 근원이 되어왔다. 전설이 사람을 죽인 것이다. 전설은 전설일 뿐인데 전설로 역사를 왜곡하고 파괴한 것이다.

이런 문제를 해결하고자 많은 사람이 노력했다. 가령 현대 심리학의 아버지 지크문트 프로이트Sigmund Freud는 1939년에 쓴 『인간 모세와 유일신교』에서 모세의 탈출을 기원전 1353~1336년에 이집트를 통치한 파라오 아크나톤Akhnaton의 일신교 사상과 연결시켰다. 당시 이집트에 살았던 모세가 그 일신교를 믿고 반란을 일으켰다는 것이다. 『성경』에는 신이 모세를 통해 역병을 보냈다고 하는데, 이는 이집트에서 세계 최초로 유행성 독감이 생긴 것과 관련된다고 보는 견해도 있다. 그러나 윌리엄 맥닐이 『세계의 역사』에서 말하듯이 모세라는 이름이 이집트풍이라는 것 외에 모세가 이집트의 신앙을 접했다고 볼 수 있는 증거는 없다. 맥닐에 의하면 오늘날 대부분의 학자는 기원전 1200년 직후에 사막에서 온 히브리인이 가나안에 침입했는데, 히브리 12부족 중 하나 또는 둘이 이집트에 있었거나 모세의 종교를 인정했다고 본다.

피터 왓슨Peter Watson이 『생각의 역사』에서도 말했듯이 유일신을 믿는 서양인은 이집트의 다신교와 달리 이스라엘의 유일신을 진화된 신이나 발전된 신이라고 본다. 그렇다면 이집트의 아크나톤을 이스라엘인들보다 먼저 진화된 종교인으로 보아야 할 것이지만 그렇게 주장하지는 않는다. 사실 일신교와 다신교를 진화나 발전의 차원에서 구별한다는 것 자체가 문제다. 사람도 여럿이듯이 신도 여럿인 것이 도리어 더 자연스럽다. 하나의 절대적인 신은 독재에 더 가깝다.

서양인은 에드워드 데보노Edward De Bono가 『사상 이야기』에서 모세를 '인류의 역사를 변화시킨 사상가 30인' 가운데 최초로 다루었듯이 모세를 "단 한 사람의 인간이 타락한 국민을 훌륭히 한데 묶어, 그 후 몇 세기에 걸쳐 나아갈 길을 정해준 그에 필적할 사람은 거의 없다"고 평가한다. 반면 에드워드 사이드와 존 도커John Docker는 모세를 제노사이드, 즉 집단학살의 선구자로 본다. 신의 명령에 따라 정복되고 찬탈될 약속의 땅인 가나안에 이미 거주하고 있는 가나안족을 타도하거나 심지어 몰살하겠다는 전제로 한 민족에 자유를 불어넣는 비전을 제시했다는 것이다. 그리고 모세가 지도한 이스라엘은 자신들이 탈출한 이집트와 같은 관료적이고 계급적이며 권위주의적인 나라를 다시 세웠다고 본다.

나아가 그것을 모범으로 삼은 뉴잉글랜드의 청교도인은 북미 원주민을 학살했고 네덜란드계인 보어인은 남아프리카의 광활한 영역에 대한 소유권을 주장하며 이주했다. 그리고 현대 이스라엘은 팔레스타인 사람들을 추방하고 나라를 세웠다. 미국은 자신들이 맞서 싸운 영국의 식민주의를 영국식 파라오라고 하며 자신들이 이스라엘과 유사하다고 하여 이스라엘의 시온주의를 지지했다. 그리고 이스라엘인의 개척자적 이미지를 동경하고 북미 지역 원주민을 철저하게 무시하거나 쓸모없는 존재로 취급했다. 이는 오스트레일리아도 마찬가지다.

이집트에서 억압과 박해를 받은 히브리인은 억압과 박해를 지양하겠다는 태도를 보이기는커녕 도리어 그러한 악행을 더욱더 강화했다. 그것이 구약의 정복 이야기다. 현대 이스라엘도 마찬가지로 비폭력에 대해 어떤 관심도 보이지 않았다. 그들은 아랍인이 통치한 스페인이나 원래 이스라엘 땅에 유대인·이슬람교인·기독교인이 함께 살았던 것을 이상으로 삼으려고 하지 않고 제노사이드를 자행했다. 서양 문화의 원류를 헤브라이즘과 헬레니즘이라고 한다. 즉, 이집트를 타자로 하여 이스라엘과 그리스로마 문명을 상대적으로 우수하다고 보는 것이다. 첫 학살은 이집트에서가 아니라 히브리의 이스라엘에서 벌어졌다. 즉, 제노사이드는 서양인의 원류라는 히브리인이 만든 것이다.

첫 요부

이집트는 그리스로마 문명과 대비되는 야만이자 관능의 전형으로 비판 받는데, 그 표상이 희대의 요부로 상정되는 클레오파트라다. 미라나 피라미드와 함께 고대 이집트에 대한 또 하나의 대중적 홍밋거리인 클레오파트라는 이집트에서는 위대한 여왕이지만 이집트 밖에서는 철저히 왜곡되어 왔다. 서양인은 무조건 로마의 초대 황제 아우구스투스의 치적을 찬양하고 그의 적인 클레오파트라와 안토니우스를 모략하기 위해 단순화시켰다. 특히 클레오파트라는 서양을 위태롭게 한, 낭비와 쾌락에 눈이 먼 여인으로 왜곡되었다.

클레오파트라에 대해 우리가 아는 상식이란 블레즈 파스칼Blaise Pascal 이 말했다는 "클레오파트라의 코가 조금만 낮았다면"이라는 말과 소위 '세기의 미녀'라는 엘리자베스 테일러Elizabeth Taylor가 클레오파트라로 나오는 1963년 영화 〈클레오파트라〉를 텔레비전을 통해 몇 번이나 본 것 정도이리라. 파스칼의 말대로라면, 클레오파트라가 흑인이었다면(동양인일 가능성은 없다) 코가 낮았을 테니 아우구스투스나 안토니우스를 농락할 수 없었을 것이다. 그렇다면 예수회 신부인 그의 후배들이 식민지 교화에 앞장선 것처럼 파스칼은 "클레오파트라가 백인이 아니었다면"이라고 말하는 셈이니 인종주의 냄새가 난다. 따라서 우리는 그런 파스칼의 백인 중심주의를 배격하고, 그의 말을 되뇌이지 말아야 할지 모른다. 클레오파트라가 흑인일 가능성이 높기 때문이다.

나는 『셰익스피어는 제국주의자다』에서 셰익스피어의 『안토니와 클레오파트라』가 전형적인 오리엔탈리즘을 보여준다고 지적했는데, 셰익스피어 전후의 서양 작가들은 권력을 잡은 아우구스투스를 위해 클레오파트라를 남자들에게 위험한 여자로 폄훼했다. 그것은 오늘날의 미국과 같은 단 하나의 제국인 로마가 세계의 법과 평화를 보호해야 한다는 것이고, 이집트의 클레오파트라는 당연히 죽어야 하는 악의 화신이며 요부인 것이다.

여기서 우리는 그러한 서양에 대항하는 이집트의 클레오파트라에 관심을 가질 필요가 있다. 가령 이집트 카이로대학의 고대 언어학 교수인 아흐메드 에트만Ahmed Etman이 쓴 희곡 〈평화를 사랑하는 클레오파트라

Cleopatra Worship Peace)라는 1984년 작품이다. 그 작품에서 클레오파트라는 로마 제국주의에 대항하여 여러 민족 간의 사랑과 박애를 강조한 이집트 파라오로 등장하고, 로마제국은 오늘날까지 전개되는 서양 제국주의의 원조로 부각된다.

첫 오리엔탈리즘

오리엔탈리즘이란 '동양주의'라고 번역될 수도 있지만, 실제로는 19세기의 '동양에 대한 관심'을 뜻한다. 그 최초의 것이자 가장 강력한 것이 이집트에 대한 연구, 즉 이집트학Egyptology이었다. 이는 1798년 나폴레옹이 이집트를 정복한 이후 만들어진 소산이었다. 그것은 2,000년 동안 서양이 몰랐던 동양의 발견이자 침략의 시작이었다. 프랑스의 이집트 점령은 2년 만에 끝났으나 그사이 프랑스인의 이집트 연구를 비롯한 서양인의 이집트인·아랍인과의 접촉은 새로운 시대를 열었다. 1869년 수에즈운하가 뚫리고 1882년 영국의 이집트 지배가 시작되기 전까지 프랑스는 영국과 함께 이집트에 관여했다. 이집트학은 20세기에 들어와 시작된 수메르학보다 거의 1세기나 먼저 성립되었다. 그런 의미에서 첫 오리엔탈리즘이었다.

크리스티앙 자크Christian Jacq를 비롯해 한국에서도 저명한 프랑스의 이집트 학자들은 이집트를 미화하는 데 뛰어나다. 이집트는 프랑스인이 보호해야 하는 불쌍한 나라라는 듯이 말이다. 가령 이집트는 전혀 제국주의적이지 않기 때문에 독일에서 비롯된 '왕국'이라는 말을 사용할 수 없지만, 지금까지 습관이 되어왔기 때문에 '이집트 왕국'이라고 부른다는 식이다. 더욱 중요한 문제는 노예 문제다. 프랑스인은 이집트에 노예가 없었다고 주장하는 등 고대 문명에서는 예외적인 나라라고 보지만, 사실 이집트는 최초에 노예가 아니라 농노 수준의 농민들이 있다가 후기의 신왕국 이후 노예가 생겼다고 봄이 일반적이다. 피라미드는 노예가 본격적으로 생긴 신왕국 이후가 아니라 이집트 초기의 고왕조기에 지어졌는데, 그때도 노동자나 농민이 자발적으로 참여했거나 국가가 빈민 구제 사업차 실시한 것이 아니라 어디까지나 강제로 부역에 동원된 것이었다.

이집트에 노예가 없었다고 한 프랑스인들을 무식하다고 하면 되지 굳이 나쁘게 볼 필요는 없겠다. 무식은 악이 아니기 때문이다. 그러나 프랑스에서 고대 이집트를 미화하는 점에는 고대 이집트를 나폴레옹이 '발견'했고 그런 점에서 나폴레옹은 정말 위대한 프랑스인이라고 보는 프랑스인의 제국주의 의식이 없다고는 할 수 없다. 게다가 고대 그리스를 중시한 독일보다 앞서서 그리스보다 앞선 이집트를 발견했다는 경쟁의식이 없다고도 할 수 없다. 그런 점에서 고대 이집트를 강조하거나 이를 이집트 '학'이라고 강조하는 프랑스의 제국주의적 분위기는 아직도 19세기의 오리엔탈리즘에서 제대로 벗어났다고 보기 어렵다.

크리스티앙 자크의 책 등이 여러 권 번역된 한국에서 생긴 이집트 열기도 한국인의 자발적인 의식에서 나온 자연스러운 것이 아니라 프랑스를 비롯한 서양의 열기에 영향을 받은 것이다. 19세기 말부터 지금까지 변함 없이 그렇다. 한국의 경제 사정이 좀 나아지면 정신적으로도 식민지 상태에서 벗어날 것 같았는데 더욱 나빠졌다. 게다가 민주화가 진행되고 보수 세력 대신에 진보 세력이 등장하면 역시 식민지 상태에서 벗어날 수 있으리라고 기대했는데 그 기대조차 배신당했다. 여하튼 한국의 경제 사정이 나아짐에 따라 이집트 관광도 붐을 이루고 있다. 19세기에 서양, 20세기에 미국과 일본을 이어 20세기 말부터 한국과 중국의 순서다. 그러나 그런 관광의 이면에 숨은 심리는 어떤 것일까? 제국에 대한 동경일까? 독재에 대한 동경일까? 강력하고 거대한 권력에 대한 향수가 아닐까?

첫 민주

인도를 좋아하는 사람들은 그곳에 자주 가는 이유로 영성靈性을 꼽는다. 국어사전에서는 영성이란 '신령한 품성이나 성질'이라고 하고 '신령한'이란 '신기하고 영묘한' 것을 말하며, 그 보기로 '점쟁이의 말이 신령하게도 딱 들어맞았다'라고 하는 것을 드는데 점쟁이를 믿지 않는 나는 도대체 무슨 말인지 이해할 수 없다. 시골은 물론 서울 종로, 아니 뉴욕 맨해튼에도 한국 점쟁이들이 흘러넘치고 외국의 무슨 인류학박물관의 한국관은 서울의 어느 점쟁이 집을 통째로 옮겨놓기도 하여 한국 문화의 원형이 무속이고 그 원조가 무당이라는 주장까지 나오기도 하는 판이다.

그런데 나는 평생 단 한 번도 점쟁이를 찾은 적이 없어 그를 본 적도 없을 뿐 아니라 그 영성이라는 것을 한 번도 믿은 적이 없으니 아예 국적을 바꾸어야 할지도 모르겠다. 각종 귀신 이야기가 옛 신화부터 최근 영화에까지 나오는 것을 보고 귀신의 시공적時空的 편재를 주장하는 학자들도 있다지만 그런 학문에 동참할 생각은 추호도 없다. 신화나 전설, 야담이 과거의 이야기에 그치지 않고 지금까지 여전히 진실인 것처럼 판치는 것은 야만이 아닌가?

'○○철학관'이라는 간판이나 지붕의 대나무 정도 외에는 점쟁이가 있는 것조차 알 수 없는 한국과 달리, 인도는 거리 어디에서나 신들이 판치고 있기 때문에 한국에서는 점쟁이를 믿지 않는다고 해도 인도에 가면 누구나 영성에 사로잡힌다고 하는 이야기가 과장은 아닐 것이다. 그러나 나는 몇 차례나 인도를 가도 그곳에서 영성을 느끼지 못했다. 그곳에 자주 간 이유는 주로 간디를 공부하기 위해서였다. 간디를 영성의 사람이라고 말하는 이가 많지만 간디의 그런 면에는 관심 없다. 내가 이해하는 간디는 적어도 점쟁이와는 무관한 사람이다. 그는 무엇보다도 미신을 철저히 배격했다. 나에게 간디는 무엇보다도 민주인이고 인도는 무엇보다도 민주국이다. 인도는 소위 후진국 중에서 거의 유일한 민주국이고 지금까지도 민주국이 아닌 아랍 국가들이나 중국 등과 반대되는 나라다.

지금 인도가 그럴 뿐 아니라 인도는 세계 역사에서 최초의 민주국이었다고 한다. 간디가 그렇게 주장했고 그 뒤를 이어 네루도 같은 주장을 했다. 간디와 대립한 브힘라오 암베드카르Bhimrao Ambedkar 같은 사람들은 인도 고대가 민주정이었다는 것을 부인하지만, 기원전 15세기부터 비롯되는 『베다』 등의 인도 고전들은 그런 증거를 분명히 보여준다. 특히 간디는 인도의 독립을 위해 식민제국인 영국의 민주주의에 못지않은 민주적 전통이 인도에 있었음을 강조했다. 인도가 독립하면 민주정을 해야 했기 때문에 그렇게 주장했고, 그런 의도는 성공했다. 독립 후 최하부 행정기구를 판차야트Panchayats라고 부른 것은 그것이 고대부터 촌락 자치를 담당한 원로회의에서 비롯되었기 때문이다.

참으로 출발이 중요하다. 첫 단추가 중요하다. 해방 후 우리의 첫 단추가 그러했더라면 얼마나 좋았을까? 신시神市나 화백과 같은 우리의 민주

적 전통을 찾아 국회를 그 이름으로 규정했다면 우리의 민주주의, 특히 의
회가 이 모양일까? 인도나 그리스만이 아니라 한반도를 비롯해 어디에서
나 그런 민주적 전통은 있었을 것이다. 수메르나 이집트의 고대는 물론 중
국이나 아랍에도 있었을 것이다. 모든 원시사회는 민주적이었을 것이다.
그러나 인도를 지배한 영국인을 위시한 서양인이 쓴 인도사에 대한 책에
는 인도의 고대 민주정에 대한 이야기가 없다. 21세기인 지금까지도 마찬
가지이고, 그런 서양인이 쓴 세계사 책을 신주처럼 모시는 한국에서도 마
찬가지다. 그러나 인도인의 책은 당연히 다르다. 그중 가장 기본적인 책이
자 우리가 쉽게 읽을 수 있는 책이 네루의 『세계사 편력』이다. 이 책은 우
리말로 몇 번이나 번역되었음에도 인도 고대의 민주정에 대한 인식은 이
책에만 머물고 있고, 초중고는 물론 대학에서 사용하는 교과서 등에서는
그런 언급이 없다. 왜 그럴까?

첫 옥중 세계사

『세계사 편력』은 1930년 10월부터 약 3년 동안 감옥에서 10대인 딸에게
보낸 편지들을 모은 책이다. 옥중 편지로 쓴 세계사로는 세계 최초다. 당
시 그의 나이 41세였다. 그전에 영국에서 법을 공부하고 인도에 돌아와 변
호사로 일하다가 1916년부터 간디 밑에서 독립운동을 하면서 1921년 최
초의 감옥행 이후 아홉 차례에 걸쳐 9년간 투옥되었다. 1930년 감옥에 들
어가기 전 그는 국민회의 의장이었으니 인도에서 가장 바쁜 사람이었다.
자서전이나 평전을 보면 정말 바쁘게 살았음을 알 수 있다. 감옥에서도 항
상 바빴다. 그런 가운데 그렇게 방대한 세계사 편지를 썼으니 더욱 놀랍다.
    옥중 저술로는 역사상 가장 위대한 책이다. 옥중 저술이어서가 아니
라 역사서로서도 가장 위대한 책이다. 세계사의 서양 중심주의를 극복한

최초의 책이기 때문이다. 그래서 1970~1980년대에 한국을 비롯한 여러 나라에서 널리 읽혔다. 그러나 역사학계에서 그 책이 역사책으로 다루어진 적이 있는지 의문이다. 한국의 학문이란 그런 것이다. 그러면서도 인문학의 위기 운운한다. 네루도 학교에서 배운 역사란 아주 보잘것없다고 했다. 특히 인도 역사는 인도를 비하하는 사람들이 쓴 매우 잘못되고 왜곡된 것이었기 때문이다. 그래서 네루가 역사를 제대로 배운 것은 대학 졸업 후 감옥에서라고 했다. 영국 케임브리지대학에서 화학, 지질학, 식물학 등을 배웠지 역사를 전공하지 않았다. 박사학위를 받은 교수여야 전공 분야의 책을 쓸 수 있다는 한국적 상식으로는 이해하기 어려울지 모른다.

그의 자서전이나 평전에는 그 편지에 대한 이야기가 없다. 그것은 그가 감옥에서 쓴 수많은 편지 가운데 일부였으니 기억조차 못했을지 모른다. 첫 편지를 받았을 때 딸은 13세였다. 초등학교 졸업반 아이에게 그렇게도 길고 심각한 내용의 편지를 쓰다니 아버지의 사랑과 지성은 감탄할 만하다. 더욱 놀라운 것은 감옥에서 아버지가 딸에게 특별 교육을 시켜 감동적인 것이 아니라, 13세 딸을 지성인처럼 대하면서 인도와 세계의 역사를 논한 점이다.

논한다고 하는 것은 누군가가 그 내용을 정해놓고 일방적으로 설교하는 것이 아니라 서로 자유롭고 평등한 입장에서 대화하고 토론한다는 것이다. 네루는 그것이야말로 옳고 그름을 분별하는 가장 좋은 방법이라고 강조한다. 편지이기 때문에 그렇게 되지 못하면 서로 마주 앉아 대화할 때처럼 사고에 필요한 재료를 제공한 것으로 여기라고도 부탁한다. 이러한 태도야말로 가장 민주적인 태도가 아니겠는가? 그러나 그보다 중요한 것은 첫 편지에서 다음과 같이 말한 점이다.

"이 위대한 역사의 물결 속에서 우리는 어떤 태도를 취해야 할까? 또 이를 위해 우리는 어떤 역할을 해야 할까? 나에게 어떤 운명이 돌아올지,

어떤 임무가 우리 어깨 위에 떨어질지 말할 수 없다. 그러나 무슨 일이 있어도 우리는 우리 운동의 대의를 저버리거나 우리 인민에게 명예롭지 못한 행동을 하는 것은 용납될 수 없다는 점을 명심해두어야 할 것이다. 우리가 인도의 투사가 되고자 한다면 우리는 인도의 명예를 깊이 간직해야 한다. 그리고 이 명예야말로 신성한 임무다."

그가 말하는 '인도의 명예'란 숨기거나 숨기려 하지 않고 행동이나 말에서 언제나 용감해야 한다는 것이다. 이것이 바로 간디가 말하는 진실을 관철하기 위한 투쟁인 사티야그라하Satyagraha다. 그리고 네루는 딸에게 "우리나라에서 현재 진행되고 있는 자유를 향한 투쟁을 눈앞에서 볼 수 있는 너는 행복하다"고 말한다. 어린 딸에게 그런 명예와 행복을 가르친 것만으로도 네루는 위대한 아버지다. 그런데 우리의 아버지는 어떤가?

첫 보편사

남을 무자비하게 누르고 오로지 이기라고 가르치는 우리의 아버지는 비열한 아버지다. 남을 이기기 위해 제 자식에게만 갖가지 과외 수업을 받게 하고 좋은 학교에 입학시키기 위해 위장전입을 일삼고 병역 의무를 어기게 하는 등 온갖 특혜를 누리도록 하는 것을 훌륭한 자녀 교육이라고 생각하는 이 나라의 부모들은 염치가 없고 교양 없는 야만인들이다.

비열하고 염치없는 야만적인 세상에 민주란 있을 수 없다. 왜냐하면 모든 사람의 가치가 존중되지 않는 한 민주란 있을 수 없기 때문이다. 대통령이나 국회의원을 표로 선출하는 것만이 민주가 아니다. 도리어 그들을 야만의 표로 선출한다면 그것은 원숭이떼의 놀이보다 못한 행위다. 그것도 독재다. 독재가 싫은 것은 그것이 인간을 무시하는 비열하고 염치없는 행위이기 때문이다. 자기 외에는 모든 인간을 짐승이나 돌처럼 취급하기 때문이다. 반면 민주가 좋은 것은 모든 인간의 가치를 인정하기 때문이다.

역사란 그 가치를 시간적으로 반추하는 작업이다. 네루는 딸에게 고대인을 설명할 때 "눈앞에 펼쳐진 낯선 평원을 향해 터벅터벅 산길을 내려오는 모습이 지금도 눈에 선하지 않느냐?", "그 얼마나 환희에 넘치는 광경이었겠니?"라고 말하며 역사를 생생하게 되살린다. 과거를 현재로 가져온다. 역사가 과거와 현재의 대화가 되려면 이런 작업 없이는 불가능하다.

"만일 우리가 역사에서 무엇을 배우고자 한다면, 마치 눈앞에서 사건들이 벌어지는 것처럼 볼 수 있게끔 마음속에 생생한 상념으로 잇따라 펼쳐져야만 한다. 역사는 세계를 무대로 과거의 위대했던 인물들이 배우로 등장해 우리를 사로잡는 한 편의 매혹적인 연극─희극이기도 하고, 비극일 때가 더 많은─이어야 한다."

그러나 네루에게 역사란 과거에 대한 찬양만은 아니다. 과거를 철저히 비판한다. 그 비판의 척도는 자유와 평등이다. 따라서 조국의 자유도 현실의 불평등을 용인하는 것이어서는 안 된다. 그것이 문화다. 자신에 대한 절제와 남들에 대한 배려가 교양이고 문화이며 문명이다. 네루는 문명의 척도를 상호 협동과 사회의 행복을 위한 희생으로 삼으면서 고대 인도의 산스크리트 문헌을 인용한다. "가족을 위해서 개인을, 공동체를 위해서 가족을, 나라를 위해서 공동체를, 영을 위해서 세계를 희생하라." 네루는 인도가 그것을 잊었기에 쇠퇴했다고 한다. 유독 인도가 그러했던 것만은 아니다. 누구나 좋은 점과 나쁜 점을 함께 물려받는다. 역사를 배우는 것은 그 나쁜 것을 그대로 내버려두어서는 안 되기 때문이다. 그렇지 못했기에 빈궁과 궁핍을 잊게 하는 신앙의 위력威力에 의해 만들어진 전통이 인간을 노예로 만들었다.

그러나 역사의 처음은 달랐다. 문명은 아시아에서 시작되어 유럽을 정복했다. 가장 오래된 종교인 힌두교는 인도에서 창시되었고 불교는 물론 유대교와 기독교도 모두 아시아에서 비롯되었다. 고대 그리스인은 아시아에서 온 아리안계였다. 『일리아스』와 『오디세이아』보다 『라마야나』와 『마하바라다』가 오래되었고 길고 위대하다. 『베다』나 『우파니샤드』는 더욱 오래된 철학서다. 최초의 문학과 역사와 철학, 즉 문사철은 인도에서 비롯되었다. 바로 최초의 교양이고 문화이고 문명이었다.

그러나 네루에게는 인도에서 최초의 민주정이 시작되었다는 점이 가장 중요하다. 왕은 주로 크샤트리아 계급에서 나왔지만 전쟁이 나거나 어려운 상황에서는 계급이 아니라 능력에 의해 왕이 세워졌다. 심지어 수드라나 하층 계급 중에서도 왕이 나왔고 왕이나 통치자의 부정은 용납되지 않았다. 네루는 당시의 민주주의가 노예나 하층 계급을 제외했다는 점에서 명백한 한계가 있었다고 지적하면서도 카스트는 직업 구별에 의한 것으로 차별 제도가 아니었다고 강조한다.

첫 민주 종교

네루는 어린 딸에게 힌두교 성전인 18푸라나(서사시) 중 하나인 『바가바타』에 나오는 시를 소개한다.

"우리는 여덟 가지 덕을 두루 갖춘 지락至樂도 원하지 않으며, 윤회의 고해에서 해탈하는 것도 원치 않노라. 살아서 고뇌하는 모든 이의 괴로움을 내가 감당하고 그들 속에 섞여 그 괴로움을 물리치리라."

네루가 힌두교에 대해 언급하는 것은 이뿐이다. 『바가바타』는 기원전 13세기쯤에 편찬된 책으로 기원전 20세기 전부터 기원전 5세기쯤까지 수록된 『베다』에 비하면 훨씬 후대의 책이다. 그 내용은 힌두교는 물론 불교까지도 거부하는 세속의 가르침 같다. 네루는 『베다』 등에 대해서는 아무런 언급도 없이, 기원전 6세기 무렵 인도의 베다 신앙은 의식과 공양과 미신에 사로잡혀 있어서 그것을 비판한 불교가 나타날 수밖에 없었다고 말한다. 네루는 그가 살았을 당시의 힌두교에 대해서는 언급하지 않지만, 내가 보기에는 기원전 6세기나 지금이나 힌두교는 여전히 미신에 젖어 있다. 네루가 중국과 인도를 빼고는 문화가 지속된 곳이 없다고 하는 경우, 그가 비판하는 힌두교의 지속이 인도 문화의 핵심이라고 한다면 무슨 가치가 있는 것일까? 물론 네루는 민주 전통의 지속을 강조하지만 말이다.

이처럼 세계사에서는 힌두교를 거의 언급하지 않은 네루지만 그가 쓴 인도사라고 할 수 있는 『인도의 발견』에서는 힌두교에 대해 당연히 자세히 말한다. 물론 네루의 관점은 철저히 민주적이다. 즉, 범아일여梵我一如라고 하는 힌두교의 원리를 그는 모든 내외면적인 장벽 일체를 타고 넘어버리는 형이상학적 민주주의로 해석한다. 만물에서 하나의 혼을, 하나의 혼에서 만물을 보는 사람들은 그 어떤 피조물도 경멸하면서 볼 수 없다. 민주주의는 모든 사람이 주인이라는 것인데, 그 주인은 모두 신이나 왕처럼 존엄한 존재이기 때문에 자유롭고 평등하다는 것이다. 자기도 살지만 남도 살리자는 것이다. 여기서 관용과 분별력, 분별에 따른 다양성의 인정은 당연히 필요하고 전체주의나 획일주의는 있을 수 없다. 네루는 『우파니샤드』를 한마디로 "우주는 자유 속에서 생겨나서 자유 속에서 쉬다가 자유속으로 녹아들어간다"로 이해한다.

그런데 왜 영어를 비롯한 외국어나 한국어로 번역된 『우파니샤드』에는 그런 언급이 없는가? 나는 철학자나 종교인이라는 사람들이 쓴 『우파니샤드』를 아무리 읽어보아도 잘 알지 못하겠다. 『우파니샤드』에 앞서는 인도 최초의 경전인 『베다』에 대해서도 마찬가지다. 네루는 그것들을 경전으로 간주하는 것을 불행한 일이라고 말한다. 그 진정한 의미, 즉 사고의 최초 단계에서 인간 정신이 펼쳐지는 것을 놓친다고 비판한다. 특히 그 안에 우상 숭배나 신들을 위한 신전이나 영혼 따위는 없고 넘치는 활력과 삶에 대한 긍정만이 있다고 단언한다. 그러니 그것은 씩씩하고 쾌활한 신앙이다. 신이니 하는 것은 그 뒤에 온다. 그러나 자연의 모든 요소와 힘에서 신성이 나오기 때문에 그것은 여전히 쾌활하다.

따라서 네루는 인도 문화는 삶의 부정을 강조하지 않는다고 본다. 적어도 기독교에 비하면 분명히 그렇다는 것이다. 불교나 자이나교와 비교해도 그렇다. 그러나 네루는 불교조차 긍정의 종교라고 본다. 불교를 포함한 인도 사상이 삶을 부정적으로 본다는 견해는 초월을 가르친 탓에 생긴 오해다. 삶과 행동의 포기가 아니라 그 해탈을 가르친 것이 삶을 부정적으로 보는 것으로 오해하게 만들었다는 것이다. 해탈은 삶을 전적으로 긍정하면서도 삶의 희생자나 노예가 되기를 거부하는 것이다. 모든 힘과 에너지를 쏟아 올바른 행동에 몰두하되 그것을 초월하고 그 행동의 결과에 걱정하지 말라는 것이다.

첫 민주 사상

기원전 800년경에 나온 『우파니샤드』는 모호하고 난해해 해석도 다양하다. 그러니 대중이 그 책을 모두 이해할 수 있다고 보기 어렵다. 한국에도 1,000쪽 정도의 책으로 소개되어 있는데 나도 이해하기 어렵다. 인도에서 여러 사람에게 『우파니샤드』를 비롯한 인도 고전에 대해 물어보았다. 일반인은 물론 교수들도 읽지 않는다고 답했다. 네루에게 그 책은 『베다』의 신들이나 그들을 숭배하는 승려들을 조롱하고 마법과 그런 종류의 지식들을 배척하며 사람들을 교화시키지 못하는 의식이나 예식을 부정했기에 중요했다. 행동 없는 철학에 대해서도 경고하고 더 높은 지식은 내면적인 정신의 지식이고 실천적인 지식임을 강조했기에 중요했다. 『우파니샤드』를 그렇게 이해한 네루는 3,000년이 지난 지금의 인도에서도 여전히 영성 운운하는 것이 답답했으리라.

네루는 『우파니샤드』에서 개인적 윤리가 과도하게 강조되어 사회적 윤리를 압도하는 점을 못마땅해했다. 『우파니샤드』는 개인의 신체가 건강하고 정신이 맑아야 세상이 좋아진다고 가르친다. 절제와 자기 수련, 희생을 강조한다. 간디가 인도의 대중을 이끈 데에는 그런 사상이 수천 년간 인도 사상의 저변을 형성해왔기 때문이다. 그러나 개인주의는 사람들이 스스로 선택할 수 있는 자유를 허용하지만, 사회에 대한 의무라는 사회적 측면을 무시하게 만들었다. 그 개인주의는 카스트로 분화된 집단 속의 의무만을 요구하고 사회 전체에 대한 책임을 요구하지 않았다.

한편 사상의 개인주의는 모든 종류의 신앙과 관행, 미신과 우행愚行에 대해 관용을 베풀었다. 그래서 승려 계급은 대중의 미신을 바탕으로 강력한 기득권을 구축했지만, 그들을 감시하는 영적인 교사들이 있어서 가톨릭처럼 강력하지는 않았다. 이러한 개인주의와 전통 신앙의 혼합에서 전통적 교리주의와 금욕적 의례주의가 자라났고, 이는 정신의 빈곤, 우둔함, 정지 상태의 반복, 과학의 중단, 예술의 불모, 창조적 직관력의 부재를 초래했다. 여기서 다시 새로운 운동이 나타났다. 불교와 자이나교, 산스크리트어 서사시인 『라마야나』와 『마하바라다』다.

네루에 의하면 그 새로운 운동은 개인주의를 넘어 개인의 의무와 사회적 행위, 인간 생활에 대한 윤리의 적용, 만물을 지배하는 정신적 영역을 추구했다. 그렇다고 해서 개인을 집단에 매몰시킨 집단주의는 아니었다. 인간의 진보를 위해 지성과 행동과 믿음의 길을 일치시키고 조화시키려고 했다. 그중에서도 특히 행동은 사회의 개량과 봉사를 위한, 즉 실천적이고 이타적인 행동이다. 이를 가장 잘 보여주는 작품이 『마하바라다』의 일부인 『바가바드기타』다. 이는 인도 문학에서 가장 인기 높은 작품이지만 전쟁의 의무를 주제로 하는 이 책이 폭력과 전쟁을 정당화하는지 아닌지를 둘러싸고 끊임없이 논쟁이 있었다.

특히 간디는 자신의 비폭력주의를 그 책에서 끌어왔지만 대부분의 사람들은 그와 반대로 정의를 위한 폭력의 정당화가 주제라고 보았다. 간디를 따랐다는 함석헌도 『바가바드기타』를 간디와 반대로 해석했다. 그러나 중요한 것은 어느 것이 옳고 그름이 아니라 그렇게 여러 가지 해석이 가능하다는 점이다. 네루는 그 모든 해석이 가능한 점에 『바가바드기타』의 위대함이 있다고 보았지만, 도리어 2,500년 동안 수많은 인도인이 다양한 해석을 해왔다고 함이 옳을 것이다. 보기 나름으로는 그 모두를 아전인수라고 해도 말이다. 중요한 것은 어떤 행동이든 정신적인 고뇌 위에서, 즉 그 결과가 아니라 해탈의 정신 위에서 이루어져야 하고, 그 결과는 반드시 올바른 것이라고 하는 원리다. 네루에 의하면 진지한 탐구와 탐색, 사색과 행동, 갈등과 모순 속에서도 이루어지는 균형과 평형의 내면적 성질이 그 본질이다.

첫 민주 전통

네루가 고대 인도에 대한 자료로 언급한 것은 불교 경전의 하나인 설화집 『자타카』, 즉 『본생경本生經』이다. 이 경전은 모든 계급화 시도에 저항하는 민중의 전통을 보여준다. 그전까지 선거제였던 왕위는 장자 상속의 세습제로 변했고, 예외가 있기는 해도 여성은 왕위 계승에서 배제되었다. 그리고 왕은 모든 불상사에 대해 책임을 졌다. 신하들의 협의체가 있었고 불공정한 왕에 맞서는 민중 반란도 있었으며 몇몇 왕은 사형에 처해지기도 했다.

수만 개의 촌락공동체와 촌락회의의 자치도 유지되었다. 농업 생산량의 6분의 1 정도를 왕에게 바치는 점 외에 모든 사회생활은 자치적으로 영위되었다. 상인과 수공업자의 길드도 존재했다. 승려 다음으로 그들을 중시한 왕은 그들의 비위에 거슬리는 어떤 법률도 제정할 수 없었다. 그리고 독립된 마을에서 카스트 제도가 발달했다. 카스트를 법적으로 고정시켰다는 비난을 받아온 『마누법전』의 관련 부분은 후대에 삽입된 것이고 그 법전에 나오는 여성의 불평등에 대한 조항은 서양의 고대나 중세는 물론 19세기까지의 여성 지위보다는 훨씬 나았다.

네루는 2,500년 전 불교도의 집회는 참으로 민주적이었다고 한다. 기원전 321년에 세워진 인도 최초의 통일국가인 찬드라굽타에서도 도시와 촌락의 자치는 여전히 유지되었다. 선거로 선출된 연장자들이 독립적으로 지방을 다스렸다. 왕은 대관식에서 국민을 억압하면 하늘과 생명과 재산을 빼앗긴다고 서약했다. 법치는 매우 엄격하여 종교 행위에도 과세되었고 법을 어긴 사원은 몰수되었다. 지방 도시에는 주민이 선출한 의회가 있었고 30명의 의원은 6개 위원회로 나누어져 전문화되었다.

10세기 문헌에도 판차야트는 행정과 사법의 권력을 쥐고 토지를 분배하며 세금을 거두었다고 기록되었다. 다양한 위원회를 구성하기 위한 선거가 매년 이루어졌고 여성도 협의회에서 일했다. 회원이 잘못하면 제명되었고 회원의 친족은 공직에 임명될 수 없었다. 판차야트는 마을의 자유를 수호하여 왕의 허가 없이는 누구도 마을에 들어가지 못하게 했다. 왕은 자기 신하의 편이 아니라 국민의 편을 들어야 하고 관리는 국민이 불만을 가지면 해임되어야 한다고 규정되었다. 관리는 카스트나 가문이 아니라 일, 성격, 장점에 의해 선임되었다. 또한 모든 직종의 길드가 형성되어 카스트의 긍정적 역할을 했다. 촌락공동체나 카스트는 자급자족을 목표로 삼았고 탐욕보다는 인간의 완성을 추구했다. 왕도 신권주의적인 군주가 아니라서 지역 자치에 대해 거의 간섭하지 못했다.

네루는 자치적인 촌락공동체는 그 권한이 차츰 줄었지만, 영국인의 지배 이전까지는 지속되었다고 한다. 영국이 인도를 식민지화하자 촌락공동체는 철저히 파괴되었다. 따라서 인도의 민주주의가 1870년 영국 총독부에 의해 시작되었다는 식의 서양학자의 주장은 물론 그것을 그대로 따르는 우리 학자들의 설명은 전혀 터무니없다. 촌락공동체의 부흥은 20세기 초 간디에 의해 비로소 가능했다. 당시 인도의 극단적인 빈부 격차는 외국 통치와 착취, 거대 기계의 자본주의에 의한 것이었다. 그 두 가지를 거부한 간디는 자치적이고 자급자족이었던 과거의 촌락공동체가 생산과 분배와 소비를 자동적으로 균형 있게 만들어준다고 보았다. 현대와 달리 정치적·경제적 권력이 분산된 촌락공동체야말로 소박한 민주주의의 전형이었다. 빈부 갈등과 대도시의 폐해도 없고, 생명을 주는 흙과 접촉하며 탁 트인 공간의 순수한 공기를 들이마시는 그곳이야말로 새로운 이상사회였다.

첫 토론 전통

네루의 인도 민주론이나 간디의 마을 자치론을 이렇게 요약하는 것은 뼈마디 몇 개로 살아 있는 생명체를 말하는 것과 같다. 종류와 발행 부수에서 세계 최고 수준인 언론에서 인도의 민주주의를 실감할 수 있다. 이에 대해서도 서양 문헌이나 한국 문헌은 영국 식민지 덕분이라고 하지만 그야말로 무식의 소치다. 인도의 토론 전통은 앞에서 말한 촌락공동체만이 아니라 인도 문화의 본질이라고 할 정도로 역사적으로 뿌리가 깊다. 아니 마을 민주주의가 있어야 토론민주주의도 가능하다. 이것이 상명하복의 권위주의가 뿌리 깊은 중국이나 한국의 유교권 문화와 근본적으로 다른 점이다.

인도의 토론 전통을 가장 중시한 사람은 경제학자 아마르티아 센 Amartya Sen이다. 센은 종교가 인도의 유일한 정체성이 아니라고 강조한다. 그리고 인도가 민주주의를 독립 후 서구에서 받았다는 주장도, 인도를 민주주의에 적합하게 만드는 인도만의 고유한 특징이 인도 역사에 있다는 주장도 경계해야 한다고 한다. 그러나 민주주의의 핵심을 토론과 논쟁이라고 보는 센도 그 토론 전통이 인도에서 『리그베다』 이후 수천 년간 유지되었다고 하니 역시 인도는 민주적인 전통을 가졌다고 본 것이다. 물론 센은 인도에만 그런 민주의 전통이 있었다고는 하지 않는다. 그렇다고 간디나 네루가 그렇게 주장한 것도 아니다. 그런 주장은 서양에서 제기된 것이다. 서양에서만 민주주의가 있었다는 것이다. 그러나 고대 인도는 물론 고대 이란에서도 몇 세기 동안 의회와 민회가 선출되었고, 의회가 추천하고 민회에서 선출한 행정관이 있었다. 특히 공적 토론의 역사는 세계 공통적인 것이다.

센은 일찍부터 자유와 민주주의가 경제 발전에 중요함을 역설했으나 그런 주장이 한국에 소개된 것은 그가 쓴 『자유로서의 발전』이 2001년 우리말로 소개된 뒤였다. 그 책에서도 그는 관용을 중시했지만 인도의 특징으로 관용에 근거한 토론 문화를 더욱 강조한 것은 2008년에 번역된 『아마티아 센, 살아 있는 인도』에서였다. 센은 『바가바드기타』도 논쟁적인 작품이라고 소개하면서 논쟁이 어느 한쪽의 승리로 끝났다고 보지 않는다. 많은 사람이 그 작품을 폭력의 긍정으로 보았지만 간디는 그 반대였다.

그런 입장에서 센은 인도를 종교의 나라, 특히 힌두교의 나라라고 보는 점에도 이의를 제기하고 인도에도 종교에 대한 회의론이 존재한다고 역설한다. 인도 최초의 경전인 『베다』도 그렇고 창조에 대한 회의는 그 뒤 3,500년 동안 계속되었다는 것이다. 특히 센은 불교를 무신론으로 본다. 종교가 아니라고 보는 것이다. 이러한 센의 논의는 '영원한 인도'의 본질 운운하는 정체성론을 부정하는 그의 책 『정체성과 폭력』으로 나아간다. 그런 정체성론은 인도의 우익에서 특히 강력하게 나타난다. 이는 인도만이 아니라 세계 각국에 보편적인 현상이다. 한국도 예외가 아니다. 아니 한국에서는 우익만이 아니라 좌익도 정체성론에 깊이 빠져 있다고 해도 과언이 아니다.

이는 『인도의 발견』 마지막에서 네루가 현대 정신은 실제적이고 실용적이며 윤리적이고 사회적인 동시에 이타적이고 인도적이라고 하는 것과도 관련된다. 네루는 인간성이 그 신이고 사회봉사가 그 종교라고 했다. 나도 그의 결론에 동의한다. 거기에 영성 따위는 없다. 영성이 있다고 해도 그것은 결국 인간성이다. 네루는 감옥에서 인도가 옛것에 대한 맹목적 집착과 외국에 대한 노예적 모방 사이를 오락가락하는 것을 비판하며 그 책을 썼다. 인간의 존엄에 입각한 자유와 평등과 평화, 특히 참된 국제주의에 입각한 새로운 민주적 인문 정신이 필요하다.

토론 문화와 마을 자치

토론 문화는 인도뿐만 아니라 한반도에도 있었다. 고구려의 제가회의, 백제의 정사암회의, 신라의 화백회의, 조선의 붕당 등이다. 적어도 일본인에 비해 우리는 토론을 즐기는 편이다. 그렇다고 일본인에게 민주적인 토론 문화의 전통이 없다고 볼 수는 없지만, 그런 특징은 일본 고유의 것이기보다는 일본 근대 전체주의의 특징이라고 생각된다. 유교 문화의 전통이 더욱 강한 한반도에서는 토론 문화가 상당한 정도에 이르렀을 것이지만, 식민지 지배와 독재를 거치면서 우리의 토론 문화나 마을 자치는 없어졌다.

물론 마을 자치나 토론 문화가 반드시 언제 어디서나 좋은 것이냐에 대해서는 의문이 있을 수 있다. 특별한 경우에는 자치나 토론보다 강력한 통치에 의한 단안斷案을 내릴 필요가 있다. 가령 전쟁과 같은 상황에서다. 그러나 그런 급박한 위기 상황을 맞는 경우에도 평소 지역 자치와 토론 문화가 형성된 경우와 그렇지 못한 경우의 대응 태도에는 차이가 클 것이다.

평화 시에 들끓는 여론을 두고 '국가 기강을 위협하고 국론을 분열시키는 세력을 좌시하지 않겠다'는 식으로 협박하는 태도는 민주주의에 어긋난다.

도대체 국론이란 무엇인가? 바로 '여론'이다. 그 흔한 여론조사에서 보듯이 공산주의 국가가 아닌 한 여론은 언제나 하나가 아니다. 특히 대통령 지지도 조사가 그렇다. 지지자도 있고 반대자도 있다. 여론은 본질적으로 분열되어 있다. 그러니 여론이 분열된다고 해서 좌시하지 않겠다는 말은 아예 여론을 없애겠다는 말일 수도 있다. 국론을 소위 대大언론의 주장이라고 생각하는 경향도 있다. 그것들이 조작한 고정관념과 편견을 앵무새 같이 따라하는 패로팅parroting 현상이 한국 사회를 지배하고 있다. 국론이란 말은 국가주의의 어두운 그림자를 드리운다.

간디는 인도에 대해 말할 때 항상 "인도에는 70만 개의 마을이 있다"고 했다. 각 마을이 주권을 갖는 공화국이었다. 이는 국가 사무를 일부 지방에 위임하는 지방자치와는 원천적으로 다른 것으로, 국가는 존재하지 않거나stateless 존재한다고 해도 지극히 제한적인 기능을 갖는다. 일제강점기는 물론 지금까지도 그런 의미의 한국을 말하기는커녕 한국에 마을이 몇 개인지를 말한 사람조차 없어서 간디의 그 말이 뜻하는 바를 정확하게 실감하기는 어려울 것이다. 세계 어느 곳보다 중앙집권화가 극심해 지방자치가 장식에 그치고 있는 한국에서는 최소한의 실질적인 지방분권이라도 확보할 필요가 있다. 주권재민主權在民이라고 하는 추상적인 논의가 아니라 주권이 마을이나 지방에 있다고 하는 구체적인 토론이 필요하다.

제8장

첫 붓다 이야기

첫 붓다

붓다buddha란 '깨달은 사람'이라는 뜻이다. '깨닫다'라는 뜻의 동사 '부드 budh'에서 나왔다. 이는 우리가 석가, 정확하게는 샤카(한자 釋迦로 쓴 것을 한국식으로 읽은 것이 '석가'다)족의 싯다르타라는 특정인을 말하는 고유명 사가 아니라 깨달은 사람을 뜻하는 일반명사다. 따라서 붓다란 한 사람이 아니라 여러 사람이다. 가장 오래된 불경인 『숫타니파타』에서도 붓다는 복수형이다. 이는 불교의 가장 큰 특징이다. 가령 기독교에서는 '그리스도 들'이라고 하지 않는다. 특히 우리 모두 그리스도가 될 수 있다고 말하지 않는다. 그러나 불교에서는 누구나 붓다가 될 수 있다고 한다. 이 얼마나 민주적인 종교이고 자유롭고 평등한 종교인가?

부처나 불타도 같은 말이지만 붓다가 원래 발음에 가장 가깝다는 이 유에서 그 말을 쓰도록 하겠다(고유명사로는 '싯다르타 샤카'라고 해야 정확하 겠지만 편의상 붓다라고 하겠다). 첫 붓다는 무엇을 처음으로 깨달았다는 것 일까? 약 2,500년 전의 인도 사람이 깨달았다고 해봐야 얼마나 대단한 것을 깨달았을까? 분명한 것은 자신이 신이 아니라 사람이고, 사람은 누구나 자기처럼 깨달을 수 있음을 깨달았다는 지극히 인간적인 사실이다. 그는 인간과 전혀 다른 절대자를 말하지 않았다. 그에 의하면 누구나 깨달아 붓다가 될 수 있다. 그리고 그가 깨달은 것은 모든 인간이 자유롭고 평등하다는 것, 모든 미신이나 도그마는 버려야 한다는 것, 특히 세상을 창조한 신이 있다느니 그 신과 약속한 윤리가 있다느니 하는 것도 미신이나 도그마이니 다 버려야 한다는 것이고, 사람은 누구나 피해를 당하기 싫어하므로 누구에게도 가해를 해서는 안 된다는 윤리였다.

지금 우리에게는 상식이지만 당시 인도 사람들에게는 상식이기는커녕 누구도 인정할 수 없는 비상식이었다. 인도를 지배한 힌두교는 인간은 자유롭지도 평등하지도 않고 태어나면서부터 최소한 4개 계급으로 나누어져 있다고 하고, 온갖 미신과 도그마에 사로잡혀 있었으며, 특히 세상을 창조한 신이 있다고 했다. 그런 세상에서 그 반대를 말한 사람이 붓다였다. 자유롭지도 평등하지도 않게 살고, 온갖 미신과 도그마에 사로잡혀 있었던 사람들이 그를 통해 깨달았지만 깨달음은 그리 오래가지 못했다.

그가 죽고 100년도 지나지 않아 깨달음 이전의 상태로 돌아갔다. 지금까지도 마찬가지다. 말로는 인간이 자유롭고 평등하다고 하지만 실제로는 그렇지 않고, 미신과 도그마가 나쁘다고 하지만 그것들에 사로잡혀 있다. 그런 현실을 알고 있어도 바꾸지 못한다. 붓다를 모시는 종교인 불교 쪽 사람들도 마찬가지다. 아니 그들이 부자나 권력자의 편에 서고 미신으로 돈벌이나 하는 것을 보면 그들만큼 붓다와 거리가 먼 자들이 또 있을까 싶다.

그러나 그들이 과연 깨닫지 못한 자들일까? 몰라서 그럴까? 붓다는 부자나 권력자가 아니라 빈민이나 약자 편이었고 49재 따위의 미신으로 돈을 버는 행동을 하지는 않았다. 그러니 붓다는 단순히 깨달은 자가 아니라 깨달음을 실천하는 자다. 세상을 자유롭고 평등하게 만들고 미신이나 도그마가 없도록 하려고 노력한 자다. 깨달음이란 그 깨달음에 따라 실천하는 것을 포함한다.

우리 종교

2012년 봄 어느 날 이명박 전 대통령 부부가 조찬기도회에서 열광적으로 기도하는 모습을 신문에서 보았다. 기독교 신자들은 감격할지 모르지만, 나 같이 어떤 종교의 신자도 아닌 사람은 대통령의 사생활에 불과한 기도 장면을 공적인 신문 지상에서 보는 것이 영 어색했다. 기도란 엄숙히 하는 것이지 부흥회에서처럼 광적으로 거품을 품어대며 하는 것이 아니라고 생각한 탓만은 아니었다. 기도의 방식이야 사람마다, 나라마다, 시대마다 다른 것이 당연하지 않은가? 흑인처럼 흥겹게 춤추고 노래하며 기도하는 사람들도 있지 않은가? 기도는 항상 엄숙하게 해야 한다고 보는 사람도 있겠지만, 기쁘고 즐겁게 가무歌舞로 기도한다고 해서 안 될 것도 없지 않은가?

　　그럼에도 왜 그렇게 어색했을까? 신에게 기도를 하고 어떤 도움을 구하는 한 종교적인 사람이 아니라고 말한 알베르트 아인슈타인Albert Einstein의 말을 따라 대통령이 종교적이지 않다고 생각해서는 분명 아니다. 그 정도의 잣대로 이야기하면 대한민국에 종교인이 몇이나 될까? 아니면 무엇 때문일까? 혹시 대통령이 서울시장 시절 "서울을 하나님께 봉헌합니다"고 한 적이 있어서 대통령으로 기도를 할 때는 "한국을 하나님께 봉헌합니다"고 할지도 모른다는 생각이 들어서였을까? 그것도 혹시 영어로 했을지 모른다고 생각되어서였을까? 대통령이 되자마자 전 국민의 영어 사용을 그렇게도 강조했으니 말이다. 혹시 하나님도 영어로 말한다고 생각한 것이 아닐까? 우리가 보는 예수님은 모두 백인이나 미국인 같이 생겼으니 말이다.

어느 나라 말로 했던 간에 그런 말이 단순히 신앙인의 독실한 신앙심을 나타낸 말이라면 몰라도, 대통령으로서 기독교를 과잉 혹은 특별 배려하는 반면 타 종교를 무시하거나 멸시하는 행태로 나타난다면 심각한 문제다. 다른 종교에서는 그전부터 그런 반발을 했으니 걱정이 안 들 수 없어서였을까? 우리 헌법이 분명히 규정하고 있는 정교분리政敎分離를 위배한 신정神政 국가적 발상이라는 생각이 들었기 때문일까? 서울 봉헌 발언은 분명히 그런 위배違背가 아니었는가?

그런 말을 하고서도 대통령이 된 뒤로는 그런 말을 하지 않아 다행이지만, 대통령이 나라의 근본법인 헌법을 위배한다면 나라가 어떻게 되겠는가? 게다가 정교분리란 서양에서는 오랜 옛날부터 확립된 원칙이고, 한국에서도 이미 1세기 전부터 국가의 기본 원칙이었던 것이 아닌가? 일제 강점기에 신사 참배를 강요한 것도 정교분리 원칙에 어긋난 것이었는데, 지금도 마찬가지로 정교분리의 원칙이 깨어진다면 이 나라는 도대체 어떻게 되는 것일까? 신사 참배에 많은 기독교인이 반발하여 감옥까지 가지 않았던가? 그런데 이제 기독교만 특별히 정치적으로 배려한다면 신사 참배에 반대해 수난을 겪었던 기독교인들이 당연히 좋아해서는 안 되는 것이 아닌가? 도리어 반대해야 하는 것이 아닌가? 하기야 신사 참배나 서울 봉헌이나 잘못임에는 틀림없지만 말이다. 아니 그냥 잘못이 아니다. 대단히 수상한 정치적 의도가 있는 것임이 분명하다.

아니나 다를까, 대통령은 취임하기 전후부터 그가 어떤 특정 지역이나 특정 대학과 함께 특정 교회와 깊이 관련되었다는 말들이 어느 인기 여배우의 이름으로 회자되었다. 정치인이라면, 아니 누구라도 그런 인연을 갖는 것이니 그 자체가 문제는 아니겠지만, 대통령이 된 뒤 그런 특정 지역이나 대학 출신자, 특히 특정 교회(한국 교회 규모가 세계적이라고 해도 그렇지, 한 교회 사람들이 정부 요직을 독과점한다면 문제가 아닐까?) 신자를 특별히 선호해서 정부의 요직에 앉힌다든가 하면 당연히 문제가 된다. 서울시장 시절 전후부터 종교적으로 문제가 된 사람을 대통령까지 되도록 한 것은 그야 말로 대단한 기독교의 힘이었을지도 모른다. 이만큼 한국에서 종교의 힘은 크다. 불교도, 유교도 힘이 크다. 정교분리의 나라인데도 나라의 큰일에는 몇 개의 종교 대표가 꼭 등장한다. 기독교와 정치의 유착은 불교나 유교에서도 볼 수 있다.

요즘 스님이나 신부, 목사 중에는 정치를 포함하여 세상만사를 해결하는 해결사 같은 자들이 인기를 끌고 있지만, 사실은 전형적인 돌팔이 정치 종교인이다. 그런 폴리몽크polymonk(정치 승려)보다는 『반야심경』 등을 한국어로 낭독할 수 있도록 멋지게 번역하는 스님이 있으면 정말 존경하겠다. 정말이지 삼국시대와 통일신라, 고려시대에 불교가 그렇게 성행했다고 하면서도 한문으로 된 『팔만대장경』 말고 한글로 된 대장경이 없다는 점이 의문이다. 한문 『팔만대장경』이 세계문화유산이라는 점도 크게 기쁘지 않다. 마찬가지로 미사용 라틴어를 한국어로 옮기는 신부가 있으면 존경하겠다. 그런 자들보다 존경할 종교인은 붓다나 예수처럼 모든 욕망을 버리고 걸식하며 노숙하는 자들이다. 최소한 생일에 홈리스들을 초청한 교황처럼은 해야 하지 않는가?

조찬기도회

그런 성직자聖職者(성스러운 직업인이라고 하는데 이는 직업의 귀천을 전제하는 것일 수도 있어 문제가 있다. 종교인만이 아니라 나 같은 교육자도 성직이라고 하는 사람들이 간혹 있는데 그런 말을 들을 때 정말 부끄럽다)가 많은 한국을 종교의 나라라고도 한다. 나는 영국의 보수주의자인 액턴 경Lord Acton처럼 종교를 역사의 열쇠로까지는 보지 않지만, 종교가 역사의 중요한 요소임을 부정하지는 않는다. 아무리 종교를 싫어한다고 해도 그 점은 인정해야 한다.

성직자가 많아 한국이 좋은 나라인가? 무엇보다도 지난 수년간 민주주의와 인권과 복지가 후퇴했고 특히 평화가 흔들렸다. 남북한 모두 신정국가인 양 더욱 굳어지고 서로 충돌해서 여러 차례 위기 상황도 겪었다. 남북한 그 자체의 산물이 아니라 미소 냉전의 부산물인 이념 갈등은 세계적으로는 이미 끝났지만 한반도에는 여전히 남아 있다. 특히 그런 신정적 차원의 갈등이 더욱 커진 지금, 그것이 남북한만이 아니라 앞으로 여러 후진국의 일반적인 문제가 될 수도 있다는 점에서 새로운 정치 한류의 개척이 될지도 모른다는 것이 열광적으로 기도하는 대통령에게는 영광일지 모르지만, 나에게는 인류의 저주처럼 보인다.

세상을 잘못 바꾸는 종교의 미래가 바로 그것이다. 새로운 신정 갈등의 중세가 되는 것이 바로 그것이다. 국경이 사라진다는 점에서 새로운 중세의 가능성을 긍정적으로 볼 수 있는 여지가 있지만, 종교적 차원에서는 불길한 예상을 무시할 수 없다. 그러한 신정정치 한류의 효시가 대통령 부부라면 우리 대통령을 세계적인 대통령이라고 찬양해야 할까?

대통령 부부가 그렇게 열광적인 기도를 한 곳이 대단한 조찬기도회였다는 점도 역사적으로 기록할 만하다(매일처럼 하는 것이라고 해도 말이다). 요즘 한국에서는 잘난 사람들이 해도 뜨기 전에 일어나 최고급 자가용들을 타고 세계 최고급 호텔 같은 데 모여서 열광적으로 기도하는 그런 모임을 자주 갖는다는데, 이를 혹시 선진국 사람들이 잘하는 문명의 상징이라고 생각하면 큰 오해다. 영국의 유명한 진보 지식인 테리 이글턴Terry Eagleton은 "진정으로 문명화된 사회라면 조찬모임 따위 일이 벌어지겠는가?"라고 물었던 적이 있다. 아침에 일어나 조용히 하루를 계획하고 가족과 함께 즐거운 식사를 하는 것이 진정한 문명인의 태도라는 것이다. 기독교인이나 이슬람교인이라면 경건하게 아침기도를 드리면 더 좋겠다. 불교인이라면 아침 명상을 할 수도 있다. 수십 층 높이의 최고급 호텔에 모여 기도를 하고 고급 식사를 하면 하늘에 계신 하나님에게 더 가까워지는 느낌이 드는 것일까?

이런 경멸은 테리 이글턴의 『신을 옹호하다』에 나오는 말이니 당연히 기독교를 욕하는 말이 아니다. 한국에서는 진보 지식인이라면 누구나 종교를 아편으로 본 마르크스와 같고, 따라서 종교인은 모두 우파라는 공식 아닌 공식이 있지만, 이는 적어도 좌우파의 본향인 유럽에서는 통하지 않는 공식이다. 유럽에는 교회와 성당의 구별도 없이 모두 교회다. 신학대학에서도 신부와 목사가 같이 배우고 가르친다. 우리처럼 그 둘이 엄격하게 구별되고 심지어 서로 욕까지 하는 사례는 없다. 좌우파도 우리처럼 싸우진 않는다. 그런데 왜 우리는 이렇게도 찢어져서 서로 욕하고 싸우는 것일까? 기독교인과 불교인이 함께 조찬기도회를 했다는 이야기는 물론 가톨릭과 개신교가 함께 그렇게 했다는 이야기도 들어본 적이 없다. 그렇게라도 하면 서로 사이좋게 지내게 될 수 있어서 조금은 의미가 있을 텐데 말이다.

예수는 서울이나 나라가 아니라 그 무엇이라도 "하나님께 봉헌합니다"고 한 적이 없었다. 아니 그런 말을 할 수도 없었다. 가진 게 전혀 없었으니 말이다. 십자가를 지고 골고다언덕을 힘겹게 오르면서 물 한 잔을 받아 마신 정도 외에 남의 화려한 봉헌은커녕 어떤 도움도 받지 않았다. 예수가 대통령 부부를 보았다면 참으로 황당했으리라. 아무것도 가질 생각이 없는 예수에게 그들은 서울은 물론 나라나 세계도 바치려고 했을지 모르기 때문이다(엄청난 자기 재산까지 봉헌하려 했는지는 잘 모르겠다). 게다가 가난하고 소외된 사람들의 편에 선 예수와 달리 그들은 예수를 공격한 부유하고 권력을 가진 사람들이기 때문이다.

테리 이글턴의 말처럼 "기독교만큼 그 혁명적 기원을 누추하게 저버린 경우를 찾아보기 힘들다". 기독교가 혁명적이었다? 이명박 전 대통령은 이를 부정할지 모르지만 이글턴은 분명히 그렇다고 했다. 그는 진보 기독교인이다. 그 말고도 기독교를 그렇게 본 사람은 많으니 특별히 이상한 이야기도 아니다. 이글턴이 "그 혁명적 기원을 누추하게 저버린" 또 하나의 경우라고 한 것은 공산주의다. 그리고 이 두 가지가 한반도에서만큼 두드러지게 드러나는 나라도 없다. 가짜 기독교와 가짜 공산주의가 한반도를 지배하고 있기 때문이다. 가짜 불교와 가짜 유교도 극성을 부린다. 모두가 "그 혁명적 기원을 누추하게 저버린" 것들이기 때문이다.

우리 불교

대통령이 불교 신자라고 해도 마찬가지였으리라. 불경에 나오는 붓다도 예수와 진배없기 때문이다. 그는 결혼하여 아들까지 낳았지만, 처자식과 부모를 버리고 거지처럼 동냥을 하며 평생을 살았다. 그런 아버지를 지금이라면 어떻게 볼까? 부모가 귀족이어서 다행이었지 가난하고 늙어 살기 어려웠다면 부모를 버리고 처자식까지 버린 자가 아닌가? 그렇다고 그 뒤 혼자 잘 먹고 잘 산 것도 아니고, 2~3년 정도 히피처럼 살다 죽은 예수와 달리 거의 50년을 그렇게 거지로 살았다. 붓다에게 "서울을 봉헌합니다"고 한 불교도가 있었는지 없었는지는 모르지만, 무소유를 신념으로 살았던 붓다가 그런 말을 들었다면 예수보다 황당해했으리라.

　　옛날에는 분명 그런 사람이 있었으리라. 삼국(고구려, 신라, 백제)과 통일신라와 고려가 불교 국가였으니 당시의 왕은 충분히 그런 소리를 했으리라. 유교 국가였던 조선에서는 공자에게 나라를 바친다고 했을까? 그런 왕이 있다는 이야기를 못 들어서 다행이지만 종교의 힘이 과거에는 더욱더 컸음이 사실이다. 한반도만이 아니라 중국이나 일본 등 동아시아는 물론 모든 세상이 다 그러했다. 불교나 유교나 기독교가 위대한 종교여서였을까? 흔히 종교를 영혼과 결부시키는 것과 관련지어 본다면, 그 세 종교가 특히 우리의 영혼과 깊이 관련이 있어서였을까? 그러나 종교는 영혼의 산물일 뿐 아니라 지리, 특히 권력과 정치의 산물이기도 했다. 과거에는 동아시아의 대국이 중국이어서 한국이나 일본은 중국의 영향을 받아 유교와 불교를 받아들였다. 해방 이후 기독교가 커진 것도 미국의 영향 때문이다.

동아시아만이 아니라 세상의 모든 곳이 종교의 지배를 받았다. 아랍이나 인도 같은 서아시아 사회는 이슬람교나 힌두교의 지배를 받는다. 유럽도 미국도 기독교 국가다. 이처럼 종교가 오랫동안 세상을 지배했음을 어떻게 보아야 할까? 종교가 없었더라면 세상은 어떻게 되었을까? 더 나빠졌을까, 아니면 더 좋아졌을까? 그런 가정 자체가 무의미하겠지만, 태초부터 종교는 있었고, 그 종교가 세상을 바꾸었다. 그럼 종교인이 아닌 대통령이 있었다면 한국은 더 좋아졌을까? 아니면 더 나빠졌을까? 그런 가정도 무의미하겠지만, 종교가 세상에 미친 영향은 엄청난 것이었다. 분명 좋은 점도 있었겠고 나쁜 점도 있었으리라.

종교에 대한 입장은 좋다거나 나쁘다거나 그중 하나이기 쉽지만, 세상의 모든 것이 그렇듯이 종교에도 양면이 있다. 테리 이글턴의 말처럼 조상들이 수천 년 종교에 온 삶을 바친 데에는 그럴 만한 이유가 있다고 생각하는 것이 민주주의 정신에 맞다고 생각하기 때문은 아니다. 가능한 한 욕망을 절제하여 가난하고 소박하게, 남을 지배하지 않고 함께 자유롭고 평등하며 평화롭게, 자연과 함께 살아야 한다는 종교의 가르침이 옳기 때문이다. 유대교도, 기독교도, 이슬람교도, 힌두교도, 불교도, 유교도 그렇게 살라고 하는 것이지 욕심껏, 부유하고 거창하게, 남을 침략하고 지배하라고 가르치지 않는다. 그 점에서 대부분의 종교는 차이가 없다. 특히 자기 종교를 믿는 사람들만 문명이고 위대하며, 다른 종교를 믿는 사람들은 미개이고 야만이니 죽여야 한다고 가르치는 종교는 없다.

그러나 역사를 보면 그렇게 생각하지 않는 종교나 종교인이 많다. 많아도 너무 많다. 세계사가 대부분 그런 자들의 악행, 만행, 우행의 역사라고 해도 과언이 아닐 정도다. 탐욕으로 남을 지배하며 부유하게 살아가는 자들 중에는 자기 종교의 절대적 우월을 주장하며 그것만을 믿으라고 강요하는 자도 많다. 그런 자들은 자기들끼리 권력과 부를 공유하고 다른 종교를 배척한다. 특히 자기 종교만이 세계적이고 보편적이며 우월한 것이라고 삐기며 다른 종교를 멸시하면서 그 차이를 강조한다.

가령 대승불교라는 말은 중국 · 한국 · 일본 · 베트남의 불교가 스스로를 말하는 것인데, 이는 동남아시아 불교를 소승불교라고 멸시하는 것에 대응한 우월감을 보여준다. 과거 '대일본제국'이나 '대영제국', '대한민국'이라는 나라 이름의 '대大' 자도 문제가 있지만(나는 자유의 나라라는 뜻의 타이, 민주의 나라라는 뜻의 그리스라는 국명을 좋아한다), 그래도 타국을 '소小'라고 부른 것은 아니었다. 가톨릭이란 이름도 '보편'이라는 뜻이므로 자기네가 보편적인 반면 다른 종교는 특수한 것이라고 보는 것이니 문제가 없다고 할 수 없다.

가톨릭에 대한 반발(프로테스탄트)로 나타난 교회를 개신교(더 새로워진 종교)라고 부르고, 그러한 과정이 있던 16세기를 '기독교' 개혁이 아니라 '종교' 개혁이라고 부르는 점에도 그런 교만이 숨어 있다. 나는 그런 교만한 종교를 믿지 않을 뿐 아니라 그런 종교를 참된 종교라고 생각하지도 않는다. 그들이야말로 자신들이 비난하는 악마나 사탄이다. 그들이 종교를 피로 물들인다. 종교를 권력 투쟁과 무력 투쟁 심지어 자본 투쟁과 금력 투쟁으로 더럽힌다. "그 혁명적 기원을 누추하게 저버린다."

마찬가지로 한국에서는 아직까지도 종교를 호국종교니 기복종교니 하는 이름으로 정당화하며 심지어 다른 나라 종교와 구별되는 '한국적 종교'의 특징이라고 숭배하면서 앞으로도 영원토록 그렇게 유지해서 더 크고 강한 나라나 더 부유한 자본주의 나라로 발전시켜야 한다고 주장한다. 이는 건전한 상식이 아니라 무식에서 나온 허위다. 그런 말을 하는 교과서나 각종 책, 특히 종교서는 허위를 숭배하는 악이다. 자유와 자치와 자연, 절제와 검소와 평화 외에 종교는 없다. 그것이 붓다와 예수와 무함마드의 참된 가르침이다. 그 뒤 그 후예들의 전쟁사나 투쟁사는 잘못된 힘의 역사다. 특히 2001년 9·11테러나 그 후의 역사는 그 잘못된 힘의 역사가 계속되고 있음을 보여준다. 우리는 그 힘의 역사라는 현실을 참된 종교의 역사라고 오해해서는 안 되고, 그것을 직시하되 철저히 비판하여 참된 종교가 뿌리내리도록 해야 한다.

종교가 인간사나 문화에 필수라고는 할 수 없지만, 언어나 역사적 전통과 같이 인간사나 문화의 중요한 부분이다. 또 사회생활과 개인의 삶에 크게 기여한 것은 물론 인류 문화에 끼친 영향이 엄청났음을 누구도 무시할 수 없다. 불행에 빠진 개인이 종교를 믿어 행복해졌다는 이야기부터 종교가 어떤 집단, 민족, 국가, 세계에 미친 엄청난 역사적 영향을 무시할 수 없다. 그 영향에는 인간사가 다 그렇듯이 좋은 점도 있고 나쁜 점도 있다. 따라서 그 악영향만을 들어 종교를 헛소리나 환상이라고 치부할 수만은 없다. 주로 과학자나 과학을 믿는 자들이 그런 소리를 하며 과학의 우월을 주장하는데, 원자폭탄을 비롯하여 과학이 인류에 미친 악영향도 종교 못지않다. 극단적이고 파괴적인 종교는 물론 기성종교의 잘못된 요소야 당연히 비판해야 하지만 종교의 의의·가치·유용성 등의 좋은 면, 아니 그 본질을 무조건 거부할 수는 없다.

저세상, 영혼, 신, 무아

인문학, 특히 고대사나 종교나 철학을 공부하는 사람들 중에는 과학이나 기술을 종교나 사상과 대립시키는 사람이 많다. 그들은 인류가 역사상 종교를 믿지 않은 것은 극히 최근에 불과하고, 모든 종교는 모두 저세상을 믿고 죽음에 대해 말하는 것인데 과학은 그렇지 않다고 한다. 그러나 나는 종교가 꼭 저세상을 믿고 죽음에 대해 말하는 것이라고 생각하지 않는다. 불교나 기독교나 마찬가지다. 천국이나 지옥에 대한 신앙을 상실한다고 기독교가 영혼을 상실하는 것은 아니라고 생각한다. 불교에서 말하는 저세상은 윤회에 의한 재생이 아니라 저세상이라는 생각조차 하지 않는 것이라고 생각한다. 나아가 저세상을 말하는 것과 죽음에 대해 말하는 것은 서로 다르다. 나는 저세상에 대해 말할 수는 없지만 그렇다고 해서 죽음에 대해 말할 수 없다고 생각하지 않는다. 또 과학과 종교가 무조건 대립되는 것이라고도 생각하지 않는다.

지난 50여 년간 불교에 대해 듣거나 읽을 때마다 가장 이해하기 힘든 것은 무아無我라는 것이었다. 자기를 부정한다는 것인데 자기를 부정하고 무엇이 가능할지 몰라 불교를 회의하게 만들고 멀리하게 만든 개념이었다. 그러나 지금은 이것이 번역의 잘못에서 나온 오해임을 알고 놀란 적이 있으며 이제는 그 말 자체를 부정한다. 그러나 여전히 그 말을 둘러싼 신비주의 불교 같은 것이 있다.

이는 공空, 즉 사회현상은 끊임없이 변하는 것으로 그 본질은 어떤 항구적인 본체 없이 생멸한다고 보는 것을 자기에게 적용한 것이다. 그러나 다른 종교나 사상과 마찬가지로 불교에서도 '자기'나 '아我'를 무엇보다도 긍정하고 중시한다. 팔리어 attan이나 산스크리트어 tman은 모두 '자기'나 '아'를 뜻하는 말인데, 여기에 부정을 뜻하는 접두사 an이 붙은 팔리어

anattan이나 산스크리트어 antman을 중국에서 '무아'로 번역했다. 그러나 그 정확한 의미는 비아非我, 즉 '아가 아닌 것'으로 번역했어야 했다. 여기서 '아'는 '참된 자기'를 뜻하고 '비아'란 '참된 자기가 아닌 것'을 뜻한다. '비아'란 '무엇인가 세속적인 실체를 자기라고 잘못 생각하고 그것에 집착하는 것'을 말한다.

그런 세속적 집착을 버리고 '참된 자기'를 깨닫는 것과 '법', 즉 '있는 그대로의 진실에 따르는 도리'를 스스로 체현하는 것이 불교다. 이는 모든 것이 상관된다는 연기緣起를 뜻하고 여기서 타자의 '참된 자기'에 대한 깨달음이 나온다. 그리고 그것은 사회성의 획득과 함께 자비의 실천으로 나아간다. 그러나 그 사회성이란 소속 집단이나 조직이 개인보다 우선하고 국가나 사회, 또는 전통이나 의례가 개인을 구속하고 규제한다는 것을 뜻하지 않는다. 따라서 불교는 철저히 개인주의적이고 해방주의적이다. 특히 인도가 그렇고 인도 불교가 그렇다.

반면 '무아'로 상징되는 집단주의는 인도나 인도 불교가 아니라 한국이나 일본의 불교에서 볼 수 있는 것일 뿐이다. 가령 의리義理라는 말은 산스크리트어 artha의 번역으로 그 한자대로 '올바른 도리'를 뜻하는데, 한국이나 일본에서는 '윗사람이나 동료에 대한 의무'와 같은 뜻으로 곡해된다. 마찬가지로 인정人情이란 그 한자대로 '인간으로서 자연스럽게 나타내는 감정'을 뜻하지만 한국이나 일본에서는 '타인에 대한 정내기'로 곡해된다.

집단주의는 흔히 국가주의로 나아가기 쉽고 불교에서 그것은 호국불교로 변용된다. 그러나 붓다에게 호국은 없다. 반면 한국 불교는 흔히 호국불교라고 한다. 인도 불교에서는 왕을 도둑과 같이 보고 존경하지 않았다. 둘 다 남의 것을 가져가는데 도둑은 비합법적으로 가져가는 반면 왕은 세금이라는 합법적 형태로 가져간다는 점에서 다를 뿐이라고 보았다. 붓다는 인류가 태어나 집단을 이루고 사회로 발전하면서 치안을 위해 누군가를 뽑은 것이 왕이나 집단과 같은 대표라고 했다. 그런 의미에서 불교는 사회계약적 민주주의였다.

카스트와 불교사회주의

불교가 국가 위기에 승병 등으로 출전하는 것은 당연하지만, 국가권력과 결탁하는 의미의 호국불교가 되는 것에 대해서는 불교의 근본에 비추어 인정할 수 없다. 특히 불교가 계급사회였던 전근대에 국가권력을 위해 봉사했다는 점은 불평등을 부정한 붓다의 기본 사상과 어긋난다. 심지어 인도를 좋아하는 사람들 중에는 카스트까지 긍정하기도 한다. 인간이 평등하지 않다고 보는 생각은 인류 역사에 가장 오래된 것이니 그렇게 생각하는 사람들이 있다고 크게 불평할 일은 아닐지 모른다. 하지만 2,500년도 더 전에 카스트를 부정한 붓다를 따르는 스님들, 특히 많은 사람에게서 존경받는 스님들까지 그런 말을 하는 것을 들으면 아연해진다.

스님들이 카스트를 긍정하는 것은 카스트 최고의 계급인 바라문이 스님과 비슷한 종교인인 탓인지 모른다. 바라문이기 때문에 존경받아야 한다는 것이 종교인이기 때문에 존경받아야 한다는 식의 권위주의적 미신으로 바뀐 것이 아닐까? 특히 바라문의 가장 큰 기능은 신을 숭배하는 제사를 지내면서 축문을 외우는 것이었다. 고대 인도의 바라문처럼 고대의 모든 종교인은 제사에 의해 신을 자유자재로 움직인다는 이유에서 왕을 능가하는 계급이었다. 그래서 그들이 마침내 신을 자처하면서 민중 위에 군림하고 타락하게 되자 민중은 신의 지배가 아니라 우파니샤드적인 자업자득의 사상을 믿게 되었다. 이는 이 세상의 업業(카르마)에 의해 죽으면 스스로 신이 되어 천상에 태어나게 된다는 믿음이었다. 그 극치가 힌두교에서 말하는 범아일여梵我一如, 즉 신인합일神人合一이었다.

그러나 붓다는 그것에 만족하지 못했다. 붓다는 민중의 고통은 신의 벌이 아니라 자신의 행위 탓이라고 생각했다. 따라서 불교도 무신론이었다. 물론 그것은 힌두교의 입장에서 본 신의 존재를 인정하지 않는다는 의미에서였고, 뒤에 중국에서 꽃핀 대승불교가 유신론의 입장을 취하는 것과 달랐다. 그러나 붓다는 어디까지나 절대적인 신의 존재를 인정하지 않는 무신론자였다. 붓다는 고행이나 요가를 넘어 '참된 자아'를 찾았다. 불교에 대해 마지막으로 말하고 싶은 것은 다음 구절이다.

"불교를 믿는다면 사회주의 정신이 그의 육체와 정신에 존재할 것이다. 사람들은 동료 인간을 고苦가 있는 동지, 즉 생로병사와 함께하는 친구로 생각한다. 우리는 앉아서 지켜볼 수만은 없는 그러한 고통을 함께 겪는 동료인 것이다."

이 인용구의 저자인 붓다다사Buddhadasa는 달라이 라마Dalai Lama처럼 한국에서는 유명하지 않다. 붓다다사는 '붓다의 사도'라는 뜻으로 일반적인 명칭이지만, '수안 모크Suan Mokkh('자유의 뜰'이라는 뜻)'라는 운동을 한 타이의 승려가 자기 이름으로 삼은 것이다. 그는 불교를 그 참된 기원인 '이기적이지 않은 자연 종교', 즉 사회주의 정신으로 되돌리는 데 평생을 바쳤다. 물론 그가 말하는 사회주의는 마르크스주의와는 다르다. 그는 마르크스주의를 노동자들의 보복으로 보는 반면, 불교사회주의는 사익보다 공익을 중시하는 것으로, 이기주의에 근거한 개인주의나 자유민주주의에 반대하는 것이라고 주장한다. 그는 그런 사회주의가 붓다는 물론 인도의 아소카왕, 타이의 수코타이 왕조 등에 있었고, 타이 문화의 뿌리라고 보았다.

인도의 간디는 불교를 사회주의라고 말하지는 않았지만, 불교의 모태인 힌두교에 근거한 인도 사회에 대해서는 사회주의적 요소가 있음을 인정했다. 인도와 힌두교에 대해서 가장 비판적인 과제인 카스트에 대해 간디는 그것이 본래는 직업 집단 단위에 불과했으나 그 뒤 식민지 등을 경험하면서 계급화되었다고 보고 그 점을 비판했다. 특히 카스트 외의 불가촉민에 대해서는 그 철폐를 주장했다. 우리는 우선 불교는 물론 힌두교에도 사회주의적인 요소가 있음을 이해하는 것이 중요하다. 이는 기독교나 이슬람교는 물론 유교에서도 마찬가지다. 즉, 사회주의적인 요소가 종교의 공통적인 특성임을 이해하는 것이 중요하다.

제9장

첫 제국 이야기

자유인 루쉰

중국 상하이에 있는 루쉰박물관의 한 벽에는 세계 각국어로 쓰인 루쉰魯迅 연구서와 루쉰 작품의 번역서가 진열되어 있다. 그중 한국어로 된 루쉰 연구서로는 유일하게 내가 쓴 『자유인 루쉰』이 있는 것을 보고 놀란 적이 있다. 그 책에서 나는 루쉰을 사회주의자가 아닌 반권력주의자라는 의미의 아나키스트로 평가했기 때문이다. 그는 전통 중국만이 아니라 1911년에 세워진 중화민국(타이완)에 대해서도 비판적이었다. 전통 중국은 노예주가 다스린 나쁜 나라였지만, 중화민국은 노예가 다스린 더 나쁜 나라라고 했을 정도다. 사실 중화민국은 정글의 법칙이 판치는 야만의 나라였다. 루쉰이 죽은 뒤 1949년에 세워진 사회주의 중국도 마찬가지였다. 사회주의 중국은 루쉰을 자신들의 정신적 아버지로 숭상했지만, 루쉰이 살아 있었더라면 결코 그 아버지 대접을 받지 않았을 것이라고 『자유인 루쉰』에 썼다. 그래서 중국에서는 환영받지 못할 것이라고 생각했는데, 그 책이 유일하게 루쉰박물관에 소장되어 있어 놀란 것이다.

『자유인 루쉰』을 쓴 뒤 루쉰에 관한 국제학회에 초청을 받아 아나키스트로서의 루쉰에 대해 이야기한 적이 있었다. 그 자리에 참석한 중국 학자들은 나의 견해에 호의적이었지만, 한국 학자들은 비판적이었다. 한국 학자들은 두 부류였다. 타이완에서 공부한 이들과 중국에서 공부한 이들이었다. 전자는 루쉰을 자유주의자나 계몽주의자로, 후자는 루쉰을 사회주의자나 공산주의자로 보았다. 타이완과 중국의 견해를 그대로 답습한 셈이었다. 그러니 나처럼 이것도 저것도 아닌 입장은 아무것도 아니었다.

이는 남한이 타이완, 북한이 중국과 깊이 관련된 것의 반영인지도 모른다. 각각의 국명도 대한민국과 중화민국, 조선민주주의인민공화국과 중화인민공화국으로 비슷하다. 중화민국은 1911년에 세워졌는데, 민국이란 군국君國의 반대말로 군주국이 아니라 민주국이라는 것이고, 영어로는 Republic이니 공화국을 뜻하기도 한다. 인민공화국도 공화국이다. 그러니 4개국 모두 군주국이나 왕국이 아니라 공화국인 점은 같다. 다른 게 있다면 고유명인데, 중국이나 타이완은 자신들을 모두 중화中華라고 하니 같지만 한반도는 서로 다르게 대한과 조선이라고 한다. 이 점도 현실을 반영하는 것 같다. 중국과 타이완은 사실상 하나지만, 남북한은 너무나 다르기 때문이다. 그나마 영어명은 Korea로 남북한 모두 같아 다행이다. 우리 스스로 같은 이름을 부르지 못하고 남이 불러주는 것에 만족해야 한다니 서글프다. 통일이 되면 국명을 국제대회에 함께 나가는 남북 선수단처럼 아예 코리아라고 부를 것인가?

중국이나 타이완의 '중화'는 영어로 China다. 이를 19세기 후반 일제는 독일 제국의 독일어 발음처럼 '시나'라고 부르고 그 발음에 따라 支那라고 쓴 것을 우리가 한국식 발음으로 '지나'라고 불렀다. 지금은 차별적인 말이라는 이유에서 일본에서도 사용하지 않고, 중국인은 당연히 그런 이름을 쓴 적이 없다. 지금 우리는 중국과 타이완이라고 구별하지만 한때는 그 둘을 각각 중공과 중국으로 불렀다. 즉, 중국은 우리와 과거에 국교를 수립한 타이완이었다가, 국교 수립 대상이 중공으로 바뀌면서 다시 그 말을 사용했다는 것이다. 중국이란 말에 그런 정도로 비중을 두는 이유는 무엇인가? 이는 전통 중국의 계승과 관련된 문제일지도 모른다. 한때는 타이완이 계승했다고 보았다가 다시 중공이 계승했다고 보았다는 것이다. 그러나 이를 역사적 계승에 대한 진지한 논의의 결과라고 보기는 어렵다. 단순히 국교 수립의 변화에 따른 것에 불과한데, 그 변화도 미국과 일본 등이 중공과 국교를 수립한 뒤 초래된 것이었다. 참으로 몰주체적인 태도였다. 지금 중국을 비롯한 세계에 대한 우리의 사고나 태도도 그렇지 않은가? 언제까지 이 모양일 것인가?

그래도 중국이나 타이완과 달리 한반도에는 적어도 두 가지 사상은 존재하니 다행이라고 해야 할까? 공자 이래 하나의 사상만이 존재한 중국이나 한반도보다는 다행이라고 해야 할까? 그러나 그것이 복수인 것은 권력이 복수인 것에 따른 것이니 하나의 권력에 하나의 사상이라는 사상의 독점이나 독재는 어디에서나 마찬가지다. 그런 권력 자체에서 자유로운 사상은 있을 수 없는가? 자유로운 상상력과 사고력은 있을 수 없는가?

누군가가 중국에서는 제자백가인데, 우리에게는 공자의 유교뿐이라고 지적한 적이 있다. 우리에게는 외국 사상이 들어오면 우리 것이 되지 않는다는 지적도 있었다. 그러나 중국에서도 공자 이래 유교뿐이었고, 외국 사상이 들어오면 중국에서나 한반도에서나 변질되었다. 다르다면 과거 제도가 중국에서는 모든 계급에 허용되었지만 한반도에서는 계급적으로 제한되었다는 점 정도다. 그 밖에는 중국과 크게 다를 바가 없다. 요컨대 중국이나 한반도나 일본이나 너무나도 과도한 권력 사회다. 나는 그런 권력 사회를 조금이라도 바꾸어보고자 가장 비권력적인 아나키즘을 소개해 왔다.

중국과 한반도, 제국과 주변의 권력 관계

중국을 역사상 최초의 제국이라고 할 수 있는지에 대해서는 제국에 대한 정의에 따라 여러 가지 논의가 있을 수 있다. 일반적인 제국의 의미는 문화적·민족적으로 전혀 다른 영역과 구성원에게까지 권력을 확장하는 국가를 말한다. 제국에 대한 이러한 이해가 불완전한 것은 물론이지만 여기서는 정치적 차원의 제국-식민지 관계에만 국한시킬 것이 아니라 경제-문화적인 차원까지 포괄적으로 볼 필요가 있음을 강조하고자 한다. 그런 경우에는 제국이라는 말보다 제국주의라는 말이 적합할 수도 있다. 왜냐하면 제국주의란 식민지 등에 대한 직접적인 지배만이 아니라 간접적인 지배까지 포함할 수 있기 때문이다. 가령 경제제국주의나 문화제국주의라고 하듯이 말이다.

제국이 세계사에서 처음 나타난 것을 이집트나 페르시아 등에서도 찾을 수 있겠지만 여기서는 중국을 든다. 특히 한반도와 관련된 최초의 가장 강력한 야만의 침략 제국은 중국이다. 기원전 2세기의 위만을 비롯해 수, 당, 요, 금, 원, 청 등 중국은 왕조가 바뀔 때면 한반도를 침략해 약탈했다. 특히 130년에 걸친 원의 고려 지배, 청의 침입으로 인한 삼전도의 비극, 임오군란 이후 위안스카이袁世凱의 횡포, 6·25전쟁 당시 중공군의 침입 등은 일본에 의한 임진왜란과 정유재란, 36년간의 식민지 지배보다 훨씬 장기간일 뿐만 아니라 극도의 착취로 인한 결과다. 송이나 명이 다스리던 시대처럼 우호적인 시대도 있었지만, 이는 당시 중국의 북방을 침략한 민족이 있어서 한반도에 무력을 행사하기 어려웠기 때문이다. 따라서 중국은 강대국으로서 언제나 우리에게는 침략국이었고, 앞으로도 그 어떤 나라보다도 그럴 가능성이 가장 크다. 중국만이 아니라 베트남 등의 다른 주변 국가도 사정은 마찬가지다.

중국은 2,000년 이상 한족을 중심으로 한 여러 민족이 제국을 형성했고 지금도 한족이 56개 민족을 지배하고 있다. 그중에는 티베트족 등과 같이 독립을 외치는 민족도 적지 않으니 그야말로 다른 지역에서는 이미 끝난 가장 야만적인 제국주의가 아직까지도 진행되고 있는 곳이다. 사실 중국이라는 이름 자체가 제국적이다. 중국인은 우주를 중심과 주변으로 이해하고 중국과 중국인이 세계의 중심이라고 자부했다. '중국'의 본래 뜻은 '천하의 중심'으로서 전 세계의 중심 도시를 뜻했다가 나중에야 수도가 있는 중원 지역, 그리고 지금의 제국을 뜻하는 말이 되었다.

독도 문제를 따질 때에 흔히 고지도가 등장하는데, 고지도를 볼 때마다 곤혹스러운 점은 한반도가 중국의 일부로 표기되어 있는 경우다. 1894년에 시작된 청일전쟁에서 1895년 일본이 승리해 중국과 한반도의 관계가 완전한 독립 관계로 될 때까지 사대事大니 조공朝貢이니 책봉册封이니 하는 종속 관계가 지속되었다. 1897년 조선은 대일본제국이라는 이름과 유사하게 대한제국이라고 국호를 정해 중국과의 단절을 선언했다.

1980년대 말까지 우리에게 중국은 당시의 중공이었던 지금의 중국이 아니라 지금의 타이완, 즉 자유중국이라고 부른 나라였다. 우리가 우리를 자유대한이라고 부른 것도 자유중국을 따른 것이었다. 타이완의 독재자인 장제스蔣介石는 1980년대까지 한국에서 가장 숭상된 위인으로 타이완을 제외하면 유일하게 한국에서만 숭상되었을 것이다. 그는 1953년 한국 최고의 건국훈장을 받았다. 그는 일제강점기에 조선 독립을 위해 노력했다고 평가되지만, 실제로는 임시정부에 대해 소극적이었고 광복군을 국민정부 휘하에 두려고 했다는 등의 평가도 있다. 특히 1942년 카이로회담에서 한반도의 독립을 지지했다고 하지만 사실은 미국이 제안한 중국의 한반도 신탁통치안을 지지했다.

이러한 장제스의 태도는 청나라까지의 전통 중국은 물론 쑨원孫文이나 위안스카이 등도 마찬가지였다. 그럼에도 우리가 오랫동안 장제스나 쑨원을 대단한 위인으로 받들었다니 참으로 이해하기 어렵다. 게다가 장제스는 1928년부터 1975년 죽을 때까지 무려 47년간 독재를 했다. 물론 1948년 타이완이 세계에서 두 번째로 남한을 승인하고 남한이 최초로 수교한 나라가 타이완이었으며 6·25전쟁 때에도 지원했다는 사실을 무시할 수는 없지만, 그것도 미국이라는 제국의 대아시아 전략의 일부였을 뿐이다.

첫 여신과 비권력 사회

루쉰은 1935년에 쓴 『고사신편故事新編』 첫 편에서 꿈에서 놀라 깨어 인류를 창조한 최초이자 유일한 여신인 여와女媧에 대해 말한다. 그리고 약 80년이 지난 2013년, 이중톈易中天은 『이중톈 중국사』 제1권 첫 페이지에서 그 루쉰을 인용한다.

　여와는 황토와 진흙으로 남녀 구분 없이 하나씩 인간을 만들고 그 덩굴에 진흙물을 묻혀 흔들어 수많은 인간을 만들었다. 그렇게 대량생산을 해도 쉴 틈이 없자 신에게 중매를 부탁해 남녀를 짝지어주고 그 수를 늘렸다. 여와는 그 뒤에도 인간들의 갖은 일에 관여했는데, 그렇게 된 것은 그녀가 창세신創世神이 아니기 때문이다. 중국에는 창세신이 없다. 창조자는 도道나 역易이라는 관념일 뿐이다. 이처럼 창세신이 없다는 것이 중국 문명의 특징이지만, 본래부터 없었던 것은 아니고 있었다가 없어진 것이다. 그렇다고 해서 이중톈처럼 에덴동산이 중국 어디에 있었다든가 이브가 중국인이고 원시공동체를 대표한다고 보는 것은 문제가 있다. 중국에 에덴동산이 있었다면 이브는 뱀의 유혹에 넘어가기는커녕 뱀을 잡아먹었거나 탕을 해서 먹었을 것이라는 서양의 우스갯소리가 생각난 탓은 아니지만 말이다.

여와는 그리스신화의 첫 여신 가이아Gaea와 비슷하지만 후자가 인류를 창조하지 않은 점과 다르고, 기독교의 인류 창조 남신인 하느님과도 당연히 다르다. 게다가 그리스신화든 기독교 신화든 인류 창조가 한 차례에 한 쌍의 인류를 만드는 것에 그친 반면 여와는 동아시아의 어머니처럼 쉴 틈 없이 사람을 만들었다. 여와는 중국 신화에 나오는 유일한 여성이라는 점도 여신이 수없이 등장하는 그리스신화 등과 다른 점이다. 여와 외에 여신들이 없는 것은 아니지만, 대부분 부차적인 신이거나 요괴일 뿐이다. 그리스신화에도 여신들이 요괴 등으로 나타나기도 하는데, 이는 처음의 모계사회에서 여와처럼 긍정적인 역할을 하는 여신들이 부계사회 이후 변모한 모습으로 볼 수 있다. 물론 최초의 신화에서는 여성이 더 많았을 것이다. 그래도 서구에서는 여신들이 다양한 모습으로 다수 존재한 반면 동아시아에서는 여와나 웅녀가 전부인 것은 그만큼 동아시아가 남성 중심의 사회였음을 말해준다.

이중톈은 여와가 모계씨족을 대표하고 그 뒤에 나오는 복희伏犧가 부계씨족을 대표하지만, 이는 혈통의 중심이 변한 것만이 아니라 본질적인 변화라고 본다. 모든 것이 자유인 비권력 사회가 모든 것이 지배-복종 관계인 권력 사회로 변한 것이다. 비권력 사회이기 때문에 모권母權 사회라고도 할 수 없다. 중국 고전인 『열자』에서 "남녀가 뒤섞여 놀고 중매나 약혼도 없었다"고 한 사회였다. 그러니 성도 자유로웠고 성적 선택권은 여성에게 있었지만, 그 선택은 종족 보존을 목적으로 한 것이었기 때문에 탈락자에 대한 냉대나 소외로 이어지지 않았다. 강간도, 매음도, 감정적 갈등도 없었고 재산 분규도 없었다.

이러한 모계사회는 중국의 구석기시대를 보여주는 산시성陝西省의 장자이姜寨 유적지에서 볼 수 있다. 그 중심에는 광장이 있어 집회 등 대규모의 공공 활동을 집행했고, 5개조로 나뉘어 사방으로 분포된 가옥들은 광장을 마주하고 해자垓子를 등지고 있어서 5개 가족으로 구성된 모계씨족 공동체임을 보여준다. 원시적 군집과 혈연가족의 단계를 지나 모계씨족 사회로 나아간 것이었다. 약 6,000~8,000여 년 전 중국의 대부분 지역이 모계씨족 사회였다. 한반도도 크게 다르지 않았다. 각 씨족사회는 상호 평등하게 협력하고 함께 노동하면서 생활을 영위했으며 중대한 안건은 씨족회의에서 결정했다. 가장 나이 많은 여성이 우두머리였으나 특별한 권리는 없이 다른 사람들과 마찬가지로 노동에 참가했다. 중요 업무는 생산 계획 주관과 생산물·생활 물자의 분배와 대외 연락이었고 직무 수행에 문제가 있으면 구성원들에 의해 파면되었다. 남녀가 평등했고, 평소에는 모두가 공유한 생산수단을 여성에게만 승계했다. 그들의 주된 수공업은 도기 제작이었다.

첫 남신과 권력 사회

최초의 인류가 원시공동체에서 모계사회로 그리고 부계사회로 변하는 모습은 어디에서나 마찬가지다. 최소한 1,000년을 이은 최초의 부계사회는 당연히 완전한 권력 사회라기보다는 불완전한 남성 권력이 지배했을 것이다. 하지만 점차 그 권력이 강대해지고 노예를 비롯한 비인간적인 계급이 등장하며 국가와 정부, 감옥과 군대가 발명되었을 것이다. 중국에서 최초의 부계사회를 상징하는 복희는 남성의 가장 강력한 생식 숭배의 상징인 뱀으로 나타나 부락 시대에는 토템, 국가 시대에는 조상에 이르기까지 일관된 권력의 역할을 하면서 용으로 변했다. 남성의 또 다른 모습이었던 새는 봉황으로 변했다. 그러나 남성의 궁극적인 상징은 태양이었다.

생식 숭배와 토템 숭배는 세계의 어느 민족이나 공통적으로 가졌지만 조상 숭배는 중국을 비롯한 동아시아만의 것으로, 그것이 중국 등 동아시아 민족의 역사를 결정지었다. 이중톈에 의하면 샤머니즘이 인도에서는 종교로, 그리스에서는 학문으로 변한 반면 중국에서는 예악이나 도덕으로 변했다. 또 토템은 이집트에서 신으로, 로마에서는 법으로 변한 반면 중국에서는 조상으로 변했다. 생식 숭배(여와, 복희)에서 토템 숭배(염제, 황제)로, 이어서 조상 숭배로 변한 것이다. '조상 숭배'에 의해 '가족-국가 체제'가 생겨 청에 이르는 3,700년의 중국 문명사가 전개되었다.

이중톈은 복희에 이어 염제炎帝와 황제黃帝가 부락, 요堯·순舜·우禹가 부락연맹, 하夏는 부락국가, 상商은 부락국가연맹, 주周는 국가연맹을 각각 대표한다고 본다. 또 염제를 동방을 정복한 최초의 '악명 높은 제국주의자'라고 보니 그 뒤는 당연히 제국주의자들이다. 그리스가 직접민주제를 실행했듯이 중국도 '직접군주제'를 시행했고, 로마가 법치를 실현한 것처럼 중국도 예치禮治를 시도했으나 그런 시도는 모두 실패했다. 분권은 집권으로, 집권은 전제로, 전제는 독재로 변했다. 진, 한, 수, 당, 송, 원, 명, 청으로 가면 갈수록 상황은 더욱 나빠졌다. 왕조가 바뀔 때마다 위기와 부패가 반복되었다. 그러다가 결국 서양 열강을 스승으로 모실 수밖에 없었다. 이중톈은 이처럼 중국 민족의 국가사와 문명사는 줄기차게 독립·자유·평등을 추구했지만 번번이 그것을 얻는 데 실패했거나 얻고도 금세 잃어버린 '비애의 역사'라고 말한다.

중국 신화의 구조는 단군신화 등 우리의 신화에서도 볼 수 있다. 단군신화에는 국가 이전 시대의 대표자들은 모두 생략되었는지 아니면 모계씨족을 대표하는 곰의 탄생이 바로 국가 단계와 합쳐졌는지도 모른다. 현대한국이 몇십 년 만에 근대 서구의 몇백 년 역사를 이루었다고 하듯이 말이다. 여하튼 토템으로서 곰이나 국가 시대 이후의 조상신이 등장하는 것은 마찬가지다. 중국 역사의 구조도 한반도에서 크게 다르지 않았다.

중국 신석기 문화에서 흥미로운 점은 평등한 장례 관습이 있었던 것으로 보아 마을 내부 구성원 사이에 빈부 격차나 지위 차이가 없이 모두가 평등했다고 하는 사실이다. 중국의 신석기시대 후기, 황허강의 중하류 지역에서 번영한 문화를 룽산龍山 문화라고 한다. 기원전 2500~2000년 무렵 도시 문화를 형성한 룽산 문화 말기는 신석기시대로 씨족 부락들이 부계 씨족 사회로 넘어간 시기였다. 이때 개별 가정과 남성의 특권, 사유재산과 빈부 격차가 나타났다. 우두머리가 여성에서 남성으로 바뀐 초기에 씨족 사회는 여전히 민주적이었으나, 사유재산제의 등장으로 부를 독점한 자가 권력도 독점해 씨족의 통치자로 군림했다.

룽산 문화에 이어 기원전 2000~1600년에 번성한 얼리터우二利頭 문화가 우왕禹王이 시작한 하夏왕조로 추측된다. 그것을 이어 500년 정도 이어진 탕왕湯王의 은殷(기원전 1600~1046년)왕조와 무왕武王의 주周(기원전 1046~771년)왕조가 나타났다. 주왕조의 서울은 하오징鎬京(지금의 시안西安)이었으나 서방 이민족의 공격을 받아 기원전 770년 뤄이洛邑(지금의 뤄양洛陽)로 천도하는데 그 천도 이전을 서주西周, 이후를 동주東周라고 한다. 그리고 동주의 전반인 기원전 770~403년을 춘추시대, 그 뒤 기원전 221년 진이 중국을 재통일하기까지를 전국시대라고 한다.

권력 사회의 정신 구조 왜곡

중국에서는 기원전 2000년경에 북쪽의 황허강와 남쪽의 양쯔강 유역에서 두 개의 상이한 문명이 나타났다. 중국은 인도와 마찬가지로 메소포타미아, 즉 '두 강 사이의 땅'이었다. 중국의 두 강은 황허강와 양쯔강이며 인도의 두 강은 인더스강과 갠지스강이었다. 그런데 메소포타미아 지역의 두 강 유역은 확 트인 평지여서 전략상 반드시 싸워 취해야 하는 곳이지만, 중국과 인도는 바깥과 차단되어 있어서 화약 무기가 없던 시대에 호전적인 서쪽 야만족들은 드물게 아주 강대한 세력을 제외하고 이 두 지역을 침공하기 힘들었다.

황허강와 양쯔강 유역에 살았던 태초의 중국인에게 최대의 위협은 가뭄으로 인한 기아였다. 그래서 사람들은 하늘에 신이 있고 그 아들인 천자가 신의 명을 받들어 왕으로 세상을 다스리게 되었는데, 천자가 신에게 제사를 잘 지내면 적시에 비를 내려 풍년이 온다는 이야기를 꾸며내 세상살이에 질서가 있다고 생각하는 논리를 갖추게 되었다. 천자는 자연을 비롯한 천지만물의 창조신이 아니었다. 우주는 주어진 것에 불과하고 우주의 시원始原은 사색의 대상이 아니었다. 단 인간만은 하늘의 창조물이라고 생각했다. 유가나 묵가나 마찬가지지만 도가는 천자 앞에 도가 우주의 근원이라고 보았다. 그러나 도가의 우주론도 자연 자체에 대한 사색에서 생긴 것이 아니라 인간 사회를 중심으로 본 것이라는 점은 같았다.

샤머니즘은 인류의 가장 오래된 문화양식이다. 시간적으로 그 앞에 있는 것은 단 한 가지, 도구의 발명과 사용뿐이다. 거의 모든 민족이 원시시대에 샤머니즘을 가졌다. 인도의 『베다』를 보면 상고시대 샤머니즘에 관한 기록이 적잖이 눈에 띈다. 중국 민족도 마찬가지다. 샤머니즘은 왜 있어야 했을까? 육체의 생존을 위해, 영혼의 안정을 위해 있어야 했다.

하왕조에 와서 하늘에 신이 있다는 관념이 형성되었고, 그 신의 명령에 의해 지상에 나라를 건설하고 타민족을 정복한다고 믿었다. 또 조상과 귀신과 영혼을 숭배하여 제사를 지냈고 귀신 숭배의 기초 위에 음양세계와 영혼 불사의 관념을 발전시켰다. 예로 나라를 다스린 주왕조는 제사 활동을 통치술로 이용했다. 임금이 천지天地에 지내는 제사를 주재하고 종묘 사직의 예의도 확립했다.

사막에서 생긴 유대교, 기독교, 이슬람교는 인간을 닮은 신을 우주의 창조자로 보고, 그 신이 인간을 자연과 다른 특별한 존재로 창조하여 자연을 지배하게 했다고 보아왔다. 특히 유대교의 그것은 강렬한 유대민족주의의 산물로 타민족에 대한 증오와 적의로 가득한 편협한 배외주의를 보여주었다. 기독교나 이슬람교는 신이 유대인만을 구제한다는 선민사상을 버리고 만인을 구제한다는 것으로 바뀌었다.

중국의 하늘도 우주를 지배하는 존재라는 점에서 유대교 등과 다를 바 없었다. 그러나 유대교의 신이 많은 말을 하는 데 반해 중국의 하늘은 스스로 말하지 않는 존재였다. 게다가 신의 말을 전하는 민간인 예언자가 아니라 중국에서는 하늘의 아들인 왕이 등장했다. 예언자는 왕과 갈등 관계에 놓이기도 하지만 중국에서는 그런 일이 생기지 않았다. 따라서 중국에서는 일신교와 같은 종교가 아니라 정치 규범이 되었다. 유교는 문명을 전면 긍정하는 하늘 사상을 선왕의 도로 바꾸어 2,000년간 중국을 지배했다.

중국에서는 옛날부터 하늘이 인간과 국가를 만들었다고 생각했다. 물론 이는 사실에 반하는 것이지만, 중국만이 아니라 어디에서나 그렇게 생각했다. 그러나 중국은 하늘은 주재主宰신이기는 했지만 유일신이 아니라 조상신이나 자연신도 인정한 다신교인 점에서 유일신의 나라들과 달랐다. 하늘의 명령天命을 받아 세상을 다스리는 왕은 종법제와 봉건제를 전통으로 삼았다. 종법제란 동성의 여러 혈족을 종가宗家와 지가支家로 묶는 것이고, 봉건제란 신하에게 봉토封土를 내려 지방을 통치하게 하는 것이었다. 그러나 춘추전국시대 말기에 와서 종법제와 봉건제가 붕괴되기 시작하면서 영역 국가들이 등장했다. 그 뒤로 중국에서는 오랫동안 봉건제가 아니라 군현제가 실시되었다.

춘추전국시대에 흔히 제자백가라고 하면서 사상의 자유가 있었던 것처럼 말하지만, 처음부터 유가가 득세를 했고 유교 중심의 사상 통제가 이루어졌다. 그 결과 유일 도덕주의, 형식주의, 성별 편견, 인륜 차별, 초超실용주의, 번식과 효도의 최고 이념화 등의 허위 관념들이 중국인과 동아시아인의 정신 구조에 뿌리내렸다. 그중 가장 본능적인 것인 번식과 효도는 심각한 인구 과잉을 초래하여 생존 공간의 무한 확대와 자연 자원의 착취라는 결과로 이어졌다. 그것을 뒷받침하는 것이 공자 등 유가에 의해 재흥된 종법제였다. 왕실을 정점으로 한 거대한 피라미드를 구성한 종법제는 실제의 피라미드가 없는 중국을 이집트 이상으로 강력한 조직의 국가나 제국으로 형성하게 한 기본이었다. 종법제를 위해 만들어진 것이 복잡한 호칭법을 비롯한 예와 조상 숭배 제사였다.

권력 사회의 인간과 생태 파괴

전통 사회 중국은 철저한 신분제 사회였다. 자신이 처한 위치에 따라 사는 장소와 입는 옷, 먹는 음식이 제한받았다. 황제는 황제에게 맞는 예가 있고 제후에게는 제후로서 지켜야 할 예가 있으며 서민은 남을 먹여 살려야 할 의무가 있었다. 자신의 본분을 뛰어넘는 행위는 비례非禮로 취급되어 처벌되었다. 관리와 귀족 등 지배계층은 특권적 권리를 보장받으며 대대로 부귀를 누릴 수 있었고 평민이나 하층민들은 신분적 제약과 가난의 대물림으로 인해 굴종적 삶을 살았다. 중국에서 문명이 발생한 이래 계속되어온 신분 차별 의식은 예禮라는 개념으로 포장되어 위정자들의 통치 이념으로 활용되었다. 그 근간이 되고 있는 충효 이념은 동아시아 제국 백성의 의식 세계를 수직적 명령과 복종이 당연시되는 가치 체계를 형성하도록 했다.

평민 계급은 신체의 자유를 누리며 성 밖에 살며 농사를 짓거나 성 안에 살며 공상工商에 종사했으나, 차차 귀족의 압박을 받게 되어 노예와 같이 되어 지배자들을 증오했다. 하왕조부터 수많은 노예가 존재했으나 노예제도가 가장 발달한 시기는 상왕조였다. 노예주의 사유재산인 수천만 명의 노예는 노예주가 죽으면 함께 생매장되었다. 은허에서 발굴된 상왕조의 무덤은 1기에 400명의 노예가 순장된 비참함을 보여준다. 살아서 노예는 노예주의 명절맞이나 제사에 소, 양, 개, 돼지처럼 희생물로 바쳐졌는데 노예 값이 동물보다 훨씬 싸서 그 희생자 수는 동물보다 많았다. 갑골문에는 한번에 노예 2,656명을 죽였다는 기록도 나온다. 당연히 노예들은 이런 비인간적인 사회에 반란을 일으켰다. 왕이 직접 반란 노예들을 추격하고 진압했음이 갑골문에 여러 번 기록되었다.

중국 권력 사회의 가장 큰 문제는 생태 파괴였다. 그 기본적인 요인은 인구 과잉으로 인한 무한 벌목과 농경이었다. 게다가 과도한 장례 문화가 생태를 더욱 파괴했다. 마오쩌둥은 물론 현 정권까지 이르는 수천 년에 걸친 자연 파괴로 중원의 코끼리가 멸종했고, 지금도 세계에서 오염도가 극심한 도시 중 6개 도시가 중국에 있다. 전국 3분의 1의 토지가 산성비로 침식되었고, 전국 4분의 3의 도시를 흐르는 하천은 인간이 마시기는커녕 물고기가 살기에도 적합하지 않았다. 수중水中의 납 함유량이 세계보건기구WHO가 정한 표준의 2,400배에 이르는 곳도 있었다. 그러니 중국이나 동아시아에 대한 허위 중 가장 심각한 것이 그곳에서는 자연을 사랑하고 숭상하며 자연 속에서 살기를 좋아한다는 것이다. 흔히 이러한 주장은 서양에 반대되는 것으로 주장되지만, 적어도 지금의 서양과 비교할 때 생태 파괴는 서양에서보다 동양에서 훨씬 심각하다.

중국은 그 문명의 시초부터 마지막까지 기근이 문제였다. 1961년에는 1,000만 명이 아사했지만, 당시 미국의 곡물 원조 제안을 거부했다. 1998년 노벨경제학상을 받은 아마르티아 센은 인류 역사상의 대기근은 정보가 자유롭게 유통되지 못한 중국 같은 독재국가에서만 발생할 수 있다고 말했다. 지금은 인터넷 등으로 인해 기근의 정보가 유통되지 않을 수 없지만, 얼마 전까지도 중국은 정보 유통에 제약이 많았다. 지금 북한이 그런 문제를 가지고 있음을 우리는 잘 알고 있다.

다시는 제국 식민지가 아닌 자유와 평등의 땅이기를

루쉰은 1881년에 태어났으니 그가 철들 무렵 한반도는 중국의 속국이 아니었다. 그리고 그는 1936년에 죽었으니 당시에는 타이완도 티베트도 몽골도 중국 땅이 아니었다. 그가 티베트나 몽골을 중국에 포함시킨 마오쩌둥을 보았다면 무슨 말을 했을까? 루쉰은 마오쩌둥은 물론 쑨원이나 장제스 같은 제국주의자들과 달랐을까? 아니었을 것이다. 그러니 루쉰을 신주처럼 모실 필요는 없다. 그의 자유인 정신을 받아들이는 것만으로 충분하다. 그만큼 철저히 유교적 노예근성을 청산하고 자유정신을 추구하고 관철한 한국 사람은 없다. 한국에는 유교를 여전히 맹신하거나 무조건 배척하는 사람들밖에 없다. 그 어느 것이나 노예근성이다. 루쉰을 타이완이나 중국식으로 자유주의자나 공산주의자로 보는 것도 마찬가지로 노예근성이다.

중국이나 타이완에서 우리를 한국이라고 부르게 된 것은 최근 몇 년 사이에 불과하고 10년 전만 해도 조선이라고 불렀다. 일본에서도 마찬가지였다. 한국인은 중국, 타이완, 일본에서 그렇게 부르는 것에는 불쾌해하고 저항하면서도 서양인들이 코리아라고 부르는 것에는 저항하지 않는다. 그들에게 한국이나 대한민국으로 불러달라고 하지는 않는다. 대부분의 한국인이 그럴 것이다. 그러나 코리아는 조선 앞에 있던 나라인 고려를 서양식으로 부른 것에 불과하다.

여하튼 제국을 단순하게 막강한 나라라고 한다면, 이제 그것은 미국이 아니라 중국이다. 그곳에 세계 인구의 5분의 1이 산다는 이유만으로도 그렇다. 조만간 최대의 정치대국, 군사대국, 경제대국이 될지 모른다. 그것이 한반도에는 커다란 위협이 될 수 있다. 그래서 어쩌면 과거의 호란胡亂보다 무서운 일이 생길지도 모른다. 현대 문명사회에서 그런 일이 생길 수 없다고 보는 사람도 있겠지만, 지금이 과거보다 얼마나 문명적인지 아니면 야만적인지 알 수는 없다. 어느 나라나 마찬가지지만 중국을 문명적이라거나 야만적이라고 판단하기 어렵다. 그러나 분명한 것은 지금의 중국을 상대적으로 문명국이라고 할 수 없다는 점이다.

지금 중국을 형성하는 56개 민족이 언제까지나 그대로 있을지 아니면 언젠가 독립을 요구할지는 알 수 없지만, 각 민족이 그 자결권을 주장한다면 인정해야 한다. 지금 타이완이나 티베트에는 독립을 요구하는 사람들도 있다. 그 지역의 주민 다수가 독립을 요구한다면 독립은 인정되어야 한다. 그런 결과가 56개 민족 모두에게 주어진다면 중국은 56개의 나라로 나누어질 수도 있다. 그것이 아시아는 물론 세계 평화에도 기여할 것이다. 제국의 침략이나 지배의 논리인 유교나 도교 등에 대한 반성도 필요하고, 그 반대인 초기 신화나 묵가의 겸애兼愛나 비공非攻 사상에 대한 새로운 인식도 필요하다. 동아시아는 물론 세계에 더는 제국주의가 창궐하지 못하게 하기 위해서다.

제10장

첫 평화주의자 이야기

묵공

2014년 2월 말, 몇 년 만에 너무나도 어렵게 이루어진 남북 이산가족의 만남은 여전히 눈물을 그치지 못하게 하지만 다시금 분노를 금할 수도 없게했다. 6 · 25전쟁이 끝난 지 62년, 분단 70년, 그동안 서로 만나지 못한 사람들이 이제는 거의 다 죽어갈 나이여서 만나기도 어렵게 되어가고 있다. 그들이 다 죽고 나서야 통일이 될 것인가? 그 생이별의 한이 끝나야 자유로운 만남이 가능해질 것인가? 가족을 만나지 못하게 하는 이런 체제나 이런 정부가 민주주의 정부이고 사회주의 정부인가? 그런 사람이 1,000만 명이 넘었는데 그동안 남북한 사람들은 무슨 생각을 하며 살았던가? 그런 사람의 영원한 한을 버려두고 무슨 해방이고 경제 발전이고, 민주화고 사회주의를 했다는 것인가? 한반도의 현대사는 미친 역사가 아닌가? 비인간성의 극대가 아닌가? 야만의 극치가 아닌가? 이게 인간이 사는 세상인가?

  그런 한반도에 통일이 대박이라고? 통일이 소원이라고? 도대체 그런 통일에 무슨 의미가 있는가? 강대국이 되는 지름길이라고? 그 길고 긴 비인간적인 분단의 결과가 통일이라고? 그런 그 긴 세월 동안 외국에서 사들인 엄청난 무기를 앞세운 통일에 무슨 의미가 있는가? 전쟁 같은 경쟁의 삶을 일상적으로 꾸려나가는 사람들에게 통일은 또 하나의 전쟁이 아닌가? 평화가 아닌 전쟁의 통일에 무슨 의미가 있는가? 게다가 여전히 인권에 문제가 많은 남북한의 통일이 인권을 더욱 나쁘게 만든다면 무슨 의미가 있는가? 분단 시대에는 남북한의 지도자뿐 아니라 나 같은 필부도 이산가족에게는 물론 역사에 영원히 용서 받지 못할 죄인이다. 그런데도 뭐 잘났다고 통일 대박 운운하는가? 마땅히 석고대죄를 해야 할 범죄가 아닌가? 그 분단은 과연 어쩔 수 없는 것이었는가? 4,000년 전통이니 역사라는 것도, 2,000년을 이어온 유교니 불교니 동학이니 하는 종교나 주자학이니 실학이니 하는 학문도, 아리랑이니 판소리니 하는 예술도 아무런 소용이 없는 것이었는가? 통일이 되면 그것이 우리의 정체성으로 계속 생명력을 지닐까?

이산가족들이 다시 만난 날, 우연히 한중일 합작영화 〈묵공〉을 보았다. 강대국의 침략을 받은 약소국을 돕기 위해 출전한 묵가墨家의 전사를 주인공으로 한 최초의 영화였다. 〈공자〉처럼 영화의 대부분이 전쟁 묘사에 집중되어 있어서(공자에 대한 새로운 인식은 얻었으나) 묵가의 사상을 이해하기에는 충분하지 못한 작품이었지만, 전쟁에 반대하는 평화주의자 묵가를 전사로 묘사했다는 점에서 의미가 있는 작품이었다. 특히 중국과 일본, 러시아와 미국이라는 강대국 사이에서 벌어진 수많은 전쟁을 통해 오랫동안 고통을 당해온 우리에게 특별한 의미가 있는 작품이었다. 그래서 한국을 대표한다는 부드러운 이미지의 배우 안성기가 평화주의자 묵가가 아니라 거친 전쟁주의자 장군(항엄중)으로 나온 점이 유감이었다. 묵가의 시조 묵자가 동이족이나 한반도 출신이라고 볼 여지도 있기 때문에 더욱 그러했다. 전쟁을 좋아하는 강대국 사이에 끼어 있는 한반도가 분쟁이 끊이지 않는 아시아에서 평화와 인권의 중심이 되기를 바라기 때문에 더더욱 그러했다. 그가 중국인이든 한국인이든 큰 문제는 아니었다. 서양인이나 아프리카인이라고 해도 마찬가지였다.

　이 땅에서 공자를 죽여야 하느니 살려야 하느니(공자가 한반도 출신이라는 주장도 있다) 하는 논란에는 문제가 없지 않다. 공자가 제국주의자인지 아닌지는 명확하지 않지만, 적어도 중국 최초의 통일 제국인 진나라 이후 한나라 때부터 이데올로기가 되어온 것은 분명하다. 여러 나라로 분열되었던 춘추전국시대에 유가와 함께 가장 융성했던 학파인 묵가는 진의 분서갱유焚書坑儒 이후 급격히 사그라졌지만 그렇다고 해서 평화주의가 없어진 것은 아니었다. 특히 중국이나 일본의 침략 위협 속에 살았던 한반도에서 그런 평화주의는 더욱 강했을 것이다. 2,000년 이상 중국 사상의 틀 안에 있었던 한반도에서 묵가와 같은 평화주의가 생겨났다는 이야기를 들은 적은 없지만, 이제는 공맹이나 노장보다도 절실한 사상으로 묵가를 재조명해볼 필요가 있는 것이 아닐까?

제자백가

고대 중국의 사상가들을 제자백가諸子百家라고 한다. 제자란 많은 학자라는 뜻이고, 백가란 많은 학파라는 뜻이다. 백가라고 해서 100개의 학파를 말하는 것이 아니다. 크게 보면 도리어 십가十家라고 할 수도 있는, 유가儒家, 도가道家, 음양가陰陽家, 법가法家, 명가名家, 묵가墨家, 종횡가縱橫家, 잡가雜家, 농가農家, 병가兵家가 중심이다. 제자백가에 드는 학자들은 대부분 춘추전국시대에 살았다. 정확하게 말하면 춘추전국시대 후기에 등장한 공자부터 학파를 형성했다. 그전에는 요堯와 순舜 등의 고대 선왕들의 말을 수록한 『시경詩經』이나 『서경書經』이 중국인이 받든 경전이었다. 선왕들이 만든 예악禮樂이 오랜 세월 동안 망각된 것을 안다고 나선 사람이 공자였다. 물론 그가 수백 년 전의 옛날 일을 잘 알 리 없었다.

그런 의미에서 공자는 중국 최초의 학자라고 할 수 있는데, 아무도 모르는 것을 안다고 했으니 학자이지만 사실은 사기꾼일 수도 있었다. 지금도 학자라는 자들 중에는 사기꾼 같은 자가 많지만 이는 최초의 학자인 공자에서부터 비롯된 것인지도 모른다. 그때나 지금이나 학자란 사람은 권위에 의존해 자신의 지식이 진리라고 강변하는 경향이 있다. 시대가 난세라고 개탄하면서 그것은 오로지 자기가 주장하는 예악의 회복에 의해서만 개혁될 수 있다고 주장한 공자의 모습은 동서고금 지식인들의 공통적인 모습인지도 모른다.

예악에 대한 지식을 독점한 공자에게 많은 제자가 몰려들었다. 예악에 대한 지식은 벼슬을 하는 데에 필수적이라고 생각한 탓이었다. 그 결과 엄청난 규모의 학파가 처음으로 형성되었다. 제자들은 스승이 전통이라는 권위에 의존했듯이, 공자라는 권위에 의존하면서 공자가 성인이라고 선전했다. 좌절된 공자의 꿈을 이루는 것이 제자들이 공자에게서 배운 바였기 때문이다. 제자들은 예악에 관한 고대 전승을 수집하고 정리하면서 날조까지 더해 공자가 그들에게 전수한 것처럼 공자를 예악에 정통한 자로 꾸몄다. 지금 남아 있는 『예기禮記』나 『춘추春秋』 등은 그런 위장 공작에 의해 만들어진 것이다. 공자와 같은 시기에 손자孫子가 태어나 손자병법을 중심으로 한 병가를 형성했다. 그러나 제자백가 중 유가에 이어 양대 산맥을 형성한 것은 묵가였다. 그리고 노자를 중심으로 도가가 나타났다. 이처럼 유가, 묵가, 도가, 병가는 거의 동시에 등장했다.

중국의 사상, 철학, 문화에 대한 논의에서는 늘 유가나 도가가 등장하지 유가나 도가 없이 묵가가 등장하는 때는 거의 없다. 제자백가 중에서 묵가를 제외하고는 대부분 상층 문화의 산물이었기 때문이다. 통치자의 법을 가르친 법가나 사대부의 도덕을 가르친 유가는 물론, 노자나 장자 중심의 도가도 상층 문화에 속했다. 묵가만이 하층 문화의 산물이었다. 따라서 제자백가 중에서 유일하게 민중적이고 민주적인 사상가는 묵자였다.

묵자가 죽을 무렵 시대가 춘추에서 전국으로 바뀌면서 한비자韓非子의 법가를 비롯해 더욱 많은 학파가 등장했다. 그 밖에 군주부터 서민까지 모든 사람이 농사를 지어야 한다고 주장한 허행許行의 농가, 혜시惠施와 공손룡公孫龍을 중심으로 논리를 중시한 명가, 소진蘇秦과 장의張儀를 중심으로 국제적인 모략 활동에 종사한 종횡가, 복수의 학파를 절충하는 잡가 등이 나왔다.

묵자와 그 사상의 현대성

묵자墨子의 본명은 묵적墨翟이라고 하지만, 중국에 '묵'이라는 성이 있었는지 의문이다. 이처럼 그의 이름은 물론 생몰연대부터 시작해서 불명한 점이 너무 많다. 기원전 5세기경에 살았다는 것 외에 확실한 것은 아무것도 없다. 이는 그가 수천 년간 유지된 계급사회에서 그를 반대한 지배계층이나 그들에게 아부한 지식계층에 의해 철저히 무시되어온 탓이다. 묵자를 두고는 묵형墨刑(얼굴에 글자를 새기고 검은 색을 칠해 노예임을 표시하는 형벌)을 받은 죄수나 천민이다, 예속적 지위의 기술자다, 사대부다, 하급 무사다, 협객이다 등 그의 출신에 대해서 여러 가지 견해가 있지만 그 어느 것도 근거가 없다.

고대사회에서 '천인'이란 농부에서 노예나 죄수까지, 즉 사농공상에서 사士를 뺀 모든 서민을 포함하는 광범위한 개념이었다. 양민과 구별되는 천인이 아니라 양민까지를 포함하는 개념이었다. 실제로 왕족과 귀족 등의 지배계층을 제외한 피지배계층을 뜻했다. 따라서 양민이니 평민이니 하는 계층은 사실상 천민과 크게 다르지 않았다.

묵자를 제외한 대부분의 제자백가가 '사'로서 천인을 철저히 경멸한 반면, 묵자는 스스로 천인임을 부인하지 않은 점도 눈여겨볼 만한 점이다. 특히 공자를 비롯한 유가가 천인을 소인이라고 철저히 경멸한 반면, 묵가는 천인을 가장 동정했고 그들에게 호의적이었다는 사실은 고대 아시아의 지식인으로서는 특이한 점이었다. 이는 유가가 친권력적이었음에 반해 묵가는 반권력적이었다는 점에서 비롯된 것이었다. 유가는 상층사회의 사치에도 긍정적이었고 예를 중시하고 음악을 사랑하라고 권했으나, 묵가는 그것들에 대해 언제나 비판적이어서 절약을 강조하고 지나친 예를 삼가고 음악을 멀리하라고 가르쳤다. 그것이야말로 생태나 자연의 존중에 이르는 구체적인 방법이라는 점에서 현대적인 것이었다.

묵자의 사상은 10개의 주장으로 이루어져 10론十論이라고 하는데, 그 10개는 다시 한 쌍씩 묶여 5종류로 나눌 수 있다. 타인에 대한 평등한 사랑兼愛과 침략 전쟁의 부인非攻, 능력주의尙賢와 통치자 숭배尙同, 절약節用과 간소한 장례節葬, 하늘 숭배天志와 귀신 숭배明鬼, 음악에 대한 경계非樂와 숙명의 부정非命이다. 그런데 이것들이 모두 묵가가 주장한 것인지, 아니면 그의 제자들이 오랫동안 만들어간 것인지에 대해서는 논쟁이 있다. 묵자는 민중의 편에서 겸애와 비공을 만들었으나, 묵자 사후 제자들이 대제국을 지향해 친권력적인 상동尙同과 천지天志를 만들었다는 것이다. 상동과 상현尙賢에 대한 언급이 가장 적은 것을 보면 묵가에서는 그다지 중시되지 않는 가치임을 알 수 있다.

묵자가 가장 중시한 것은 겸애와 비공이었다. 겸애란 모든 차등과 차별에 반대하는 것, 즉 평등을 주장하는 것이다. 비공은 타국을 침략하고 영토를 병합하는 것은 반인류적 범죄라고 하여 가해자인 강대국에 그 중지를 요구한 것이다. 침략 전쟁을 반대한 점에서 묵가는 유가와 다르지 않았지만, 유가가 지배계급의 입장에서 침략이 의롭지 못하다고 주장한 반면, 묵가는 피지배계급의 입장에서 그들의 이익에 반하기 때문에 의롭지 못하다고 주장한 점에서 달랐다. 서강대학교 정재현 교수는 『묵가 사상의 철학적 탐구』에서 "묵자의 모든 사상이 겸애로 통합된다는 의미에서 통합주의를 그 사상의 본질"이라 할 수 있다고 했지만, 이러한 통합성은 어떤 사상에서도 인정되는 것이므로 묵자 사상에 대한 본질적인 이해라고는 볼 수 없다.

10론의 나머지는 모두 겸애와 비공을 위한 수단적 제도였다. 가령 상현과 상동은 약소국의 정치적 안정을 도모하기 위한 것이고, 절용節用과 절장節葬은 약소국의 국가 재정을 강화하기 위한 것이었다. 또 천지天志와 명귀明鬼는 침략과 병합을 하늘과 귀신도 금지한다고 주장하기 위한 것이고, 비악非樂과 비명非命은 노동을 권장하기 위한 것이었다. 특히 상현은 귀족 종법제를 무너뜨리기 위해 천인들도 정치 무대에 등장하도록 한 것이었다. 그래서 그는 관리를 선발할 때 빈부, 귀천, 원근, 친소를 가리지 말아야 한다고 주장했다. 이는 그러한 요소들에 따라 철저한 차별을 주장한 유가의 입장에 반하는 것이었다. 묵가는 천인의 입장을 대변했기 때문에 통치자는 이를 거부했다. 그래서 묵가의 생명은 결코 길어질 수가 없었다.

겸애

묵자는 사회 혼란의 원인이 도덕관념의 오류, 즉 사람이 자기만을 사랑自愛하고 서로 사랑兼愛할 줄 모르는 탓이라고 보았다. 자애를 겸애로 바꾸어야 혼란이 제거된다는 것이었다. 그런데 겸애는 반드시 이타주의와 일치하는 것은 아니었다. 묵자는 자애에는 반대하지만 자기를 아끼는 것에는 반대하지 않았기 때문이다. 그는 타인을 사랑할 줄 알아야 자기를 아낄 수도 있다고 보았다. 묵자가 사랑은 먼저 주는 것이라고 보는 것은 사랑에 대한 수많은 금언과 공통된 것이다. 이러한 인간관은 개인의 자유를 긍정한 것이다.

겸애란 가족 중심의 농업경제에서 이루어지는 상호 교환이나 상호부조의 개념을 확대한 것이기도 했다. 겸애는 박애의 다른 이름이었다. 겸애는 개인 사이의 관계뿐 아니라 집안 간이나 나라 간에도 적용되었다. 따라서 묵자는 춘추전국시대의 통일 전쟁에도 반대했다. 그런 전쟁은 백성의 이익을 그르친다고 생각한 탓이었다. 그러나 그는 모든 전쟁에 반대하는 반전주의자는 아니었다. 무고한 나라를 공격하는 전쟁에는 반대했지만, 나라를 지키기 위한 전쟁에는 찬성했다. 이는 자치 사상과도 통했다. 묵자는 강한 자는 약한 자의 것을 빼앗지 않고 다수가 소수의 것을 강압적으로 빼앗지 않아야 한다고 주장했다. 또 부자가 가난한 사람을 업신여기지 않고, 귀한 사람이 천한 사람을 업신여기지 않아야 한다고도 했다. 이것이 겸애의 핵심이었다. 겸애의 핵심은 '애'가 아니라 '겸'에 있었다.

공자가 말하는 인仁도 남을 사랑하는 것이지만, 유가의 사랑은 구별과 차별에 입각한 사랑인 '별애別愛'라는 점에서 묵가의 겸애와 다른 것이었다. 가령 공자는 부모·형제의 사랑이 가장 중요하고, 현인의 존경이 가장 중요하다고 하면서 친족 간의 사랑에도 등급이 있고 현인의 존경에도 차별이 있어야 한다고 주장했다. 이처럼 사람을 구별하는 유가는 묵가를 아비 없는 자식이자 금수라고 보았다. 아비가 없음은 임금이 없음과 같으므로 대역무도大逆無道에 해당된다고도 했다. 유교가 말하는 수신제가치국평천하修身齊家治國平天下도 천하까지 지배하게 되는 자기를 중심으로 본 것이었다. 유교가 말하는 서恕도 자기를 기준으로 삼아 남을 생각하는 것이었다. 반면 묵가는 유가의 차별 관념이 사회적 죄악의 총체적 근원이라고 보았다. 묵자가 보기에 유가의 차등적인 사랑은 별애고, 별애란 변형된 자애에 불과했다.

묵자는 이利가 애를 따른다고 보았다. 그래서 겸애로 자애를 대체하듯 교리交利, 交相利로 자리自利를 대체했다. 그러나 자리에는 반대하지만 이기利己에는 반대하지 않았다. 자기의 이익을 얻기 위해서는 먼저 반드시 남을 이롭게 해야 하고, 오직 남을 이롭게 해야만 자기를 이롭게 할 수 있다고 보았기 때문이다. 묵자가 이처럼 이를 강조한 것은 유가와 특히 다른 점이었다. 유가는 '이'를 말하기를 가장 꺼렸기 때문이다. 자기의 이익인 자리를 반대하는 점에서 유가와 묵가는 공통적이지만 유가가 의義를 추구해 의로써 이를 대체한 반면, 묵가는 이가 곧 의라고 본 것이 서로 달랐다.

묵가는 행위의 판단 기준을 두 가지 이, 즉 유리有利와 불리不利에서 찾았다. 가령 겸애는 모두에게 유리하므로 실천한다는 것이었다. 그 점에서 묵자는 실리주의자, 실용주의자, 공리주의자였다. 그러나 제러미 벤담의 공리주의와는 달랐다. 벤담의 공리주의는 최대 다수의 최대 행복이라는 표어가 말하듯이 '한 사람'의 이익을 기준으로 해 더 '많은 사람'의 이익을 더한 것일 뿐이지만, 묵가의 이란 인류 전체에 대한 것으로 반드시 각각의 사리를 희생한 다음에 전체의 이익을 얻는 것이었다. 그런 점에서 묵가는 철저한 공익주의자였다.

상현과 상동, 절용과 비악

묵자는 사회 혼란은 정치 지도자의 능력에 따라 해결될 수 있다고 보았다. 따라서 혈연관계일 뿐 지혜가 없는 사람이 함부로 자리를 차지해 놀고먹게 해서는 안 되고 현명한 지도자를 뽑아야 한다고 주장했다. 이처럼 상현尙賢은 상친尙親과 대립한 것이었다. 묵자가 이러한 주장을 한 이유는 귀족 종법 세습제를 철저히 뿌리 뽑기 위한 것이었다. 공자도 현명한 인재의 발탁을 주장했지만 공자는 세습제와 종법제를 인정한 점에서 묵가와 달랐다. 종법제는 공자의 예에 해당하는 것이었다. 묵자가 현명한 지도자의 선출 방법에 대해서 말하지 않았다는 약점이 있지만, 상현 자체에는 큰 문제가 없었다. 다만 상현과 함께 주장한 상동에는 전체주의적 요소가 있다는 점에서 문제가 많았다. 그러나 앞서 말한 대로 그것은 겸애를 실천하기 위한 수단으로 주장되었음을 주의해야 한다.

묵자는 만물이 천자와 상동해야 하는 것과 같이 천자는 하늘과 상동해야 한다고 주장했다. 그것이 천지天志, 즉 하늘의 의지로서 바로 겸애를 바라는 것이었다. 명귀明鬼의 의미도 마찬가지였다. 따라서 묵가는 귀신에게 복을 비는 것에 찬성하지 않았고 복은 행동에 따라 얻어지는 것이며 기도나 제사와는 무관하다고 해서 미신에 빠지지 않았다. 천지와 명귀는 겸애를 실천하면 상을 받고 그렇지 않으면 벌을 받는다고 믿게 하려고 만든 것에 불과했다.

천하를 안정시키기 위한 물질적 보장을 위해 묵자가 제시한 것이 절용과 비악이다. 묵자는 당연히 풍요를 위해 노력해야 한다고 주장했다. 힘써 일하면 반드시 부유해지고 힘써 일하지 않으면 반드시 가난해진다고 했다. 그러나 백성이 빈곤한 것은 물질 생산의 부족 탓만이 아니라 귀족들이 사치와 낭비로 사회 재물의 대부분을 탕진하기 때문이다. 따라서 열심히 일하는 것보다 절용, 즉 쓸데없는 비용을 없애는 절약이 더욱 중요하다고 주장했다. 그것은 서민에 대한 요구가 아니라 귀족에 대한 요구였음은 물론이다. 따라서 귀족은 의식주에서 실용성만을 추구하고 모든 장식을 배제해야 한다고 주장했다.

이는 유가에서 강조하는 예가 복장, 수레, 저택, 기물 등의 등급에 의해 신분의 차이를 과시해서 사회질서를 유지하고자 한 것에 대한 반발이기도 했다. 예의 규정에 따라 귀족은 의복을 아름답게 장식한 반면 서민은 장식이 없는 소박한 의복을 입어야 했다. 조선 후기부터 서민의 의복이 백색 일색으로 변한 것은 염색 등의 기술적 문제도 있었지만 더욱 중요한 요인은 유교의 그러한 이념이었다.

묵자는 또한 장례의 절용을 주장했는데 특히 상복을 입는 기간의 단축을 강조했다. 이 점에서 역시 묵가는 유가와 대립했다. 유가는 장례를 엄숙하고 장중하게 치르는 것으로 신분 질서를 강화하고자 했기 때문이다. 이처럼 고대광실을 짓고 화려한 의복 등을 소비하기 위해서는 자연계에서 막대한 물질을 가져와야 했다. 순자와 같은 유가는 자연계에는 그런 능력이 있다고 주장하면서 묵가의 절용을 비롯한 검약주의를 비판했다. 반면 묵자는 자연계에 사는 생물로서 인류는 다른 생물에 비해 지극히 열등한 존재라고 생각했다. 인류는 태어나면서부터 자연계에서 살아남을 수 있는 충분한 장비를 갖추지 못했고, 식량과 식수도 자연계에 있는 것을 그대로 이용할 수 없기 때문이었다. 이처럼 야생 상태에서는 지극히 허약한 존재가 인류이므로 집단으로 생활해 사회를 형성하고, 인공적으로 물자를 생산하는 것 말고는 가혹한 자연환경에서 살아남을 방법을 알지 못했다.

천하의 제후가 자국의 부를 증가시키려고 할 때 대부분 타국을 침략해 영토를 확대하는 방법을 채택하지만 묵자는 이에 반대하고 절용을 주장했다. 가령 의복은 겨울이면 추위를 막고 여름이면 더위를 막기 위한 것이므로 의복은 겨울에 따뜻하고 여름에 시원하면 된다. 따라서 화려하기만 할 뿐 실용적 편의를 갖추지 못한 의복은 배제해야 한다고 주장했다. 주택의 건축도 마찬가지였다. 사실 묵자는 고행하는 수도승처럼 살아야 한다고 주장했다. 이러한 절용의 원리는 공리주의에 선 것이었다. 과한 욕망은 비용만 더하고 백성들의 이로움에는 도움이 되지 않기 때문이었다. 음악 연주는 잘못된 것이라고 한 것도 공리주의에서 나왔다. 이처럼 음악에 대한 관점에서도 묵가는 유가와 대립했다. 유가는 예에 의한 교화의 수단으로 음악을 중시했기 때문이다.

묵가와 유가는 숙명론을 둘러싸고도 대립했다. 『논어』에서 말하듯 수명이나 부나 출세가 숙명에 따른다는 것을 묵가는 부정했다. 특히 입신출세를 강조한 유가를 묵가는 멸시했다. 장자는 그러한 묵가의 태도를 비현실적이라고 비판하면서도 세속을 벗어난 묵가의 입장이 세상을 구제하기 위한 것임을 인정했다.

묵자와 묵가

묵자는 제자백가 시대에 유가와 쌍벽을 이루었지만 유가가 득세한 진나라 이후 사라졌고, 특히 한반도에는 전래된 적도 없다. 반면 묵자의 겸애설은 실크로드를 통해 유럽에 전해져서 디오게네스나 에세네파, 예수의 보편적 사랑이라는 사상을 낳는 데 결정적인 역할을 했을 수도 있다. 묵자는 예수가 태어나기 400여 년 전에 박애를 주장했으나, 묵자의 그것은 예수와 같이 종교적이거나 신학적인 영감에 의한 것이 아니었다. 묵자의 학설 이전에 붓다의 가르침이 더 빨리 유럽 사상에 영향을 줄 수 있었음은 물론이다. 그런 점에서 묵자를 공익주의자나 공리주의자라고 할 수도 있다. 여기서 공리란 19세기 영국에서 나온 사적인 행복과 이익을 중시하는 공리주의功利主義의 그것이 아니다. 사리주의私利主義가 아닌 공리주의公利主義의 '공리'를 뜻한다.

또 묵자는 모든 것을 의심했다는 점에서 그를 회의주의의 아버지라고도 할 수 있다. "우리가 지금 알고 있는 것은 대부분 과거의 경험에서 나온 것이 아닌가?"라고 말했기 때문이다. 일반적으로는 고대 그리스의 철학자 피론을 회의주의의 아버지라고 하지만, 그가 묵자의 영향을 받았을 수도 있다. 또한 묵자는 경험주의나 실용주의의 아버지일 수도 있다. 경험주는 이성과 경험이 똑같이 믿기 어려운 것이라면 경험을 선호한다는 것이다. 기원전 2세기 중국 문헌인 『회남자淮南子』에는 자기 집 문 앞에 불로초가 자라고 있는데도 현자의 충고에 따라 서역까지 가서 불로초를 구하는 궁수 이야기가 나온다. 묵자는 적어도 아시아에서는 최초의 과학자로서 미신을 거부했다. 또 절제를 요구한 경제학자이자 기존 체제를 거부한 혁명가였다.

이처럼 묵자는 여러 가지 차원에서 현대적이지만, 그중에서도 역시 겸애라고 하는 보편적 사랑의 윤리를 처음으로 주장한 것이 가장 중요하다. 평등을 전제로 했다는 점에서 묵자야말로 중국 사상사에서 최초의 평등주의자라고도 할 수 있다. 유가를 대표하는 공자는 인人을 지배계급에 대해서만 인정하고, 서민이나 천민을 소인 또는 백성民이라고 해서 인과 구별해 경멸한 철저한 계급주의자였다. 반면 묵자는 천민을 폄하하기는커녕 적극적으로 변호했다.

묵가는 묵자가 창설한 학단學團으로 그 구성원을 묵자墨者라고 했다. 묵자는 묵자를 키워 여러 나라에 관료로 보내 자신의 이념을 펼치고자 했다. 묵가는 유가 등의 학단보다 조직적이었다. 유세를 담당하는 포교반布教班, 문헌 정리와 교육을 담당하는 강서반講書班, 생산과 전투를 담당하는 근로반勤勞班으로 나누어져 체계적으로 활동했다. 각국에서 벼슬을 하던 문인들은 포교반의 유세를 돕고 회비를 내 학단의 재정을 지원했다. 그러나 조직 활동은 쉽지 않았다. 제자들이 묵자의 사상에 공감한 것이 아니라 벼슬을 하는 데에 목표를 두었기 때문이다. 그래서 묵자가 내놓은 궁여지책이 귀신 신앙이었다.

묵가 집단의 통솔자를 거자鉅子라고 했다. 거자란 본래 자曲尺를 뜻하는 말로 묵가에서는 기준이라는 뜻을 가졌다. 묵자가 최초의 거자였으나 특별한 권위를 지닌 것은 아니었다. 왜냐하면 『묵자』 설화류에 그려진 묵가는 제자들에게 특별한 권위를 인정받지 못했고 제자들도 특별한 면학의 의사를 갖는 자들이 아니었기 때문이다. 묵자가 죽고 난 뒤에도 전국시대 마지막까지 묵가는 유가와 함께 양대 학단을 형성했으나 내부 갈등도 존재했다. 방어 전투의 중심인물이었던 2대 거자 금활리禽滑釐를 이은 3대 거자 맹승孟勝이 방어 전투에서 군주에 대한 계약을 불이행한 것의 책임을 지고 묵가 단원 182명과 함께 자결하는 사건이 이어졌기 때문이다.

진 제국 수립 이후 묵가는 급속히 몰락했다. 기원전 221년 중국을 통일한 진나라는 분권적인 봉건제를 폐지하고 집권적인 군현제를 실시했다. 그 중심이었던 진시황과 이사李斯는 봉건제를 주장하는 세력을 탄압했는데 그 세력의 하나가 묵가였다. 강직한 묵가로서는 독재 권력과 타협하지 않고 자신의 신념을 관철하고자 했기 때문에 몰락할 수밖에 없었다. 그 몰락도 일망타진에 의한 몰락이었기 때문에 한漢대 이후 제자백가가 부흥했어도 묵가만은 부활할 수 없었다. 결국 2,000년 이상 묵가는 역사에서 사라졌다.

진나라가 6개국을 멸망시키고 중국을 재통일하면서 법가가 득세했고, 이어 엄중한 사상 통제가 이루어지면서 제자백가도 없어졌다. 진나라가 15년 만에 망하고 한나라가 세워졌지만 제자백가는 부활하지 못했다. 한나라는 진나라의 멸망을 보고 유가를 앞세웠으면서도 안으로는 법가의 통치를 따랐다. 이처럼 유가와 법가 외에 도가가 도교로 남았다. 그 후 2,000년도 더 지나 20세기 초에 와서 중국의 지식인인 량치차오梁啓超가 위기에 처한 나라를 구할 수 있는 것은 오직 묵자뿐이라고 외치면서 묵가는 되살아났다. 그리고 그로부터 100년이 더 지난 지금 그 말은 이 땅에서 더욱 절실하게 느껴진다.

왜 묵가인가?

춘추전국시대의 제자백가는 사상의 자유가 법적으로 보장되지 않은 상황에서 자연스럽고도 자유롭게 그 표현이 충분히 이루어진 점에서 세계 역사에서 유례없는 사건이었다. 같은 시대의 그리스에서도 유사한 일이 있었지만, 소크라테스의 사형을 비롯해 문제가 엿보이는 데 비해 고대 중국에서는 그런 일이 적어도 2세기 동안은 없었다. 진시황의 분서갱유도 책에 대한 것이었지 사람에 대한 탄압은 아니었다. 당시 보장된 사상의 자유는 유교에 의한 사상 독점에 의해 깨질 때까지 보장되었다. 그 후 2,000년간 유교의 전횡專橫은 중국의 사상을 무사상으로 몰아갔다.

공자나 주자가 태어난 중국에서 유교에 대한 비판은 19세기 말에나 시작되었지만 20세기 내내 계속되었다. 그 결과 지금 중국에서는 유교를 하나의 전통으로 볼 뿐, 현대에까지 그 완전한 생명력이 유지되었다고 보지는 않는다. 반면 왕조시대에서 식민지로 넘어간 한국에서는 유교에 대한 검토가 진지하게 이루어지지 못했고 그 결과, 유교 전통을 가진 동아시아의 여러 나라 중에서 유교의 영향이 여전히 강하다. 동아시아 농업 사회의 윤리로서는 어느 정도 의미를 지닐 수 있었을지 몰랐던 유교가 공업 사회로 전환한 이후에도 계속 권위를 가지고 있었기에 한국 사회가 민주주의를 제대로 체현하지 못하고 권위주의 체제에 머물고 있다는 비판이 가능할 정도로 유교의 영향은 강하다.

유교의 그런 영향력을 보여주는 상징이 1,000원권과 5,000원권 지폐에 각각 그려져 있는 퇴계와 율곡의 초상일 것이다. 이는 외국의 유교주의자에게는 너무나도 감동적인 일이다. 같은 유교권인 일본이나 베트남은 물론 유교의 발생지인 중국이나 타이완에서도 볼 수 없는 일이기 때문이다. 심지어 북한에서도 볼 수 없고 오로지 한국에서만 볼 수 있는 이러한 현상을 어떻게 이해해야 할까? 그것은 사상의 문제라기보다는 농경 사회가 낳은 가족노동이나 조상숭배 등의 관습 문제일지도 모른다. 따라서 그런 관습이 자연스럽게 사라질 때까지는 상당한 시간이 필요할지 모른다. 아마 몇 세대는 지나가야 할지도 모른다. 그 정도의 시간이 지나야 평화와 인권에 대한 관심이 묵가에 대한 새로운 관심과 함께 생겨날지 모른다.

19세기 말 중국에서 묵가가 부활했을 때 국민당이든 공산당이든 제국주의자들은 묵가를 환영하지 않았다. 제국에 공자나 맹자, 심지어 노자나 장자까지도 여전히 효용이 있었지만 묵자는 장애가 되었을 뿐이기 때문이다. 효용이 있다면 타이완이나 티베트를 비롯한 소수민족에게만 해당될지 모른다.

묵자는 비록 중국인이었지만 우리에게도 효용이 있다. 공맹이나 노장보다는 의미가 있다. 서울대학교 김월회 교수는 『문명 밖으로』에서 묵가가 개인을 무시했다고 비판했지만 겸애의 전제는 자유로운 개인이었다. 그리고 모든 나라의 자치와 자연에 대한 존중을 강조했다. 무엇보다도 묵자는 제국을 압도해 아시아의 평화를 이룰 수 있는 아시아의 전통 사상으로서도 의미가 있다. 나는 이를 바탕으로 참된 평화와 인권에 바탕을 둔 통일이 이루어지기를 바란다. 그러나 그 통일은 평화와 인권을 보장하려는 남북한의 지속적인 노력 없이는 무의미하다. 제발 비인간적인 일은 벌어지지 않기 바란다. 반세기 이상 사람이 서로를 만날 수 없게 하는 권력은 악랄한 권력이다. 평화와 인권에 대한 생각을 하지 못하게 하는 정권은 부당한 정권이다. 그래서 나는 국가보안법에 반대한다. 인권과 평화를 막기에 거부한다.

첫 폴리페서

공자는 제자백가 중에서도 가장 먼저 태어난 사람이어서 제자백가는 물론 중국철학사를 비롯한 중국 문화 일반의 역사에서도 제일 먼저 나온다. 게다가 중국 문화라는 것이 유교 문화라고들 하니 그 시조인 공자를 누구보다도 앞세우는 것이 당연시되어왔다. 중국보다 유교적이라고 하는 한국에서는 더욱 그러했다. 그러나 과연 그럴 만한 가치가 있을까?

중국문화사에서 공자가 최초의 주류 철학을 형성한 사람은 아니었다. 그는 사후 300년이 훨씬 지나 한나라가 들어선 뒤, 동중서董仲舒가 유가를 제외한 제자백가를 폐하자고 무제武帝에게 건의해 유교가 국교로 된 뒤에야 비로소 주류가 되었다. 그전에는 양자나 묵자와 호각을 다투었고, 특히 그 둘은 민중의 지지를 받았다. 양자와 묵자 타도에 앞장선 사람이 공자를 이은 맹자였다. 양자와 묵자의 패배는 결국 민중의 패배를 뜻했다.

공자를 부처나 예수에 비할 만한 성인이라고도 하지만, 민중을 타도하자고 한 그를 그렇게 부를 수 있을지 의문이다. 게다가 공자는 살인을 했으니 최소한 살인자를 성인이라고 부를 수는 없다. 그러면 철학자인가? 철학자라고 한다면 그때 말하는 철학이란 과연 무엇일까? 옛사람의 말을 전하고자 했을 뿐, 어떤 새로운 것도 말한 적이 없이 옛날로 돌아가자고 했을 뿐이라면 철학자, 아니 학자라고도 할 수 있을까? 하기야 지금도 공자의 말을 비롯해 남의 말을 전하는 이들을 학자니 교수니 하니 2,500년 전의 그를 학자나 철학자라고 못할 것도 없다.

그런데 그 전한 말이라는 것도 출세의 수단 정도가 아니었는가? 그런 것도 학문이라고 할 수 있는가? 지금의 학문이라는 것도 기껏 그런 것이니 역시 그렇다고 할 수 있는가? 그 자신이 공부를 좋아한 학생이었다고 하지만, 한반도에 수많은 그의 학생이 죽어서 묘비에 학생이라고 쓴 것과 달리 그의 묘비는 벼슬 이름으로 새겨졌고, 그가 말한 군자도 벼슬아치 귀족을 뜻했다. 그런 공자는 귀족이나 고급 관료도 아닌 말단 관료로 출세와 귀족을 지향한 계급주의자였을 뿐이다.

공자는 수많은 제자를 키웠으니 분명 교육자다. 돈을 받고 교육을 한 것은 지금도 마찬가지니 공자를 탓할 수 없다. 교육자 중에서도 교수가 높다니 교수라고 해두자. 교수이면서도 언제나 정치에 뜻을 두었으니 정치 교수나 어용 교수, 영어식으로 폴리페서polifessor라고 하자. 유학자가 대부분 폴리페서였던 것은 그 시조인 공자를 잇는 것이겠다. 한반도에서도 예외가 아니었다. 지금까지 한반도에 유난히 폴리페서가 많은 것도 그 전통의 계승이다. 폴리페서뿐인가? 머니페서까지 겸하는 자도 얼마나 많은가? 이런저런 온갖 꼴로 대학이 이렇게 타락한 나라와 시대가 또 있을까? 모두가 출세주의자 공자를 숭상하는 탓인지 모른다.

미국의 미셸린 이샤이Micheline Ishay 교수가 쓴 『세계인권사상사』라는 책에서 공자가 동성애를 인정한 사람이라고 주장해서 놀란 적이 있다. 『논어』 등 그 어디에서도 공자가 동성애를 부정하는 말을 한 적이 없다는 것이 그 이유라고 한다. 그렇다면 여자에 내해 말한 부분도 없으니 공자는 남녀평등주의자인가? 1983년 일본에 처음 가서 제일 놀란 것은 일부 일본인이 한국을 남녀평등도 아닌, 여성 상위 국가라고 한 것이었다. 더 놀란 것은 그 이유가 결혼 후에도 여성의 성姓이 변하지 않기 때문이라는 것이었다. 게다가 그 뒤로는 〈대장금〉을 비롯한 드라마를 보면 한국은 전통적으로 여성의 지위가 높다고도 했다. 최근에는 한국 여성의 사회적 지위가 높다는 것을 세계 최고의 이혼율로 입증하더니 2013년에는 드디어 여성 대통령으로 확정을 지어버렸다.

20세기에도 그런 오해가 있었으니 그전에 공자를 비롯한 비서양에 대한 서양의 수많은 오해는 당연한 것이었는지 모른다. 지금 한반도를 비롯한 동아시아에도 그런 오해가 넘쳐나고 있지 않은가? 그중에서도 가장 심한 것이 공자에 대한 것이었으리라. 공자가 휴머니스트라는 오해가 특히 그랬다. 공자가 컴퓨터의 원조인 주역에 정통한 IT인이라고 열변을 토하는 사람을 비롯해 수많은 오해가 있다. 그런 오해를 이 글에서 다 밝힐 필요는 없다. 루쉰 이래 수많은 사람이 공자를 비판해왔지만 여전히 공자가 유령처럼 떠도는 것을 보면, 특히 한국에서 그런 것을 보면 이것은 대단히 특수한 현상임이 틀림없다. 심지어 진보 좌파라는 사람들까지 공자를 숭배하고 게다가 '논어가 진보'라고 외치는 사람들까지 있다.

아버지의 추억

『논어』를 비롯한 유교 책을 읽으면 내 아버지의 말이나 행동 그대로임을 알게 되었다. 아버지는 유교의 가르침대로 평생을 살았다. 1930년대 후반에 소학교를 다니기 전부터 서당에 다니며 한문을 배운 것이 평생을 지배했고, 일제하의 교육도 유교와 무관하지 않았다. 그것은 한마디로 효라는 진리였다. 철이 들면서 나는 자신에 대한 효를 자식들에게 조금도 주저 없이 철저히 강요하는 아버지에게 반항했고, 그처럼 효에 대한 믿음이 철저했던 것이 『논어』를 비롯한 유교의 가르침 때문이었음을 알고는 유교를 적대시했다.

아버지는 부모나 조부모, 일가친척의 웃어른들께 철저히 효도했고 마찬가지로 자식에게도 철저한 효도를 요구했다. 마음에서 저절로 우러나오는 효도가 아니라 강요된 효도여서 나는 싫었다. 그러나 그 강요를 아버지는 참된 교육이라고 믿었다. 아마도 앞선 조상들은 모두 그러했을 것이다. 단 한 번도 의심한 적이 없는 진리였다. 나는 태어나면서부터 몇 권에 이르는 족보에 새겨진 양반임을 배웠지만, 성장하면서 한국인 대부분이 양반인 것도 알았고 그것이 언젠가 매매된 것이라는 것도 알았다. 그러나 아버지는 자신이 양반이고 그런 양반의 자손임을 믿어 의심치 않았고 타인에 대한 판단도 그가 양반이냐 아니냐 하는 것이었다. 대부분이 양반인 세상에서 양반을 따진다는 것은 무의미했음에도 죽을 때까지 양반 출신임을 자랑했고 거대한 족보를 중시한 것은 그것이 삶의 근본이라고 생각한 탓이었다.

아버지가 최고 가치로 섬긴 효의 기본은 자식이 관료로 출세하는 것이고 그 최고의 모범은 대통령이었다. 이승만과 박정희, 김일성 3대의 독재는 그런 유교적 풍토에서 가능한 것이었다. 박정희는 물론 김일성도 유교를 비판했지만, 그들의 독재는 유교를 근거로 삼은 것이었다. 특히 지도자를 어버이라고 부르고 그 말을 법 이상의 진리로 숭배하며 지도자의 세습까지 인정하는 북한 정치는 유교에서 나온 것이지 사회주의에서 나온 것이 아니었다. 민주주의 경험이 전혀 없는 북한에서는 사회주의에 대한 유교적 믿음에 의해 3대 독재가 유지되어왔다. 중국이나 일본, 심지어 베트남이나 싱가포르도 예외가 아니었다. 수천 년간 이어진 유교는 여전히 존속하고 있다.

아버지는 장남인 내가 관료로 출세하기를 바랐다. 그것은 고려시대 이후 과거라는 시험을 통한 벼락출세의 길을 가는 것이었다. 그것이 유교식 학문 존중과 교육 존중이었다. 그 철두철미한 암기식 교육이 갖는 나름의 의미를 인정한다고 해도 그것은 인간을 틀에 맞추는 짓이었다. 효와 혈연에 바탕을 둔 가족이기주의와 그 기본인 연고주의도 싫었다. 차별 의식과 함께 혈연적 가족공동체를 기본으로 한 사회질서를 유지시켜온 그것은 지역이기주의, 학벌이기주의, 회사이기주의 등을 파생시켰다. 그런 이기주의의 창궐 속에서 경쟁은 당연히 발생하므로 그것은 서양에서 수입된 것이 아니었다. 그 틀의 하나인 관혼상제를 거부하고 동창회 등에 불참하는 것을 나는 나름 바르게 사는 방법이라 생각하고 실천해왔다.

동양은 무조건 나쁘고 서양은 무조건 옳다는 것이 아니다. 기독교가 한반도에 별 저항 없이 성공적으로 이식된 것은 유교적 풍토와 무관하지 않다. 서양의 독재나 차별의 뿌리도 동양의 그것 못지않게 깊고 넓다. 나는 플라톤이나 아리스토텔레스부터 니체에 이르는 비민주주의자를 비판해왔다. 서양이 동양을 지배하고 차별하는 제국주의와 오리엔탈리즘을 비판하면서 동시에 동양의 문제점에 대해서도 비판적이어야 한다.

유교와 의식주

아버지를 떠올리면 무엇보다도 먼저 생각나는 것은 옷차림이었다. 의관을 바로 한다衣冠整齊는 것을 아버지는 무엇보다도 중시했다. 출근 시에는 언제나 어머니가 오랫동안 깨끗하게 다린 양복을 입으셨고 집에서는 계절마다 한복을 하루에도 몇 번이나 갈아입으셨다. 가난 속에서도 아버지는 상당히 많은 옷을 샀고 형편이 나아지자 계절마다 새 옷을 샀다. 신발도 많았다. 사춘기에 시작한 아버지에 대한 내 최초의 반항은 아무 옷이나 함부로 입는 것이었고 새 옷을 사지 않는 것이었다. 하루 종일 아버지의 옷을 준비하는 어머니의 고된 노동에 대한 반발이기도 했다. 내 나이 60세에 돌아가시기 전까지 아버지는 나의 옷차림에 대해 언제나 못마땅해했다.

조선 사람들은 의관정제를 모든 일의 근본으로 보았고 그것이 곧 한 사람의 인품을 드러내는 바탕이라 여겼다. 이는 조선이 유교를 국교로 삼은 탓이었다. 중국에서는 유교 이전부터 유儒(선비)의 기원인 무당 등이 옷차림을 중시했다. 의례를 중시하는 점에서 무당과 유가는 같았다. '유'가 무당에서 비롯되었다는 것을 부정하는 견해(가령, 기세춘)도 있지만, 중국의 거자오광葛兆光이『중국사상사』에서 말하듯이 그렇게 본다고 해도 불경한 일은 아니다. 유가는 길일, 상례, 대제는 물론이고 일상복에도 항상 상이한 양식의 옷을 입도록 했다. 아버지도 외출복과 실내복을 구별하는 등 옷을 세세하게 구분했다.

따라서 거자오광이 의복을 욕망에 대한 절제라고 하는 것에는 의문이 생긴다. 유가에서는 옷차림이 훌륭하면 훌륭한 사람으로 판단했고, 마찬가지로 부의 소비량과 인간의 사회적 지위도 정비례하는 것으로 생각했기 때문이다. 유가의 사고방식에서는 왕족이나 귀족의 사치는 단순한 부의 낭비가 아니라 사회질서를 유지하기 위한 장치였다. 즉, 더욱 많은 부를 소비하는 자야말로 사회의 지배층을 형성하고 인민을 통치하는 책임을 지는 자라고 생각했다. 따라서 옷차림으로 인간의 가치를 판단해서는 안 된다는 것은 유가적 세계에서는 통용되지 않았다.

옷 외에도 하루 세 끼를 금방 만든 따뜻한 밥과 국과 찌개로 드신 것이 아버지에 대한 추억으로 남아 있다. 특히 손님이 오는 경우에 그러했다. 그런 아버지에 대한 반발은 밥과 국과 여러 반찬, 특히 뜨거운 밥과 국에 대한 반발이었고 이는 한 그릇 밀가루 음식에 대한 선호로 나타났다. 거대한 아파트나 자가용, 골프나 테니스 등의 스포츠에 대해서도 마찬가지였다. 모두 체면과 사교를 중시한 것이었다. 그 반발로 나는 평생 스포츠를 혐오했다. 아버지는 음식이나 주택에 대해서도 까다로웠다. 장례나 제사를 비롯한 여러 의식의 방위나 시공간에 대한 규칙을 둘러싼 논쟁도 곧잘 벌였는데 이 또한 고대 중국에서부터 비롯된 것이었다. 이처럼 복잡한 의식은 사회질서를 상징했다. 상하의 차별과 등급의 구분 등 차별적 구조를 세우는 것이었다. 그것을 예와 인이라고 생각했다.

유교가 중시한 '예'라는 한자의 뜻은 제사에 쓰인 악무惡舞였다. '명'을 중시하는 태도도 의식의 상징을 중시하는 태도와 관련이 있었다. 예와 명의 근원으로 제시한 것이 인仁이었다. 인이란 글자는 원래 위에 신身이 있고 아래에 심心이 있는 모습으로 본래 뜻은 '마음으로 사람을 생각하는 것'이며 '애'와 비슷한 뜻이었다. 그래서 공자는 인을 '애인愛人'으로 해석했다. 유교의 핵심을 '인'이라고 한다. 인은 인人과 이二의 합성어다. 이는 니尼와 통해 친근하게 구는 애정의 뜻을 나타낸다. 그러나 인은 귀족을 뜻하는 인人에서 나온 것으로 귀족들 사이의 원만한 관계를 뜻하는 것이지 민은 인仁의 주체가 될 수 없었다. 공자는 "군자이면서 인하지 않은 사람이 없고, 소인이면서 인한 사람은 없다君子而不仁者有矣夫 未有小人而仁者也"라고 했다(『논어』「헌문」편). 인의 내용을 공자는 극기복례克己復禮라고 하고 극기복례란 "예가 아니면 보지도, 듣지도, 말하지도, 움직이지도 마라非禮勿視 非禮勿聽 非禮勿言 非禮勿動"라고 했다(『논어』「안연」편). "자기가 원하지 않는 것을 남에게 베풀지 마라己所不欲 勿施於人"고 한 구절에서 남이란 귀족을 의미했다(『논어』「안연」편). 공자의 서恕라는 것도 마찬가지였다.

유교의 핵심을 인이라고 하지만 나는 예라고 본다. 인의 본질이 예이기 때문이다. 예는 가정과 국가의 종법 등급 관계를 윤리화하고 제도화하는 것이다. 행하여 마땅하게 하는 것을 의義라고 한다. 인과 의의 출발이자 종착이 예다. 『예기』「악기」편에서 "예란 다름을 분별하는 것이고 악이란 같음을 묶어주는 것이다禮辨異 樂統同"라고 했다. 다름을 분별함은 차별을 인정하고 그 차별 속에서 각자 분수를 지키고 살아가야 균형과 조화를 이룬다는 것이다. 그러한 등급 차별의 보호와 유지가 유교의 정치였다.

효와 정치

아버지와는 언제나 정치 때문에 다투었다. 아버지는 진보를 싫어했다. 진보는 예를 어겨 분수를 넘어서 윗사람을 범해서는 안 된다고 하는 유교라는 기본 틀에서 벗어나 상하존비上下尊卑의 계급 질서를 파괴하는 반란자라는 이유로 싫어했다. 유교의 틀이란 장유유서를 비롯한 부자, 부부, 남녀, 주노主奴 사이의 상하, 존비, 귀천, 친소에 따른 각종 차별의 가족 질서에 근거한 국가 질서였다. 가족적 국가인 천하일가가 공맹과 유교와 아버지의 정치적 이상이었다. 그야말로 거대한 차별의 피라미드였다. 그 차별의 토대는 토지 소유였다. 토지 소유에 따라 혼례나 상례의 규격, 나아가 주방, 거마, 수행원, 의관, 복색 등에 이르는 엄격한 구분이 이루어졌다.

『예기』에서 말하는 대동사회는 지역 자치의 공동체이지만 소강사회는 천하일가의 가부장적 혈연 공동체였다. 그것이 동중서의 유교에서는 음양론으로 해석되어 우주일가론으로 확장되고 교리화되었다. 동중서의 음양 오상설五常說에 의하면 천과 인은 하나고 천지는 대우주이며 인간은 소우주다. 따라서 우주는 하느님을 조상으로 하는 한 가족이고, 천자는 하느님에게 효도하고, 신하와 백성은 군주에게 효도하고, 자식은 부모에게 효도해야 한다. 효는 인의 근본이고 효를 펴는 것이 진정한 정치이고 효의 표현인 조상 제사는 만법의 기본이었다.

조선에서 나라를 종묘사직이라고 할 때 종묘는 군주의 조상 위패를 모시는 묘당이고 사직은 토지신을 제사하는 곳이었다. 따라서 도덕과 정치가 구분되지 않았다. 그러니 법치가 아니라 덕치가 당연한 것이었다. 북한에서 통치권자를 어버이라고 부르고 세습하며 그의 말이 법 위에 있는 것도 천하일가론의 잔재다.

사회가 발전하면서 효만으로 통치가 어려워지자 충이 등장했는데, 이는 예송禮訟 논쟁으로 효와 충돌했다. 군신의 공公이 먼저냐 혈육의 사私가 먼저냐 하는 것이었다. 인의 실체는 효라고 주장하는 공맹은 후자고, 효는 인을 실천하는 기초일 뿐이고 인의 실체는 예, 예의 실체는 충이라고 주장하는 주자는 전자였다. 성리학은 유교를 개혁한 것이지만 왕권신수설에 근거한 왕도사상은 변함이 없었고, 이를 종교적 천명이 아니라 철학적 이기론으로 설명하는 것이 달랐을 뿐이다.

중국이나 중화, 중용이란 말은 왕도주의에서 왕은 제후들에게 중립이어야 한다는 것에서 나왔다. 왕도주의란 왕을 전쟁과 법제의 중심으로 삼고, 왕(천자)의 혈연들을 제후로 임명해 통치하게 하는 주초周初의 소국연방제를 말한다. 춘추전국시대는 왕의 권위가 실추되어 공자는 소국의 입장에서 극기복례를 주장했다. 반면 법가는 대국을 지지했다. 이를 기세춘처럼 자본주의와 사회주의의 대립으로 보는 견해는 터무니없는 것이다. 소국연방제에서 제후는 천자보다 강력한 군사력을 가졌으므로 천자는 제례와 명분과 덕으로 제후를 따르게 할 수밖에 없었다. 이를 왕도주의 또는 덕치주의라고 한다. 반면 법가는 패도주의 또는 법치주의를 주장했다.

『예기』「곡례」상上에서는 "예불하서인 형불상대부禮不下庶人 刑不上大夫"라고 했다. "예는 서인에게 미치지 않고, 형벌은 대부까지 올라가지 않는다"는 뜻이다. 그러니 예학禮學이라고도 하는 유학은 대부 이상을 위한 것이다. 대부 이상이란 왕, 공경公卿, 제후, 경대부敬大夫 등의 귀족계급과 그들을 보좌하는 하대부, 상사, 중사, 하사 등 사관士官을 말한다. 이에 대립하는 피지배계급에는 서인(몰락 귀족), 사민四民(사농공상), 천민, 노예가 있었다. 귀족이 아닌 공자는 말단 관리에서 하대부까지 승진했으나 경대부는 될 수 없었고 따라서 가문을 갖지 못했다. 반면 법가는 법 집행에서 신분 차별에 반대했다.

『주례』에 의하면 형벌은 얼굴에 먹물을 뜨는 묵형, 코를 베는 의형劓刑, 고환을 거세하는 궁형宮刑, 목숨을 끊는 사형 등 5형이 있고, 그 죄목은 각각 500가지로 모두 2,500가지였다. 이처럼 공자 당시의 덕치란 귀족들에게는 형벌 대신 덕으로 다스리고 법은 서민에게만 해당한다는 것이었다. 또한 당시의 법은 노예제를 지탱해주는 것으로, 군주를 위한 법이었다.

천명과 귀신, 교육과 문예

아버지는 '지천명'이란 말을 자주했다. "오십에는 천명을 알고, 육십에는 듣는 것이 순조롭고, 칠십에는 하고자 하는 바를 좇아도 법도에 어긋나지 않았다五十而知天命 六十而耳順 七十而從心所欲 不踰矩"에 나오는 말이다(『논어』「위정」편). 아버지는 그 말을 자주 하시면서 천명을 알아야 한다고 역설했다. 또 "내가 듣건대 생사에는 명이 있고, 부귀는 하늘에 달려 있다商聞之矣死生有名 富貴在天"라는 말씀도 자주했다(『논어』「안연」편). 도대체 천명이니 하늘이니 하는 것은 무엇인가? 그것은 개인의 사생과 화복에 대한 주재자이자 자연계의 주재자이기도 했으나, 사실은 통치자의 명령이었다.

하지만 아버지의 추억 중에서 가장 기억에 남는 것은 역시 제사였고 그 숭배의 대상인 귀신이었다. 공자는 "능히 사람도 섬기지 못하거늘 어찌 귀신을 섬기겠는가未能事人 焉能事鬼", "삶도 알지 못하는데 죽음을 어찌 알겠는가未知生 焉知死"(『논어』「선진」편)라고 해서 무신론자처럼 보이기도 하지만 사실은 귀신을 완전히 부정한 것이 아니었다. 그는 우 임금을 위대하다고 생각했는데 가장 중요한 것이 "음식을 초라하게 하면서도 귀신에게 효성을 드리는 것非飮食而致孝乎鬼神"이었다(『논어』「태백」편). 또 "제사할 때는 귀신이 있는 듯이 하고, 신에게 제사할 때는 신이 있는 듯이 하라祭如在 祭神如神在"고도 했다(『논어』「팔일」편).

아버지는 엄격한 교육자였다. 무엇보다도 공자를 교육자로 존경했다. 『논어』나 『순자』의 첫 구절부터 교육을 말한 것을 강조했다. 특히 "예를 배우지 않으면 설 수 없다不學禮 無以立"는 말을 좋아했다(『논어』「계씨」편). 공자는 자신이 이상으로 삼는 예악인의가 교육을 통해서 가능하다고 믿었기에 평생 교육에 종사했다. 그러나 그의 교육관에서 교육받는 인간은 철저히 피동적이다. 일정한 틀에 따라 교육하면 그 틀에 합치되는 인간을 만든다는 것이다. 인간이 생명을 갖는 개체, 능동적인 존재이자 각자 잠재력을 갖는 존재임을 부정하고 천편일률적인 노예를 만드는 것이 좋은 교육이라고 주장한다. 이것이 수천 년간 공자가 끼친 가장 나쁜 유산일 것이다.

공자가 개인의 인격을 중시했다고 보는 견해도 있지만, 그것은 틀에 짜인 인격이지 독립된 개성이 아니었다. 공자가 '수신제가치국평천하'라고 할 때 수신이란 예에 따라 규범에 합치되도록 스스로 제약해 자신의 사상, 정감, 말, 행동을 모두 유교의 통일된 양식에 집어넣어야 한다는 뜻으로 궁극적으로 효를 기본으로 한 차별 질서다. 그것이 수신이고 극기다. 또 '제가'란 공자의 종법 등급사회가 가족家를 기초로 한 것임을 뜻한다. 그래서 제가는 치국의 전제가 된다.

아버지는 평생 스포츠를 좋아했지만 문예는 젊었을 때의 추억으로만 간직했다. 그리고 정치적이고 도덕적인 실용주의의 관점에서 문예를 판단했다. 그것도 수천 년 이어진 유교의 문예관과 크게 다르지 않았다. 아버지는 특히 씨름과 야구를 좋아했다.

『논어』 번역서나 연구서는 모두 엉터리인가?

공자나 그의 『논어』에 대한 책은 그야말로 부지기수다. 그러나 지금 서점에 나와 있는 김용옥을 비롯한 수많은 사람의 『논어』 번역서들은 모두 수거하고 재번역해야 마땅하다고 주장하는 사람이 있다. 바로 기세춘이다. 말이 험한 세상이니 1937년생인 그를 노망했다고 할 사람도 있을지 모른다. 그런 주장을 한 그의 『동양고전산책』은 2006년에 나왔으니 그 뒤에는 기존의 번역본이 다 수거되어 재번역되었거나 새로 나온 번역이 그의 지적을 참조해야 그의 말이 의미가 있겠는데 사실은 그렇게 되지 못한 듯하다.

나는 그런 조사를 철저히 하지 못했지만 내가 아는 한 그의 의견에 따른 책을 쓴 사람은 그가 외우畏友라고 하는 신영복도 아닌 강신주뿐이다. 강신주가 기세춘의 책을 그렇게 말하는지 또는 독자적으로 그렇게 말하는지는 알 수 없지만 말이다. 그래서 강신주가 기세춘에 대해 언급해주면 좋겠다. 기세춘도 자신의 생각이 어디에서 비롯되었는지 말해주면 좋겠다. 2,000년이 넘는 역사에, 소위 동양문화권인 중국, 일본, 남북한, 베트남은 물론 세계 전역에서 동양 고전이 연구되었으니 사실 특별하게 새로운 생각이 있기 어렵다. 그러니 그런 연구사 위에서 정말 남과 다른 자기 생각을 정확하게 말하면 좋을 텐데, 자기가 남과 다른 새로운 이야기를 하는 양 해버리면 이것이 기망인지 절도인지 사기인지 잘 알 수가 없다.

기세춘이 그렇게 말하는 이유는 『논어』에 나오는 인人과 민民을 구별하지 못했다고 하는 아주 단순한 사실이다. 가령 『논어』 「학이」편 5장에서는 '자왈 도천승지국 경사이신 절용이애인 사민이시子日 道千乘之國 敬事而信 節用而愛人 使民而時'라고 하는데, 그 첫 2행은 "공자가 말하기를 제후국을 다스리는 데는 정사를 공경히 해 신뢰를 얻고"라는 뜻이다. 그런데 다음 2행은 "절용하여 인을 아끼고, 민을 부림은 때를 가려야 한다"는 뜻인데 여기서

'인'이란 지배계급, '민'이란 피지배계급을 뜻한다. 그러나 한국에서는 보통 인과 민을 모두 백성이나 사람으로 번역한다.

공자가 인과 민을 명백하게 구분했음에도 지금 한국에서는 그 둘을 혼동하는 것이다. 즉, 공자에게 인은 지배계급인 귀족, 민은 피지배계급인 무산자를 뜻했는데 그 둘을 모두 백성으로 번역해 공자를 민주 시대에 비판받지 않는 영원한 성자로 둔갑시키기 위한 곡학아세를 일삼고 있다. 그러나 이런 지적은 중국에서는 이미 오래전에 나온 것으로 상식이 되어 있는데도 한국에서는 예외적인 비상식으로 통한다. 한국에서도 번역된 자오지빈趙紀彬의 『반논어』 같은 책이 그 보기다. 한국에서 그런 비상식이 통하는 이유는 공자 시대를 계급 시대로 보지 않기 때문이기도 하다. 2000년에 나온 『도올 논어』가 그 보기다. 그 책의 내용이 텔레비전에서 강의된 것인지 모르지만 그렇다면 전 국민을 비상식으로 이끈 셈이다. 김용옥의 『노자』 번역에 대해서도 이런저런 비판이 있었지만 그것보다 『논어』의 오역 문제는 더 심각하다.

민이란 말은 본래 한쪽 눈을 바늘로 찌른 형상을 본떠, 한쪽 눈이 찌부러진 눈먼 노예나 피지배 민족을 가리키는 것이었다. 이는 포로를 잡았을 때 한쪽 눈을 찔러 거리 감각을 없애 전투 능력을 떨어뜨려도 생산노동에 종사하게 하는 데는 문제가 없기 때문이었다. 관존민비라는 말이 갖는 차별적 뉘앙스에도 민이라는 말의 어원이 잠재되어 있는지 모른다. 반면 인은 정상적인 사람을 말한다. 그리고 귀족의 '귀'란 선물이나 재물에서 나왔다. 그래서 과거나 현재나 귀족은 부자인지도 모른다.

오해하지 말아야 할 말들

『논어』에서 처음부터 끝까지 나오는 군자라는 말도 오해되고 있다. 군자란 대부 이상의 고급 관직을 말하는 것이지 도덕적인 남성 혹은 멋지거나 훌륭한 남성을 뜻하지 않는다. 군자는 시와 음악을 좋아했지만 그것 또한 통치 수단이었다. 전통 사회의 출세는 오로지 관직 출세, 그것도 군자가 되는 것이었다. 공자 자신이 그렇게 출세하려고 평생 분투했다. 따라서 『논어』는 출세를 위한 자기 계발용 수험서다.

군자의 반대인 소인은 원래 노동자와 농민을 뜻했으나, 공자가 군자 중에서 왕도파와 패도霸道파를 구분하고 후자를 소인유小人儒로 비난하면서 군자는 정치적 파당에 따라 분열되었다. 공자의 왕도란 전쟁을 반대하고 문치文治와 예치를 강조했다. 문치=박문博文이란 선왕의 제도와 말을 널리 익히는 것이고, 약례約禮는 『주례』를 따라 자신을 제약해 왕도를 배반하지 않는 것이다.

또 공자는 성왕과 폭군을 구별하고 성왕의 조건으로 문장文章(문화의 계명)을 강조했다. 그러자 부국강병을 내걸고 전쟁을 일삼으며 무력을 강조한 제후와 대부들은 공자를 무시했고 공자는 14년간 유랑 생활을 해야 했다. 공자가 제후와 대부의 연합제인 중앙집권적 왕도를 주장한 점도 공자에 대한 무시를 부추겼다. 공자는 소인유가 법 적용의 평등을 주장하고 실적주의를 지향해 신분 차별을 무시한 점도 비판했다. 이처럼 혈통과 신분 외에 학문을 새로운 조건으로 추가한 것은 지식인에게 출세할 수 있는 기회를 부여했다.

맹자의 폭군방벌론도 오해받는다. 그것은 역성혁명이 아니라 같은 성씨 중에서 다른 사람을 추대하는 것일 뿐이고, 그 주체도 인이지 민이 아니다. 예악이라는 것도 민을 부리고 인들의 관계를 차례 지워 조화시키는 권력관계의 통치 제도였다.

오역의 사례로는 그 밖에도 많다. 예컨대 공자가 정치의 기본이라고 한 정명正名이다(『논어』 「자로」편 3장). 리영희는 모든 사물에는 바른 이름을 붙여야 한다는 비판을 하며 『논어』의 이 말을 자주 인용했다. 그러나 정명이란 명분名分을 바로잡는다는 뜻이다. 명분의 명이란 왕, 대인, 사민, 군, 신, 부父, 자, 부夫, 부婦 등 신분의 이름이고, 분이란 그 이름에 따른 직분과 분수(직분에 대한 책임)를 말한다. 즉, 명분이란 신분에 따른 분수를 지킨다는 뜻으로 '임금이 임금답고'를 운운하듯이(『논어』「안연」 11장) 신분계급질서를 수호하는 것을 말한다.

　　백성이란 말도 자주 오해된다. 적어도 『논어』의 그것은 영지를 소유한 인과 민 중에서 성씨를 하사받은 유산계급인 극소수 특권층을 말하는 것으로 『논어』에서는 극히 예외적으로 3회만 사용되고 그것도 인이나 민과는 다른 뜻이다. 따라서 인과 민을 모두 백성으로 번역하는 것은 공자 당대의 번역어로도 부당하고 현대의 번역어로도 부당하다.

　　『좌전』에 의하면 성은 천자에게서 하사받는 것으로 그의 고향 이름이나 관직 이름을 딴 것이고, 씨는 천자가 준 영지 이름을 딴 것이었다. 한반도에서는 7세기경 신라의 왕실과 귀족들이 성씨 제도를 수입했고 고려 태조가 지방 호족들에게 성씨를 하사하면서 성씨가 유행했다.

다시 아버지의 추억

나는 프란츠 카프카Franz Kafka의 「아버지에게 보내는 편지」를 좋아한다. 그 편지처럼 나의 이 글도 아버지에게 보내드리지 못한다. 10대에 사춘기를 시작하면서 아버지에게 반항하기 시작했다. 그리고 반세기, 그야말로 불효였다. 아버지는 이 세상 누구보다도 속물이므로 아버지와 반대로 사는 것이 참된 삶이라고 생각했다. 그러면서도 항상 울었다. 아버지가 바라는 대로 살지 못하는 자신이 언제나 못마땅했다. 반세기를 그렇게 살았다. 5년 전 아버지가 돌아가셨을 때는 물론 지금까지 나는 여전히 울고 있다.

나도 어쩔 수 없이 유교적 인간인 모양이다. 평생 세뇌된 효에 의해 효도를 하지 못한 것이 인간으로서 가장 슬픈 일이라고 생각되기 때문이다. 다행히도 내 자식들에게는 효를 강요한 적이 없고, 자식들만은 누구에게나 자유롭고 평등하게 대하기를 바라지만 역시 유교의 나라에서 자랐으니 어떨지 모르겠다. 아이들에게 관료가 되기를 권하지 않았고 그렇게 되지도 않아 다행이다. 오로지 반유교적으로 자라고 살기를 바랐다.

유교를 버리면 동양과 민족과 전통을 버리는 것이라고, 그래서 우리의 아이덴티티를 부정하는 것이라고 말하는 사람이 있지만 나는 그렇게 생각하지 않는다. 우리에게는 유교 이전에 불교의 전통도 있고 유교나 불교 이전의 원시 전통도 있다. 그것은 농경 사회일 수도 있고 그 이전의 유목 사회일 수도 있다. 다른 나라의 역사와 마찬가지로 우리 역사의 90퍼센트 이상이 30~150명 정도의 작은 집단을 이루어 자유롭게 살아왔다. 그동안 인간은 짝을 고르거나 땅을 지키기 위해 폭력을 행사하기도 했지만 이는 지극히 예외적이었고, 대부분 서로 돌보고 함께 놀면서 살아가는 이타적 존재로 자유롭고 평등하고 평화로운 모계 농경 사회를 유지했다.

그러다 기원전 4000년경, 가부장적 형태의 부계 사회로 전환된 뒤 절대 권력과 가축을 기본으로 한 재산이 등장하면서 자유와 평등과 평화는 깨어졌다. 단군 이래의 역사가 바로 그런 것이었다. 그렇다면 자유와 평등의 아름다운 역사는 단군 이전의 것일지도 모른다. 그 태초의 세월처럼 아버지의 청춘도 자유와 평등에 바쳐졌다. 그래서 해방 공간에서 사회주의를 공부했고, 교사가 되었으며, 최초의 교원 노조에 참가했다. 5·16 군사 쿠데타 이후 구속이 되면서 자식을 위해 꿈을 버렸는데, 아버지는 바로 그때 10대였던 아들에게 배신당했다. 그러나 아들도 아버지와 같은 길을 걸었다. 아버지도 아들처럼 평생 많이 우셨는지 모른다.

학문은 권력의 노예인가?

권학이란 학문을 힘써 배우도록 권함을 뜻하는 勸學이 아니라 權學, 즉 '권력학문'의 준말이다. 유교가 권력학문, 즉 권학이라는 것인데, 국어사전에도 없는 말이라고 비판하면 관학官學이라고 해도 좋겠다. 국가에서 특별히 제정 또는 공인한 학문이라는 뜻이다. 그러나 아무리 관존민비의 전통이 강한 나라라고 해도 학문을 그렇게 부르는 경우는 없을 텐데도 국어사전에는 당당하게 나오니 황당한 일이다. 그것에 대응하는 인학人學이나 민학民學이란 말은 사전에 없다. 관학이란 일본 에도시대에 만들어진 용어로 일본에서는 당대의 주자학을 뜻하는 말로 명시되지만 한국에서는 일반용어로 사용되고 있다.

미리 오해를 피하기 위해 말하자면, 유교나 동양의 학문만을 권학이라고 하고 서양의 학문은 그렇지 않다고 주장하는 것이 아니다. 나는 그런 동서양의 차이라고 하는 고정관념을 철저히 배격한다는 것을 강조하고자 한다. 나는 이미 소크라테스부터 플라톤, 아리스토텔레스는 물론 호메로스를 포함한 그리스·로마 신화, 셰익스피어, 니체에 이르기까지 서양 학문이 권학이었음을 비판한 적이 있는데, 서양 학문에서 그런 권학의 전통은 새뮤얼 헌팅턴Samuel Huntington에 이르기까지 끊임없이 반복되고 있으므로 서양의 권학 전통은 더욱 뿌리 깊음을 철저히 비판한다는 점을 밝혀둔다.

권학을 학문이라고 보지 않음은 그것이 권력을 신비화하고 정당화하는 권력의 노예이기 때문이다. 정치학이라는 학문이 학문일 수 있는 것은 권학처럼 권력의 노예가 아니라 권력을 정확하게 해부하고 비판하며 그 권력이 인민을 위해 바르게 행사되도록 하는 경우다. 따라서 정치학은 기본적으로 민주주의에 입각하는 것이어야 하지 독재주의나 전체주의에 입각하는 것이어서는 안 된다. 정치학만이 아니라 모든 학문이 그러해야 한다. 아니 모든 인간이 그러해야 한다. 모든 인간이 자유와 평등, 복지와 평화에 대한 믿음을 가져야 한다.

관학과 비슷한 뜻으로, 역시 국어사전에 등재되어 있는 국학國學은 일본에서는 역사적 개념으로 쓰이지만 한국에서는 일반적으로 사용된다. 국사니, 국어학이니, 국문학이니, 국악이니 하는 말의 총칭으로서 국학이란 반드시 그런 뜻이 아니라고 하는 사람이 있을지 모르지만 얼마나 큰 차이가 있는지는 알 수 없다. 혹자는 그런 학문들을 인문학이라고도 하는데, 인문학이라는 것이 국학, 즉 국가에서 특별히 제정 또는 공인한 학문이라는 국학과 같은 것이라고 하는 식의 발상은 있을 수 없음에도 한국에서는 버젓이 통용되고 있다. 도대체 국학이라는 말 자체가 가당키나 한 말일까? 학문이라는 것을 국가가 제정하거나 공인한다는 게 있을 수 있는가?

그러니 한국의 인문학이라고 하는 것이, 아니 학문 대부분이 그런 수준 이하의, 학문 아닌 무엇이 아닌지 의문이다. 한국학중앙연구원이니 국어연구원이니 국사편찬위원회니 하는 것은 물론이고 학술원이니 예술원이니 한국연구재단이니 하는 것들도 그런 수준과 관련되지만 궁극적으로 문제되는 것은 교과서, 특히 국정교과서라고 하는 학문적 요약본의 기준이다. 그것을 절대 진리처럼 국민 모두에게 교육하는 것이 한국의 교육이고 한국 문화의 핵심이라고 할 수 있는지 모른다. 그 교과서 집필 위원들이야말로 학문의 최고 권위자들로 받들어지고 있는 것인지 모른다. 그들은 국가가 심사해 임명한다. 그들을 권력의 허수아비나 하인이나 시중꾼이나 노예에 불과하다고 하면 그들은 엄청난 화를 낼지 모르지만 그렇게 볼 수도 있을 정도로 수동적이다. 교과서에 실린 글을 최고의 글이라고 자랑하는 사람들이 있지만, 그 글은 기본적으로 권력이 심사해 교과서에 싣기에 최고라고 결정한 것에 불과하다.

이러한 한국의 학문이 권학이다. 권학이라고 하는 이유는 관청이나 국가만이 아니라 그것을 포함하는 더 넓은 의미의 권력(가령 자본이라는 권력도 포함하는)이 주도하거나 인정하는 것을 뜻하기 때문이다. 그 기원은 유학이다. 봉건 왕조의 학문인 유학이 권학인 것은 당연한 것으로 볼 수도 있지만, 민주주의 시대에 와서도 학문을 권학으로 타락시키고 있다면 이는 유학이 낳은 가장 큰 악폐일 것이다. 유학은 그 내용이 어떻든 간에 본질적으로 권학이기 때문에 학문일 수 없고, 특히 인문학일 수가 없다.

이는 '학學'이란 한자가 본래 대갓집宀의 사내아이子가 두 손臼으로 셈막대爻 제례를 배우는 것을 상형한 것에서부터 비롯된 것인지도 모른다. 제례는 봉건사회에서 왕의 봉토를 받아 지방을 통치하는 혈족 제후 남성들을 통제하기 위해 만든 의식으로, 바로 유가의 유학이다. 그것은 공자가 만든 것이 아니라 공자 이전에 이미 존재했으나 공자가 번성시킨 것임은 분명하다. 그런 '학'의 전통이 과거 시험 과목을 비롯한 통치술로 수천 년 지속되어왔다. 아니 지금도 존속하고 있다. 그래서 관료의 출세 코스인 법학의 인기가 여전히 높고 로스쿨 입학 역시 출세의 지름길로 여겨진다.

반면 유교의 고전인 『논어』 처음에 나오는 구절인 '학이시습지學而時習 之'를 두고 유교를 권학勸學이라고 주장하는 사람들이 있다. 나아가 이를 두고 동아시아의 교육열과 그로 인한 경제 발전의 원동력이었으며 미래의 비전이라고까지 설명하는 사람도 있다. 그래서 학문에 대한 자본과 국가라는 권력의 권위주의는 더욱 강력해졌고 학문의 전당이라는 대학은 취업 준비 학원 이상도 이하도 아니게 되었으며 교수는 취업을 위한 전문 기능공에 불과한 존재로 타락했다. 따라서 대기업이 대학을 지배하고 소유하는 것도 이상하기는커녕 바람직하다고 보는 지경이니 기업에 절대적으로 의존하는 현상이 조금도 이상하지 않다. 산학협동이 아니라 산학일체, 더 정확하게는 산업에 대학이 철저히 종속되어 있다. 자본주의의 최첨단에 대학이 있다. 자본은 최고의 권력이다. 지금 학문은 그런 자본의 권력에 봉사하는 권력학문이다. 우리의 학문, 특히 인문학의 악폐는 이러한 권력성에서 비롯된다. 그것을 벗어나지 못하는 한, 학문 특히 인문학은 존재할 수 없다. 그런 문제점을 해결하기 위해서는 유학을 재검토해야 한다.

권력학문의 초석, 맹자

공자는 첫 폴리페서이기는 했지만 유일무이한 권력학문을 수립하지는 못했다. 춘추시대에 공자의 유학은 묵자의 학문과 호각을 이루었으나, 전국시대에 와서는 맹자가 개탄했을 정도로 인심은 묵자와 양자에게 기울었다. 묵자의 겸애와 양자의 자기 혼자만 쾌락하면 좋다고 하는 위아爲我설이 유가의 친친親親과 인애仁愛에 반대되는 것이었기 때문에 맹자는 묵자와 양자를 물리치는 이론 투쟁을 자신의 임무로 삼았다. 서민을 대변하는 묵자와 노장의 선구라고 하는 양자를 막고 지주계급의 이익을 옹호하려고 했다.

맹자는 공자의 손자로 『중용』의 저자인 자사子思의 문인에게 배우고 공자처럼 여러 나라를 찾아갔으나 꿈을 이루지 못하고 은퇴해 『시경』과 『서경』을 교정하고 『맹자』 7편을 편집했다. 맹자 생전에 여러 나라에서 활약한 법가의 상앙商과 병가의 손자孫子 등은 절대왕정을 공고히 하고자 노력했다. 상앙은 토지를 적극적으로 개간하고 토지사유제를 권장하며 노동력을 끌어모을 것을 주장했다. 이런 시대에 유가는 설득력이 없었다.

맹자에 대한 가장 큰 오해는 그가 공자의 사적인 인仁을 공적인 의義로 바꾼 민본주의자일뿐 아니라 민주주의자이자 사회주의자라는 것이다. 그러나 맹자의 생존 당시는 물론이고 그 뒤 2,000여 년 동안 맹자가 그렇게 받아들여졌을지 의문이다. 따라서 명색이 민주주의자나 사회주의자라는 사람들이 맹자의 성선설이니 왕도 정치니 역성혁명이니 하는 것을 찬양하는 것을 보면 도저히 이해할 수 없다. 사회주의 국가였던 중국이나 북한에서는 있을 수도 없는 그런 이론이 한국에서 버젓이 횡행하는 것을 보면 사회주의라는 것도 여럿이라는 생각을 하지 않을 수 없다.

맹자는 차별을 국가의 성립 조건으로 본 차별주의자였고, 그래서 평등을 주장한 묵자를 부모를 모르는 금수라고 욕했다. 공자 이상으로 차별주의자인 맹자는 "노심자치인 노력자치어인勞心者治人 勞力者治於人(『맹자』 「등문공 상」)"이라고 해서 인간을 두뇌노동을 하는 통치 계급(귀족)과 육체노동을 하는 피통치 계급(서민)으로 나누고 노동을 철저히 천시했다. 따라서 서민이 생산한 부의 배분은, 통치 계급인 귀족이 더욱 많은 부를 소비하고 만사를 화려하게 장식하고, 피통치 계급인 서민은 더욱 적게 부를 소비하고 만사를 검소하게 생활하는 것이어야 하며, 그것이야말로 예라는 질서를 유지하고 왕조 질서를 부동의 것으로 만드는 것이라고 주장했다.

맹자는 공자만큼 예를 중시하지는 않았고, 예를 인의仁義를 꾸미고 조절하는 수단으로 보았음은 분명하지만, 묵자 등이 실제적 공리성을 최우

선으로 두고 의나 예와 같은 도덕규범을 그것에 복종시킨 것에는 반대했다. 이는 봉건귀족의 특권을 계속 유지하기 위해서였다. 그래서 정치는 모름지기 "권문세가에 죄를 짓지 않아야 한다"고 주장했다.

맹자가 유학을 권학으로 번성시킨 것이, 공자의 예론禮論과 그 중심인 천명론天命論을 계승하면서도 천명을 천성天性으로 내재화해 뒤에 주자가 천성이 곧 천리天理요, 인성人性이라고 본 주자학으로 이어진다. 노예제적 봉건 도덕규범인 예가 군주가 만든 제도가 아니라 인간 본성에 내재하는 천리가 되어 그 어떤 비판도 거부하는 절대적 진리로 바뀌었다. 영원한 진리 운운하는 학문처럼 변한 것이다.

그 결과 공자의 인도 사람과 사람의 관계를 뜻하는 것에서 본질적인 진리의 하나로 바뀌었다. 이를 뒷받침하는 주장이 성선설이고 그러한 선한 성에서 측은지심 등의 4가지 단서, 즉 사단四端이 나오고 거기서 인의예지와 같은 사덕四德이 나왔다. 이처럼 성선설은 예의 근본인 인을 외재적인 신이나 객관적인 제도가 아니라 인간의 본성에서 찾았다. 공자는 인을 극기克己와 복례復禮에서 찾았지만, 맹자는 기己의 본성인 기氣를 호연하게 보존하는 호연지기浩然之氣를 주장했다. 이는 뒤에 성리학의 이기론理氣論으로 발전했다.

맹자는 공자의 삼정三正을 확대해 오륜五倫, 즉 부자유친父子有親, 군신유의君臣有義, 부부유별夫婦有別, 장유유서長幼有序, 붕우유신朋友有信을 말했고, 군신 관계를 엄嚴에서 의로 바꾸었다. 이는 노예제에서 봉건제로 바뀌면서 신하의 힘臣權이 강화되었기 때문이다.

맹자의 권학

고자告者가 인간의 본성이란 상황에 따라 선으로도 악으로도 될 수 있을 뿐

미리 어느 하나의 방향으로 고정된 것이 아니라고 본 것에 비해, 맹자는 인간의 본성은 선한 방향으로 고정되어 있다고 보았다. 그러나 맹자가 성선설을 주장한 이유는 백성들이 왕도 정치를 지지한다는 논리를 성립시키기 위한 것에 불과했다. 인간의 본성론 자체가 공리공론이었다.

맹자가 주장한 폭군방벌론이나 역성혁명론은 천자가 포악한 경우 무력에 의한 왕조 교체를 긍정한 것이지만, 봉건제하에서 제후는 가문에 내려진 작위를 상속하는 것이므로 제후가 가문에서 쫓겨나면 제후의 자리도 상실한다는 것이었다. 맹자에게 천자란 천명을 받은 주권자인데, 천명을 받지 못하면 제후 자리에서 물러나야 한다고 주장한 것에 불과했다. 따라서 임금이 아무리 잘못해도 작위를 가지고 있는 한 그를 쫓아내는 것은 비례非禮이자 불인不仁으로 허용될 수 없다고 했다.

게다가 맹자는 폭군을 방벌할 수 있는 것은 인민이 아니라 귀족이라고 주장했고, 소인이나 사민은 정치를 논할 수도 없다고 했다. 따라서 맹자의 폭군방벌론은 묵자의 천자선출론에는 도저히 미치지 못하는 것이었다. 왕도 정치나 역성혁명은 묵가를 비롯해 고대 중국의 사상에서 일반적으로 승인된 것이지 맹자 특유의 사상이었던 것이 아니고, 게다가 묵자처럼 민주적인 것도 아니었다.

맹자의 인자무적仁者無敵이라는 말은 그의 인정론仁政論을 압축한 것이었다. 이는 군주를 어버이처럼 섬기는 인仁과 관리를 어른처럼 섬기는 의義의 정치를 말했다. 그리고 그 목표는 민에게 항산恒産을 주는 것이었다. 그러나 이는 농노가 굶어죽지 않을 정도로 아주 작은 은혜를 베푸는 것에 불과했다. 이러한 맹자의 위민제산론爲民制産論의 핵심은 정전제井田制와 조세 완화였다.

공자는 균분均分과 소국주의의 왕도를 지지하고 부국강병과 대국주의의 패도를 반대했다. 그런데 패도주의자들이 존왕尊王과 인정仁政을 주장하자 맹자는 왕도는 덕으로 인을 행하는 것이고, 패도는 힘으로 인을 가장하는 폭력 정치라고 비판했다. 반면 평등에 근거한 의정義政을 주장한 묵자는 불평등에 근거한 맹자의 인정이야말로 폭력 정치라고 비판했다.

맹자가 주장한 왕도 정치란, 국내에서는 가렴주구로 백성의 생활을 위협하지 않고, 국외에서는 침략 전쟁을 벌여 백성을 살육하지 않는 것을 뜻했다. 그러나 맹자의 반전론은 묵자와 달리 천하의 전쟁을 인정하고 인의상 전쟁을 비난한 것일 뿐 실천이 결여된 것이었다. 맹자는 묵자의 사상이 비현실적이라고 비판했으나 맹자의 주장도 비현실적인 것은 마찬가지였다. 가령 왕도 정치는 그의 사후 2,000년 이상 실현된 적이 한 번도 없었다. 실제의 정치는 법가에 의해 이루어졌다. 논리적으로도 문제가 많았다. 외부에서 강력한 군대가 침략하는 경우 방위할 수 있는 방법을 맹자는 언급하지 않았다.

순자의 권학

공자를 소크라테스, 맹자를 플라톤, 순자荀子를 아리스토텔레스에 비유하는 사람들이 있다. 공자, 맹자, 순자는 소크라테스, 플라톤, 아리스토텔레스처럼 직접적인 사제 관계도 아니고 나이 차도 훨씬 더 컸지만 정신적인 사제 관계인 것은 분명했다. 그러나 단순히 순자를 공맹의 후계자라고 볼 수는 없다. 전국시대 말에 순자는 주례보다 법을 강조하는 예법 유학을 주장했고, 순자의 제자 한비자韓非子는 더욱 나아가 유가망국론을 주장했으며, 그를 따르는 진시황은 유가를 탄압했기 때문이다.

순자는 유가 중에서 유일하게 유심론이 아니라 유물론을 주장한 사람으로 이해되어왔다. 그것은 '천인지분天人之分'(『순자』「천륜」)이라는 사상으로 나타났다. 하늘에는 하늘 독자의 항상성이 있고, 거기에 인간이 손을 내

밀어도 아무런 영향이 없다는 것이나. 따라서 결과가 길하고 흉하고는 하늘에 원인이 있는 것이 아니라, 하늘에 대한 인간의 대응이 좋았는지 나빴는지에 있다고 보았다. 그러므로 인간이 하늘의 운행에 잘 대응하면 반드시 좋은 결과를 얻을 수 있다고 했다. 이것이 순자가 생각한 하늘과 인간의 관계였다. 나아가 순자는, 인간은 하늘을 알 수 없으므로 알려고 할 필요가 없다고 주장했다.

순자의 이러한 천인의 구분은 유가의 천명사상이나 전통적인 귀신사상에 반하는 것이었다. 이는 사회의 변화가 하늘이 아닌 사람에게 달려 있다고 보는 것이기도 했다. 또 인간이 자연을 변화시킬 수도 있음을 인정했다. 순자를 아리스토텔레스에 비유하는 실질적인 이유의 하나는 두 사람이 모두 인간을 사회적 동물이라고 보았기 때문이다. 그는 사람은 무리를 짓고 짐승은 안 짓는人能群 彼不能群也(『순자』「왕제」) 점이 다르다고 했다. 여기서 무리란 사회조직을 말한다. 순자는 인간이 사회조직을 이루는 이유를 서로 다른 사회적 지위와 직분을 갖기 때문으로 보았다. 따라서 상하, 귀천, 존비의 구별이 필요하고 그 구별이 없으면 질서가 없어진다고 했다. 불평등한 신분제도의 유지야말로 가장 합리적인 사회라는 것이다.

공자가 지배자의 장식과 우미優美를 강조했듯이 순자도 군주와 귀족이 의복, 마차, 저택, 기물 등을 아름답게 장식하는 정책에 의해 신분의 차이를 명시함으로써 신분 차이를 넘으려고 하는 불순한 언동을 방지하고 사회질서를 유지할 수 있다고 주장했다. 즉, 서민에게는 장식 없이 살아야 한다는 통일된 가치 기준을 내릴 수 있다고 강조했다. 묵가 등이 그러한 정책은 자원을 고갈시킨다고 비판하자 순자는 자연은 인류 전체에게 충분한 부를 공급할 수 있다고 반박했다. 이러한 순자의 낙관주의는 '천인지분'에 근거한 것이었다.

순자는 자연론만이 아니라 인성론에서도 '천인지분'을 강조했다. 인성은 감성적 욕망으로 인간의 생리적 요구가 결정되는 것이고, 시각이나 청각처럼 천생의 것으로 배우지 않고도 깨달을 수 있는 것이지만, 예의나 도덕 등의 사회규범은 생리적인 것이 아니라 교육을 통해 체득하는 것이라고 보았다. 인성과 봉건적 예의가 반대니 인성을 개조하고 절제시켜야 한다는 것이고, 본성이 악하니 인위적으로 선을 이루어야 한다는 것이었다 人之性惡 其善者僞也(『순자』「성악」).

이것은 선험적 도덕론에 근거한 맹자의 성선설과 반하는, 성악설에 근거한 것이었다. 맹자는 도덕관념은 인간 선천의 것이므로 '생각하지 않고도 알 수 있다'는 양지良知와 '배우지 않고도 할 수 있다'는 양능良能이 인간을 선하게 만들어 성인이 될 수 있게 한다고 했지만, 순자는 도덕관념이 선천적인 것이 아니라 후천적인 학습에 의한 것이라고 보았다. 순자는 이처럼 교육을 중시한 점에서는 합리적이었지만, 인간을 천성적으로 악하다고 본 것은 인간의 사회적 본질을 왜곡한 추상적 인성론이었다.

성악설은 예치와 법치의 이론적 근거였다. 인성은 이기적이므로 제한을 가해야 사회질서가 유지된다고 보았다. 그래서 순자는 그가 말하는 예법禮法이니 예의법도禮儀法度니 하는 것처럼 예와 법을 통일적으로 보았고 이는 법가와 통했다. 따라서 순자는 겉으로는 유가지만 속으로는 법가였다. 그러나 봉건적 예의·도덕을 사용해야 인간의 선성善性을 배양시킬 수 있다는 점에서는 공자와 맹자, 순자와 한비자는 전혀 다르지 않았다. 게다가 성선설이든 성악설이든 그 인성이란 지배자의 것이지 피지배자의 것을 말하는 것이 아니었다.

한비자 역시 인간은 천성적으로 악하기 때문에 법치를 강화하고 통치자가 잔혹하게 진압해야만 난동을 방지할 수 있다고 보았다. 유가와 다른 점이라면 법을 통하는 것이 인의를 통한 견제보다 더욱 효과적이라고 본 점이었다. 그러나 한비자의 법가나 공맹의 유가는 지배자의 인성론과 통치론에서 차이가 날 뿐, 피지배자에 대한 통치의 측면에서는 무자비한 폭력의 법을 긍정한 점에서 동일했으니 별도로 고찰할 점이 없다. 그럼에도 한비자가 한국을 살린다는 식의 책이 유행하고 있으니 이 나라 권학의 뿌리는 참으로 깊다고 하지 않을 수 없다.

한비자와 함께 인기를 끄는 관중管仲도 마찬가지다. 관포지교管鮑之交로 유명한 그를 보통 최초의 법가 사상가로 본다. 그는 경제를 사회 발전의 요인으로 본 점에서 관념주의적인 유가와 구별되지만, 경제가 통치자의 총명에 좌우된다고 본 점에서 그 역시 천재론자였다.

순자의 권학 비판은 후한의 왕충王充을 비롯해 여러 사람으로 이어졌다. 왕충은 동중서의 천인감응론을 비판하고 공자의 우상화에도 반대하면서 공자의 학설도 비판할 수 있다고 주장했고, 실제로 비판했다. 공자는 관직을 탐내고 벼슬을 좋아했다는 것이다. 그래서 그는 후세에 성인을 비난하고 법을 무시한 유교의 죄인이라는 평가를 받았다. 특히 왕충은 "배우지 않고 스스로 알고, 묻지 않아도 스스로 깨우치는 것은 고금에 없다不學自知 不問自曉 古今行事 未知有也"(『논형』「실지」), "소위 성인이란 배워서 성인이 된 것이다所謂聖者 須學以聖"라고 해서 공자 이래의 천재설에 반대했다.

중국 역사상 가장 위대한 개혁가인 왕안석王安石도 권학을 비판했다. 그는 감각이 사상의 원천이고 학습을 통해 지식을 얻어야 한다고 주장했다. "제자백가의 저서를 전부 섭렵하고 농민과 직녀를 막론하고 물음을 청한다"라고 해서 인간의 지식과 재능이 후천적으로 얻어진다고 했다.

동중서의 권학

군현제의 진나라가 망하고 봉건제의 한나라가 등장하자 동중서에 의해 제자백가 중 유가만이 부활하고 유교로 변화되어 중국만이 아니라 동아시아

2,000년을 지배하는 유일 이데올로기가 되었다. 특히 20세기에 와서 중국이나 일본에서는 사라진 유교가 한국에서만은 여전히 존속하고 있다.

동중서는 기원전 약 179년에 태어나 104년에 죽었다. 공자가 기원전 551년에 태어나 479년에 죽었으니 공자보다 약 370년 뒤의 사람이다. 그는 유학을 유교로 만들었고, 그것을 다시 중국의 국교로 만들었다. 기독교가 기원후 392년에 로마의 국교가 된 것과 유사하다. 그러나 기독교가 권력과 결탁해 국교가 되었듯 유가도 법가와 결합해 외유내법外儒內法이라는 내용의 유교가 되었다. 유가와 법가는 별개가 아니라 하나로 결합된 것이다.

공자를 대표로 하는 '천명론'이라는 왕권신수설은 동중서에 의해 천인감응의 신학목적론으로 변했다. 동중서는 황제의 권력을 강화하기 위해 제자백가의 하나였던 유가를 유일한 종교인 유교로 만들었고 그것이 숭상하는 봉건 질서를 영구불변의 절대로 만들었다. 그 이론이 하늘의 절대화라는 형이상학이었는데 그 하늘이란 바로 황제였다. 이를 참위유학이라고 한다. 참위讖緯 또는 도참圖讖이란 내용이나 형식에 관계없이 미래에 일어날 일에 대한 예언 혹은 징조를 통칭하는 말이다. 조선의 유학이 바로 참위유학이었다.

동중서의 3강5상三綱五常 중 3강은 공자가 말한 부부별夫婦別, 부자친夫子親, 군신엄君臣嚴을 군위신강君爲臣綱, 부위자강父爲子綱, 부위부강夫爲婦綱으로 바꾸어 임금, 아버지, 남편이 신하, 자녀, 아내를 노예처럼 취급하도록 했다. 동중서는 3강을 천의 의지라고 하고, 천의 의지의 표현인 음양 사상에 근거해 3강의 주종관계는 절대로 역전될 수 없다고 주장했다. 통치 질서를 우주의 법칙으로 신성화 혹은 형이상학화한 것이다. 5상은 인의예지신이라는 윤리 도덕의 기본이었다.

또한 동중서의 인성삼품설은 차별의 극대화였다. 삼품설의 첫째는 정욕이 적어 가르치지 않아도 능히 선해진다는 성인의 인성이고, 둘째는 정욕이 많아 가르쳐도 악해지기만 하는 천민鬪䔮의 인성이고, 셋째는 정욕이 중간 정도여서 선해질 수도 악해질 수도 있지만 통치자의 가르침에 의해 선해질 수 있는 중민中民의 인성이었다. 동중서는 민이란 어리석은 존재로 통치자의 가르침에 의해 비로소 인간이 되지만 그것도 중민에 한정되며 천민은 그렇게 바뀔 가능성조차 없다고 보았다.

동중서와 같은 시대를 살았던 사마천司馬遷은 동중서의 하늘을 백성을 기만하는 독약이라고 비판하고, 동중서가 제자백가 중 유가만을 인정한 것에 반대했다. 사마천은 유가의 번거로운 논의와 제례작락制禮作樂을 부정하고 사회 발전의 원동력을 경제에서 찾았지만, 통치자의 선정에 기대고 군신부자의 예와 부부장유의 구별을 인정한 점에서는 그 시대적 한계를 벗어나지 못했다. 그래서 동중서 이후 유교가 2,000년 이상 동아시아의 사상을 독점했다. 그야말로 사상의 독재였다.

권학의 본질

권학의 본질은 천재 성인이라는 권력자에 대한 숭배다. 천재란 태어나면서부터 보통 사람과는 다른 뛰어난 재능을 갖는 사람을 말한다. 공자는 실천과 후천적 학습 없이 선천적으로 지식을 가진 사람을 천재, 즉 성인이라고 하며 인간 중에서 최상이라고 했다. 공자는 그 아래의 등급, 특히 그 마지막인 인민 또한 선천적으로 결정된 것으로 보았으며, 성인이란 영원히 어리석은 존재에 대응하는 영원히 총명한 지배계급을 뜻했다. 공자의 성인이란 바로 통치자로 그는 천명을 받들어 예악으로 통치하는 존재로서 그들의 독재를 타파하려고 하면 하늘을 거역하는 대역 죄인이 된다고 주장했다.

공자의 천재론은 맹자의 양지양능良知良能의 노심勞心 천재론으로 이어졌다. 군자나 대인은 노심자로 그들만이 인의 · 도덕을 이해하므로 통치할 수 있고, 반대로 야인이나 소인은 노력勞力자, 즉 노동자로서 그들은 지식과 도덕이 없어 감각적 욕망만을 추구하므로 통치자가 될 수 없다고 했다. 맹자는 통치자가 피통치자를 지배하고 피통치자가 통치자를 먹여 살림은 천하에 통용되는 원리라고 주장했다.

맹자의 천재론은 동중서에 의해 완성되었다. 그는 모든 것이 하늘의 의지에 따라 이루어지고 자연의 모든 만물이 하늘의 의지의 표현이고, 그 하늘의 뜻을 대표하는 자가 통치자인 황제이므로 신성불가침하다고 주장했다. 그에 의하면 성인만이 천명과 귀신을 알고 남이 보지 못하는 것을 보면서 천지天地에 명을 세우고 천의天意를 구현할 수 있다. 동중서는 공자를 하늘의 대변인이자 천재로 받들었다.

동중서의 한나라가 농민 봉기로 망한 뒤 세워진 삼국과 남북조시대에도 성인은 무정하고 사물의 간섭을 받지 않으며 배워서 가능한 것이 아니라는 등의 현학玄學에서 비롯된 여러 가지 천재론이 나타났다. 수나라가 망하고 당나라가 들어서자, 불교가 성행하면서 유교적 천재 대신 불교적 천재인 부처가 새롭게 대두해 피안의 세계에서 모두가 부처가 될 수 있다고 했다. 이는 과거에 지극히 어렵게 여겨진 성불 수행의 대중적 간편화였다.

송나라와 명나라에서도 공맹의 유학은 천재론을 중심으로 계승되었다. 공맹을 나란히 앉히고 우상으로 숭배한 것은 송나라의 이정二程과 주희 일파에 의한 것이었다. 주희는 삼강오륜을 천리, 즉 모든 인간에게 고유한 것이라 주장하고, "천리를 보존하고 인욕을 제거하라存天理去人欲"고 했다. 그리고 태어나면서부터 총명하고 청명한 기를 가지며 물욕이 없는 천재 성인만이 천리를 올바로 인식하고 마음의 이치理를 충분히 발휘할 수 있다고 했다. 반면 노동 인민은 어리석고 혼탁한 기를 가졌고 물욕이 있어서 천재 성인의 지배를 받아야 한다고 주장했다.

권학에서 해방된 민학을 위해

유학과 유교의 결정판인 성리학이 대한민국의 국기인 태극기의 기원이다. 태극이란 말은 북송北宋의 유학자 주돈이周敦頤가 『태극도설』이라는 책에서, 태극이 음양을 낳고 음양에서 오행이 나오고 오행에서 만물이 빚어진다고 본 것에서 나온다. 그런 태극을 우리의 국기, 나라의 상징으로 삼다니 도대체 어떻게 된 것인가? 초등학교 1학년 『바른생활』 교과서는 태극을 "모든 것들이 서로 어울려 평화롭게 살아간다는 뜻"이라고 하고, 3학년 사회 교과서에는 태극을 "세상 모든 것이 창조되는 모양으로 우리 민족의 창조성", 사괘는 "우주의 모습"을 상징한다고 하고 있다. 그러나 나도 이해하기 어려운 그런 말을 초등학생들이 제대로 이해할까? 아니 한국인 누가 제대로 이해할까?

유교를 비롯한 전통문화를 현대적으로 해석해 되살리려고 하는 노력 자체를 부정할 생각은 없지만, 이미 2,000년 전에 중국의 왕충이 유교의 "선생만 믿고 옛것만 옳다고 하기를 좋아하는好信師而是古" 기풍이 '기괴한 말'이나 '허황된 글'을 유행시키는 원인이라고 한 것을 우리는 전혀 고치지 못하고 있다. 게다가 미국에서 유행한 마이클 샌델 등과 같은 외국 학자의 견해를 아전인수격으로 유교의 정당화에 덧붙이는 일까지 벌어지고 있다.

유교는 19세기 말까지 지배계층의 것이지 피지배계층과는 무관했으니 지배층의 것이었음이 분명하다. 그러니 처음부터 권학이었지 민학이 아니었다. 17세기 이후부터 유가는 피지배계층에도 파급되었지만 피지배계층 스스로 수용한 것이 아니라 지배층에 의해 강요된 것이었다. 중국은 물론 한반도나 일본이나 베트남도 대체로 마찬가지였다. 특히 조선에서는 제사 등을 통해 민중 일반에 파급되었다. 일제강점기에도 유가는 일제의 정신적 지주였고 학교 교육을 통해 인의와 충효가 사상을 지배했다.

2,000년 이상 세뇌된 유가의 사상은 사실상 무無사상의 풍토를 불러왔다. 유가에 사상이라는 것이 있는지 의문이다. 지금까지도 학교 교육은 공자의 사상이라는 것을 무한한 감동과 함께 전수하고 있다. 어려서부터 사람들은 그러한 세뇌에 습관적으로 익숙해져왔다. 특히 제사를 소홀히 하고 나라님에 충성하지 않으며 부모에게 효도하지 않으면 조상귀신이 저주를 내린다는 미신이 범국가적으로 사람들을 위협해왔다. 마루야마 마사오丸山眞男라는 일본 학자가 일본 정치를 '무책임주의'라고 한 말을 빌려와 한국 정치도 그렇다고 보는 사람이 있다. 그러나 나는 일본보다 유교의 영향이 더욱 강한 한반도가 정치나 학문에서 유교적인 권력주의가 뿌리 깊다고 생각한다.

유가가 독점적인 권력학문이자 권력종교가 되는 것은 공자에서 시작되었고, 맹자를 거쳐 동중서에 의해서 확립되었다. 미셸 푸코Michel Foucault는 '지식은 권력적'이라고 했지만, 동아시아의 전통에서 유가와 유학은 권력 자체였다. 유가나 유학이 제대로 된 역할을 하려면 그러한 권력성에서 탈피해야 한다. 국가나 종교에서 탈피해야 한다. 그리하여 민학적인 인문학의 풍토를 만들어야 한다. 인문학은 인민학이자 인간학이 되어야 한다.

제13장

첫 민학

민학과 권학

민학民學이란 말은 국어사전에도 나오지 않는 내가 만든 조어다. 영어로 굳이 바꾸자면 People's Science다. 영어까지 조어로 만들어본다면 Peoplogy다. 이는 역시 내가 만든 조어인 권학(영어식 조어로 만들어본다면 Powerlogy), 즉 관학이나 국학에 대립되는 말이다. 비슷한 말로 인민학, 인문학, 인간학이나 준말로 인학人學을 들 수 있다. 인문학이나 인간학이라는 말은 있지만 인민학이라는 말은 없다. 인간학도 일반적으로 사용하는 말은 아니다. 국어사전에서는 영어로 Anthropology라고 하는데 이는 인간학이 아니라 인류학으로 번역된다. 그러나 내용은 불명하다.

인문학은 자연과학에 대응하는 인문과학의 준말로 사용하기도 하고 그런 인문과학 중에서 사회과학에 대응하는 말로도 사용한다. 그러나 인문은 인간-인민의 문화 전반을 말한다. 인간은 개인, 인민은 집단으로 구분된다. 얼핏 보면 인문학은 개인, 사회과학은 집단을 다루는 듯하지만 반드시 그렇지는 않고 그럴 수도 없다. 흔히 문학이나 철학은 개인을, 정치학이나 경제학이나 사회학은 집단을 다룬다고 하지만, 어느 학문에서나 집단을 구성하는 개인 또는 개인으로 구성되는 집단을 무시할 수는 없다. 따라서 인문과학과 사회과학의 구분은 모호할 수밖에 없다.

반면 자연과학은 둘과 더욱 확실하게 구분되는 듯하지만, 어느 것이든 소수 천재에 의한 것이 아니라 전체 인민에 의한 것이라고 보는 한 인민학이라는 개념으로 묶을 수 있다(이를 민중학이라고 하지 않는 것은 민중이란 전체 인민이 아니라 피지배 집단을 중심으로 다수 인민을 말하는 경향이 있기 때문이다). 인문과학이나 사회과학은 물론 자연과학도 전체 인민을 중시할 필요가 있다.

지금까지 세 과학은 모두 소수의 영웅이나 천재에 의해 전개되었다고 여겨왔지만, 사실은 소수 천재를 포함한 전체 인민에 의해 전개되었다고 보는 것이 옳다. 그렇게 보는 새로운 관점의 학문을 나는 인민학, 줄여서 민학이라고 부른다. 그것은 민에 의한, 민을 위한, 민의 학문이다. 학문의 민주주의를 전제로 하는 것이다.

민학이란 말은 없지만 민예니 민속이니 민요니 민화니 하는 말은 있다. 관이나 권이 아닌 민의 예술, 풍속, 노래, 그림은 있어도 민의 학문은 없다. 그러나 민중 차원의 북학(중국 남북조 때의 남북학 중 북학이 아니라 18세기 조선의 실학을 말한다)이니 동학이니 서학이니 하듯이 모두를 포괄하는 민학을 인정하지 못할 이유는 없다. 서민이나 민중 차원의 학문이면 모두 민학이 될 수 있다. 가령 민중사People's History 같은 것이다. 이를 국사에 대응하는 민사民史라고 할 수도 있다. 부처의 불교도, 묵자의 묵학도 당연히 포함된다. 시대순으로 보면 중국에서는 묵학이 불교에 앞섰으니 최초의 민학인 셈이다. 특히 동이족이었을지도 모르는 묵자의 묵학은 한반도 최초의 학문이자 민학이라고 볼 수도 있다. 묵학의 겸애는 단군신화의 홍익인간과 통한다. 홍익인간이라는 말의 내용이 빈약하다면 묵학과 불교 등을 통해 보완할 수 있다.

민학은 인문 이야기의 가장 중요한 영역이다. 인문 이야기의 핵심은 권학이 아니라 민학이다. 권학이 불필요하다거나 권학을 부정하거나 무조건 악이라고 비난할 생각은 없지만, 객관적인 정치학이거나 리더십 연구가 아니라 권력에 아부하거나 봉사하는 어용의 관제 학문은 학문이라고 할 수 없다. 따라서 권학이라는 말은 사실 말 자체가 모순이다. 그렇다고 유학을 학문이 아니라고 할 수 없으니 어쩔 수 없이 권학이라고 하는 것이다.

민학의 전통

중국에서 민학은 묵자에 의해 시작되었으나, 공맹의 권학인 유가에 대항하는 민학인 도가는 노장에 의해 시작되었다. 노장을 무위자연無爲自然, 즉 "꾸밈없이 있는 그대로 살라"라고 주장한 도가 사상가라고 해서 함께 이해하는 것이 보통이지만, 최근 두 사람을 떼어내 노자는 국가주의자나 파시스트, 장자는 유머리스트나 아나키스트라는 철저한 구분을 비롯해 노장의 해석을 둘러싼 다양한 논쟁이 유행하고 있다.

하지만 나는 그런 해석에 관심이 없다. 유머를 즐기거나 무정부적으로 행복해지기 위해 어려운 『장자』를 읽을 생각이 추호도 없기 때문이다. 제자백가 중에서 묵가 외에 살펴볼 만한 사람이 사실 나에게는 없다. 『노자』가 『성경』 다음으로 전 세계에서 많이 읽혔다는 이야기도 있지만 근거는 없다. 노자를 소위 힐링이나 행복 전도사쯤으로 여기는 사람들에게도 관심이 없다. 마음공부만으로 세상살이가 좋아진다는 이야기도 믿을 수 없다.

물론 중국에서는 그럴 수도 있을지 모르겠다. 한나라에서 유교가 국교가 되었던 것처럼 당나라에서 도교는 국교가 된 뒤 송나라에서도 유교를 압도했기 때문이다. 반면 한반도에서는 삼국시대부터 고려시대까지 불교가 국교였다. 한반도에서도 도교의 영향은 강했지만 중국만큼은 아니었다. 그래서 중국인은 한국인에 비해 공맹보다 노장에 가깝다. 즉, 유교보다 도교에 가깝다.

중국의 고대 문화는 북방과 남방이 서로 다르다. 북방은 천신 강하天神降下 신화를 기본으로 하는 인격신 천신天神 문화이고, 남방은 난생卵生 신화를 중심으로 한 범신론적 용신龍神 문화다. 유가는 북방, 도가는 남방이니 한반도는 도가보다는 유가에 가까운지도 모른다. 그러나 한반도는 본래 난생 신화의 남방계였다가 기원전 10세기경 알타이어계 북방계의 지배를 받았다. 따라서 남북계 문화의 혼합계라고 할 수 있다. 불교와 함께 도교도 고대 한반도에 널리 퍼졌다.

중국 역사에서 유가를 따르는 사람이 도가를 따르는 사람보다 많은 것은 사실이지만, 순수한 유가라고 할 수 있는 사람은 실제로 많지 않았다. 대부분의 사람들, 특히 피지배계층에게는 노장이 흥미로웠다. 시대별로도 통일시대가 아니면 유가보다 도가가 성행했다. 춘추전국시대도 그렇지만 진과 한이 끝난 뒤 수와 당이 등장하기 전까지의 분열기인 위진 남북조(221~589)에서 특히 노장이 성행했다. 그 시대는 다양성 속의 통일성이라는 르네상스적 분위기가 흘러넘쳤다. 그 뒤에 등장하는 도연명과 이백 같은 대시인이나 현학玄學과 선종禪宗 등도 노장의 영향을 많이 받았다.

한반도에도 노장의 영향이 없었던 것은 아니지만 중국에 비할 바가 아니었다. 고려 때까지는 그나마 어느 정도 영향이 있었지만 조선에서는 어느 때보다 학문이 경직되었고, 유교만이 강요되었기 때문이다. 그나마 조선 전기에 세종, 세조, 성종은 노장을 장려해 유교의 압도하에서도 어느 정도의 생명력을 유지했지만 후기에 와서는 유교 일색으로 변했다.

그런 탓인지 한반도에서는 흔히 유불선이라고 하지 유불도라고는 하지 않는다. 신선 사상을 말하는 선은 단군을 선인, 화랑도를 국선이라고 하는 것으로도 이어졌는데 여기서 선이란 중국의 신선처럼 탈속적이기도 하지만 동시에 집단 윤리와 관련된 성속聖俗 통합적 성격을 지니는 것이었다. 이러한 한반도의 선은 중국의 도교와 다른 한반도 고유의 것이었지만 노장과 전혀 무관하다고는 할 수 없다.

노자는 파시스트인가?

루쉰은 중국 봉건 문화의 기본이 도교이고 그것이 중국인의 소극성, 보수성, 초연적 심리를 조장했다고 비판했다. 특히 노장의 상대주의가 주요인이라고 보았다. 동시에 도교의 반反유교, 즉 인의·도덕에 대한 풍자와 권세명리權勢名利에 대한 경시, 사회에 대한 반역 정신, 용속庸俗한 모리배에 대한 조소, 자유로운 인생의 추구, 인간과 자연의 합일, 고독한 기질은 찬양했다.

나는 루쉰의 이러한 비판에 동의하지만 노자가 강제적인 통치술을 권유한 것을 비판한다. 가령 "항상 백성이 알게 하거나 욕심을 갖게 해서는 안 된다"(『도덕경』 3장), "약하게 하려면 반드시 먼저 강하게 해주어야 한다. 없애려면 반드시 먼저 높여야만 한다. 뺏으려면 반드시 먼저 주어야 한다"(36장), "옛날에 도를 실천하는 데 뛰어난 자는 그 도로써 백성을 똑똑하게 만든 것이 아니라 오히려 어리석게 만들었다"(65장), "백성이 죽음을 두려워하지 않는다면 어떻게 죽음으로써 그들을 두렵게 하겠는가? 백성이 항상 죽음을 두려워하면 반란을 일으킨 자를 내가 잡아 죽일 것이니 누가 감히 그런 짓을 하겠는가?"(74장)라는 등 백성을 무시한 점에서는 노자도 공맹 못지않았다.

흔히 노자의 유토피아라고 하는 소국과민小國寡民이라는 것도 이런 민중 무시의 전제하에서 본다. 강신주에 의하면 『도덕경』 80장에서 능력 있는 사람을 등용하지 말고, 민중이 죽음을 무겁게 여기고 거주지를 옮기지 않도록 하며, 문자를 사용하지 않도록 하라고 한 것은 자율적인 피통치자들의 자치가 아니라 통치자가 폐쇄와 단절을 강제한 국가로 볼 수 있다. 이는 세수稅收나 무력의 원천이 농민이므로 그들의 이농 현상을 막고, 통치 행위의 효율을 위해 소규모 조직으로 만들고자 한 것이지 농민들의 소규모 자치 사회를 꿈꾼 것이 아니었다는 것이다.

그러나 노자는 그런 국가를 강요할 수 있는 권력자가 아니라 민중의 일원으로서 그런 국가에 살고 싶어 했을 뿐이다. 게다가 여기서 국가라고 하는 것은 지금 우리가 말하는 국가와는 상당히 다른 2,500년 전 중국의 제후국인 소국들이다. 제후들에게 나라를 더욱 작게 하고 백성을 적게 하라고 희망한 것이다. 왜냐하면 당대의 제후들이 모두 끊임없는 전쟁을 통해 소국과민에 반하는 대국중민大國衆民을 추구했기 때문이다. 문자는 한자를 말하는 것으로 그것을 익히는 것이 인민에게 반드시 필요한 일이었는지는 의문이다. 또한 농경 사회에서 이사를 한다는 것은 농사를 짓지 못할 정도의 사정이 있을 때뿐이었다.

『도덕경』 80장을 다시 읽어보면 능력 있는 사람을 등용하지 말라고 한 것은 아니고, 인민이 편리한 도구나 수레와 배, 갑옷과 병기, 문자를 사용하지 않고, 이사를 하지 않을 정도로 단순하게 살 수 있도록 하라는 무위자연을 말하고 있을 뿐이다. 이런 측면에서 앞에서 인용한 구절을 다시 음미해보면 역시 무위자연을 강조한 것이지 파시즘의 요소가 있다고는 보기 어렵다. 『도덕경』 80장은 소박한 원시공동체 사회를 꿈꾸는 이상주의의 산물이고 따라서 비현실적인 몽상이라는 비판을 받아왔다.

특히 중국의 사회주의자들은 노자가 역사 발전의 요구를 등지고 새로운 생산력과 생산관계에 반대하면서 먼 과거의 진부한 생산 방식과 폐쇄

적이고 낙후된 사회 상태로 돌아가고자 한 망상이라고 비판했다. 그러나 그런 사회주의자들의 역사관은 서양 자본주의자의 주장과 다르지 않은 것이고, 다르다면 자본주의에 이어 사회주의가 도래한다고 본 것에 불과했다. 즉, 노자가 반대한 대국중민의 입장이었다. 노자의 반문명주의는 강대국가를 지양하고 소규모 지역 생활공동체를 지향한 것이었다. 노자의 소규모 지역 생활공동체는 중국의 가장 원초적인 사회였다. 그것이 자유·자치·자연의 공동체로 충분히 묘사되지는 못했지만, 노자가 묘사한 정도로도 어느 정도 짐작할 수 있다.

노자는 "인민에게 편리한 도구가 많아지면 나라는 혼란해지며, 지배자가 기술을 자랑하면 기이한 물건들이 쏟아지고, 법령이 많아지면 도둑이 많아진다"(57장)고 했다. 또 "조정은 인민을 심히 닦달하니 농토는 황폐하고 창고는 비었다. 의복은 수를 놓고, 허리에는 날카로운 칼을 차고, 실컷 먹고 마시고 재화는 남아돈다면, 이를 일러 도둑의 사치라고 하니 도가 아니지 않는가?"(53장)라고 하며 지배자들의 사치를 비판했다. 이는 사회적 계급과 부의 소비량이 정비례해야 한다고 주장한 유가와 그것을 정당화한 지배층의 사치를 지적한 것이었다. 노자는 그러한 사치가 인민의 부를 착취하며 인간 본래의 모습에서 벗어난 것이라고 비판했다.

유가 천재론에 대한 노자의 반발

노자가 누구인지는 불명하다. 사마천의 『사기』에도 세 사람의 노자가 소개되어 있다. 묵자나 공자나 맹자와 달리 노자는 한 사람의 이름이 아니라고 함이 보통이다. 노담老耼이라는 사람의 별칭이라고 하여 그의 평전이 우리말로 소개되기도 했지만 정말 그런 사람이 있었는지는 알 수 없다.

노자라는 개인이 지었다기보다 민중의 공동 저작이라고 보는 『도덕경』에는 두 종류가 있다. 비단에 쓴 백서帛書와 대나무 조각에 새긴 죽간본竹簡本이다. 전자는 81장이고 후자는 36장이다. 36장이 공통이지만 중요한 부분은 다르다. 특히 유가의 인례仁禮에 대한 태도가 다르다. 전자는 인례에 반하는 민중주의에 서지만 후자는 그렇지 않기 때문이다. 2,000년 이상 『도덕경』의 정본으로 여겨져 온 것은 전자다. 나도 그 책을 대본으로 삼도록 하겠다.

노자 사상은 유가에서 말하는 주재신이나 천재 성왕이 있다면 아수라장인 세상이 있을 리 없다는 이유에서 그것들을 인정하지 않고, 진리와 가치의 최고 담보자로 자연을 대체하는 점에서 유가보다 훨씬 합리적이다. 자연은 국가 제도를 부정하는 '무위'이고 인의 도덕을 부정하는 '무명'이다. '무위'와 '무명'은 각각 공자의 '왕도'와 '명분'의 반대다. 또 노자는 공자의 인의를 '거짓된 노예 도덕'으로 거부한다. 기존 도덕 질서를 전면으로 부정하는 노자 사상은 모태의 평화를 소망해 자연의 신비한 생식 현상에 주목하는 점에서 현대적이다.

노자는 통치자에게도 지智로 나라를 다스리지 말고 무사無事로 천하를 얻을 것을 권유했다. 또 "정치가 느슨해지면 백성은 순박해지고, 정치가 꼼꼼하면 백성은 피할 구멍을 찾는다"(58장)고 했다. 그래서 노자는 "똑똑하다는 자를 숭상하지 말아야 인민이 다투지 않고", "지혜로움을 자랑하지 않는 자에게는 무엇을 감히 해보겠다는 욕심을 감히 부리지 못하게 한다"(3장)고 했다.

또 "성왕을 없애고 지자智者를 버려라, 민중의 이로움이 백배가 되고, 공자의 인의를 끊어야 백성이 다시 효도와 인자함을 회복할 것이다. 공교함을 끊고 이익을 버려야 도적이 사라지게 된다", "사사로운 욕망을 줄이고 덜어내라"(19장), "학문을 끊어버리면 근심이 없어진다"(20장)고 했다.

노자는 유가의 인의나 지혜나 효자孝慈에도 반대했다. "대도가 없어지면 인의기 생기고, 지혜가 나오면 거짓이 생긴다. 가족이 화목하지 못하면 효자가 생기고, 나라가 혼란하면 충신이 생긴다."(18장) 노자는 유가의 천명이나 선왕과 귀신의 권위도 부정했다. 『도덕경』에는 유가가 흔히 말하는 상제上帝나 문무, 요순 등의 선왕이 나오지 않는다. 또 "도로 천하를 다스리면 귀신도 조화를 부리지 못하고", "귀신도 사람을 상하지 못하고", "성인도 사람을 상하지 못한다"(60장)라고 해서 귀신이나 성인의 존재를 부정하지는 않았지만 도로 다스리는 한 사람을 상하게 하지는 못한다고 했다.

한편 노자는 성인을 유가와 달리 "문밖에 나서보지도 않고 천하를 알고, 창문 밖으로 엿보지 않고도 천도를 아는"(47장) 무위의 존재로 본다. 노자의 무위자연은 인간의 사회적 활동인 유위有爲를 부정하고 반대하는 소극적 숙명론이다. 그것이 노자의 도다. "나는 누구의 자식인지 모르지만, 아마도 천제가 나타나기 이전의 조상이리라."(4장) 그는 "천하 만물은 유에서 생기고 유는 무에서 생긴다"(40장)라며 무를 만물의 최초 근원이라고 했는데 이는 무가 도임을 뜻한다. 도는 만물에 우선해 만물을 낳는 근원이라고 했다. "도는 하나를, 하나는 둘을, 둘은 셋을, 셋은 만물을 낳는다"(43장), "도는 생성하고, 덕은 양육하며, 만물은 형성되고, 형세는 성취한다."(51장) 그 밖에도 노자는 도에 대해 많은 말을 하지만 대부분 이해하기 어렵고 황당무계하다. 자신의 추상적 사고에 의해 말하는 형이상학적 허구이기 때문이다. 그것이 유가의 상제 창세설과는 다르지만 허구적이라는 점에서는 다름이 없다. 여하튼 무위에 이르기 위해 노자는 학문을 멀리하고 도를 행하며 줄이라고 충고한다(48장).

나는 여러 사람의 노자 읽기와 번역에 문제가 많다고 했지만, 특히 왕필王弼을 비롯한 전통적인 주류 담론은 노자의 민중적 요소를 제거하고 친유가적인 허무주의자로 만들었다. 『도덕경』 19장 "절성기지 민리백배 절

인기의 민복효자絶聖棄智 民利百倍 絶仁棄義 民復孝慈의 첫 구절과 셋째 구절을 김용옥은 "성스러움을 끊어라, 슬기로움을 버려라, 인자함을 끊어라, 의로움을 버려라"라고 해석한다. 반면 기세춘은 "성왕을 없애고 지자를 버려라, 공자의 인의를 끊어라"라고 해석한다. 해석에 문제가 없는 둘째와 넷째 구절 "민중의 이로움이 백배할 것이다, 백성이 효자로 돌아올 것이다"와 더해 읽으면 김용옥의 해석은 무슨 말인지 알기 어렵다. 기세춘처럼 번역해야 뜻이 통한다.

또 김용옥 등의 주류는 노장의 '무위'와 '무명'을 공맹의 '복례'와 '정명'에 반대되는 것이 아니라 같은 것이라고 잘못 해석한다. 나아가 공맹의 도덕과 노장의 도덕은 명칭이 같다며 실재도 같이 본다. 그 결과 도덕과 인의가 같다고 한다. 노자의 3덕인 자애, 검박儉朴, 불위선不爲先(남보다 앞서지 않는다)은 자연의 특성인 '무위'와 생명의 특징인 '유약'을 구체화한 것으로 '불위선'과 '검박'은 자연의 삶이고 '자애'는 생명의 삶이다. 반면 공맹의 인의와 예악은 노장의 도덕인 천도天道에 반한다.

장자는 아나키스트인가?

노자를 파시스트라고 보면서 장자를 그 반대인 아나키스트로 보는 견해가 있지만 과연 그럴까? 『도덕경』이 『장자』보다 먼저 나온 책이 아니라는 견해도 있지만, 『도덕경』이 『장자』 앞에 나왔고 후자가 전자를 이었다고 보는 견해가 일반적이다. 노자의 존재 여부에 대해서는 여러 논의가 있지만 장자는 맹자와 같은 시대에 낮은 벼슬살이로 평생 빈곤하게 살았다는 정도는 알려져 있다. 『장자』는 내편 7, 외편 15, 잡편 11로 구성되어 33편이 전해지는데, 내편만이 장자의 저작이고 나머지는 후학이 만든 것이라고 한다.

『사기』에는 장사가 세상의 제의를 거부한 이야기기 나온다. "나를 더 럽히지 말게! 나는 도리어 더러운 시궁창에서 유유히 놀고 싶다네." 이를 두고 사회주의자들이 장자를 도피주의자 또는 허무주의자였다고 본 것은 잘못이었다. 그러나 장자는 혁명주의자는커녕 개혁주의자도 아니었다. 당 대의 국가 제도와 계급 억압을 합리적인 것으로 생각했다. "옳고 그름을 따지지 말고 세속에 처하라."(『장자』「양생주」), "자식이 어버이를 사랑함은 명命이니 언제나 마음에서 사랑함이 떠나서는 안 되고, 신하가 임금을 섬 기는 것은 의義이니 어디를 가나 그 임금을 모셔야 한다."(『장자』「인간세」)

장자가 말하는 도라는 것도 난해하기는 노자와 마찬가지다. 도는 "육 체를 버리고 총기를 제거하며, 형체를 떠나고 지혜를 버린"(『장자』「대종사」) 상태에서 얻을 수 있다고 말한 것도 노자와 크게 다르지 않았다. 그러나 만 물의 근원인 도의 입장에서 보면, 모든 구별과 변화는 환상적인 물화物化에 불과하다고 본 점에서 노자와 달랐다. 노자는 만물에 변함없는 질서와 규 율이 있다고 했기 때문이다. 따라서 장자는 「소요유」에서 자기 머릿속의 환상에서 모든 자연적이고 사회적인 법칙의 제한을 초월하고, 물아物我의 대립을 소멸해 소위 무대無待에 도달한다고 했다. 무대란 '기대는 바가 없 다'는 뜻이다. 어떤 조건에도 의지하지 않는 자유로운 생활을 뜻한다.

장자는 절대적 자유에 도달하려면 모든 외부 조건의 속박을 해소시킬 뿐 아니라 자신의 육체적 속박에서도 벗어나야 한다고 했다. 부자유의 근 본적인 원인은 사사로움有己 때문이라고 했다. 그래서 그는 이상적인 절대 자유의 인간을 "지인은 아집이 없고, 신인은 내세울 공이 없으며, 성인은 자타가 부를 이름이 없다"(『장자』「소요유」)고 했다. 구체적으로 그는 지체 부자유자 등의 정신이 가장 완전하다고 했다.

나아가 장자는 현실에서 부자유를 느끼는 원인을 생사, 수요, 귀천, 빈 부, 득실, 영욕 등이라고 보았다. 생사나 수요 같은 것은 전적으로 '천명'이 결정하는 것이므로 인간으로서는 어떻게 해볼 수 없고, 고려할 필요도 없다고 했다. 귀천이나 빈천의 원인도 알 수 없으므로 추구할 필요가 없고, 득실과 영욕도 마음먹기에 따라 없어지는 것이니 장애가 될 수 없다고 보았다. 이를 그는 좌망坐忘, 즉 철저하게 잊음이라고 했다.

장자는 지식을 반대했을 뿐 아니라 자연을 개혁하는 것도 반대했다. 그래서 자연 환경과의 조화를 가르쳤다고 평가된다. 장자를 비롯한 도가에 의하면 인간 사회는 자연계에 포섭된 하찮은 존재에 불과하고, 인간은 자신을 둘러싼 자연에 따라 살아야 한다고 했다. 이는 유가가 순자처럼 자연과 인간은 구분된다고 본 낙관론이나 무관심과는 확연히 다른 것이었다. 도가에 의하면 인간은 무한한 욕망의 충족을 위해 자연에 없는 문명을 발달시켜 자연을 파괴했다. 특히 효율이 우선이라는 생각에서 발명된 기계가 편의를 제공하지만, 그것은 불편을 참아야 비로소 실감할 수 있는 노동과 삶의 의미를 잊게 한다고 비판했다. 도가는 인간에 의해 자연 질서의 파괴가 포식에 의한 수렵에 그치지 않고, 야생 동물의 가축화에 의한 노동력 착취로 나아가는 점도 비판했다.

장자의 유토피아

장자는 자신의 유토피아를 다음과 같이 묘사한다. "인민에게는 영원한 성품이 있다. 베를 짜서 입고 밭을 갈아 먹는 것을 대동의 덕이라고 한다. 평등한 공동체가 되는 것이 자연의 해방이다", "어찌 군주와 소인의 차별을 알겠는가? 똑같이 무지했으니 그 덕을 잃지 않았고, 똑같이 무욕했으니 소박했으며, 소박하니 인민은 본성을 지녔다."(『장자』,「마제」)

그러나 유가에서 말하는 성인이 나타나 유토피아는 파괴되었다고 장자는 주장한다. "성인이 나타나 억지로 인의를 만들어 천하에 의혹이 시작되었다."(『장자』「마제」) 유가의 등장은 동시에 문명의 등장이다. 문명사회가 되자 사람들은 사회에 통용되는 가치 기준에 비추어 타인과 경쟁하고 사회에서 조금이라도 상위 자리에 오르고자 한다. 가령 서민은 돈벌이에 인생을 걸고 부자가 되어 다른 사람들에게 자랑하고 싶어 한다. 그런 사람들은 인간에게 포획당한 야생마처럼, 갖고 있는 능력 이상을 내도록 강요당해 자기를 상실하게 된다. 이처럼 장자는 인간의 가능성을 과신해 문명을 고도화하는 행위를 비판하고 강력한 가치관의 전환을 촉구했다.

나아가 문명이 발달한 결과 인류는 대량의 광산을 발굴하고 삼림을 벌채해 청동기와 철기를 생산했다. 그 과정에서 매연이 하늘을 덮고 해와 달의 빛을 가렸으며, 산에 있는 나무는 모두 베어져 불탔고, 하천과 호수는 치수를 위해 개조되었다. 그 결과 산과 강이 황폐하고 기후의 조화가 상실되어 사계절의 변화가 어지러워졌다. 그리고 곤충류까지 본성을 잃고 기형으로 변했다. 장자가 묘사한 기원전 4~3세기의 세계는 21세기와 흡사하다. 그 점에서 장자의 현대성을 충분히 인정할 수 있다.

그러나 동시에 장자는 구차하고 비겁하며 약삭빠른 지식인이 아닌가 하는 의문도 있다. 현대 중국의 노장 철학 연구가인 뭐위밍駱玉明은 중국 지식인의 구차하고 비겁하고 약삭빠른 품성은 『장자』와 큰 관련이 있다고 했다. 그리고 『장자』가 사람을 기만적이고 의기소침하게 만들며 군건히 지켜야 할 인생의 목표를 잃게 한다는 점을 루쉰이 알았기에 『장자』를 청년에게 권하는 사람을 비난했다고 한다. 루쉰이 소승불교에는 찬성하면서도, 대단히 고매한 것으로 보이지만 실제로는 허무로 이끄는 대승불교를 비판한 것도 마찬가지라고 한다.

『장자』에서는 유가가 주장하는 '성인의 지혜와 인의'란 백성들을 쥐어짜는 도구이고, 도덕군자라는 유자들은 모두 통치자의 졸개이거나 아첨꾼으로 비판되었다. 그러나 소동파를 비롯해 완적, 도연명, 이백, 소식, 공자진 등 『장자』를 신봉한 지식인은 대부분 황제를 위해 충성했다. 그 이유는 장자가 현실을 비판하기는 했지만 현실은 언제까지나 그렇다고 하면서 개혁하려고 하지는 않았기 때문이다. 장자의 자유란 개인의 정신적인 자유이지 실천적인 자유가 아니므로 현실에 아무런 해가 되지 않았다. 나아가 정신적 자유란 결국 환상 속에서 소요하며 현실을 잊는 것이므로 당연히 순응이라는 처세와 결부되었다.

도연명을 비롯한 그들을 현대적인 생태주의자의 선구로 보는 견해가 한국에서 한 진보주의자에 의해 제시된 적이 있다. 그러나 그들이 노래한 자연은 벼슬을 하다가 낙향해서 임금을 그리워하며 부른 것에 불과했다. 조선의 정철이나 윤선도의 자연 노래도 마찬가지다. 생태주의자가 반드시 자연 속에서 노동을 할 필요는 없을지도 모르지만, 도연명도 정철도 농사를 짓기는커녕 귀향처의 농민들을 부리며 귀족처럼 살았다. 정약용도 예외는 아니었다. 반체제주의자라고 하는 허균과 김시습도 마찬가지였다. 허균은 평생 벼슬을 하면서 노비인 관기들과 놀아났고, 김시습도 방랑을 하며 노래를 지었지 농사는 짓지 않았다.

그런 자들을 자신들의 생태주의 인문학의 선배로 추앙하는 자들 역시 서울에서 고상한 생태 철학을 논할 뿐이지 시골에서 농사를 짓지는 않는다. 그들은 왜 시골에서 살지 않을까? 시골에서 농사를 지어야 할 사람은 자기들보다 못한 사람들이고 자신들은 머리도 좋고 글도 잘 쓰니 남의 나라 학자들 글도 번역하고 그와 비슷한 글도 써야 한다고 생각하는 것일까? 그들은 차별주의자들이었던 과거의 사대부나 선비와 조금도 다르지 않다.

한반도의 전통 민학

노장은 죽음을 평정하게 받아들이거나 무관심하라고 말했지만, 마술적인 도교 신자들은 영원한 삶을 얻기 위한 영약靈藥의 발견에 빠졌음을 고려하면 도가와 도교의 차이는 분명해진다. 도가의 참된 후계자는 도교가 아니라 도가와 불교의 융합인 선불교라는 주장도 있다. 특히 한반도의 도교는 도가와는 거의 무관한 듯하다. 흔히들 '유불도' 삼교가 아니라 '유불선' 삼교라고 하듯이 도교는 한반도에서 거의 영향력이 없고 대신 고유 민간 신앙이 유교와 불교에 대응되는 듯하다. 중국의 도교도 신선 사상에 민간 신앙이 합쳐진 종교라는 점에서 마찬가지다.

도가와 달리 도교는 중국의 과학에 깊은 영향을 끼쳤음이 조지프 니덤Joseph Needham을 비롯한 많은 과학자에 의해 밝혀졌다(그러나 니덤이 유교도 그렇다고 본 점에 대해서는 의문이 있다). 역사적으로 가장 중요한 발명인 화약은 기원후 850년경 불로불사의 영약을 찾던 도교 연금술사들이 매우 다양한 물질의 화학적 · 약학적 성질을 체계적으로 탐구하는 과정에 의해 가능했다. 연금술사들은 동물을 대상으로 오랫동안 약물 실험을 통해 의학의 발전에도 기여했다. 또 도가는 연鳶을 이용해 비행술도 고안해냈다. 그 밖에도 많은 분야에서 도교가 중국의 민중 과학의 발전에 기여했음을 클리퍼드 코너Clifford D. Conner는 『과학의 민중사』에서 밝혔다. 물론 대부분의 과학 발전은 철학이나 종교와는 무관하게 민중의 경험에서 나왔다. 반면 유가나 유교는 학문을 독점하고 불모로 만든 관료제 봉건 계급의 믿음으로서 과학을 비롯한 학문의 발전을 저해했다.

도교가 백성들의 호응을 얻을 수 있었던 까닭은 유교의 성리학처럼 배타주의나 편향주의로 나아가지 않고 모든 것을 포용하는 조화로움을 지녔기 때문이다. 민간 신앙으로서 도교는 현세의 이익을 추구해서 농민 운동과도 관련을 맺었다. 한반도에서도 도교는 동학 등과 관련되었다. 한반도 전통에서 민학은 도교만이 아니라 불교나 묵가와도 관련되었다. 신채호가 한국사의 전개 과정을 사회 계급을 타파하려는 혁명과 외세에 의한 좌절의 역사로 읽은 점에 비추어보면 민학의 전통이 있었다고 생각된다. 한편 신채호는 한반도라는 역사 주체의 이념적 몰주체성을 통렬히 비판하고 이념의 주체성을 주장하지만, 사실은 어떤 이념도 한반도에 들어오면 한반도화했다고 보는 것이 옳다. 권학으로서 지배 이데올로기로 권력화하기도 했지만 동시에 민학으로서 저항 이데올로기로 작용하기도 했다. 이는 한반도뿐 아니라 세계 어디에서나 볼 수 있는 현상이다.

제14장

첫 권예와 민예

서양의 동양관

묵자, 공자, 맹자, 노자를 말하기 전에 그들보다 훨씬 먼저 나타난 중국의 미술, 음악, 문학부터 이야기하는 것이 시대순으로는 옳았다. 그러나 지금 우리에게는 사상가들이 더 중요하다고 생각해 그들부터 언급했다. 또 묵자는 우리에게 공자보다 훨씬 덜 알려져 있지만, 중국의 그 어느 사상가보다 중요한 평화주의자라는 점에서 묵자를 가장 먼저 언급했다. 나는 미술을 비롯한 예술의 핵심도 평화라고 생각한다. 전쟁, 투쟁, 지배, 차별, 권력의 예술이 아니라 평화, 조화, 자유, 평등, 인민의 예술이 참된 예술이라고 생각한다. 그렇지만 평화의 예술보다 전쟁의 예술이 많다. 동서양 어느 시대에나 그러했다. 예술을 보는 관점에서부터 그런 권력적 차별에 근거하는 경향이 있다.

800쪽이 넘는 방대하고도 화려하기 짝이 없는 『새로운 미술의 역사』를 쓴 폴 존슨은 18세기에 서구가 아시아에 침투한 사건을 다룬 장에서 중국과 인도, 일본과 한국의 아시아 미술을 잠깐 언급할 뿐 나머지 모든 분량을 서양미술에 할애한다. 이 책은 '새로운' 미술사가 전혀 아니고, 서양미술만을 미술이라고 보는 편협한 서양중심적 미술사의 답습에 불과하다.

이 책은 한국 미술에 대해서는 한 쪽도 채 언급하지 않고 작품 사진도 싣지 않았다. 반면 인도 미술에는 7쪽, 중국 미술에는 15쪽, 일본 미술에는 5쪽을 할애하고 있다. 그나마 한국에 대해 이 정도로 언급한 서양 책도 드물다. 몇 번이나 번역된 헨드릭 빌렘 판론의 『세계 예술의 역사』에는 한국에 대한 언급이 아예 없다. 1937년에 나온 이 책을 비롯해 1944년에 죽은 판론의 오래된 책들이 한국에서 너무나도 인기가 많은 이유를 도저히 알수 없지만 내용 때문이 아닌 것은 분명하다.

판론의 책 중에 기억에 남는 것이라고는 "붓은 기원전 3세기의 발명품이고 종이는 기원전 1세기로 거슬러 올라갈 뿐이므로 지금 알려진 중국미술의 시작은 이집트인이나 그리스인이 이미 화가로서 일류 작품을 많이 그린 서력 초기쯤에 해당"한다거나, "동양인은 본질적으로 비과학적인 인간"이며 중국인이 나침반에서 인쇄기까지 모든 것을 발명했다는 것은 잘못으로 "믿을 수 있는 중국 역사는 비교적 근세의 역사뿐"이라는 식의 편견인데, 1930년대 서양에서 대부분 그렇게 생각했다고 하더라도 지금 우리가 그런 책을 읽어야 할 필요가 있을까?

판론은 서양미술을 설명할 때는 회화 말고도 여러 장르를 언급하나 중국 미술을 설명할 때는 종이에 붓으로 그린 회화만 언급하는데, 그가 중국 미술의 다른 장르를 몰라서가 아니라 그런 회화가 가장 늦게 나타났기 때문일 것으로 짐작된다. 그러나 이집트나 그리스와 마찬가지로, 종이에 붓으로 그리는 회화 말고도 그 밖의 미술 작품이 중국에는 많았다. 그렇지만 회화의 역사에서 중국이 이집트나 그리스보다 훨씬 빨랐다는, 1930년대에도 알려져 있던 사실을 판론은 고의로 무시한 것이다.

『반 룬의 세계사 여행』에는 아예 비서양에 대한 언급이 전혀 없는데도 『반 룬의 인류 이야기』 같이 다른 제목으로 여러 번 번역되었다. 『반 룬의 인류 이야기』에서는 번역자가 책 중간에 석가와 공자에 대한 설명을 보완하는데, 그것으로는 비서양 역사에 대한 설명이 충분히 되지 않음은 물론이다. 『반 룬의 지리학』도 번역되어 있는데 1932년의 제국주의적인 책, 특히 한반도에 대한 일본의 침략을 불가피한 '자연의 법칙'으로 정당화하는 책을 번역한 이유를 알 수 없다. 책에서 침략의 이유로 삼는 인구 증가로 인한 땅의 필요는 한반도가 더 심각했는데도, 판론은 그 점에 대해서는 전혀 언급하지 않는다. 게다가 판론의 이러한 설명은 그의 상상력에서 나온 허튼소리지 당시 일본의 침략 의도와는 전혀 무관했다. 그의 설명은 영국이 아메리카를 식민지로 삼은 것을 '자연의 법칙'으로 설명하는 것과 동류인데, 영국의 식민지 침략의 목적은 인구 증가로 인한 땅의 필요와는 전혀 무관했다.

그는 "대외 정책과 관련해서 건강한 이기주의는 오히려 바람직한 성질"이라고 하면서 한반도라는 "안전한 배출구"가 없었더라면 일본은 서양의 영토인 필리핀 등 다른 곳을 침략했을 것이라고 한다. 따라서 서양의 영토인 필리핀 대신 한반도가 침략당한 것이 다행이라고 한다. 게다가 한반도는 일본 침략의 대상으로만 언급될 뿐이다. 한반도의 지리에 대한 설명은 전혀 없다. 반면 일본에 대한 설명은 비교할 수 없을 정도로 상세하다. 심지어 다른 식민지에 대한 설명도 한반도에 대한 설명보다는 훨씬 상세하다. 유독 한반도만 그렇다. 한반도에는 사람이 살지 않아 인구가 많은 일본인이 지배하기에 딱 좋은 곳인 양 말이다.

아마도 저자는 자신이 그 책을 쓴 지 80여 년이 지나, 한반도에 사는 내가 자기 책을 읽고 이런 글을 쓰리라고는 꿈에도 생각하지 못했을 것이다. 그런데 나도 이런 글을 쓰기가 싫다. 그 책이 80년 뒤에 번역되지 않았더라면 이런 글을 쓸 필요도 없었으리라. 이런 유의 책은 1930년대 이전에는 물론 지금까지도 엄청나게 많은데, 이런 책들이 무비판적으로 이 땅에 소개되는 것을 생각하면 소름이 끼친다.

폴 존슨의 동양 미술관

판론의 책과 마찬가지로, 존슨의 『새로운 미술의 역사』에서도 마지막 장에서야 서양미술과 동양미술의 상호 영향에 대해 지극히 간결하게 다룰 뿐, 비서양미술에 대해서는 전혀 언급하지 않는다. 한국에 나와 있는 서양미술사는 물론이고 미술사라고 하는 책은 모두 서양미술사 책이라고 해도 과언이 아니다. 다른 예술 책도 대부분 마찬가지다. 그러니 서양인이 쓴 세계문학사, 세계미술사, 세계음악사, 세계건축사 등의 세계예술사는 물론, 한국 사람이 쓴 그런 책들도 서양예술사에 불과하다. 서양인들은 아직도 서양을 세계라고 알고 있는 셈이다. 세계는 오직 서양이 전부고 그 밖에는 없다는 것이다. 참으로 어처구니없다. 한반도에 사람이 전혀 살지 않는 듯 말하는 판론의 태도와 조금도 다름이 없다. 그들에게 비서양이란 눈에 보이지 않는 투명한 존재다.

존슨의 책은 총 32장으로 구성되어 있는데, 이 중에서 3분의 2에 해당되는 한 장만 비서양미술을 다루고 있고 그것도 아시아의 특정 국가만 언급한다. 이는 서양인 미술사가들의 공통적인 경향이다. 영어권 독자를 대상으로 영미권에서 볼 수 있는 아시아 예술품의 해설을 주로 다룬 것으로 이해할 수도 있지만, 책에 그런 설명은 없다. 번역자도 그런 점을 전혀 언급하지 않은 걸 보면 이런 구성을 저자나 번역자가 당연하게 생각한 듯하다.

존슨은 중국과 인도 미술을 두고 위압적이고 혐오스러우며, 무의미하고 표피적이라는 말을 반복해서 쓰는데, 이런 말을 하는 존슨이야말로 위압적이고 혐오스러우며, 무의미하고 표피적이다. 가령 50센티미터짜리 청동기青銅器를 보고 존슨은 "위압적인 형태로 우리를 지나치게 제압"하고 "혐오감을 불러" 일으키며 "예술적 혼돈에 떨어뜨리는 형태"로 "이 예술 속에는 불길한 요소들이 있다"고 한다. 그 이유로 "동물들뿐 아니라 사람들도, 특히 여자들이 살해되어 소유주와 함께 묻히기도 했기" 때문이라는 것이다. 그러나 청동기가 사람들과 함께 묻혔다고 해서 청동기 자체가 불길한 것은 아니다. 게다가 부장副葬 문화는 어느 고대사회에나 공통된 것으로 중국만의 현상은 아니었다.

나아가 존슨은 진시황 병마용에 대해 "이것이 예술인가?"라고 묻고서 "죽음의 무질서에 질서를 부여"했다는 이유에서 예술이라고 답한 뒤, 다시 "예술보다는 중앙집권화된 권력이 실현된 것"이라고 한다. 중국의 다른 예술에 대해서도 이러한 태도는 일관된다. 서예와 시는 "지배층의 가장 중요한 활동"으로 "역사상 어떤 사람들보다 더 잔인한 죽음에 책임이 있는 마오쩌둥도 서체 표본을 발간했고 시를 지었다"고 한다.

내가 알기에, 적어도 고대에 모든 예술은 중앙집권화된 권력의 실현이었다. 이집트의 피라미드를 비롯해 과시용·전시용 건조물은 얼마나 거대하고 또 얼마나 많은가? 무덤 속에 숨겨진 병마용은 물론 50센티미터 높이의 청동기와는 비교도 되지 않는다. 그러나 존슨은 이집트나 서양미술에 대해서는 동양미술에 퍼부은 그런 이상한 소리를 하지 않는다. 그는 동양미술에 대해서는 무조건 발작을 일으키는 사람 같다. 사실 대부분의 서양 미술사가가 그렇다.

존슨의 책 전체를 통해서 이렇게 불쾌한 기분이 들게 하는 장章은 동양미술에 대한 장뿐이다. 히틀러는 그림을 그렸고 스탈린도 시를 썼으며 그 광기의 시대에 독일과 러시아에서는 병마용보다 거대한 건축과 조각을 만들었지만, 존슨은 여기에 대해서는 전혀 언급하지 않는다. 히틀러나 스탈린 같은 20세기의 독재자들만이 아니라 서양의 모든 세기에, 왕을 포함한 지배계급은 예술을 중요한 활동으로 생각했고, 잔인한 죽음에 책임을 저야 하는 자들이었다.

　서양의 정치가들에게 마오쩌둥과 같은 예술적 재능이 없었다면 그것은 유감스러운 일이었으리라. 마오쩌둥의 예술은 윈스턴 처칠Winston Churchill의 그림 수준이었으니 사실 언급할 필요도 없는데, 존슨은 중국의 서예와 시를 마오쩌둥이 대표하는 듯 말해 독자들에게 그릇된 인상을 심어준다. 별것도 아닌 예술이지만 한 장 정도는 할애하겠다는 식의 느낌마저 준다. 중국인이 쓴 중국 미술사에는 마오쩌둥이 언급된 적이 없다.

중국인의 중국 미술관

사실 미술사를 각 작품에 대한 주관적 느낌으로 서술하는 것이 옳은지도 의문이다. 가령 존슨이 위압적이고 혐오스럽다고 한 청동기에 대해 리쩌허우李澤厚는 『미의 역정』에서 "조금도 두렵고, 떨리고, 숭배케 하는 느낌을 주고 있지는 않다. 단지 놀라고, 상찬하고, 어루만지고 싶은 사랑스러운 느낌을 줄 뿐이다"라고 한다. 존슨과는 전혀 반대의 느낌을 적고 있다. 그러나 이러한 주관적 느낌이란 그야말로 주관적인 것으로 객관적 이해에 전혀 도움이 되지 않는다. 분명한 사실은 청동기는 귀족 이상의 지배계급을 위해 제작된 것이고, 그 제작자인 피지배 인민은 그 기구의 이용에서 제외되었다는 점이다.

　리쩌허우에 의하면 건축에 대한 심미적 욕구는 춘추전국시대에 절정에 이르렀다. 그는 "길게 세로로 이어지는 평면적인 중국 건축의 공간은 사람으로 하여금 복잡하고 다채로운 누樓, 대臺, 정亭, 각閣 사이를 꾸준히 나아가는 가운데, 서서히 소요자적逍遙自適하면서 삶의 쾌적하고 편안한 느낌과 환경을 지배하는 느낌을 가지게 된다"고 하며 "고딕식의 교회당처럼 갑자기 하나의 거대하고 그윽하며 닫힌 공간 속으로 사람을 던져넣어, 묘소渺少함과 두려움을 느껴서 신의 보호를 간절히 기원하게 하는 공간이야"니라고 한다. 나아가 리쩌허우는 서양의 건축을 비이성적, 중국의 건축을 이성적이라고도 한다. 리쩌허우는 만리장성을 그 예로 들어 그것은 "공간에서 끝없이 이어지고 있는데, 그 이어짐 자체가 그대로 시간에서 유구히 이어지는 중국 역사의 성격을 나타내고 있다"고 한다. 그러나 이는 궁궐과 장성長城과 교회라는 상이한 건축의 당연한 차이인 것이지 특별히 중국과 서양의 차이라고 할 수 없다. 서양에서도 궁궐을 지을 때 교회를 짓듯 짓지는 않는다.

미술을 비롯한 중국의 예술에, 서양을 비롯한 다른 지역의 예술과 다른 중국만의 특징이 있을 수 있는가? 나는 그런 것은 있을 수 없다고 생각한다. 중국 예술이든 서양 예술이든 고대국가가 성립된 이후 나타난 예술은 관이 통치 수단으로 만든 기념비적 작품이 대부분이었고, 당시 인민의 생활에 나타난 예술 작품이 있었다고 해도 지금까지 남아 있는 경우는 드물다. 또 남아 있다고 해도 그것을 예술로 보지 않는 경향이 짙다. 하지만 이러한 경향이야말로 공자나 플라톤의 권학 숭상과 묵자나 디오게네스의 민학 멸시와 마찬가지로, 권예權藝 숭상과 민예民藝 무시와 다름없다.

중국의 미술 사학자인 우훙巫鴻이 쓴 『초기 중국의 예술과 건축에 나타난 기념비성』이라는 책이 있다. 이 책의 번역본 제목은 『순간과 영원: 중국 고대 미술과 건축』인데 그 어디에도 저자가 말하는 '기념비성'이라는 말이 없어 왜 제목을 그렇게 지었는지 알 수 없다. 게다가 저서의 '초기'와 번역서의 '고대'라는 개념은 다르다. 저서에서 초기란 위진·육조 이전을 말하지만 중국사에서 보통 고대라고 하면 원나라까지를 말하는 것이다.

위진·육조 이전의 중국 예술은 순수한 예술이 아니라 실용적이거나 예의禮儀적 목적을 위한 것이었고, 서양과 중앙아시아와 아메리카처럼 기념비적 건축을 추구하지 않은 종교적 우상 체계도 발전시키지 못한 예기禮器 전통이었다가, 그것이 전국戰國과 진한秦漢 시대에 기념비적 예술로 바뀌었다고 우훙은 말한다. 그리고 위진 · 육조에 와서야 문인화처럼, 독립된 예술가의 미적 감각과 독특한 표현법에 의한 예술이 등장했다는 것이다. 하지만 이러한 관점은 다분히 서양적 관점이다. 이는 앞서 언급한 판론의 입장과도 비슷하게 느껴진다. 문인화 같은 회화만이 미술이라는 식이다. 나는 문인화의 가치를 부인하지는 않지만, 그렇다고 해서 그것만이 미술의 전부라고는 생각하지 않는다.

일찍이 루쉰이 만리장성에 대해 "많은 인부들이 이 장성 때문에 고역에 시달리다 죽기만 했지, 장성 덕분에 오랑캐를 물리쳐 본 적은 없다"고 하고 "언제나 장성이 내 주위를 에워싸고 있는 것처럼 느껴진다"며 "위대하고도 저주스런 장성이여!"라고 개탄한 것처럼, 나는 만리장성을 민예의 반대말인 권예의 극단적인 보기로 저주한다. 8,851킬로미터에 이르는 만리장성의 절반을 만들기까지 100만 명이 동원되었고, 그중 4분의 1이 죽어서 만리장성은 긴 무덤으로 불리기도 했다.

중국의 음악과 문학

세계미술사에 비해 세계음악사나 세계문학사 책은 찾아보기 어려운 이유가 무엇일까? 미술에 비해 음악이나 문학에서 세계적 보편성을 찾기 어려워서는 아닐 것이다. 어느 지역이나 마찬가지지만 고대 중국에서 가장 중요한 예술은 음악이었고, 음악은 최초의 예술이었다. 노동이 음악을 낳았다. 노동의 동작과 소리는 음악과 춤에 내용과 음조를 주었다. 옛날에는 시, 음악, 춤이 하나였다. 당시의 시가는 당시의 삶을 보여준다. 따라서 음악과 무용과 문학이 하나였다.

지배계급은 음악을 지배의 수단으로 철저히 이용했다. 음악을 빌려 자신의 무공을 찬양하고 인민을 위협했으며, 음악을 향락의 도구로 이용했다. 그들은 신의 대표를 자처하고 점복을 신성시했고 신의 대변자로서 자기 지위를 높였다. 원래는 백성의 노래, 즉 민가民歌였던 것을 지배계급은 『역경』이라는 점복서로 엮어서 그 현실성을 신비성으로 바꾸었다. 점복을 관리하는 전문가인 무巫는 춤의 전문가였다.

그러므로 묵가가 음악을 그릇되었다非樂고 본 것은 지극히 당연했다. 따라서 베이징대학의 예랑葉朗 같은 마르크스주의 미학자가 "심미와 예술 활동이 사회생활 중에서 적극적 작용을 끼칠 수 있다는 것을 이해하지 못해" 이론상 잘못이라고 묵가를 비판하는 것은 이해하기 어렵다. 묵가는 음악의 큰 영향력 때문에 음악에 반대했다. 물론 묵가가 인민 자생의 음악에 대해 무관심했다는 문제점은 있다.

문학도 다른 모든 예술처럼 노동에서 비롯되었다. 집단적 원시 노동을 반영한 노동요와 신화는 최초의 문학으로 협동 창작이었다. 중국 최초의 시가집인 『시경』에는 기원전 11세기부터 기원전 6세기에 이르는 약 500년간의 시가 305편이 수록되었다. 그 대부분은 연가이거나 영탄이나 탄식의 서정시다. 리쩌허우는 이러한 서정시에 대해 "그 시대의 이성 정신을 구체적으로 표현"한 것이며 "다른 민족들이 지니고 있는 고대 장편 서사시와 달리, 시초부터 비록 이처럼 짤막하나 깊이 있는 실천이성의 정신이 담긴 서정 예술"이라고 하는데, 이 말도 이해하기 어렵다. 도리어 그중에는 지배계급의 작품인 권문權文도 있지만 인민의 작품民文도 많다. 인민의 작품 중에는 무위도식하는 귀족을 규탄하는 「위풍-벌단魏風-伐檀」과 같은 시도 있다.

쩡쩡쩡 박달나무 찍어내어

찍은 나무 물가에 쌓아둔다.

강물은 맑고도 물놀이친다.

심지도 않고 거두지도 않았는데

어떻게 조 300전을 가지느냐?

사냥도 안 하는데

어떻게 네 뜨락에 담비가 걸렸느냐?

이보소 군자님들.

공밥이야 안 먹겠지?

이어서 「위풍-석서魏風-碩鼠」에서는 착취자에 대한 인민의 분노와 항거, 새로운 유토피아를 노래한다.

큰 쥐야 큰 쥐야 내 기장 먹지 마라.

석삼년을 살렸건만 나를 돌보지 않는구나.

너를 떠나 저 낙토로 가리.

낙토에서 내 살 곳을 찾으리.

이 시에서 통치자는 식량을 훔쳐 먹는 큰 쥐에 비유된다. 인민은 그 큰 쥐가 다스리는 지옥을 떠나 천국인 낙토로 가고 싶다. 이러한 음악과 문학의 출발은 지금까지도 마찬가지다. 『시경』을 잇는 『초사』도 마찬가지다. 현실에서 받아들여질 수 없는 천상의 세계, 불로불사의 세계를 찾아가는 문학이 『초사』다. 기이한 이야기들인 『열자』나 『장자』도 마찬가지다. 우리에게는 잘 알려지지 않았지만 중화의 변경을 선계로 묘사한 『목천자전穆天子傳』이나 괴물 환상의 『산해경山海經』도 마찬가지다.

그러나 위진시대의 문인화와 마찬가지로 인정해야 할 진정한 문인은 죽림칠현에 속하는 완적阮籍과 혜강嵆康이다. 죽림칠현은 세속을 버리고 심심산천으로 들어가 술과 함께 살다가 죽은 사람들로 여겨지나 사실은 누구보다도 현실과 절절하게 대결한 사람들이었다. 특히 혜강은 가려워 견딜 수 없을 때까지 머리를 감지 않고, 방광이 터질 것 같을 때까지 소변을 보지 않는 식으로 자신의 결점을 드러냈다고 한다.

한반도의 고대 예술

한반도의 전통 예술에 대한 논의에서 참으로 어이가 없는 것은 소위 한국적 미 운운하는 것이다. 단언컨대 그런 것은 없다. 미국적 미, 영국적 미, 프랑스적 미, 독일적 미 따위가 없듯 한국적 미란 없다. 19세기 말 우리가 중국이나 일본 등에서 서양 예술을 처음 접했을 때 그런 소리를 했지만 그런 곳에서도 이제는 중국적 미와 일본적 미 따위를 말하지는 않는다.

한반도의 청동기 미술은 중국의 청동기 미술과는 무관하고, 알타이나 몽골의 청동기 미술과 깊이 연관되었다고 보는 것이 통설이다. 기원전 10세기 무렵부터 알타이 등의 청동기 문화가 한반도에 유입되었다. 그것이 제관이나 지배층의 권위를 상징하는 의기儀器였음은 중국과 크게 다르지 않았다. 또 우리의 청동기 미술이 중국의 그것과 무관했다고 해도 청동기 시대에 중국과 접촉이 없었다고는 할 수 없다. 지금 우리 역사학계에서 부정하고 있는 기자조선의 기자와 같은 중국인이 한반도로 왔을 가능성은 얼마든지 있다. 중국의 왕조가 바뀌거나 전쟁이 터져서 그곳 사람들이 한반도로 건너왔을 가능성은 더 말할 것도 없다. 중국, 한반도, 일본의 교류는 그 뒤의 어떤 시대보다 고대에 더욱 활발했을 수도 있다. 당시에는 국가라는 개념 자체가 존재하지 않았기 때문이다.

지금 한국의 학자들은 한국이 고대부터 중국이나 일본과는 달랐다는 것을 강조하는 경향이 있지만, 서로 별개의 국가라는 관념이 전혀 없었기 때문에 나는 다를 이유가 전혀 없었다고도 생각한다. 따라서 고대 동아시아의 예술이나 학문 등 문화 전반이 크게 달랐다고 보기는 어렵다. 게다가 한국 미술이 중국 미술의 영향을 받았지만 청출어람이었다는 식의 이야기, 즉 석굴암을 능가하는 불교 조각이 없고 다보탑과 같이 특이하고 아름다운 탑이 중국에 없으며 에밀레종보다 뛰어난 좋은 중국이나 다른 어느 나라에도 없다는 식의 이야기는 아무런 근거가 없다.

　　청동기 미술은 고조선이나 단군신화와 관련이 있다. 기원전 1000년 경에 시작되는 우리의 청동기시대가 고조선이고, 그 고조선의 건국신화가 단군신화다. 이 신화에서는 기원전 2333년이라는 연대가 중요한 것이 아니라, 우리가 중국이나 일본의 신화처럼 하느님의 자손으로 독자적·민족적 뿌리를 갖고 있다는 사실을 확인하는 게 중요하다고 보는 것이 우리 학계의 일반적 경향이다. 하지만 국가라는 개념과 마찬가지로 민족이라는 개념이 고대사회에 있었을지 의문이다. 민족이라는 개념이 생겨난 훨씬 후대에 신화라는 것도 생겼으니 말이다.

　　단군신화는 고려의 일연이 쓴 『삼국유사』에서 전해졌지만, 고조선은 기원전 7세기 초 춘추전국시대의 저술인 『산해경』에서 처음으로 언급되었다. 고조선이 발해만 북쪽에 있었다는 것이다. 기원전 4세기 중반의 연나라의 사료에서는 연나라가 왕을 칭하자 고조선의 군주도 왕이라고 칭했다고 하는 것을 보면 두 나라는 대등한 관계에 있었던 것으로 보인다.

　　청동기시대에 나타나는 고인돌은 중국이나 일본에는 없고 유독 한반도에서만 많이 발견되는데 이와 유사한 형태를 동남아시아에서 볼 수 있다. 그래서 고인돌의 기원을 두고 남방유래설이 있는데 자체발생설이 가장 유력하다. 그렇게 보면 고조선이 만주 등에 펼쳐져 있었다는 주장과 일치되기가 어렵다.

청동기시대와 함께 등장한 민무늬토기는 청동기처럼 의기로도 제작되었지만, 인민의 생활 토기이기도 했다는 점에서 유일하게 민예의 존재를 보여준다. 그것은 신석기시대의 덧띠토기와 빗살무늬토기의 민예적 전통을 이었다. 신석기시대가 끝나고 청동기시대에 들어서도 인민은 토기를 사용했고, 청동기는 인민이 제작하고 소수의 지배계급이 소유하고 사용했다. 오늘날 청동기가 자주 발견되는 것은, 인민의 석기가 대부분 파괴된 것에 반해 당시 지배계급의 부장품이었던 청동기가 지금까지 남아 있기 때문이다.

고대 한반도의 노래와 춤은, 다른 지역과 마찬가지로 농사나 목축 같은 생업이 잘되게 해달라고 하늘에 비는 종교의식이었다. 당시는 오늘날보다 훨씬 개방적인 시대였다. 가령 처용가의 처용은 아라비아 상인이었다.

고대 일본의 예술을 비롯한 동아시아 문화 전반이 한반도에서 전래되었다는 그릇된 믿음이 아직도 한반도에 잔존하고 있지만, 그것은 사실이 아니고 기껏해야 열등감의 표현일 뿐이다. 가령 일본의 조몬繩文 토기는 세계에서 가장 오래된 것으로 약 1만 2,000년 전에 탄생했다. 그러므로 우리의 토기가 일본의 조몬 토기에 영향을 미쳤다는 식의 주장은 근거가 없다.

청동기와 철기와 농경문화는 기원전 2~3세기에 중국에서 일본으로 전래되었다. 그 뒤 불교문화가 6세기에 백제에서 일본으로 전래되었음은 일본인도 인정하는 사실이다. 그러나 불교문화가 한반도에서 생긴 것이 아님은 두말할 필요가 없다. 그러니 그것을 우리가 전해주었다는 식으로 말할 필요도 없다. 당시에 민족이나 국가에 대한 의식이 성립되었다고도 볼 수 없다. 이 시대에는 중국, 고조선, 일본이라는 의식은 물론, 동아시아라는 공통 의식도 없었다. 그런 게 있었다면, 중화와 그 주변의 적들이라는 것이었다.

윌리엄 모리스의 민예

민예란 생활과 더불어 자연스럽게 생겨나서 민간으로 전해오는 인민 고유의 공예, 예능, 민속예술 따위를 이르는 말이다. 민예는 인민의 예술로 인간의 역사에서 면면히 이어져왔다. 그러나 19세기 말에 윌리엄 모리스에 의해 예술로서 그 가치를 인정받기 전까지, 민예는 동서양에서 철저히 무시되었다. 그런 의미에서 모리스의 민예론을 검토할 가치는 충분하다.

내가 모리스에 대한 최초의 단행본인 『윌리엄 모리스의 생애와 사상』을 1998년에 집필하기 전까지 그에 대한 책은 단 한 권도 국내에 출간된 적이 없었다. 그 뒤 나는 모리스의 『에코토피아 뉴스』를 번역했다. 그는 모든 사람은 예술가가 될 수 있는 자질을 갖고 있으며, 자신이 사는 집은 물론 방의 가구나 식기, 자신이 읽는 책이나 의복 등을 아름답게 만들어야 하며 그런 생활예술이야말로 참된 예술이라고 주장했다. 또 예술은 노동의 즐거움을 표현한 것이라고 했다. 나아가 그는 생활의 예술화를 통한 생활 사회주의를 꿈꾸었고 특히 당대의 영국 제국주의에 반대했다.

모리스가 죽고 얼마 지나지 않아, 야나기 무네요시柳宗悅가 일본에 모리스를 본격적으로 소개했다. 그는 한국 공예의 발견자라는 공로가 있음에도, 일제강점기 당시 한국인의 반제국주의를 인류에 어긋나는 것이라고 하고 양국의 상호 이해를 통한 동양의 결합을 주장했다는 점에서 명백히 제국주의자였다. 그에게 조선은 아름다운 공예의 나라에 불과했고, 그 공예를 만든 조선 인민의 자유와 평등에 대해서 그는 아무런 관심이 없었다. 그런 점에서 그는 모리스와 상반된다.

그가 처음으로 시도한 소위 한국미라는 개념은 아직까지도 한국인을 사로잡고 있다. 나는 여기서 그가 주장한 한국미를 비롯해, 그 뒤 여러 사람이 나름으로 정의한 한국미라는 것 자체를 부정한다. 가령 권영필은 한국미를 두고 상층문화는 정제·세련미, 기층문화는 소박미라고 했는데, 이는 세계 어느 나라에서나 볼 수 있는 것이지 한국에서만 나타나는 특징이 아니다.

여기서 더욱 중요한 문제는 모리스가 생활예술의 가치를 주장한 지 1세기 이상이 지났음에도 여전히 우리의 예술 풍토는 모리스에 반한다는 점이다. 일제강점기 이후로 생활예술은 철저히 무시되었고, 서구풍의 예술이 주류로 자리 잡아 예술이 인민과 철저히 유리되었기 때문이다. 소수의 공예가 고급 예술의 하나가 되었다고 해도 인민에게서 유리된 것은 마찬가지다. 예술을 인민의 것으로 되돌릴 수 있는지가 현대 한국 예술의 화두라고 하겠다.

××× 제2부 ×××

고대 인문 이야기

제1장

그리스 이야기

그리스 도착증

얼마 전 유치원생들을 돌보다가 영어로 된 그리스신화를 유치원에서 배운다는 것을 알고 깜짝 놀랐다. 아이들은 제우스니 비너스니 하는 신의 이름을 외우고 있었다. 반면 단군신화에 대해 물어보자 전혀 모른다는 표정을 지었다. 내가 단군신화의 내용을 자세히 이야기해주었지만, 전혀 흥미로워하지 않았다. 아이들은 그리스신화를 소재로 한 애니메이션이나 극영화도 본 적이 있다고 했다. 단군신화를 다룬 그런 작품들은 나도 본 적이 없다.

그리스인들은 우리의 단군신화를 모른다. 우리는 우리가 그리스신화를 아는 것을 당연하게 생각하면서도 그리스인들이 단군신화를 알지 못하는 것을 전혀 이상하게 생각하지 않는다. 반면 그리스인들이 그리스신화를 잘 모른다는 것은 이상하게 생각하리라. 그곳에서는 초등학교 3학년 때 처음으로 그리스신화를 배우지만, 우리의 유치원 교육보다 수준이 낮다. 10세 넘어서 신화를 가르치는 것은 신화를 역사가 아니라 상징적 비유로 충분히 이해할 수 있는 나이에 가르치는 것이 옳기 때문이다. 우리는 아무런 판단 능력이 없는 유치원생들에게 영어로 그리스신화를 가르친다. 더 빠른 나이에 영어를 가르친다고들 야단이다. 그야말로 영어 광중 또는 영어 도착중倒錯症이다.

그리스 도착증이라는 말도 있다. hellenophilia의 번역어다. 이를 그리스 애호증이라고도 번역하기도 하지만 애호증이라고 해서는 그 말의 뜻을 충분히 전달하기 어렵기 때문에 도착증이라고 옮기는 것이 옳다. 도착증이란 감정이나 기능, 의지적인 면에서 정상적 상태를 벗어나는 병적 기능장애를 말한다. 그리스에 대한 병적인 집착이 그리스 도착증이다. 어떤 것에 대해서든 병적인 집착은 문제지만 특히 특정 국가에 대한 도착은 큰 문제다. 우리는 역사적으로 그런 문제를 안고 살아왔다. 옛날에는 중국과 일본, 지금은 미국에 대해 그렇다.

미국 도착증을 친미주의라고 한다. 1945년부터 미국 도착증이 생겼는데, 도착 현상은 기형적이고 피상적이다. 그 하나가 역시 미국은 가짜 서양이니 진짜 서양을 찾는다는 명목으로 생겨난 유럽 찾기, 그중에서도 그리스 찾기다. 물론 이는 서양인들이 지어낸 것이지만 가짜의 숙명인 열등감 때문에 우리에게 먹히는 바가 만만치 않다. 게다가 이는 사실 일제강점기 때부터 생긴 병이니 우리의 그리스 도착증은 미국 도착증보다 오래되었다.

그리스가 과학, 의학, 철학, 역사, 문학, 미술, 조각, 건축, 인문학 등 모든 문명의 시작점임은 물론, 민주주의를 비롯한 모든 제도의 기원이라는 주장은 동서양을 막론하고 교과서적 진리로 통한다. 그래서 서구 대학이나 한국 대학의 고전 읽기 목록에서 그리스 시대의 고전은 대단히 중요하게 여겨져 늘 첫 머리를 장식한다. 가령 서울대학교 추천 고전 100선 중 그리스 고전은 5종으로 호메로스, 헤로도토스, 플라톤, 아리스토텔레스, 아이스킬로스의 작품이다. 세계문학전집이나 세계사상전집이라는 것들의 앞부분에도 대개 그리스 고전이 들어간다. 그리스 고전이 서양 고전의 10분의 1 이상인 목록도 많다. 그중에는 그리스신화가 들어가는 경우도 많다.

서양의 그리스 치중은 당연히 더욱 심하다. 지금도 무조건 그리스로 돌아가라는 주장이 요란스럽다. 우리말로 두 번이나 번역된 『고대 그리스, 그리스인들』에서 영국인 험프리 D. F. 키토Humphrey D. F. Kitto는 "인생의 의미를 완전히 새롭게 해석하고, 역사상 처음으로 인간의 지적 능력을 온전히 구사한 사람들"이라고 그리스인을 극찬한다. 우리말로 몇 번이나 번역된 호스트 월드마 잰슨Horst Woldemar Janson의 『서양미술사』에서는 고대 부분을 다루면서, 그리스 미술 이전은 이방인의 것이지만 그리스 미술은 "우리의 친척이며 금방 알아볼 수 있는 우리들 가족의 선조와 같은 느낌이 든다"고 했다. 미술사만이 아니라 모든 역사에서 그리스 이전이란 그리스를 찬양하기 위한 전제에 불과하고 그것도 그리스를 빛내기 위한 열등한 비서양을 소개하는 것에 불과하다.

그리스라는 말이 들어가는 책이 모두 그 모양이니 더는 예를 들 것도 없다. 우리 식으로 말하면 공자로 돌아가라는 말과 같다. 그런데 우리는 공자와 함께 그리스로도 돌아가야 하니 참으로 바쁘다. 그리스 고전 5권은 물론 중국 고전도 최소한 5권은 읽어야 하니 말이다. 동서양 인문 통합 위에 새로운 인문을 창조한다는 인문적 대망을 갖는 것은 좋지만, 그렇다고 해서 유치원 시절부터 암기하도록 가르쳐서 될 일은 아니다.

그리스 우상화의 조작

올림포스산에서 그리스신화가 나왔다고 한다. 최고신인 제우스를 비롯한 12신이 사는 궁전이 그 정상에 있다고 전해지기 때문이다. 정상은 언제나 구름에 가려져 있으니 그렇게 생각한 것도 이상할 게 없다. 그리스신화가 인간적이라고 하지만 나에게는 너무나도 비인간적이다. 온갖 엽기 사건이 다 나온다. 반면 단군신화야말로 참으로 인간적이다. 그리스 관광자원은 대부분 2,500년 전 고대 그리스의 것들이다. 관광객들에게는 오늘의 가난하고 부정부패로 얼룩진 그리스가 눈에 보이지 않고 눈에 차지도 않는다. 그들이 만나고 가는 그리스인이란 관광 안내원들뿐이다.

그리스는 기원전 205년 로마에 정복된 뒤 여러 나라의 식민지를 거쳐 1830년에 와서야 독립했다. 그 뒤에도 공화국과 왕정과 쿠데타를 거치다가 1973년에 군주제를 폐지하면서 다시 민주공화국이 되었지만, 탈세와 부정부패로 유럽에서 경제적으로 최하위 나라였다. 그런 그리스 현실은 올림포스산 정상을 가리는 구름처럼 사람들을 눈감게 했다. 그렇다고 해서 고대 그리스가 현대 그리스의 선조가 아니라고 할 수는 없다. 그리스인들은 당연히 그렇게 주장하지만, 서양인들은 그렇게 생각하지 않는다.

그리스인들은 자신들을 반드시 서양인이라고 생각하지 않지만, 서양인들은 고대 그리스가 자기들의 역사이자 선조라고 생각한다. 이런 어처구니없는 그리스 도착증은 19세기 유럽 문명의 독자성을 강조하기 위해 날조된 것이다. 유럽 문명의 뿌리가 그들이 침략했던 아프리카와 아시아에 있음을 부정하기 위해 이집트인, 수메르인, 셈족을 백인이 아니라고 하며 오로지 그리스인에게만 초점을 맞추었다. 그것이 아리아인 신화다. 아리아인이란 고대 코카서스인을 말한다. 흑해와 카스피해 사이의 코카서스산맥에 살던 부족에서 유래한 사람들로 그들이 사용한 말을 인도-유럽어라고 한다.

19세기에 그런 날조가 있기 전에는 그리스 문화가 이집트의 영향을 받았다는 것을 당연하게 인정했다. 고대 그리스에서는 더욱 그러했다. '역사학의 아버지' 헤로도토스는 물론 '의학의 아버지' 히포크라테스, 나아가 '철학의 아버지' 소크라테스나 플라톤이나 아리스토텔레스도 그렇게 생각했다. 플라톤의 『국가』는 당대 사람들에게 이집트의 것을 베낀 것이라는 조롱을 받았다. 마르크스가 지적했듯 『국가』의 계급 사상은 이집트의 계급 사상을 재현한 것에 불과했기 때문에 어찌 보면 당연한 조롱이었다.

19세기의 그리스 날조는 제국주의의 승리가 불러온 사이비 학문, 즉 역사의 원리가 인종이라고 하는 궤변에 의해 이루어졌다. 아리아인의 후손인 백인만이 선진 문명을 창조할 수 있고 비백인은 어떤 문명도 만들 수 없으며, 백인은 세계를 지배하는 '자연권'을 갖는다는 주장이었다. 특히 독일인들은 그리스인을 가장 순수한 아리아인으로 보고 그들이 자신들의 직계 조상이라고 주장했다. 이는 유대인의 조상인 셈족에 대한 증오로 나아갔다.

독일에서만이 아니라 19세기 서양 전체가 그러했다. 노예제에 반대한 다윈조차 인종의 위계 개념에 집착해 아프리카 흑인과 오스트레일리아 원주민을 백인과 원숭이 사이에 놓았다. 뇌의 크기를 기준으로 한 과학적 합리화가 뒤따랐다. 이러한 주장들은 20세기 후반의 식민지 해방 이후에야 사라졌지만 그 뿌리는 여전히 남아 있다.

그리스 도착증 중에서 가장 고약한 예는 히틀러에 의한 것이다. 19세기 서양 제국주의의 극성이 빚은 괴물이 히틀러다. 제2차 세계대전 때 히틀러와 싸운 윈스턴 처칠이 들으면 화를 내겠지만 처칠이나 히틀러나 제국주의자이기는 마찬가지다. 프랭클린 루스벨트도 샤를 드골도 마찬가지다. 19~20세기의 서양은 제국주의 일색이었고 그 정치가들도 모두 제국주의자다. 그 제국주의의 롤 모델이 그리스와 로마다. 그리스는 세계 역사상 최초의 제국주의 국가였다.

히틀러가 좋아한 주제는 니체의 고대 그리스 사랑과 서양이 고대 그리스에서 비롯되었다는 헤겔의 주장이었고, 독일인의 혈통이 고대 그리스인과 연관이 있다는 것이었다. 히틀러는 니체를 모방해 힘과 아름다움이라는 고대 그리스의 이상을 숭상하고 니체의 이상인 고대 그리스가 부활한 것이 나치라고 주장했으며, 그 상징인 하켄크로이츠✦도 하인리히 슐리만 Heinrich Schliemann이 발견했다는 고대 그리스의 유적에서 가져온 것이었다.

유럽이 훔친 그리스

슐리만은 한국에서도 유명하다. 슐리만의 자서전과 그에 대한 책들은 한국에도 많이 소개되어 있다. 어린이용 전기도 몇 종류나 나와 있다. 미술사에서도 슐리만은 하나의 독립된 장으로 다루어질 정도다. 그러나 슐리만과 같은 독일인인 하인리히 찬클Heinrich Zankl이 쓴 『과학의 사기꾼』이라는 책에는 그가 대표적인 도굴꾼이자 사기꾼으로 나온다. 슐리만은 실업학교 졸업이 최종 학력이었으나 막대한 부와 인맥을 이용해서 이력서 한 장으로 박사학위를 취득한 뒤 불법 도굴 작업에 뛰어들었다. 이후로 그가 한 것은 그리스와 터키, 독일과 러시아 사이에 국제적 분쟁을 낳았다.

유럽은 고대 그리스의 시간만을 훔친 것이 아니라 그 유물도 엄청나게 훔쳤다. 서구의 박물관들이란 그들이 훔친 그리스 유적의 장물 창고다. 진부한 식민 시대의 잔재이며 시대착오적인 제국주의의 산물이다. 역사상의 범죄 가운데 그보다 극심한 범죄는 없다.

루브르박물관이고, 영국박물관이고(이 박물관 이름을 대영박물관이라고 부르는 짓은 제발 그만두라!), 메트로폴리탄미술관이고 다 도둑질한 장물의 창고다. 영국의 보수주의 역사가인 폴 존슨은 『새로운 미술의 역사』에서 루브르박물관을 프랑스의 무자비한 약탈의 결과라고 비난하면서도 영국의 제임스 엘긴James Elgin은 그리스의 조각을 정당한 가격을 지불하고 사 왔다고 변호하지만, 새빨간 거짓말이다. 샤론 왁스먼Sharon Waxman이 쓴 『약탈 그 역사와 진실』에는 엘긴이 쓴 편지가 나와 있다. "운반이 가능한 모든 것을 가져오라. 아테네와 그 일대에서 약탈 가능한 모든 유물을 가져올 수 있는 기회를 등한시하지 말라." 이것이 정당한 가격을 지불한 사람의 지시인가? 그런 편지만이 아니다. 실제로 엄청난 도굴을 한 엘긴에 대한 비판은 그의 생전부터 나왔다. 시인 조지 바이런George Byron은 「차일드 해럴드의 순례」에서 다음과 같이 노래했다.

이것을 보고 울지 않는 자, 어리석다.
너의 벽은 마멸되고, 허물어진 신전은 빼앗겼다.
이 유적을 보호해야 할 영국인들 손에.
다시는 회복될 수 없으리.
그것이 고향에서 강탈당했던 그 시간은 저주 받으라.
또다시 너의 불행한 가슴은 상처 나고
너의 쓰러진 신들은 북쪽의 증오스런 나라로 끌려갔도다.

바이런은 「미네르바의 저주」에서 엘긴을 거명하며 저주했다.

내가 입은 더 큰 은혜에 감사하게 하라.
알라리크와 엘긴이 도맡아 한 나머지 일을 알라.
약탈자가 온 곳이 어디인지 모두 알게 될 것이다.
굴욕을 당한 벽은 그의 가증스러운 이름을 영원히 보존한다.

알라리크Alaric는 5세기의 서고트 족장으로 서로마제국을 약탈해 멸망케 한 자다. 그와 함께 그리스 주재 영국 대사 엘긴이 세계의 약탈자로 거명된 것이다. 그 뒤 그리스 정부는 영국박물관에 계속 반환을 요구했으나 거절당했다. 영국은 존슨처럼 그것을 정당하게 구입했다고 주장하지만,

엘긴은 신전을 본뜨는 허가를 받았을 뿐이다. 실질적 거부 이유는 영국박물관이 엘긴 마블Elgin Marbles(아테네의 파르테논신전에 있던 고대 그리스의 대리석 조각류)을 포기하면 박물관에 고대 유물이 하나도 남지 않는 점이다.

우리는 왜 그리스를 맹신하는가?

지구 반대편에 있는 그리스는 우리에게 참으로 먼 나라다. 요즘은 인기 높은 여행 코스가 되었지만 그래도 여전히 멀다. 그리스 관광객은 서양인들과 일본인, 한국인 단체 관광객 정도다. 얼마 전까지만 해도 동양인은 일본인뿐이었는데 최근 한국인이 늘어났고 중국인이 그다음을 잇고 있다.

그리스 곁에 터키를 비롯한 아랍 국가들이 있지만 터키가 그리스를 식민지로 삼았던 탓인지 지금도 사이가 좋지 않다. 아랍권 모두가 그렇다. 아랍에는 "그리스인과 악수한 뒤에는 반드시 손가락을 세어보라"는 속담이 있을 정도로 그리스를 멸시하고 경계한다. 북쪽의 러시아와도 사이가 좋지 않아 러시아에는 "그리스인들이 진리를 말하는 것은 1년에 단 한 번뿐"이라는 속담도 있다. 그리스를 찾은 외국인은 곧잘 '그리스인만 없으면 이곳은 천국이지!'라고 한다. 심지어 그리스인 자신도 그렇게 말한다.

서구에도 그리스 도착증에 대한 반론이 있다. 가령 해럴드 블룸Harold Bloom은 '오래전에 죽은 유럽 백인 남성들의 엘리트주의'를 옹호하는 문화적 보수파라는 비판을 받았다. 그러나 블룸과 비슷한 이야기를 한 대니얼 J. 부어스틴Daniel J. Boorstin의 『탐구자들』에 대해서는 그런 비판이 거의 없었다. 블룸 등을 비판한 책은 한국에 전혀 소개되지 않는다. 한국에 소개된 예외적인 책들은 버트런드 러셀Bertrand Russell의 『러셀 서양 철학사』, 칼 포퍼의 『열린사회와 그 적들』, 존 D. 버널John D. Bernal의 『과학의 역사』, 이지도어 F. 스톤Isador F. Stone의 『소크라테스의 비밀』 정도다.

4권의 순서는 우리말로 번역된 순서인데 그중 가장 기본적인 책은 러셀의 『러셀 서양 철학사』다. 우리의 신조인 민주주의에 맞는 철학사이기 때문이다. 그러나 우리 철학자들은 그 책을 무시하거나 반대하는 경향이 있다. 민주주의를 좋아하지 않기 때문이다. 그 단적인 보기가 그리스 사상에 대한 태도다. 그리스 사상 중에서 반민주적인 것은 소크라테스-플라톤-아리스토텔레스라는 주류이고 그들이 궤변가(소피스트)라고 욕한 비주류가 민주적이다. 철학자들 이상으로 유명한 극작가 중에는 에우리피데스만이 민주적이고 나머지는 모두 보수적이다. 호메로스도 반민주적이기는 마찬가지다.

러셀이나 포퍼는 철학자이기는 하지만 독일이나 프랑스의 철학을 선호하는 한국에서는 주류 철학자에 들지 못하고 버널은 과학 사학자이며 스톤은 학자가 아니라 언론인이다. 그중에서 나는 버널의 "플라톤이 의식적으로 착수한 작업은 세계가 변하는 것(적어도 민주정치의 방향으로)을 막는 것이었다"라고 한 말이 가장 마음에 든다. 그 말 앞에는 철학은 세계를 변하게 하는 것이라는 마르크스의 말이 있다.

러셀이 책에서 간략히 언급한 플라톤에 대한 포퍼의 비판서가 1982년에 번역되었으나 그리스에 대한 맹신은 우리 사회에 여전하다. 너무 높은 그리스 맹신의 벽을 넘기란 힘들다. 한국의 역사가, 정치학자, 철학자, 심지어 일반인들도 소크라테스나 플라톤, 아리스토텔레스를 절대적으로 숭상한다. 참으로 우스운 일이다. 그 세 사람은 노예제를 인정한 것만으로도 이제는 철학사의 자리에서 비켜나야 한다. 에두아르도 갈레아노Eduardo Galeano는 『갈레아노, 거울 너머의 역사』에서 그 두 사람을 노예제를 주장한 자로만 소개했다.

내가 본 그리스

약 30년 전 내가 그리스를 처음 갔을 때 놀란 것은 대부분의 그리스인이 키가 작고 피부와 머리카락이 검다는 점이었다. 끔찍이도 더운 기후의 당연한 결과였다. 아프리카 흑인 정도는 아니지만 키가 크고 피부가 희며 노랑 머리카락을 한 독일인이 선조로 모시기에는 그 모습이 너무나도 달랐다. 사실 그리스를 찬양한 독일인이 그리스에 다녀온 적은 거의 없었다. 요한 볼프강 괴테도 요한 요하임 빙켈만Jahann Joachim Winckelmann도 그리스에 가본 적이 없었다. 그들의 그리스는 상상의 그리스였다.

그리스에 가기 전에는 나도 마찬가지였다. 〈트로이〉나 〈300〉 같은 영화에는 그리스인이나 트로이인이나 페르시아인이나 모두 백인으로 묘사된다. 그러나 트로이가 있던 터키나 페르시아가 있던 중동의 사람들은 백인이 아니다. 흑인에 가까운 백인, 아니 백인에 가까운 흑인이다. 여하튼 백인은 아니다. 반면 할리우드 영화의 백인 중심주의는 환상일 뿐이다. 고대 그리스인을 백인으로 보는 허위는 지금도 영상 매체에서 계속되고 있다.

그런 서구인에게 현대 그리스는 아무런 관심의 대상이 아니다. 현대 그리스가 고대 그리스를 계승했다고 생각하지 않기 때문이다. 사실 고대 그리스 멸망 후 로마 제국이 동서로 분열되면서 서구 세계는 그리스어를 망각하고 공통어로 라틴어를 사용했다. 따라서 서구의 중세는 라틴의 중세였고 그것이 참된 서구의 시작이었다. 르네상스에 이르러 고대 그리스가 재발견되었지만 그것은 극히 일부의 지식인 집단의 관심에 불과했고, 그마저도 17세기에 사라졌다. 18세기에 고대 그리스에 대한 관심이 다시 생겨났지만, 현대 그리스와는 전혀 무관한 것이었다. 오랜 터키 지배하에서 그리스가 슬라브화했다는 것이 가장 중요한 이유였다.

내가 그리스에서 놀란 또 한 가지는 민둥산이었다. 그리스를 다녀온 사람들이 그곳 산야의 올리브나무와 포도나무를 매력적이라고 썼는데 내가 본 그리스에는 작다란 올리브나무가 점처럼 박혀 있는 산이 있을 뿐이었다. 또한 사람들은 파르테논신전을 비롯한 유적들에 경탄했지만 내 눈에 들어온 것은 거리를 메운 무미건조한 건물들뿐이었다. 그 사이에 끼어 있는 유적들은 삭막한 서울의 그것과 크게 다르지 않게 초라했지만 민둥산은 한국의 산보다 벌거숭이였다.

그리스만이 아니라 지중해 연안 국가들의 산은 모두 민둥산이다. 지속적인 인구 증가로 인한 벌목이 빚어낸 결과다. 그리스의 자연 파괴는 기원전 650년경부터 시작되었다. 590년 아테네의 솔론Solon이 토양 유실을 막기 위해 가파른 경사지에서 경작을 금지해야 한다고 주장한 것은 그 파괴의 정도를 알려준다. 그 뒤 석회질의 침식된 토양에서도 잘 자라는 올리브나무를 심었지만, 플라톤이 『크리티아스』에서 "기름지고 부드러운 땅은 모두 없어지고 메마른 뼈대만이 남았을 뿐이다"라고 개탄했듯 자연 파괴는 그치지 않았다. 소크라테스나 플라톤이 무엇보다도 자연보호를 제일로 삼는 철학을 만들어내야 하지 않았는지 의심스럽다.

지중해 연안국들도 그리스와 크게 다르지 않았다. 그리스 제국과 로마 제국에 식량을 보급하기 위한 곡창지대였던 그곳들은 이제 대부분 광활한 사막이다. 중국과 인도의 문명은 비옥한 강 유역과 넓은 평야의 농업 덕에 번성했지만, 그리스의 산악 지형은 농업의 확대를 불가능하게 해서 지중해 연안의 해안 지방을 식민지로 삼아야 했다. 서구 문명의 기원이라는 그리스는 처음부터 식민지를 가진 제국이었다.

그렇다면 생산은 누가 했는가? 최초에는 농민이 생산을 담당했지만 점차 식민지 시절 노예로 끌려간 포로들이 농업, 광업, 수공업 등 모든 생산을 담당했다. 다른 문명에도 노예는 존재했지만 대부분 지배자들의 시중을 들었고, 농업과 수공업은 반자유민들이 맡았다. 반면 그리스에서는 모든 생산을 노예가 주로 담당했고 로마는 더욱 그러했다. 그러니 그리스와 로마야말로 노예제를 본격적으로 시작한 최초의 제국이다.

그리스 문명은 생산에서 해방된 자들이 만든 것이다. 앞서 말한 그리스의 철학자나 문인들을 비롯한 '민주' 시민은 노예의 노동으로 그 지위를 유지했으며, 노예 소유나 식민지 지배를 문명화의 정수로 보았다. 소크라테스도 플라톤도 아리스토텔레스도 그러했다. 그들은 민주주의에 반대했다. 특히 플라톤은 철인정치라고 하는 전체주의 사상의 아버지였다. 아리스토텔레스는 부부, 부자와 함께 주인과 노예를 가족의 본질적 구성 요소라고 보았다. 물론 평등한 가족원이 아니라 말이나 소처럼 생필품의 차원에서 노예를 본 것이다. 노예들은 지중해 연안을 비롯해 발칸반도나 소아시아 등 여러 지역에서 붙잡혀왔고 노예시장에서 그들을 의도적으로 섞어놓았기에 서로간의 의사소통이나 단결이 거의 불가능해 반란은 상상도 할 수 없었다.

그리스의 민주주의 또한 노예와 여성, 25세 이하의 미성년자, 상인이거나 장인匠人이었던 비시민 거주자들을 배제한 것이었다. 게다가 그리스의 민주주의는 재산(노예 포함)의 과집중에 대해서도 상관하지 않았다. 사실 다수는 소수 부자 지주의 통제하에 있었다. 고대 그리스의 역사는 부유한 지주들이 민주정치에 대항해 투쟁을 벌여 성공한 역사였고, 200년 정도 제한된 민주주의나마 지속한 아테네는 지극히 예외였다. 무역에 의존한 아테네를 지키는 해군이 빈민들로 구성된 탓이었다.

새로운 그리스상

지금까지 나는 그리스에 대한 책 4권을 썼다. 『소크라테스 두 번 죽이기』,

『플라톤 다시 보기』, 『그리스 귀신 죽이기』, 『디오게네스와 아리스토텔레스』다. 그 책들에서 나는 고대 그리스는 노예제 제국주의 사회였다고 비판하고, 소크라테스·플라톤·아리스토텔레스는 그런 체제에 아부한 반민주적 철학자들이라고 했다.

그리스가 노예제 제국주의 사회였다는 점은 계급 차별적인 구조를 가지고 있는 그리스신화에서 단적으로 드러난다. 신화의 일부인 『일리아스』나 『오디세이아』를 쓴 호메로스 역시 귀족주의자로서 법과 질서를 설교했다. 『일리아스』에 나오는 유일한 민주 시민 테르시테스의 항변에 오디세우스는 말한다. "다수의 지배는 좋은 것이 아니다. 한 사람의 왕으로 지배하게 하라."

호메로스를 잇는 시인 핀다로스나 아이스킬로스, 아리스토파네스, 소포클레스 등 그리스의 극작가들도 호메로스처럼 귀족주의자 혹은 보수주의자들이었다. 그들의 반민주적 작풍이 지금의 문학 전통, 즉 로마의 베르길리우스, 영국의 허버트 스펜서Herbert Spencer와 셰익스피어, 프랑스의 장 밥티스트 라신Jean Baptiste Racine, 독일의 괴테와 같은 주류 문학을 형성했다. 이들에 반해 다수의 지배, 즉 민주적 전통을 보여준 예외는 에우리피데스였다. 그는 군국주의와 거짓 애국주의를 비판했고 노예제와 여성차별을 증오했다. 그는 다음과 같이 왕을 비판하기도 했다.

오래전 거짓 전설로 인해 그대는 속았다.
참된 일에 눈을 돌려라, 내 말을 이해하리니
거짓된 일을 믿지 말아라, 나는 말하리니
왕이야말로 살육하고 약탈하며 맹세를 깨뜨리고
거리를 사기꾼에게 맡겨 황폐하게 했다.

그리스에 제한된 민주주의가 단시간 존재했지만 그것은 흔히 말하는 세계 최초의 것이 아니었다. 이집트나 메소포타미아는 물론 인도에서도 민주적 정치가 이루어졌다. 공공 토론과 투표 절차가 공공건물이나 야외의 민회에서 이루어졌고, 왕의 독재가 아니라 위원회를 비롯한 여러 단계의 결정 과정이 있었으며, 노예와 외국인처럼 비천한 자들도 고소를 하고 항의를 하고 시위를 할 수 있었음이 최근 밝혀졌다.

마틴 버널Martin Bernal의 『블랙 아테나』와 발터 부르케르트Walter Burkert의 『그리스 문명의 오리엔트 전통』을 비롯한 여러 책에서 고대 그리스 문화가 메소포타미아와 이집트, 중국과 인도 등 여러 문화의 영향을 받아 이루어졌다고 주장한다. 또 그리스 문명의 발전에는 민중이 중요한 역할을 했는데, 그들에 대한 기록이 거의 남아 있지 않아서 상세한 내용을 알수 없다고 한다.

그보다 중요한 점은 소크라테스를 전후로 그리스 사상이 크게 달라졌다는 점이다. 보통은 소피스트에 대항한 참된 철학의 탄생이 소크라테스에 의해 가능해졌다고 하는데, 사실은 민주적 철학에 대한 반민주적 철학을 시작한 사람이 소크라테스였다. 소크라테스 이전에는 지적 엘리트가 과학을 통제하지 않았으나 소크라테스 이후에는 반대로 지적 엘리트의 과학 통제가 강화되었다.

소크라테스 이전의 사상가들은 그리스 본토가 아니라 그리스의 식민지인 이오니아 연안에 살았다. 농업 중심국가였던 이집트나 바빌론에서 사제들이 학문을 한 것과 달리 이오니아는 무역이 중심이어서 다양한 민족의 사람들과 교류할 수 있었다. 정치에서도 귀족정이 왕정을 대체했고, 이어서 평민들이 유력한 정치 세력으로 기능하는 상인 과두정寡頭政이 수립되었다. 이는 뒤에 참주정으로 변모했으나 간혹 민주정이 수립되기도 했다. 그런 분위기에서 나타난 사상가들은 활동적인 시민이기도 했다. 가령 탈레스는 영리한 사업가였다. 상인적인 사고는 비교, 일반화, 법칙화 등을 낳았다. 그 결과 탈레스, 아낙시메네스, 헤라클레이토스는 세상의 구성 요소를 각각 물, 공기, 불로 보았다.

소크라테스에 의한 변화는 일종의 '반혁명'이었다. 자연에 대한 지식이 관찰과 경험에 의해서가 아니라 수학과 같은 선험적 논증에 의해 얻어질 수 있다는 주장은 소크라테스에 의해 우세해졌다. 플라톤이 그런 수학의 숭배에 앞장섰다. 이는 이오니아의 자유주의적 계몽주의에 맞선 정치적 반동이었다. 플라톤은 가장 철저한 엘리트주의자였다. 그는 학문에서 유용성을 없앴고 직접 손을 써서 일하는 사람들을 학문에서 철저히 배제했다. 그는 정부란 거짓의 기반 위에서만 가능하다고 믿었고 그런 거짓을 만드는 데 평생을 바쳤으면서도 진실과 정직이라는 이상을 주장했다. 그는 자신의 주장에 반대하는 사람들을 사형에 처하고 그의 『법률』을 필수 정전正典으로 국가가 강제해야 한다고 주장했다. 플라톤의 반경험주의는 그의 제자인 아리스토텔레스에 의해 약간 완화되기는 했으나 그 역시 엘리트주의자에 관념론자인 것은 마찬가지였다. 특히 아리스토텔레스는 노예를 정당화하고 노동자를 경멸했으며, 마찬가지로 목적론적 자연관을 옹호했다.

마지막으로 우리가 그리스에 대해서 새롭게 보아야 할 점은, 루이스 멈퍼드가 지적했듯 고대 그리스는 예술에 지나치게 몰두해서 현실감을 잃었고, 의상 · 그림 · 공공 의례 · 제전 등 주로 상징적인 매력에 정신이 팔려 결국 자유를 상실했다는 점이다. 이러한 상징을 향한 완전한 집착, 내면 세계로 완전한 퇴각은 외형주의와 마찬가지로 인간 발전에 치명적이었다. 그런 점에서 그리스의 예술은 비판적으로 언급되어야 한다.

제2장

그리스의 문학과 신화 이야기

그리스 문학

그리스 문학이라고 하는 것은 그리스의 문학 전체가 아니라 25세기 이전부터 몇 세기 동안의 고대문학을 말한다. 독일인인 마틴 호제Martin Hose가 쓴 『희랍문학사』라는 책은 고대 그리스의 문학만을 다룬다. 한국인이 쓴 『그리스 문화 산책』도 마찬가지다. 『이윤기, 그리스에 길을 묻다』라는 책도 고대 그리스, 그것도 주로 그리스신화를 다루고 있다. 이처럼 그리스는 고대에 그친다. 그래서 서양 고전문학은 고대 그리스 고전에 그친다. 그리스의 중세나 근대나 현대에도 많은 문학작품이 있었을 텐데 전혀 소개가 없다. 아무것도 없는 것처럼. 물론 없는 것이 아니다. 적어도 니코스 카잔차키스Nikos Kazantzakis가 있기 때문이다. 그는 『그리스인 조르바』의 작가다. 그러나 25세기의 처음과 끝 말고 그리스에는 문학이 없었다는 말인가? 그렇지 않다. 카잔차키스 외에도 노벨상 수상 작가를 비롯한 많은 현대문학가의 작품이 있다. 중세나 근대의 문학작품도 많다.

반면 한국에서 나온 세계문학전집은 그리스신화로 시작되고 그것으로 끝난다. 내가 중학교에 들어갔을 때 나온 정음사 판이나 을유문화사 판에는 그리스신화가 공통으로 들어 있었고, 전자에는 『아서왕 이야기』도 포함되었다. 한국의 독자적인 세계문학전집 편찬 방법인지는 모르지만 외국에서는 그런 것을 본 적이 없다. 왜 그런 신화가 세계문학전집의 제1권이 되었는지 이해하기 어렵다. 그 뒤에도 세계문학이라는 이름의 책에는 반드시 그리스신화가 포함되었다.

모든 신화가 그렇듯이 그리스신화가 그리스 문학과 서양 문학의 기원이기는 하지만 세계문학의 기원이라고 할 수는 없다. 세계문학의 기원이 신화라면 세계의 모든 신화가 해당되어야지 그리스신화에만 해당될 수도 없다. 그런데 그리스 문학의 시작인 호메로스의 『일리아스』와 『오디세이아』는 신화에 영웅들의 전설을 더한 서사시여서 신화와의 구분이 모호하다. 그래서 그리스신화의 일부로 호메로스의 작품을 넣기도 한다. 호메로스를 잇는 헤시오도스의 『신통기』도 마찬가지다.

기원전 5세기의 역사가 헤로도토스는 『역사』에서 호메로스와 헤시오도스가 신들의 계보를 만들었다고 했고, 그 이전의 그리스인들은 신들이 어디서 태어나 어떤 모습을 했는지 몰랐다고 했다. 하지만, 고대 문자로 기록된 기원전 13세기 이전의 문서에 신들의 이름이 나오는 것을 보면 호메로스나 헤시오도스 이전에 신화가 성립했고, 그들은 그것을 기록했을 뿐임을 알 수 있다. 그들은 기원전 8세기 중엽부터 페니키아에서 배워 사용한 알파벳 문자의 원형 문자로 기록했다.

그런데 호메로스와 헤시오도스의 작품은 매우 다르다. 전자는 귀족적 입장에서 영웅을 찬양하는 반면, 후자는 귀족에게 억압당한 농민 계급의 입장에서 사회정의를 주장하고 자의와 폭력을 규탄했기 때문이다. 그런 점에서 나는 헤시오도스의 작품을 더 높이 평가하지만, 그렇다고 호메로스의 존재를 부정할 수도 없다. 서양 고전문학이 그러한 두 가지 흐름에서 시작되었다는 점은 대단히 의미 깊다. 즉, 지배와 피지배의 대립이다. 그러나 지배의 편에 선 문학이 압도적이다. 태고부터의 영웅주의가 압도적이다. 특히 서양이 그렇다. 『길가메시 서사시』나 그리스 · 로마 신화의 수많은 영웅이 대표적이다.

문제는 그런 작품들이 어느 것이나 폭력과 전쟁을 미화했다는 점이다. 지금도 그것들은 폭력과 전쟁의 고전이지 비폭력과 평화의 고전이 아니다. 폭력과 비폭력을 싫어할 뿐 아니라 다시는 그런 것이 없기를 바라는 나는, 그런 영웅주의적 모험담을 좋아하지 않는다. 본능적인 말초신경을 건드린다고 해서 무조건 좋아할 노릇이 아니다. 특히 그런 것들을 수천 년 인류의 고전이랍시고 숭상했고, 서양 것이라면 무조건 좋아하는 우리가 세계문학전집 1번이라는 따위의 헛된 권위로 거짓 가치를 장식해온 과거는 철저히 반성해야 한다. 그래서 나는 『일리아스』나 『오디세이아』를 포함한 그리스신화를 고전은커녕 인문의 자리에서도 제외하고자 한다. 이 글은 그 이유를 설명하는 글이지 『일리아스』나 『오디세이아』를 읽자고 권유하며 쓰는 글은 분명 아니다.

노예

나는 제임스 팔레James Palais라는 미국인 한국학자가 조선을 노예제 국가라고 한 말이 잊히지 않는다. 흔히 노비라고 부르는 노예가 그만큼 많았다는 이야기다. 인구의 반 정도가 노예였다니 지금 한민족의 절반은 노예의 후손이 아닌지 모르겠다. 미국 대통령은 노예의 후손임을 인정하는 모양이지만, 대부분 양반의 후손이라 생각하는 오늘날 한국인에게 그런 일은 없을 것이다. 한국에는 아직도 인권선언이 없고 양반선언만 있을 뿐이다.

물론 불운의 노예들이 반수 이상인 국가가 조선만이 아니었다. 서양

도 그러했다. 서양에서 노예가 마지막으로 해방된 것은 1865년 미국에서
였다. 조선 이전의 한반도에 노예가 있었듯 서양도 그리스 이전부터 노예
가 있었다. 그리스도 조선처럼 인구의 반 이상이 노예였다. 로마는 2만 명
의 시민을 부양하는 40만 명의 노예가 있던 시기도 있었다.

그러니 "그리스는 지식의 샘이고 로마는 우아의 샘"이라고 한 새뮤얼
존슨Samuel Johnson이나 "모든 민족 중에서 그리스인이 삶의 꿈을 가장 아
름답게 꾸었다"고 한 괴테의 말이 나에게는 공허하게 들린다. 샘이고 꿈이
고 간에 그것은 다수의 노예를 부리는 귀족의 것이었지 노예의 것은 아니
었다.

그리스 철학을 대표한다는 소크라테스, 플라톤, 아리스토텔레스가 노
예제를 정당하게 여겼다는 것은 그다지 알려져 있지 않다. 더욱이 소위 계
몽사상가로 삼권분립을 처음 주장했던 몽테스키외가 흑인 노예제를 긍정
했다는 사실 또한 알려져 있지 않다. 몽테스키외는 『법의 정신』에서 이렇
게 주장했다. 그중 일부를 읽어보자.

"문제의 노예들은 머리부터 발끝까지 온통 까맣다. 코는 문드러질 대
로 문드러져서 동정할 여지마저 없다. 극히 좋은 신이 혼, 특히 좋은 혼을
새까만 몸 안에 넣었다고 생각할 수 없다. 피부색이 인류의 본질을 형성한
다.……흑인에게 상식이 없다는 증거의 하나는 그들이 금 목걸이보다 유리
목걸이를 중하게 여긴다는 점이다. 문명화된 국가에서는 금이 귀중하다.
우리는 이런 자들을 인간이라고 상상할 수도 없다. 왜냐하면 그들을 인간
이라고 하면 우리도 하느님의 자식이 아니라고 생각할 것이기 때문이다."

아무리 1748년에 쓴 책이라고 해도 그렇지 흑인에게는 혼이 없다느
니, 금보다 유리를 좋아하니 상식이 없다느니, 인간이 아니라니 하는 것은
도저히 이해하기 어렵다. 그러니 플라톤부터 몽테스키외까지 소위 고전이
니 하며 신주 모시듯 해온 짓을 이제는 그만두어야 하는지도 모른다. 소수

가 하는 삼권분립이니 공화제니 하는 것에 무슨 의미가 있겠는가? 몽테스키외는 로마에 열광했고 특히 그 공화제를 찬양했지만 그것도 다수의 노예가 모든 노동을 담당한 공화제니 사실 웃기는 일이다.

국내에 몇 번이나 번역된 『로마인 성쇠 원인론』(국내 출간본의 제목은 『몽테스키외의 로마의 성공, 로마제국의 실패』)의 마지막 장 '동로마제국의 붕괴'에서 몽테스키외는, 투르크(터키)에 압박을 받던 그리스 주민들이 두 파로 나뉘어져 적의 술탄에게 서로를 팔아넘기려고 하고, 그때 내건 유일한 조건이 상대방 주민을 노예로 삼는 것이었음을 개탄하면서 "나에게는 그 뒤에 이어진 비참한 사태를 말할 용기가 없다"고 하며 책을 맺는다. 그러니 동로마제국 그리스인보다는 조선시대 사람들이 좀더 나았다고 해야 할까? 그러나 동로마제국의 그리스인만 그랬을까? 소크라테스는 민주 아테네를 독재 스파르타처럼 바꾸려고 했거나 스파르타에 아테네를 팔아먹으려고 해서 사약을 받았던 것은 아닌가? 아리스토텔레스는 아테네를 멸망시킨 마케도니아의 왕 알렉산드로스Alexandros의 스승이 아니었던가?

앞에서 언급한 『그리스 문화 산책』은 미국에서 서양고전학으로 박사학위를 받고 서울대학교에서 강의하는 정혜신의 책이다. 저자는 이집트 등이 기술적으로 유능했을지 모르지만 지적인 영역에서는 불모지였던 반면 그리스는 모든 학문의 출발이었다고 한다. 2003년에 나온 책인데도 이집트 등이 그리스에 미친 영향을 전혀 모른다. 이 책은 그리스 독자 문화설에 철저하다. 그리고 그 이유를 자유에 대한 사랑과 신념 때문이라고 한다. 그리스인들은 자유민인데 그 밖의 외국인은 노예인 야만인이었다는 것이다. 그래서 그리스가 페르시아전쟁에서 이겼다고 한다.

저자는 그리스인의 반 이상이 노예인 것을 아는가, 모르는가? 페르시아에도 노예만 있었던 것이 아니다. 그리스처럼 왕과 귀족과 평민이 있었고 그리스 이상으로 자유를 존중했다. 가령 페르시아의 아케메네스 왕조

(기원전 550년~기원전 330년)를 창시한 키루스 대왕은 당시 가장 강력한 세력이었던 바빌로니아 제국을 정복한 후에 '키루스 원통Cyrus Cylinder'이라는 인류 최초의 인권선언문을 발표했다(1879년에 발견). 그것에 의하면 모든 시민은 종교의 자유를 가지고 노예제를 금지하며 궁궐을 짓는 모든 일꾼은 급여를 지급받았다. 아케메네스 제국은 중국을 제외한 그 당시 알려진 대부분의 문명 세계를 통일했다. 키루스 인권선언문을 좀더 상세히 보자.

첫째, 바빌로니아에 친구로 입성했다. 이는 유엔 세계인권선언 1조의 '형제애'에 해당한다. 둘째, '황폐한 주거지'에 대한 바빌론의 염려를 말하는데 이는 유엔인권위원회가 2000년 적절한 주택을 기본 인권의 하나로 재확인한 것과 같다. 셋째, 키루스는 추방된 바빌로니아인들을 고향으로 돌려보냈다. 이는 추방된 사람들에게 피난처를 제공하고, 안전해지면 고향에 돌아갈 수 있도록 원조하는 현대 인권법과 같다. 넷째, 키루스는 바빌로니아 왕이 노예로 만든 사람을 풀어주었다. 그중에는 나부-나이드Nabu-na'id 왕이 70년 이상 억류한 유대인 4만 명을 방면했음을 키루스의 다른 업적과 함께 『구약성서』에서 기록하고 있다. 다섯째, 키루스는 바빌론 사람들이 숭배하는 신상을 영구적 신전에 옮겨 세웠다. 이는 유엔 세계인권선언의 18조에 규정한 종교와 신앙의 자유다.

『그리스 문화 산책』은 영화 〈300〉과 같은 주장을 하고 있다. 페르시아군 100만 명을 무찌른 스파르타군 300명의 장렬한 전투 이야기인 〈300〉은 스파르타와 그리스=서양=민주=자유, 페르시아=동양=전제=야만=노예라는 고대 그리스의 등식을 되풀이해 그 영화가 제작된 2007년, 미국이 중동을 침략하는 데 전초격인 심리전의 하나로 악용되었다. 이 주장은 고대 그리스의 역사가인 헤로도토스가 『역사』에서 말한 내용 그대로였다.

그리스신화

그리스·로마와 함께 지중해는 서양 신화의 일부다. 니체나 카뮈를 비롯한 많은 사람이 지중해를 사랑했고 지중해를 주제로 한 글을 썼다. 이집트와 터키, 그리스와 이탈리아, 프랑스와 스페인, 모로코와 포르투갈은 물론 최근의 발칸반도까지 지중해의 모든 나라는 세계적인 관광지다. 지중해를 여행한 사람은 누구나 그 푸른 바다와 하늘, 따뜻한 기후를 잊지 못한다.

그러나 지중해는 적어도 4,000년 전쯤부터 지금까지 노예와 제국과 전쟁의 피바다였다. 그리스·로마 문명이라는 것은 그런 피바다 잔치였다. 그런데도 그리스가 민주정, 로마가 공화정의 모델이라고 하는 것은 참으로 웃기는 일이다. 그냥 강대국이거나 제국이었을 뿐인데 그것을 찬양하고 있으니 말이다. 오늘날 미국을 무조건 좋다고 하며 죽으라고 닮으려고 하는 바로 우리는 얼마나 우스운가? 돈 많은 부자, 힘 센 권력자를 숭상하는 우리의 잘못된 의식은 바로 거기에서 나오는 것이 아닌가?

고대 그리스의 노예는 백인이었다. 빚을 갚지 못해 재판을 받고 노예가 되거나 전쟁에서 패한 국가의 사람들이 포로로 끌려와 노예가 되었다. 그들은 그리스어를 모른다는 이유로 멸시된 주변국 사람들이었다. 따라서 대부분 백인일 수밖에 없었다. 그리스신화에 나오는 괴물은 모두 그런 나라에서 온 것들이었다. 그런 전통은 백인들의 인종차별에 그대로 남아 있다. 이에 대해서도 수없이 많은 예를 들 수 있지만 앞에서 예로 든 몽테스키외는 동로마제국을 침략한 투르크인을 두고 "지상에서 가장 흉하게 생긴 민족"으로 "그리스 여자들을 보자 다른 여자들은 거들떠보지도 않았다"고 했다. 그러나 수만 년을 같은 지역에서 살아온 민족들이 서로 그렇게 달랐을까? 이는 이 세상에서 우리와 가장 많이 닮은 일본인을 쪽발이니 뻐드렁니니 하면서 못났다고 하는 것과 같은 것이 아닐까?

그리스신화 최대의 영웅인 헤라클레스의 12개 위업 중 4분의 3에 해당하는 사건이 괴물을 물리치는 것이다. 괴물은 그리스신화만이 아니라 모든 영웅담, 현대의 영화, 만화, 소설, 시에서도 중요한 요소다. 영화 〈킹콩〉이 그 대표적인 것이리라. 그 영화처럼 괴물을 주인공으로 보면 그리스신화는 괴물들의 이야기가 된다.

그리스신화의 괴물들은 대부분 그리스가 아니라 그곳에서 멀리 떨어진 곳에 살았다고 되어 있다. 〈킹콩〉이 아프리카에서 왔듯 말이다. 따라서 괴물은 대부분 그리스의 것이 아니다. 그리스 밖에는 신, 영웅, 인간이 아니라 괴물이 산다는 것이다. 그리스의 것은 문명과 선과 미를 대표하나, 그리스 밖의 것은 야만과 악과 추를 대표한다. 이러한 도식에 따라 그리스는 로마를 거쳐 서양으로 확대되었고, 비非그리스는 페르시아를 거쳐 동양과 비서양으로 확대되었다. 그 두 세계는 지배와 피지배의 관계, 우월과 열등의 관계, 문명과 야만의 관계, 정상과 비정상의 관계로 도식화되었다.

지배민족=그리스=서양=중심=문명=미와 선=정상

피지배민족=비그리스=비서양=주변=야만=추와 악=비정상

이러한 도식화는 세계사를 서양사 중심으로 설정하고, 비서양사를 서양의 비서양 지배사로 날조하게 한다. 그래서 그 이름은 세계사지만 아직까지도 비서양은 서양과 관련되는 경우에만 그 객체로 등장하고, 세계사의 주체는 어디까지나 서양일 뿐 비서양은 아니다. 이런 구조는 대내 관계에서도 동일하게 반복된다. 모든 신화에서 세계의 창조자를 비롯한 신은 현실 무대에서는 지배자인 왕족을 상징하고, 신의 피를 일부 타고나는 영웅은 왕을 섬기는 지배계급을 뜻하며, 인간은 피지배계급을 뜻한다. 또 하나의 피지배계급인 노예는 인간도 아니다. 따라서 그 노예는 그리스신화에 나오는 괴물일 수 있다. 이 두 계급도 지배와 피지배의 계급 관계, 우월과 열등의 관계, 정상과 비정상의 관계로 도식화된다.

지배계급=신과 영웅=왕과 귀족과 장군=주인=미와 선=정상

피지배계급=괴물과 인간=노예와 외국인=주변=추와 악=비정상

왕족과 귀족, 피지배계급에도 다시 남녀의 계층 구별이 있다. 인류 역사의 처음은 농경 사회로 농경의 신은 여신이었으나, 차차 남성 중심의 사회로 바뀌면서 여신은 남신에 의해 지배받았다. 그리고 남신만이 아니라 남자 영웅까지 포함한 남성은 정신과 지성과 문명과 공적인 정치 세계의 존재인 반면, 여성은 영웅이 아닌 존재로 육체와 감성과 자연과 가정 세계의 존재로 여겨진다. 그 두 성도 지배와 피지배의 계급 관계, 우월과 열등의 관계, 정신과 육체의 관계로 도식화된다.

지배계급=남신 · 남자 영웅=정신 · 지성 · 문명=공적 정치 세계=국가

피지배계급=여신 · 여성 인간=육체 · 감성 · 자연=사적 가정 세계=사회

이상이 그리스신화의 다중 차별이라는 기본 구조다. 외부적으로는 그리스와 비그리스의 구분, 내부적으로는 지배와 피지배의 구분 위에 다시 주인과 노예, 남과 여로 나뉘어져 그리스신화는 성립한다. 그런 구조에서 그리스신화는 끊임없이 난무하는 반인륜적 폭력의 권력 투쟁을 보여주는 적대, 경쟁, 전쟁, 정복, 침략, 복수, 음모, 계략, 살인, 절도, 사기, 약취, 유괴, 강간, 간통, 차별 등의 온갖 범죄와 부도덕으로 점철된다. 그것은 주체와 타자의 적대적 착취 관계를 전제로 하며, 그런 관계를 정당화하고 합리화해 괴물을 희생양으로 삼아 그것을 진리인 양 지속적으로 유지시킨다.

『일리아스』와 〈트로이〉

지배 민족과 지배 계급의 입장에서 쓴 『일리아스』를 나는 좋아하지 않는다. 어려서부터 몇 종류의 번역본을 열심히 읽었지만 끝까지 읽은 적은 없다. 끝까지 읽지도 않고 이런 글을 쓰는 것에 대해 분노할 수도 있겠지만 뻔한 전쟁 이야기니 그렇게 분노할 것도 없다. 그리스 원전 번역본으로 『일리아스』를 읽은 사람은 거의 없어도 그 책을 영화화했다는 〈트로이〉를 본 사람은 많을 것이다. 그러니 영화 내용으로 이야기를 시작해보자.

트로이는 그 지역에 원래 살았던 원주민의 왕국이었고, 그리스는 그 뒤에 이주한 후주민의 도시국가였다. 따라서 트로이는 그리스 민족과 다른 민족이었다. 그리스 민족은 지금의 그리스 땅을 정복했는데 아직 정복하지 못한 곳이 트로이여서 기원전 13세기경에 전쟁을 벌였을 것이다. 트로이 전쟁이란 그런 것이고 『일리아스』와 『오디세이아』는 그러한 정복 전쟁을 노래한 서사시다. 마찬가지로 그리스신화도 원주민의 신화를 후주민이 바꿔치기한 것이다.

트로이의 왕자 파리스는 스파르타와 평화 협상을 하러 갔다가 왕비 헬레네와 사랑에 빠져 트로이로 도주한다. 아내를 빼앗긴 스파르타의 왕 메넬라오스는 미케네의 왕이자 자신의 형인 아가멤논에게 복수를 부탁한다. 아가멤논은 모든 그리스 도시국가를 규합해 트로이에서 헬레네를 되찾기 위한 전쟁을 일으킨다. 그러나 전쟁을 일으킨 진짜 이유는 모든 도시국가를 통합해 거대한 그리스 제국을 건설하려는 야심이었다.

아가멤논의 지휘로 배 1,000척을 거느리고 트로이를 공격하지만 트로이성은 함락되지 않는다. 아킬레스 없이는 승리할 수 없음을 안 아가멤논은 오디세우스를 보내 그를 설득한다. 그 결과 아킬레스가 아폴로 신전을 점령하지만 전리품인 브리세이스를 아가멤논이 빼앗아가자 아킬레스는 전장에서 물러나고, 그리스는 계속 패배한다. 아킬레스의 사촌 파트로클레스가 아킬레스의 투구와 방패를 들고 아킬레스인 양 병사들을 이끌고 싸우다 헥토르에게 죽자 아킬레스는 홀로 복수를 한다. 아킬레스는 헥토르의 시체를 묶어 여기저기 끌고 다니면서 그리스 진영으로 데리고 온다.

트로이의 프리아모스 왕은 몰래 아킬레스의 진영으로 들어와 아들의 시체를 돌려받기 위해 아킬레스에게 자비를 구한다. 아킬레스는 헥토르를 돌려주고, 12일 동안 장례를 치르기 위해 전쟁을 중단한다. 그 뒤 이타카의 왕 오디세우스의 제안으로 아킬레스가 지휘하는 그리스군은 거대한 목마를 이용해 트로이성을 함락시킨다.

이상이 〈트로이〉의 줄거리다. 『일리아스』는 신들의 파티에서 시작된 불화로 파리스가 헬레네와 함께 도망을 쳐 10년 전쟁이 시작되고, 헥토르의 죽음으로 이야기가 끝난다는 점에서 영화 내용의 절반 정도에 그친다. 영화 〈트로이〉에서는 10년 전쟁이 몇 주 전쟁으로 축약되어 있다. 특히 트로이 목마는 『일리아스』와는 무관한 전설이다. 불의를 혐오하는 영웅 아킬레스가 오디세우스의 모의에 협력해 트로이 목마를 타고 공격한다는 것은 『일리아스』의 영웅 아킬레스로서는 상상도 할 수 없는 짓이다. 『오디세이아』에서 오디세우스는 저승에서 사후의 아킬레스를 만나며, 아킬레스의 장례와 무기의 분배를 둘러싼 분쟁에 대해서는 언급하고 있지만 그 죽음의 진상에 대한 언급은 없다. 전설에 따르면 그는 아폴론이 쏜 화살에 그의 유일한 약점인 발뒤꿈치를 맞아 죽었다. 그러나 〈트로이〉에서는 발꿈치만이 아니라 전신에 화살을 맞고 죽는다.

영화 〈트로이〉의 중심축은 파리스와 아킬레스의 사랑이지만, 『일리아스』의 중심축은 아킬레스의 분노이지 사랑이 아니다. 특히 영화에서 중요하게 등장하는 브리세이스는 『일리아스』에서 아폴론의 시녀 정도로 나올 뿐이고, 아가멤논과 다투는 전리품 여성은 다른 노예다. 또 〈트로이〉에서 아킬레스의 사촌으로 나오는 파트로클레스는 원작에서는 동성 애인으로 나온다.

아킬레스의 두 가지 분노는 영화에도 나오지만 내용의 중심축은 아니다. 〈트로이〉에는 등장하지 않지만 『일리아스』에는 아폴론과 포세이돈 등의 신이 등장한다. 『일리아스』에서 파리스는 아프로디테의 도움을 받지만, 영화에서는 헥토르에게 도움을 청하고, 헥토르는 메넬라오스를 죽인다. 그 밖에 아가멤논이 브리세이스에 의해 죽는 것, 파리스가 끝까지 죽지 않고 헬레네와 도망치는 것, 브리세이스가 헥토르와 종형제로 나오는 것 등도 영화에만 나오는 이야기다. 아킬레스의 어머니 테티스가 원작에서는 아들의 참전을 말리는 여신으로 나오지만, 〈트로이〉에서는 참전을 권유하는 평범한 어머니로 그려진다. 또 원작에서는 프리아모스의 딸 카산드라가 매우 중요한데 영화에서는 아예 등장하지도 않는다.

모든 원작의 영화화가 그렇듯이 원작과 영화는 별개일 수밖에 없다. 영화라는 매체의 대중성으로 인해 어쩔 수 없는 일이다. 그러니 문화 파괴의 야만이니 하며 비난할 것은 없다. 나는 『일리아스』의 신화적 요소를 없애고 철저히 인간들의 드라마로 개작한 영화가 더 좋다.

사포의 사랑 노래

고전이란 오랜 세월을 뛰어넘어 영원한 생명을 유지해오는 작품들이니 반드시 읽어야 한다고들 말한다. 그러나 고전이 그렇게 가치가 있다고 하면서도 대부분의 사람들은 읽지도 않고, 독자로 하여금 맑은 감흥을 갖게 만들지도 않는다. 여기서 우리는 솔직히 따져보아야 한다. 아무리 읽으려고 해도 끝까지 읽히지 않는다면 읽기를 그만두는 편이 낫지 않을까? 그리고 그런 작품을 왜 고전이라고 하며 찬양하는지를 따져볼 필요가 있다. 혹시 그것으로 돈을 벌거나 유명세를 얻거나 권위나 권력을 얻거나, 특정 집단을 이롭게 하려고 하는 음모는 아닐까?

고대 그리스 서사시에서 호메로스와 쌍벽을 이룬다는 헤시오도스는 세계문학전집이나 교양 필독서 등에 꼽히는 경우는 거의 없지만, 호메로스보다 높이 평가해야 할 측면도 있다. 두 사람의 경쟁 관계에 대해서는 2세기경에 편찬된 「호메로스와 헤시오도스의 시 겨루기」라는 글이 남아 있다. 그 속에 묘사된 시 겨루기를 본 그리스 청중들은 호메로스의 편을 들지만, 경기를 연 죽은 왕의 동생은 전투 장면을 노래한 호메로스가 아니라 "농사와 평화를 노래한 헤시오도스에게 승리를 주라"고 한다. 나도 그 판단이 옳다고 생각하지만 지금까지 영광은 호메로스에게 돌아갔다.

호메로스나 헤시오도스보다 우리에게 친숙한 동시대의 고대 그리스 문인은 '우화의 호메로스'로 불린 이솝이다. 그가 노예 출신이라는 점도 흥미롭다. "늑대다!"라고 늘 거짓말만 하다가 정작 늑대가 나타나자 아무도 도와주지 않았다는 '늑대와 양치기 소년'은 걸핏하면 북한군 침략 이야기로 공포 분위기를 조성하던 독재 시대의 추억이다. 『이솝우화』는 일제 강점기부터 소개되었다. 당시 정부가 편찬한 독본에는 근면을 강조하고 방심을 경계하는 '토끼와 거북이'나 '토끼와 베짱이' 또는 욕심을 경계하는 '고기를 입에 문 개'처럼 국민을 도덕적으로 교화하기 위한 우화들이 실렸다. 『이솝우화』를 아무리 읽어보아도 노예인 작가가 노예라는 굴종에서 벗어나야 한다는 교훈을 주는 이야기가 없어 유감이다.

솔직히 말해 나는 고대 그리스의 어느 작품보다도 사포Sappho의 시가 더 좋다. 플라톤이 시의 여신인 무사Mousa에 비해도 손색이 없다고 '열 번째의 시의 여신'으로 찬양한 이유가 무엇인지는 몰라도, 나는 그 시대에 호메로스류의 영웅보다 사랑이 좋다고 노래했기 때문에 그녀가 좋다. 게다가 사포의 사랑 노래는 소녀를 향한 것이어서 좋다. 그것이 동성애 노래라는 이유로 중세인들이 외설이니 음란이라고 하며 불태운 것과 달리, 인류의 가장 원초적인 사랑 노래로 들리기 때문이다. 게다가 사랑이란 교양 있고 돈 많은 성인 남자와 소년의 사랑만을 뜻했던 고대 그리스에서 여성의 동성애를 노래하는 게 좋다. 다음은 단편 16 「누구는 기수가, 누구는 전사가」의 일부다(영어판을 바탕으로 직접 번역했다).

> 누구는 기수가, 누구는 전사가
>
> 누구는 함대가 가장 아름답다 하지만
>
> 이 암흑세계에서, 나는
>
> 당신이 사랑하는 것이라 한다.

사랑하는 이가 가장 아름답다는 말보다 핍절한 사랑 고백이 있을까? 기수나 전사나 함대의 세계는 사랑하는 이들에게는 암흑이다. 사포와 같은 여성에게도 그리스는 암흑이었다. 그리스 여성은 노예처럼 어떤 권리도 누리지 못했기 때문이다. 결혼을 하면 집안에서 노예를 부릴 수 있었기 때문에 노예보다는 나은 신세였지만, 결혼을 할 때 여성의 동의는 전혀 필요하지 않았다. 결혼은 오로지 자녀를 낳기 위한 수단이었고 여성에게는 오로지 절제만 요구되었다. 그래도 사포가 살았던 기원전 6세기는 조금 나았다. 그 뒤 소위 민주정 시대에 여성의 지위는 더욱 낮아졌다. 사포는 레즈비언이라는 단어의 기원이 된 레스보스Lesbos에 명문가 규수들을 위한 학교를 세웠지만, 기원전 5세기 이후에는 그런 학교가 한 곳도 없었다.

제3장

그리스, 페르시아,
헤로도토스 이야기

오디세우스는 없다

테오도어 아도르노Theodor Adorno와 막스 호르크하이머Max Horkheimer는
『계몽의 변증법』에서 『오디세이아』는 물론 그리스 문화 전반에 나오는 제
국주의나 오리엔탈리즘적 요소를 전혀 분석하지 않았다고 나는 생각한다.
『오디세이아』의 이성이 나치를 초래했다는 분석에 급급했지 나치 이전 영
국이나 프랑스 등의 제국주의를 분석하지 않았고, 『오디세이아』·『일리아
스』의 호메로스와 그리스신화와 문학과 사상의 제국주의적 측면을 분석
하지 않았다. 가령 『계몽의 변증법』에서 자연으로 묘사된 키클로페스는
사실은 외국, 그것도 동양인데 아도르노와 호르크하이머는 키클로페스를
인간에 대립하는 자연으로 보았기 때문에 그리스신화의 제국주의를 분석
하지 못했다.

그리스신화에 나오는 괴물 1세대 티탄은 거대하지만 신체의 일부가
과잉이거나 결여되어 있다. 괴물 중에는 과잉인 존재가 결여된 존재보다
많다. 눈이 하나밖에 없는 기형인 키클로페스는 법도 도시도 없이 유목 생

활을 하는 야만·난폭·관능·선정·식인의 민족으로, 『오디세이아』 9권에서는 오디세우스가 그 부하들과 함께 키클로페스인 폴리페모스(호메로스에 의하면 그는 포세이돈의 아들이다)의 동굴에 갇히는 장면이 나온다. 그들은 땅 밑 깊은 곳에서 거대한 망치로 제우스의 번개를 만들어내는 무서운 괴물이지만, 오디세우스는 무지한 그들을 속여 넘긴다. 이는 무지한 외국인을 현명한 그리스인이 속여 이긴다는 트로이의 목마 신화와 동일한 자민족 우월주의에 불과하다. 우라노스가 흉측한 키클로페스를 싫어해 지하세계에서 가장 깊숙한 타르타로스에 가두었다는 것도 자민족 중심주의와 다름없다.

티탄들이 크로노스의 지휘하에 우라노스에게 반항하자 키클로페스는 티탄의 편을 들었다. 티탄은 우라노스를 제압한 뒤 다시 타르타로스에 가두었다. 그 뒤 제우스와 올림포스 신들은 크로노스와 티탄을 무너뜨리기 위해 다시 타르타로스에서 우라노스를 풀어주었고, 그 도움으로 제우스는 티탄과의 싸움에서 승리했다. 제우스의 무기인 번개를 만들어준 것도 키클로페스였다. 아폴론의 아들이자 의사인 아스클레피오스가 의술로 죽은 사람을 되살리자 제우스가 그를 번개로 죽였고, 이에 대한 복수로 아폴론은 키클로페스를 죽였다. 아폴론의 원수는 제우스지만, 그는 제우스는 죽이지 못하고 그에게 번개를 준 키클로페스를 죽인 것이다. 키클로페스와 마찬가지로 기형이면서도 그들과 달리 신체 일부가 과잉인 헤카톤케이르는 키클로페스처럼 제우스에 의해 타르타로스에 갇혔다가, 제우스를 도와 제우스가 티탄을 이기는 데 도움을 주었으나 그 후 다시 타르타로스에 갇힌다.

이처럼 복잡한 내용의 그리스신화에는 20~21세기의 중동 사태, 가령 키클로페스를 알 카에다나 이슬람 국가와 비교되는 흥미로운 점이 많지만 더는 복잡한 논의에 휘말리지는 말자. 서양인이 그리스신화를 원용하는 것은 끝이 없고 그 자의적인 논의들은 서로 모순되는 것이기도 해서 정신을 차리기도 힘들다. 그래서 아도르노 등을 존경하는 독자들에게는 미안하지만, 그렇지 못한 나로서는 그들의 분석에 흥미를 느끼지 못한다. 이사야 벌린Isaiah Berlin처럼 아도르노를 깔보지는 않지만 그 이상으로 보지도 않는다. 나의 인문학에는 아도르노의 자리가 없다. 오디세우스를 위한 자리도 없다.

독일 철학과 히틀러

히틀러가 『오디세이아』를 읽었는지, 읽었다면 그 책에 대해 뭐라고 했는지 나는 모른다. 설령 읽었다고 해도 그 책으로 인해 아도르노가 말하는 '이성'을 얻어 바로 파시스트가 되지는 않았으리라. 나는 그런 이성의 논의에 대해 불만이다. 누구는 서양철학 전체를 '이성이라는 꿈'을 추구한 것이라고 했는데, 그 이성이 파시즘을 초래했다면 서양철학 전체가 파시즘이라는 것인가? 물론 '이성의 꿈' 운운하는 사람은 이성을 좋게 말하는 사람이다. 대부분은 이성을 좋게 말한다. 누가 이성을 나쁘게 말하랴?

아도르노를 비롯한 독일의 난해한 철학자들이 전개하는 '이성적' 논의들은 나치 히틀러 이전부터 줄곧 있어왔다. 이성의 철학자라고 할 만한 칸트나 헤겔을 예로 들 필요도 없다. 그런데 칸트가 히틀러처럼 반유대주의자라는 점은 그다지 알려져 있지 않다. 그는 유대교를 반이성적이고 반도덕적이며 반시대적인 종교라 하고, 유대인을 거짓말을 일삼는 사기꾼이고 미신적이고 미개하며 비합리적인 민족으로 규정했다. 아니 유대교는 종교가 아니라 부족에 불과하고, 유대인은 독립적으로 존재할 수 없으며 배제되어야 하며, 순수한 도덕은 '유대교의 안락사'를 추구한다고 말했다. 이런 칸트가 히틀러와 어떻게 다른가?

우리에게 『독일 국민에게 고함』으로 알려진 요한 피히테Johann Fichte
도 마찬가지다. 헤겔은 한술 더 떠서 유대인을 인류 문명 밖에 있는 열등한
존재라고 하며 존재 이유가 옛날에 사라졌다고 했다. 그들은 강력한 국가
를 옹호하며 역사는 전쟁으로 이루어진다고 하고는, 전쟁이 도덕적이고
윤리적으로 영적 세례의 기능을 한다고 했다. 아르투어 쇼펜하우어Arthur
Schopenhauer나 루드비히 포이어바흐Ludwig Feuerbach도 유대인을 증오했다.
그러나 유대인인 마르크스의 유대인 비판만큼은 아니었다.

앞에서 거론한 사람들은 물론, 니체가 파시즘의 선구라고 하면 니체
를 연구하는 교수들은 또 불같이 화를 내겠지만 히틀러가 니체를 미친 듯
이 읽은 것은 사실이고, 그의 말을 언제나 반복한 것도 사실이다. 권력 의
지, 지배 민족, 노예도덕, 피의 희생, 삶의 긍정이니 하는 니체의 영웅적인
말도 모방했지만 특히 니체의 '힘'과 '미'라는 그리스의 이상을 사랑해 그
것을 부활시킨 것이 나치라고 주장했다. 전지전능한 '초인'이 이끄는 '지
배 인종'이 폭력과 전쟁으로 세계를 지배한다는 니체의 예언을 히틀러 자
신이 실현한다고 생각했다. 이를 니체 사상에 대한 단순한 왜곡이라고 주
장하는 이들도 있지만, 니체 자신이 스파르타의 무사 정신에 감탄했고 전
쟁의 파괴성을 찬양했다. 민주주의의 평등이 아니라 귀족주의의 위대함을
찬양했고 유대인을 속물이자 독일의 적敵이라고 했다.

내가 니체를 반민주주의자라고 보는 책을 쓰자 니체를 전공한 어느
철학 교수가 반론을 썼지만, 굳이 답하지 않은 것은 그들의 그런 찬양 게임
에 끼고 싶지 않았기 때문이다. 사실 니체 전공 철학자들에게 그런 비판은
쇠귀에 경 읽기에 불과하다. 게다가 그런 전공자들을 절대적으로 신뢰하
는 일반인들은 나 같은 사람을 철저히 무시한다. 그러니 지금 생각하면 그
런 책을 힘들게 쓸 필요가 있었을까 싶다. 물론 그래도 누군가 한 사람이라
도 니체에게 불필요하게 현혹되어 반민주주의자가 되지 않는 계기가 된다

면 다행이다. 아니 니체에게 반민주주의적인 요소가 있다는 것을 깨닫는 것만으로도 다행이다. 나는 우리의 민주주의가 그만큼 위기에 있다고 생각한다. 민주주의의 위기에 대한 책은 몇 권 나오지도 않았는데, 민주주의를 욕한 니체의 책은 그 수백 배를 능가하는 것이 못마땅하다. 사실 칸트나 헤겔도 비판해야 한다. 아도르노는 왜 그들을 비판하지 않았을까?

히틀러의 그리스

아도르노와 달리 히틀러가 열광한 것은 『오디세이아』의 이성이 아니라 『일리아스』의 전쟁과 헤로도토스가 『역사』에 쓴 스파르타였다. 그 상징이 영화 〈300〉이다. 그는 〈300〉에 나오는 스파르타의 레오니다스 왕을 자신과 동일시했고, 그 휘하의 스파르타 병사를 전쟁을 위해 태어나 양육된 지배자 민족의 전형인 순수한 게르만 혈통이라고 찬양했다. 이는 19세기 독일의 병적인 그리스 취향이 낳은 가장 심각한 죄악이었다. 히틀러와 그 시대 대부분 독일인에게 독일은 스파르타고, 유대인만이 아니라 영미는 물론 프랑스, 러시아, 동유럽 등도 페르시아, 즉 동양이었다. 그에게는 독일만이 서양이었다.

히틀러의 건축가로 유명한 알베르트 슈페어Albert Speer의 회고록 『기억: 제3제국의 중심에서』에 의하면 히틀러는 그리스 문명이 모든 면에서 완벽한 절정에 이르렀다고 찬양했고 특히 헬레니즘 시대의 이상적 체격을 이상화했다. 그러나 히틀러에게 그리스인이란 스파르타를 건설한 도리아인으로 그들은 북유럽에서 그리스로 와서 독일의 시조가 되었다고 하면서 그들은 지중해 문화에는 속하지 않는다고 생각했다. 니체의 그리스 예찬, 특히 디오니소스 예찬은 히틀러와 조금은 다를지 몰라도 큰 맥락에서는 19세기의 그리스·독일 아리아 민족주의의 틀 속에 동거한 것이었다.

슈페어가 히틀러의 건축가라면 히틀러의 철학지라고 할 수 있는 알프레트 보임러Alfred Baeumler는 프랑스가 로마를 이은 허위인 반면 독일은 그리스를 이은 진실이라고 주장했다. 라틴어가 아니라 그리스 원전에서 성서를 번역한 마르틴 루터Martin Luther부터 그리스 대리석을 감각적으로 간취看取한 요한 요하임 빙켈만, 호메로스를 발견한 괴테와 슈투름 운트 드랑Sturm und Drang의 시인들, 핀다로스를 해방시킨 요한 휠덜린Johann Hölderlin, 디오니소스 비극을 재발견한 니체가 라틴 문화의 중개는커녕 그것에 저항해 순수하게 독일 문화의 근원인 그리스의 본질을 발굴한 인물들이라고 했다. 보임러는 특히 니체와 히틀러를 연결시키는 데 결정적인 역할을 했고 그런 보임러를 마르틴 하이데거Martin Heidegger는 격찬했다. 그들과 마찬가지로 히틀러의 철학 부역자인 알프레트 로젠베르크Alfred Rosenberg는 나치 성인으로 호메로스와 플라톤, 쇼펜하우어와 니체를 숭상했다.

『하이데거는 나치였는가?』라는 책이 나와 있지만 그 내용은 하이데거가 나치가 아니라는 것이다. 나치 시절 대학 총장을 하는 등 몇 가지 실수가 있었지만, 그것은 하이데거 철학과는 무관하다는 것이다. 그러나 나는 니체와 마찬가지로 하이데거의 철학 자체가 문제라고 생각한다. 그런 이야기가 전무하기 때문에 니체에 대한 책을 쓴 것처럼 하이데거에 대한 비판서를 쓰고 싶지만 역시 걱정이다. 니체 이상으로 하이데거 찬양자가 많기 때문이다. 비판은 없고 찬양뿐인 이 사대 인문학을 참된 인문학이라고 할 수 있을까?

그런데 하이데거는 아도르노나 호르크하이머와 묘하게 닮았다. 서구의 이성이 기술에 의한 대지의 황폐를 초래했다는 것이 하이데거가 말한 존재의 역사이기 때문이다. 1935년의 강연 내용을 1953년에 출판한 『형이상학입문』에서 그는 미국과 러시아를 "눈을 뜨고 볼 수 없는 쇠사슬이 끊긴 기계문명의 발광 그리고 규격화된 인간들의 바탕 없는 조직" 등의 점에서 동일시하면서 "역사적인 이 민족이 그 스스로를, 그래서 동시에 서양의 역사를, 그들의 미래의 이루어짐의 중심으로부터 있음의 원래적이고도 고유한 힘의 영역으로 내세워야 한다"고 주장한다. 그 힘이 바로 나치다.

그 책에 대해 위르겐 하버마스Jurgen Habermas는 『공론장의 구조변동』에서 다음과 같이 말했다. "우리가 오늘날 알게 된 수백만 인간에 대한 살해를 운명적인 잘못이라며 존재의 역사라는 틀에서 이해해야 하는 것일까? 아니면 이 살해는 귀책 능력을 가진 사람들이 자행한 실제의 범죄이며 국민 전체가 양심의 가책을 느껴야 할 일이 아닐까?"

히틀러는 공산주의를 '아시아적', '몽고적' 야만이라고 비판했다. 이는 전후 독일이 지속되면서 '자유로운 기독교 서양'을 방위防衛한다는 분위기를 낳았다. 특히 8세기 투르푸아티에Tours-Poitier 전투에서 이슬람교도에 대한 방위, 17세기 오스만투르크에 대한 프랑수아 외젠François Eugène의 방위, 서구 세계의 통일을 이룬 카를 대제 등이 숭상되었다. 하지만 그 훨씬 앞에 영화 〈300〉이 있다.

페르시아전쟁

〈300〉(2007년)과 〈300: 제국의 부활〉(2014년)이 다룬 페르시아전쟁은 흔히 세계사를 바꾼 대사건이라고 한다. 그 전쟁에서 패했더라면 오늘의 서양은 없었고 서양이 동양보다 우위에 서지 못했으리라는 이유에서다. 그러나 이러한 시각 자체가 서양 우월주의적인 시각이다. 페르시아가 아니라 그리스에서 벌어진 이 전쟁은 페르시아가 물러나면서 끝났다(따라서 이름도 '페르시아전쟁'이 아니라 '그리스전쟁'이라고 해야 옳다). 페르시아는 이 전쟁 때문에 망한 것이 아니라 그 뒤 150년간 유지되었다. 게다가 전쟁 전후로 서양은 끝없이 동양에서 배웠다. 플라톤을 비롯한 고대 그리스의 학자나 예술가들은 대부분 이집트나 페르시아 등지에서 공부한 사람들이었다. 서양의 모든 학문과 예술과 제도 등이 그리스에서 나왔다는 식의 주장은 17세기 후반 이후에 등장한 것이었고, 19세기부터 특히 독일에서 강조되었다. 그것이 나치즘의 뿌리였다.

페르시아전쟁은 기원전 472년 아이스킬로스의 비극 「페르시아인」을 위시해 헤로도토스의 『역사』 등에 기록되었지만, 그 어느 것이나 전제국가인 페르시아를 민주국가인 그리스가 물리쳤다는 내용의 오리엔탈리즘이었다. 그러나 그런 오리엔탈리스트들이 매우 근엄하게 묘사한 페르시아 왕 크세르크세스를 호모 변태 청년으로, 그리스군과 마찬가지로 용감했던 페르시아군을 야만적인 괴물로, 페르시아 여성을 할렘의 레즈비언으로 그리면서 모든 장면에서 목과 팔다리가 잘려나가고 피가 튀는 극단적인 폭력과 잔혹만을 보여준 〈300〉과 〈300: 제국의 부활〉이야말로 2,500년 전에 시작된 오리엔탈리즘을 극대화한 대중 오리엔탈리즘의 전형이다.

두 영화의 상징인 '300'이란 헤로도토스가 말한 페르시아 군대 300만 명과 극단적으로 대비시키기 위한 숫자지만, 실제로 스파르타 군사는 3,000명 이상이었고, 페르시아 군사도 3만 명 전후였다. 그런 숫자 놀음은 우리가 역사학의 아버지라고 숭상하는 헤로도토스 이래 플루타르코스 등 서양 사학자들의 전통이 되어왔다.

그 숫자 이상으로 중요한 것은, 두 영화 모두 노예 국가인 페르시아의 침략에서 자유 그리스를 지킨다는 아이스킬로스·헤로도토스 이래의 오리엔탈리즘을 끝없이 반복한다는 것이다. 이는 2,500년 동안 읊어온 것이지만 실제는 그 반대다. 스파르타나 아테네 같은 그리스 국가들이야말로 인구의 70퍼센트가 노예였던 반면, 페르시아에서는 인류 역사상 최초로 노예가 해방되었기 때문이다. 특히 스파르타의 노예는 시민 1인당 15명씩으로 모두 25만 명에 이르렀다. 그리스와 페르시아는 해상무역의 주도권을 쥐기 위해 싸웠을 뿐이다. 스파르타 왕의 권력을 의회가 민주적으로 제한한다는 식의 이야기도 허구에 불과하다.

300명이 수십만 명을 이긴 비결은 자유나 법이 아니라, 그 300명의 중장重裝 보병으로 구성된 밀집부대라는 점에 있었다. 이 부대는 어떤 병사도 대열에서 벗어나는 것을 허용하지 않았다. 왼손으로 쥔 직경 1미터 정도의 거대한 원형 방패로 대열을 완벽하게 둘러싸고, 오른손에는 긴 창을 들고 자유자재로 달리는 기동력을 가진 이 부대는 성벽처럼 견고하고 전차처럼 파괴적인 힘을 가졌다. 특히 육박전에서 그 부대는 엄청난 파괴력을 발휘했다. 이런 대열이 1인일 때는 왼손에 쥔 방패가 몸의 왼쪽만을 덮어 몸의 오른쪽이 적에게 노출되기 마련이지만, 대열을 형성하면 노출 부분이 자신의 오른쪽에 있는 자가 쥔 창에 의해 가려지므로 적의 공격을 방어할 수 있고 자신의 창을 자유롭게 사용할 수도 있었다.

이러한 전술에는 엄격한 규율과 체력이 요구되므로 엄청난 훈련을 거듭해야 했지만, 이는 도시국가에서 비롯된 각자의 자발적인 전투 의욕과 공동체 의식, 부대원 상호간의 평등과 강력한 연대에 의해 더욱 강화되었음을 부정할 수 없다. 그러나 이 이야기를 페르시아 전제정의 공포정치와 그리스 공화정, 특히 스파르타의 '덕성정치'의 차이라고 보는 것은 비약이고 과도한 그리스 예찬이라고 보아야 한다. 차이가 있다면 페르시아에는 그리스 같은 법치주의가 없었다는 것인데, 이는 페르시아에 법이 없었다는 뜻이 아님을 주의해야 한다.

당시 페르시아를 답사했던 헤로도토스는 "페르시아인은 우상偶像을 비롯한 신전이나 계단을 짓는 풍습이 없고 오히려 그렇게 하는 자는 어리석게 여긴다"고 기록하고 "국왕조차 단 한 번의 죄로 사람을 죽이는 일이 없다"고 칭송했으나 영화에서는 완전 반대로 그려지고 있다. 반면 아테네에서는 기원전 5세기에 천문학을 신성모독이라는 이유에서 금지하고 아낙사고라스가 태양에 관한 학설을 세기했다는 이유로 추방되기도 했으나, 마찬가지로 영화에서는 전혀 반대로 그려지고 있다.

영화에서 다리우스를 비롯해 대부분의 페르시아인들이 흑인으로 등장하는 것도 사실과 전혀 다르다. 페르시아 당시의 기록이나 그림에서 볼 수 있듯, 페르시아인은 그리스인과 같은 백인이었다. 두 영화 모두에서 페르시아인을 흑인으로 묘사한다는 것은 흑인을 열등 인종으로 보는 백인들의 전통적 사고와 잠재적 사고를 그대로 반영한다. 이는 의상이나 무기, 갑주甲冑 등 영화의 모든 요소에 등장하는 소품들을 통해 더욱 강화된다. 페르시아군을 일본의 사무라이나 닌자처럼 묘사한 것으로 보고 이를 오리엔탈리즘이라 비난한 평자도 있었지만, 내게는 도리어 스파르타군이 사무라이나 나치와 유사한 듯 보였다.

여성에 대한 묘사도 마찬가지다. 그리스 여성은 남성과 평등하게 묘사하는 반면 페르시아 여성은 동성애의 관능에 젖은 모습으로만 묘사된다. 그러나 실제로는 반대다. 이는 영화에서 아르테미시아가 그리스 출신 여성으로 해군 사령관이 되는 것을 통해서도 알 수 있지만, 아르테미시아 자체는 허구다. 두 영화에서 묘사되는 스파르타와 아테네의 모습도 대부분 실제와 다르거나 허구다. 가령 스파르타 아이가 늑대와 싸우는 장면과 마지막의 연설 장면, 페르시아군의 코뿔소 장면도 허구다. 스파르타의 여사제는 영화처럼 처녀가 아니라 실제로는 노녀이고, 매국노로 나오는 자는 영화처럼 꼽추가 아니라 양치기다. 이 모든 변화와 과장은 오리엔탈리즘을 극대화한다.

페르시아

『헤로도토스와의 여행』을 쓴 리샤르드 카푸시친스키Ryszard Kapuscinski가

헤로도토스를 '인류 최초의 글로벌리스트'라고 한 것 또한 서양인의 관점이다. 헤로도토스도 동양에 대한 편견을 가졌기 때문이다. 페르시아전쟁을 다룬 헤로도토스의 『역사』는 역사학의 '세계 고전'으로 꼽힌다. 아무리 세계 고전이라고 해도, 원저 번역으로 작은 판형에 깨알 같은 글씨로 1,000쪽에 이르는 그 방대한 전쟁 이야기를 읽기란 쉽지 않다. 전쟁 이야기는 재미로도 한 쪽도 읽기 싫은 나에게는 호메로스의 『일리아스』나 『오디세이아』를 읽는 것 이상으로 고통스럽다. 그래서 읽고 난 뒤 다시는 읽지 않겠다고 맹세했고, 누구에게 권하지도 않겠다고 결심했다. 전쟁 이야기일 뿐 아니라 그리스는 자유, 페르시아는 전제라고 하는 흑백의 이분법에 선 책이기 때문이다.

헤로도토스는 동서양 민족이 다투는 이유를, 그리스인과 아시아인 사이의 트로이전쟁 이후 동양 민족이 서양 민족을 적대시한 탓이라고 하는데, 이는 지난 2,500년 동안 서양에서 주장해온 것이다. 특히 미국의 조지 부시 대통령이 9·11 사태 이후 "아랍인들이 왜 우리를 미워하지"라고 물었던 것과 같은 것이었다. 자신들은 아랍인들에 대해 아무런 생각이 없고 아무런 관련이 없다는 듯이 말이다. 요즘 유행하는 소위 '유체이탈' 화법이다.

헤로도토스의 『역사』나 그 책을 적당하게 편집한 책들을 통해 페르시아를 판단해서는 안 된다. 영국인 톰 홀랜드Tom Holland의 『페르시아 전쟁』은 물론 중국인 우위펀吳玉芬이 엮은 『페르시아 전쟁사』도 마찬가지다. 중국인이면 서양인과 다른 관점에서 쓸 수도 있을 텐데 서양의 아류인 것을 보면 중국도 한국이나 일본과 크게 다르지 않다. 더 넓게 중동의 역사를 읽어보려고 하면 더욱 골치가 아프다. 에드워드 사이드가 오리엔탈리즘이라고 비판한 대표적 중동학자인 버나드 루이스Bernard Lewis의 책이 한국에 다수 소개되었지만, 그가 쓴 『중동의 역사』는 대부분 이슬람 이후를 다루기 때문에 페르시아에 대해 제대로 알려주는 바가 거의 없다. 스테판 버크 Stephen Bourke 등이 지은 『중동의 역사』는 고대사 중심이지만 서양적 관점임을 숨길 수 없다.

지금까지 우리말로 나온 중동사 관련 책 중에 중동인이 쓴 책은 타밈 안사리Tamim Ansary가 쓴 『이슬람의 눈으로 본 세계사』뿐이다. 중동인이 썼다고 해서 반드시 좋은 책은 아니지만 이 책은 믿어도 좋다. 그 책에 의하면 바빌로니아 제국이 히브리 민족을 포로에서 풀어주어 가나안으로 돌아가게 했듯 페르시아는 정복한 나라를 재정착시켜서 오늘날의 다문화 정책과 같은 정책을 펼쳤고 이러한 전통은 최근까지도 이어져왔다. 이는 이슬람이 스페인이나 아프리카에서 펼친 정책과도 연결되었다. 그렇다면 다문화주의는 중동에서 비롯되었는지도 모른다. 반면에 이슬람이 스페인에서 추방된 1492년에는 유대인도 추방되었고, 콜럼버스에 의한 아메리카 침략이 이루어지면서 근대 제국주의가 시작되었다.

따라서 페르시아인들이 믿은 조로아스터교는 인종이나 민족, 종교에 관계없이 모든 인간의 내면에는 선과 악이 공존하지만 인간이라면 누구나 그중 어느 것을 선택할 자유를 갖는다고 가르쳤다. 인간이 사고하고 행동하고 말하는 자유를 인정한다는 점에서 조로아스터교도들은 페르시아를 '자유의 땅'이라고 불렀다. 조로아스터란 그리스 발음이고 고대 페르시아어로는 자라투스트라라고 한다. 이 명칭은 니체의 책으로도 유명한데 그 뜻은 '낙타를 잘 다루는 사람'이어서 당시 사회가 유목 사회였음을 알려준다. 자라투스트라의 생몰 연도는 불명하지만 대체로 기원전 628년경에 태어나 기원전 551년경에 죽은 것으로 알려져 있다.

자유와 관용의 대명사, 키루스

〈300: 제국의 부활〉에 잠깐 등장하고는 곧 죽는(실제로는 영화에서처럼 기원전 490년의 마라톤전투에서가 아니라 기원전 486년의 이집트 반란 진압 도중에 죽는다) 다리우스는 크세르크세스의 아버지다. 다리우스의 바로 전 왕이었던 키루스는 세계 최초로 인권 개념을 창제했다. 헤로도토스는 페르시아가 인민 해방자인 키루스의 선정善政에 의해 자유를 누렸다고 기록하고, 그리스에서와 마찬가지로 당시 정체政體에 대한 논쟁이 있었다고 상세히 전했다. 즉, 군주정, 귀족정, 민주정에 대한 논쟁이었다. 민중 정치를 주장한 사람은 "국가는 민중에게 달려" 있으므로 "법 앞에 만인이 평등하고, 독재자가 하는 못된 짓을 하지 않으며, 관리들은 추첨으로 선출되고 직무에 책임을 지며 모든 안건이 민회에 제출되는 민주정을 하자"고 주장했다. 신하들의 다수결에 의해 군주제가 채택되었으나, 민주정을 주장한 자는 자신과 그 후손이 "어느 누구의 지배도 받지 않도록" 요구해 "페르시아에서 유일한 자유 가문으로 원할 때만 왕의 지배를 받지만, 페르시아인들의 법을 위반하는 것은 허용되지 않았다". 이는 군주정하의 예외적인 조치였지만, 당시 페르시아에도 그리스 못지않게 민주정을 비롯한 여러 정체에 대한 논의가 있었고 그 정당성이 일정 부분 받아들여졌음을 말해준다.

이처럼 자유와 관용의 대명사인 키루스는 1916년 데이비드 W. 그리피스David W. Griffith 감독의 〈인톨러런스Intolerance〉에 사랑하는 연인들을 죽이는 학살자로 나온 이래, 할리우드 영화에서는 인톨러런스, 즉 불관용과 전제의 대표자로 묘사되어왔다. 이 영화는 수많은 영화인에 의해 소위 '10대 명화'나 '100대 명화'로 선정된다. 그리피스가 1915년에 만든 〈국가의 탄생〉은 영화사에서는 더욱 위대한 작품으로 칭송되었지만, 인종차별주의를 가장 노골적으로 보여준 영화로 〈인톨러런스〉와 쌍벽을 이룬다. 그리피스가 1919년에 만든 〈흩어진 꽃잎〉에서도 황인종은 야만스럽게 묘사되었다. 미국인이 가장 사랑한다는 〈카사블랑카〉나 그 선구인 프랑스 영화 〈망향〉에도 오리엔탈리즘은 있다. 각각 모로코와 알제리를 배경으로 한 그 영화들은 식민지를 암흑으로 그리면서 이상향인 프랑스와 대비시킨다. 카뮈의 작품들이 그 문학적 재현이다.

페르시아의 민주주의

역사상 첫 민주주의는 그리스의 것이 아니다. 이집트나 메소포타미아에서도 공공 토론과 투표 절차, 공공건물과 도시의 성문 입구에서 소집된 수많은 민회 등으로 표출되었다. 이집트의 최고 의사 결정도 파라오의 독단이 아닌 수많은 위원회의 결정 과정을 거쳐 이루어졌고, 노예와 외국인 같이 비천한 자라도 고소와 항의, 시위가 가능했다.

　　페르시아에도 민주주의는 있었다. 그것은 〈300: 제국의 부활〉에서 묘사된, 살라미스해전에서 패한 페르시아의 왕에게 그리스 정복의 완성을 당부한 장군 마르도니우스가 그보다 14년 전 처음으로 지중해의 이오니아 지방을 정복했던 기원전 492년의 일이다. 마르도니우스는 그가 정복한 모든 곳에서 폭군을 물리치고 민중 집회에 의한 통치를 실시했다. 이는 헤로도토스의 『역사』에 나오는 이야기이지만 현대 학자들은 그 이야기를 믿을 수 없는 것이라고 부정한다. 당시의 그리스인들도 마찬가지였다.

　　민주주의의 첫 원리인 평등을 이소노미아isonomia라고 하는데, 이는 최근 일본의 사상가 가라타니 고진이 말한 그것이다. 그는 민주주의는 고대 그리스 아테네에서 탄생한 것이 아니라 기원전 10~8세기 소아시아 해안 지역의 그리스 식민지인 이오니아에서 발원했다고 하면서, 이오니아에서 출현한 이소노미아가 민주주의의 뿌리라고 했다. 이소노미아를 '비지배no rule'로 번역한 해나 아렌트Hannah Arendt에 따르면 지배 없이 자유롭고 평등한 상태가 이소노미아다.

한국에도 가라타니 고진의 팬이 많은 탓에, 이에 대한 소개가 많으므로 몇 가지 언급하고 넘어가겠다. 우선 이소노미아라는 말이 등장하는 곳은 앞서 언급한 헤로도토스의 『역사』를 비롯한 몇 문헌의 몇 곳뿐이며 그 뜻도 명확하지 않다. 이 말을 구성하는 '이소스'란 평등, '노모스'는 분배 또는 법을 뜻한다. 따라서 그 말은 평등한 분배 또는 평등한 법을 뜻한다고 볼 수 있다. 그러나 보통은 후자, 즉 '평등한 법' 또는 '법의 평등'으로 본다. 평등한 분배란 재산의 평등 분배를 뜻하나 현실적으로 수용되기 어려웠기 때문이다. 따라서 그런 의미는 빈곤층의 희망이었을 것이다.

이소노미아에는 분명 지배라는 뜻이 포함되지 않지만, 에우노미아(좋은 질서), 아노미아(무질서), 아우토노미아(자치)와 같은 말을 보면 이소노미아도 지배와 무관한 것이 아님을 알 수 있다. 따라서 이소노미아를 무지배라고 번역하기는 어렵다. 더욱 중요한 문제는 가라타니 고진이 이소노미아가 이오니아에서 이루어졌다고 본다는 것인데, 적어도 헤로도토스의 『역사』에 따르면 이는 페르시아에서 민주정을 옹호하면서 한 말이지, 가라타니 고진이 주장하는 것처럼 민주주의와 별도의 말이 아니다. 그는 이오니아를 이상향으로 그리지만 그곳도 당대의 그리스나 페르시아와 크게 다르지 않았다. 당연히 노예도 있었다. 또한 이오니아는 식민지였다고 보기 어려울 정도로 일찍부터 이오니아인들이 그곳에서 살았다. 따라서 식민지였기 때문에 무지배가 가능했다는 식의 이야기는 픽션에 불과하다.

기원전 6세기 초 밀레투스에서 철학이 시작된 이유를 가라타니 고진은 해체된 이소노미아를 회복하기 위해서라고 설명하지만 이건 하나의 가설에 불과하다. 종래 이오니아 철학은 자연철학이고 그것을 초극한 것이 아테네 철학이라고 한 것은 분명히 아테네 철학의 편견이지만, 가라타니 고진이 이오니아 철학에서 인간을 노모스nomos가 아닌 피시스physis로 보았다고 한 것도 잘못이다. 그 둘을 준별峻別한 것은 소피스트와 헤로도토스였다.

가라타니 고진은 소크라테스가 이오니아 철학을 계승했다는 점에서 플라톤이나 아리스토텔레스와는 달랐다고 본다. 소크라테스를 그 제자들, 특히 플라톤과 구별하는 것은 니체나 포퍼 또는 아렌트에서도 볼 수 있다. 니체는 고귀한 플라톤을 타락시킨 노예도덕의 제창자가 소크라테스라고 본 반면 포퍼나 아렌트는 민주주의자인 소크라테스를 플라톤이 배반했다고 보았지만 내용은 같다. 가라타니 고진도 같은 맥락에서 말하고 있지만, 적어도 『대화편』의 주인공 소크라테스와 그 작자인 플라톤을 구별하기란 쉽지 않고, 플라톤의 『국가』 등에서 보듯 양자를 구별할 수 없으므로 나는 여기에 아리스토텔레스까지 포함해 셋 다 반민주주의자로 본다.

그리스와 달리 페르시아에는 문헌이 거의 남아 있지 않아 우리는 당시의 철학 등을 잘 알 수 없지만, 나는 페르시아가 그리스와 크게 달랐다고는 생각하지 않는다. 마찬가지로 당대의 어떤 민족이나 사회도 그렇게 달랐다고 생각하지 않는다. 달랐다면 아프리카나 아메리카 정도가 아닐까? 가라타니 고진이 말한 이소노미아는 그런 비문명사회에서 찾아야 하지 않을까? 반면 그리스는 물론 페르시아도 이미 상당한 정도의 문명사회, 특히 노예사회에 진입했다고 나는 본다.

제4장

아테네 민주주의 이야기

그리스의 민주주의

세계적으로 사회주의가 쇠퇴한 1990년 전후로 간접민주주의가 직접민주주의의 도전을 받기 시작했다. 전국과 지역 단위의 국민투표가 범세계적으로 급증한 것도 그에 따른 현상이었다. 한국에서도 그 가능성이 처음으로 나타났지만 10년 만에 별 성과도 없이 끝났고, 그 뒤로는 민주주의 자체가 쇠퇴했다. 이명박 정권 초기의 촛불 시위는 그 무의미한 종료에 대한 마지막 저항의 몸부림 같았다. 당시 정부와 여당은 그리스의 직접민주주의를 중우정衆愚政이라고 비판한 플라톤의 말을 빌려 촛불 시위를 매도했다. 유신 전후로 당시 대통령을 철인으로 숭상한 이래, 플라톤의 화려한 부활이었다. 이명박 정권이 민주주의에 대한 최소한의 상식이 있었더라면, 당시의 쟁점인 한미 FTA를 국민투표에 붙여서 국력의 낭비를 막을 수 있었다.

직접민주주의는 고대 그리스나 현대의 스위스처럼 국토가 작고 인구가 적은 곳에서나 가능하지 한국 같은 곳에서는 불가능하다고 말하지만,

직접민주주의는 미국과 유럽 여러 나라에서 다양한 형태로 채택되고 있다. 문제는 국토의 넓고 좁음이나 인구의 많고 적음이 아니라, 그곳이 어디든 작게 나눈 지역에서 적은 인구로 민주주의를 하는 것이 직접민주주의다. 그것을 하지 못한다고 하는 본질적 이유는 시민을 불신하는 엘리트적 관점이다. 이는 직접민주주의를 했던 고대 그리스의 엘리트 철학자였던 플라톤이나 그의 스승인 소크라테스, 제자인 아리스토텔레스 등에 의해 뿌리내린 고질痼疾이다. 우리가 제대로 된 민주주의를 하기 위해서는 그 뿌리를 뽑아야 한다. 이를 위해 고대 아테네의 민주주의 현장으로 가보자.

고대 그리스 문화의 상징으로 아테네를 비롯해 도시 중앙의 언덕 위에 있는 신전인 아크로폴리스(파르테논신전)가 유명하지만, 아테네 민주주의의 상징은 그 아래에 있는 광장이자 시장인 아고라와 그 부근의 민회(모든 시민이 참석해 중요한 국정에 대해 결정을 내리는 최고 의사결정기관)다. 기원전 6세기경에 만들어진 아고라는 둘레가 300미터 정도로 한국의 초등학교 운동장보다 작다. 민주주의 국가에는 시민들이 공통의 문제를 토론하는 공공의 공간이 반드시 필요하다는 사실을 이곳은 여실히 보여준다. 이곳에서 사람들은 자유롭게 집회하고 시위하며 토론했다. 물건을 매매했고, 운동경기를 벌였고, 재판을 하고 연극도 공연했다. 특히 이곳에서 신을 숭배하고 제사를 지낸 것은 주목할 만하다. 그것이 현대의 민주주의와 크게 다른 점이기 때문이다. 제사를 지내는 신관을 시민들이 추첨으로 선발했다는 점도 민주적 측면에서 강조할 만하다.

아고라보다 중요한 곳은 민회가 열렸던 프닉스 언덕이다. 관광지로는 그다지 환영받지 못한 곳이지만, 민주주의 유적으로서는 가장 중요한 곳이다. 2,000여 년 전부터 지금까지 벌판 상태로, 언덕 주위에는 그리스 어디에서나 볼 수 있는 올리브숲이 있을 뿐이다. 지금은 삼류 유행가 가수들의 공연장이 되어서 아무도 찾는 이 없이 쓸쓸하고, 옛날의 흔적이라고 해봐야 자그만 석회암 연단 앞으로 부채꼴로 펼쳐진 넓은 청중석뿐이다. 아고라보다 조금 넓은 정도의, 110미터 폭의 부채꼴 청중석에는 1만 명 이상이 앉을 수 있었다. 바위에 선 연단은 높이 1미터 정도로, 몇 사람이 서면 꽉 찰 정도로 좁다.

당시 아테네의 인구는 한국의 군민 수 정도에 불과한 20~25만 명이었고, 그중에서도 인간 대접을 받는 시민(18세 이상의 남성)은 약 2만 명에 불과했다. 따라서 시민만 따지면 꽤 큰 종합대학 정도의 규모였다. 그중 약 1만 명이 한 달에 3~4번(매년 40회) 모여 함께 하루 동안 정치를 했다. 우리 식으로 말하자면, 서울 여의도에 국회의사당이 있었던 것이 아니라 여의도광장이 의회였던 것이다. 민회에서는 누구나 발언을 할 수 있었고 발언한 사람은 면세의 특권을 누렸다. 그러니 누구나 발언을 하고 싶어 했으리라. 민회는 법안 의결, 전쟁 선포, 조약 인준, 공직자에 대한 엄격한 통제, 매년 10명의 군사령관 선출 등 국정에 관한 거의 모든 권한을 행사했다. 우리의 국회와 진배없었다.

한편 행정부인 평의회는 행정을 하고 싶어 하는 시민 중에서 추첨한 500명으로 구성했다. 이들은 매일 회의를 열고 국사를 처리했다. 임기는 1년이다. 의장은 매일 아침 뽑혔고 그는 민회 의장도 겸했다. 즉, 대통령과 국회의장을 겸하는 중책의 목숨이 겨우 하루살이였다는 것이고, 500명 중에 365명이 모두 그 중책에 앉았다. 그리고 그 기회는 평생 한 번뿐이었다. 당시 평균수명이 얼마였는지는 모르나, 대강 50세로 잡으면 18세부터 50세까지 32년간 약 1만 2,000명이 대통령을 할 수 있다는 계산이 나온다. 인구 2만 명 중에서 반 이상이 대통령을 해볼 수 있는 셈이다. 국민 두 사람 중에 한 사람이 대통령을 경험한다는 것이니 이 얼마나 신나는 일인가? 그러니 국민 모두 정치에 신바람이 나지 않았겠는가?

심지어 공무원이나 법관도 추첨으로 뽑았다. 모두 1년씩 근무했고 재선은 불가했다. 특히 법관은 2만 닝 중 6,000명에 이르렀으니, 국민 3명 중 1명이 판사였다. 5,000만 명이 넘는 인구 중 법관이 2,000명 겨우 넘는 우리로서는 상상도 못할 일이다. 반면 아테네는 국민의 절반이 대통령과 국회의장, 공무원과 법관을 하는 식으로, 거의 전 국민의 공직 출세가 보장되었다. 다만 무보수 명예직이어서 돈벌이는 되지 않았다.

그렇다면 당장 의문이 생긴다. 국민이 모두 그 정도로 똑똑했을까? 사실 똑똑했다. 왜냐하면 6세부터 18세까지 매일 학교에서 공부를 했기 때문이다. 그것도 우리처럼 쓸모도 없는 것들을 잔뜩 외우는 게 아니라 그야말로 실용적인 것을 배우는 공부였다. 특히 웅변술이 중시되었으니 그것을 12년 동안 배운 학생들은 모두 말을 잘했으리라. 그리고 2년간 군대에 복무했고 60세까지 징집 상태에 있었다. 그러나 똑똑한 것만으로는 충분치 않다. 모두 어느 정도 먹고살 수 있어야 한다. 빈부 격차는 심했지만 지금 한국 정도는 아니었고, 모두 다 검소하게 살았다. 게다가 허드렛일은 노예들이 담당했기 때문에 적어도 시민은 그런 노동에서 해방되었다.

더 중요한 것으로는, 나라에 우환은 없었는지 강대국의 침략에 시달리지는 않았는지 하는 문제도 있겠다. 사실 우리에게 중국이 있듯 그리스 옆에는 강대한 페르시아제국이 있었다. 두 나라는 전쟁을 벌이기도 했다. 10명의 군사령관이 매일 번갈아가며 지휘를 맡았고, 토론에 토론을 거듭해 전쟁에서 크게 이겼다. 그 승전을 알리기 위해 기원전 490년 36.75킬로미터를 3시간 만에 뛴 것이 마라톤의 기원이다.

그리스 민주주의의 역사

기원전 800년과 700년 사이에 아테네의 인구는 급증했고, 자유농민들이 급속하게 성장해 지배계층을 상대로 자신의 권리를 주장하기 시작했다.

그 후 신흥 세력으로 떠오른 시민이 지배계층과 대등한 발언권을 요구해서 대립 상태가 초래되었고, 이런 대립 상태를 완화하기 위해 개혁이 추진되었다. 기원전 594년에 집정관으로 선출된 솔론이 실행한 개혁이 가장 대표적이다. 솔론은 시민을 재산에 따라 네 계급으로 나누고 그 계급에 따라 정치 참여를 인정했다. 이에 따라 집정관 등의 상위직은 제1~2계급, 하위직은 제3계급이 되었고, 제4계급에는 민회 선거권과 배심원 피선임권만 인정했다. 하지만 솔론의 금권정치에 대한 반발로, 기원전 561년에는 페이시스트라토스의 독재정이 등장했다.

아테네의 아고라를 만든 페이시스트라토스는 호메로스의 서사시를 필사하고 극장을 세워 연극을 공연한 공적으로도 유명하다. 그는 필기 재료인 이집트의 파피루스를 배로 실어왔고, 필사 교육을 받은 노예를 사들여 호메로스의 원문을 필사본으로 만들어 발행했다. 그 성공에 힘입어 다른 책도 많이 간행되었고, 그 뒤로 2세기 동안 유럽 최초로 아테네에서 책 시장이 열렸다. 그 결과 아테네에서 작가, 역사가, 정치사상가, 철학자, 과학자, 수학자 등이 상당수 탄생했다. 기원전 5세기의 아테네 문화는 그런 책 시장에 크게 힘입었다. 그것은 아테네의 민주주의가 발전하는 데 초석이 되었고, 나중에 페르시아전쟁에서 아테네가 승리하는 데 도움이 되기도 했다. 아테네에 개설된 책 시장의 영향은 15세기 유럽에 구텐베르크 인쇄술의 발명이 끼친 영향과 유사한 것이었다(르네상스와 종교개혁의 밑거름이 된다).

기원전 510년에 독재정이 끝나고, 기원전 508년에 솔론계 평민파였던 클레이스테네스가 집권해 민주주의의 기초를 놓았다. 그리스에서 1992년에 '민주주의' 탄생 2,500주년을 기념한 것은 바로 기원전 508년을 민주주의의 기점으로 삼았기 때문이다.

클레이스테네스는 먼저 지배계층을 타도하기 위해, 그동안 유지되어

온 혈연 중심의 부족별 구획을 버리고 그 대신 아테네를 도시부, 연안부, 내륙부의 3개부로 나누었다. 그 각 부를 다시 10개 구로 나누어 30개 구획을 설정한 뒤, 3개부에서 각각 하나씩 3개의 구를 연결하는 식으로 모두 10개의 부족을 만들었다. 이는 혈연과 지연을 배제하기 위한 획기적인 조치였다. 또 각 구에서 50명의 대표를 추첨해 그들로 500인 평의회를 구성했고, 이것을 민회의 상설 정무 기관으로 삼았다. 이어 명문 엘리트의 정치 기반을 파괴하고 새로운 독재자의 등장을 막기 위해 도편추방법陶片追放法(위험인물을 투표를 통해 국외로 추방하는 법)을 만들어 시민 중심의 민주주의를 구축했다. 한편 당시 유일하게 아테네와 맞설 수 있는 폴리스였던 스파르타에서는 식민지 반란으로 인해 극단적 군국주의와 쇄국주의, 근검절약의 생활 방식이 생겨났다.

그리스는 아테네와 스파르타의 협력에 힘입어 페르시아와의 전쟁에서 두 차례(기원전 490년의 마라톤전투와 기원전 480~479년의 살라미스해전)나 승리했다. 그 승전의 기쁨이 채 사그라지기 전인 기원전 469년, 소크라테스가 태어났다. 이어 등장한 페리클레스의 '15년 계획의 시대(기원전 443~429년)'에 아테네는 그리스 문화의 참된 중심으로 성장했고, 민주주의도 완성했다. 평생 동안 군사령관을 20번 정도 역임한 페리클레스는 우리의 군사독재자들과 달리 민주주의의 완성에 기여했다. 그는 시민이 더 적극적으로 정치에 참여할 수 있게 하려고 공직을 맡는 시민에게 약간의 보수를 지불했다. 또한 집정관을 최하층민 이외의 모든 시민에게 개방했고, 유급 배심원 제도를 도입해 빈민도 재판에 참여할 수 있게 했으며, 빈민에게 수당을 주어 극장에 가서 공연을 볼 수 있게 했다. 그리고 표현의 자유를 완벽하게 보장했고, 파르테논신전을 비롯해 오늘날 우리가 알고 있는 여러 건물을 지었다. 페리클레스가 통치하던 시기에 세계문학의 효시가 되는 그리스 희곡이 쓰였고 역사와 철학이 꽃을 피웠다.

민회와 평의회

아테네 민주주의의 핵심이자 수수께끼인 민회를 좀더 살펴보자. 민회는 아테네 민주정의 최고 의사결정기관으로 시민은 누구나 집회에 참가해 발언할 수 있었고, 1인 1표의 투표권을 행사했다. 18세 이상의 성인 남성이라면 토지 소유의 유무나 재산의 다소에 관계없이 평등한 권리를 부여받았으나, 20세까지 군사훈련을 받아야 했으므로 실제로는 20세 이상이 되어야 했다. 유일한 예외는 형벌에 의해 시민권이 정지된 경우, 가령 국가 부채를 갚지 않은 때는 출석이 금지되었다.

의회를 소집하는 의장이 개회 4일 전에 아고라에 있는 게시판에 민회의 개회와 의제를 공고하는데, 비상시에는 하룻밤 만에 이루어졌다. 개회일이 되면 사람들을 민회에 참가시키기 위해 아고라에서 프닉스 언덕까지 모든 노점이 철거되었고, 하루치 임금에 더해 상당한 수당도 지급되었으며 강제로 동원되기도 했다.

민회는 해가 떠야 시작했으므로, 사람들은 어둠 속에서 언덕으로 왔다. 먹고 마실 것도 가지고 왔다. 사람들이 모이면 종교 예식이 거행되었다. 새끼 돼지를 죽여 그 피를 뿌리는 정화 의식을 올려 내부를 성스러운 곳으로 지정하면, 사람들은 그 안으로 들어갔다. 이어서 기도를 올렸다. 민회가 아테네와 그 시민들을 위해 열리고, 반민주주의자나 돈을 먹고 발언하는 자는 신의 이름으로 저주를 받고 그렇지 않은 자는 축복을 받으라는 뜻이었다. 그 뒤 제물이 바쳐졌다. 이처럼 당시 그리스인은 대단히 종교적인 사람들이었다. 민회 중에 비가 내리거나 천둥이 치면, 신들의 아버지인 제우스가 내리는 벌이라고 생각해서 즉각 회의를 중단하고 집으로 돌아갔다.

전령은 민회의 투표를 거쳐서 목청이 좋은 사람 중에 뽑았다. 전령이

의장의 지시에 따라 개회를 선언하고 의제를 낭독한 뒤 발언자를 불렀다. "누구 발언할 사람 없습니까?" 그러면 누군가 연단에 올라 "아테네 시민 여러분!"이라고 하며 발언을 시작했다. 그가 얼마간 말을 잇지 않으면 "옳소!" 또는 "내려와!" 하는 소리가 들렸다. 그러면 전령이 경비 노예를 통해 정리했다.

각자의 발언에는 시간제한도 없고, 발언자 수의 제한도 없었다. 몇 사람의 발언이 끝나면 서기가 제기된 의안을 읽고, 의장이 의안 채택 절차를 진행해 거수를 통해 의안을 가결 또는 부결했다. 이런 절차를 몇 번이나 되풀이해 그날 결정해야 할 의안을 모두 다루었다. 회의는 대개 오전 중에 끝났다. 1만 명 이상이 모여 회의를 진행했다는 사실에 우리는 놀란다. 왜냐하면 300명 밖에 안 되는 한국 국회의 상태를 우리는 잘 알기 때문이다. 지금 남아 있는 어떤 사료에도 '난투 민회'에 대한 것은 없었다. 아무리 흥분해도 폭력에 이른 사례는 없었다. 1년에 40회 열린 민회 중 4분의 1은 중요 민회로, 특히 중요한 안건을 다루었다. 가령 국토방위, 곡물 공급, 국사범 탄핵 재판 발의 등이었다. 그리고 1년에 1회씩 중요 민회에서 도편 추방이 발의되었다. 그 밖에 민회 안건도 법률로 규정했다.

민회의 권한 가운데 가장 중요한 것은 군사행동의 결정을 포함한 외교 문제였다. 타국에 대한 선전포고, 화평과 동맹조약의 체결, 외교사절의 파견, 병력의 동원, 함대의 파견, 전시의 재정 등이었다. 그리고 국가 공로자에 대한 표창 결의와 외국인에 대한 시민권 부여 결의, 법률과 제도의 제정과 개정이었다. 장군과 재무관 등의 선거도 1년에 한 번 민회에서 행해졌다. 그러나 국가의 재정, 경제, 교육 정책은 민회의 소관이 아니었다. 대규모 공공사업은 민회의 결정을 거쳐야 했으나, 재정은 평의회에 맡겼다.

의안은 평의회에 의해 미리 상정되었고, 민회는 의안을 그대로 재가·수정하거나 민회 독자안을 가결하기도 했다. 평의회는 각 부족당 50명씩

500명의 평의원으로 구성되었다. 5세기에는 10개 부족이 1년에 1회씩 돌아가며 당번 평의원을 해서 민회와 평의회의 의장단이 되었다. 그러나 4세기에 와서는 의장 자리를 매수하는 것을 방지하기 위해 당번 평의원을 뺀 9개 부족의 평의원 중에서 1명씩 선발했고, 그 9명이 하루씩 민회와 평의회의 의장단이 되었다.

기원전 5~4세기에는 특별히 중요한 안건에 대해서 6,000명의 정족수가 필요했다. 그리고 그 의결은 거수가 아니라 무기명 투표에 따랐다. 가령 시민권을 외국인에게 부여하는 결정이나 특정 개인을 대상으로 한 입법 같은 경우에 그랬다. 일반적으로는 거수로 결정했다. 하지만 1만 명에 가까운 참가자가 의안 채택을 위해 하루에 25회 이상 거수를 하면, 그 채택만으로 6시간 이상이 걸린다. 따라서 거수를 정확하게 계산한다는 것은 사실상 불가능한 일이었고, 결국 전체 수를 어림잡아 신속하게 결정한 것으로 추측된다. 채택된 의안은 비문에 새겨서 아크로폴리스 등 공공장소에 공시했는데, 그 일부는 지금도 남아 있다.

정부와 법원

민회가 오전에 끝나면, 오후에는 오늘날의 행정부 역할을 하는 평의회가 아고라에서 열렸다. 아고라는 민중법원과 각종 관청 등의 공공건물이 집중된 곳이자 시장이기도 했다. 소크라테스가 재판을 받은 곳도, 처형을 당한 감옥도 이곳에 있었다. 그가 평생을 두고 사람들과 대화를 나눈 곳도 이곳이다.

클레이스테네스 개혁으로 창설되어 거의 매일 열린 평의회는 민회에 대한 의안 상정권만 아니라, 최고 행정기관으로서 막강한 권한을 가졌다. 재정 업무 전반을 감독하고 국가의 수입과 지출을 관리하며 군함의 건조와 관리, 아크로폴리스를 비롯한 공공 건축의 감독과 감사를 담당했다. 또한 재무공무원의 부정행위에 대해 벌금을 부과하는 재판권도 가졌다.

평의원은 30세 이상 시민들을 부족별로 각 50명씩 추첨으로 선발했고, 1년 임기로 근무했다. 2년 연속 근무는 금지했다. 그 결과 평의원이나 공무원의 선출 시에, 혈연적으로는 물론 지리적으로도 서로 떨어지도록 만든 추상적 결사체인 10개의 새로운 부족이 생겨났다. 이는 혈연과 지연에 의존하던 그리스 사회를 개혁하기 위한 장치였다. 한국처럼 혈연과 지연이 강하게 작용하는 곳에서도 실험해볼 가치가 있는 개혁안이리라. 그러나 민회나 평의회를 한국에 도입하자고 해도 시끄러워질 것이다. 가령 5,000만 명을 3만 명씩 나누어 1,500개 정도의 지역을 만들고, 1년에 40회 전체 회의를 열어 중요 안건을 처리하고, 나머지 실무는 3만 명 가운데 500명을 추첨해 매일 회의를 열어 처리하게 하는 제도가 가능할 것인가?

그러나 그전에, 실천은커녕 이해의 단계부터 문제가 있을 것으로 생각되는 것이 민중법원이다. 왜냐하면 우리에게는 민중이 재판을 담당하는 경험 자체가 없었고, 따라서 그런 생각조차 하기 어렵기 때문이다. 따라서 우리의 사법은 근본적으로 민주적이지 않다. 특정한 타인의 의지가 아니라 민중의 자기 결정에 의해 민중의 행위를 판단한다는 민주주의의 원리가 사법 또는 재판에 하나의 제도로 구체화된 것은 인류 역사에서 고대 그리스가 처음이다. 그것은 오늘날의 기준에 비추어보아도 가장 민주적인 제도로, 역사상의 사회제도 중에서 가장 위대한 성과로 평가받고 있다.

그리스 민주주의의 구조

아테네 민주주의는 추상적인 이론이나 원리, 또는 헌법에 토대를 둔 것이 아니라 시행착오를 거듭하며 형성된 토착적인 것이었고, 참가와 책임을 그 내용으로 한 것이었다. 그것은 가능한 한 많은 시민에게 정치 참여의 기회를 주고(아마추어리즘), 정치가와 공무원에게 시민이 철저히 책임을 묻는 시스템(탄핵 제도)을 갖춘 것이었다. 아테네에서는 민회와 민중법원이 다수결로 국정을 결정했고, 추첨과 1년제의 임기를 채택해 공무원의 권력을 세분화해서 특정인에게 권력이 장기적으로 집중되는 것을 철저히 막았다.

아테네인은 모든 방면에 관심을 가지고 능력을 발휘하는 것이 민주주의에 참여하는 시민의 바람직한 태도라고 생각했다. 그들은 사적으로는 가정의 평화와 가계의 수지를 관리하는 데 엄격했고, 공적으로는 민회와 민중법원 참여, 추첨에 의한 공무 담당, 전쟁 수행에 바빴으며, 그 모든 것을 위해 교양을 쌓고 체력을 단련했다. 즉, 공과 사, 정신과 육체의 모든 영역에서 자신의 능력을 최고로 발휘하고자 노력했다.

공무원의 자격 요건은 전문성이 아닌 폴리스 시민의 덕성이었다. 소크라테스, 플라톤, 아리스토텔레스와 달리, 아테네인은 하나의 전문 분야만을 추구하는 것은 자유인이 아닌 비열한 자나 하는 짓으로 여겼고, 경제적으로 최대 이윤을 추구하는 것도 부끄러운 짓으로 생각했다. 아테네 민주주의의 원칙 가운데 하나인 아마추어리즘은 인간은 잠재적으로 모든 능력을 갖추고 태어난다는 가치관에 입각한 것이었다.

아테네인은 민주주의를 하나의 생활 방식으로 이해했고, 어떤 시민이든 민주주의에 참여할 수 있다고 생각했다. 그들은 공사 양면에서 경험을 쌓아 스스로 유능해져야 했다. 따라서 정치 활동에 참여할 수 없는 사람은 무능한 시민으로 간주되었다. 시민인 이상 누구나 다재다능하고 적응 능력이 있으며 자족적인 인격을 갖추어야 했다.

그런 자유인의 공동체인 폴리스는 자주를 기본으로 하는 자치체로서 시민의 그러한 생활 방식을 보장해야 했다. 폴리스란 '도시' 이상의 것, 곧 독립된 주권국가이자 자유인의 자율적 자치 공동체를 뜻했다. 따라서 그것을 누가 다스리느냐 하는 것이 중요했다. 소수의 부자가 다스리느냐, 아니면 다수의 빈민이 다스리느냐 하는 것이었다. 아테네인은 다수의 빈민이 다스리는 것이 옳다고 보았다. 그래서 아테네 민주주의의 조직이 민회, 평의회, 민중법원, 책임지는 공무원제로 구성되었다.

아테네의 민주주의는 이처럼 그 중심에 민회, 평의회, 민중법원이라는 민주적 기관을 두고 그 밑에 집정관을 비롯한 여러 공무원을 두는 정체였다. 집정관은 오늘날에 비유하면 총리나 대통령, 장관이라고 할 수 있는 9명의 최상위 관료였다. 그러나 그들은 정치의 중심이 아니었고, 어디까지나 3개의 민중 기관의 하위에 있었다.

아테네 민주주의의 민회, 평의회, 민중법원이 입법부, 행정부, 사법부라는 현대의 삼권분립 체제와 같은 것이었다고 보는 견해가 있다. 그러나 그 원리는 같을지 몰라도 그 구체적인 내용이 반드시 같지는 않았다. 민회는 최고 의사결정기관, 평의회는 집행기관, 민중법원은 재판기관이라는 점에서 그 각각을 입법부, 행정부, 사법부라고 볼 수 있지만, 이는 지극히 피상적인 관찰이다. 민회는 단순히 입법기관이기만 한 것이 아니라 국정의 기본을 담당한 행정부이자 스스로 재판을 담당한 사법부이기도 했다.

물론 권력분립의 원리로 보면 다를 게 없었다. 아테네의 민주주의는 행정, 사법과 함께 광의의 입법권도 중요하게 취급했다. 직접민주주의였기 때문에, 행위의 위법성을 심사하는 민중법원과 그 심사를 받는 민회에 시민이 구성원으로 참여했다. 이런 점에서 아테네 민주주의는 삼권이 엄격하게 분리된 현대의 권력분립 제도와 달랐다.

나아가 고대 아테네에는 권력분립에 따른 사법 심사의 원리도 존재했다. 아테네인은 법의 절대성을 인정하고 그 개정을 부정했다. 따라서 그 헌법은 경성헌법硬性憲法이었고, 헌법 규정을 보호하기 위해 필요한 조치는 시민의 신청에 의거해 민중법원이 취했다. 민회의 행위에 대한 민중법원의 심사는 오늘날 헌법재판소의 위헌 심사와 유사했다. 합법성에 대한 민중법원의 판단은 그 효력이 국가의 모든 활동에 미쳤고 집정관의 행위도 심사 대상이었다. 집정관의 자격 충족 여부도 심사 대상이었고, 그가 권력을 남용하거나 부당 행위를 하면 소추를 받았다.

이러한 고대 그리스의 민주주의를 두고 19세기부터 여러 가지 평가가 있었다. 그중 하나는 그것을 민주주의의 모델로 이상화하는 것이었고, 또 하나는 그것을 군중심리에 의해 국정이 농단된 중우정으로 보는 것이었다. 둘 중 후자의 평가가 우세했다. 그리스의 민주주의를 민주주의의 이상적 모델로 보지 않는 경향이 그동안 지배적이었고, 지금도 마찬가지다.

고대 그리스의 민주주의를 무조건 이상화할 수 없음은 두말할 필요가 없다. 그리스의 민주주의는 그리스 시민 중 성인 남성만 정치에 참여하는 정체였고, 여성·노예·외국인은 정치 활동에서 배제되었기 때문이다. 고대 그리스의 시민이란 참정권을 독점한 소수의 특권계층이었다. 게다가 고대 그리스에는 인권이라는 개념도 없었다. 가령 현행범으로 체포된 강도범이나 유괴범이 스스로 죄를 인정하면 재판 없이 즉각 처형되었다.

그러나 그렇다고 해서 그것을 중우정이라고 할 수는 없다. 사실 '중우정'이라는 말 자체, 즉 '어리석은 무리의 정치'라는 말에 이미 편견이 숨어 있으므로 객관적 용어라고 할 수 없다. 따라서 중우정은 적어도 학문적으로는 사용하기 어려운 말이다. 이것은 소크라테스, 플라톤, 아리스토텔레스 같은 철학자들이 주로 사용했던 말인데, 그들은 본래 민주주의에 대해 비판적 계층인 지배계층에 속했다. 플라톤은 본래부터 지배계층 출신이었다. 소크라테스는 피지배계층 출신이었으나 평생 피지배계층을 경멸하고 지배계층처럼 노동을 하지 않고 살았다. 아리스토텔레스는 지배계층은커녕 재류 외국인이었으니 시민에도 끼지 못하는 사람이었으나, 플라톤과 마찬가지로 평생 피지배계층을 경멸하며 노동을 하지 않고 살았다. 고대 그리스의 학자 중에는 이런 종류의 사람이 많았다.

아테네 민주주의에 관한 기록이 담긴 자료는 모두 민주주의에 대해 비판적인 입장을 갖고 있던 지배계층이 기록한 것이어서 민주주의에 대해 호의적인 자료는 하나도 남아 있지 않다. 민주주의에 대해 호의적인 입장을 갖고 있었던 시민계층은 글을 써서 기록으로 남기지 못했다. 따라서 당시의 지배계층이 써서 남긴 반민주주의적인 글을 사료로 삼아 그리스의 민주주의를 일방적으로 평가해서는 안 된다.

아테네 민주주의에 대한 부정적인 평가는 로마 시대, 르네상스 시대, 계몽 시대를 거쳐 19세기까지 이어지면서 유럽의 사상에 깊이 뿌리를 내렸고, 지금도 그러한 평가가 대세를 이루고 있다. 특히 한국은 19세기 말에 일본이 수입한 유럽 문화의 형태가 그대로 식민지 조선에 전달되면서 그리스상象이 각인되었다. 또 해방 이후에는 고대 그리스에 대한 우리 학자들의 연구가 주로 미국의 학풍에 의존했기 때문에, 아테네 민주주의에 대한 평가에서 여전히 보수적이다.

그리스 민주주의의 종말

지금까지 유럽인들은 기원전 5세기의 페리클레스 시대 이후로, 더 정확하게 말하면 기원전 429년에 페리클레스라는 천재적인 정치가가 사망한 이후로 고대 그리스가 쇠퇴했다고 보았다. 이런 관점은 한국에서도 그대로 통용되는 상식이 되었다. 그러나 이런 관점은 19세기 제국주의 시대의 유럽 역사학자들이 열강과의 경쟁에서 패배한 아테네에 매력을 느끼지 못했기 때문에 형성된 것이다. 그때 그들은 알렉산드로스 대왕이 동방 정복을 하고 난 뒤의 그리스를 찬양하기 시작했고, 그전 1세기 동안의 그리스에 대해서는 관심을 기울이지 않았다. 알렉산드로스 대왕을 다룬 영화가 여러 차례에 걸쳐 최근까지 서구에서 인기를 끈 것도 같은 맥락의 현상이다.

페리클레스가 죽은 뒤로 고대 그리스에 천재나 거물이 등장하지 않은 것은 사실이다. 30인 정권이 타도된 것도, 민주주의가 부활한 것도 어느 한 사람의 위대한 지도자에 의해 달성된 것은 아니었다. 그것은 수많은 지도자와 민중이 달성한 것이었다. 민주주의는 이어졌고, 그 지도자들은 혈연이나 문벌 출신이 아니라 민회에서 변론을 통해 정책 결정에 참여하면서 두각을 나타낸 새로운 유형의 정치가였다. 특히 정치 장군이 사라졌다. 장군들은 군사에만 전념했다.

이렇게 된 것은 적어도 민주주의 관점에서 보면 바람직한 것이었다. 인치에서 법치로 지배 원리를 변경한 아테네의 시민들에게 페리클레스와 같은 카리스마를 가진 인물은 필요하지 않았다. 대신 재무관을 비롯한 각 분야의 전문가들이 등장하기 시작했다. 이러한 전문가들의 등장은 아마추어리즘이라는 민주주의의 원리에 어긋나는 것이었고, 그래서 뒤에 민주주의를 파탄시키는 원인 가운데 하나가 되었다.

소크라테스가 재판을 받기 4년 전인 기원전 403년에 부활한 민주주의는 그 뒤 80년간 안정된 길을 걸었다. 아테네는 국제적으로는 과거의 힘을 회복하지 못했지만 국내적으로는 과거보다 더욱 충실한 민주주의를 이루었고, 그 경제도 부흥했다. 민주적 제도도 더욱 충실하게 정비되었고, 특히 민회의 회의장이 더욱 넓어져 시민의 참여는 더욱 확대되었다. 재정이 어려웠지만, 민회에 출석하는 시민들에게 수당을 지급해 민회 참여자 수를 늘린 것도 민주주의 부활 직후의 일이었다. 그 수당에는 연극 관람 수당도 포함되어 있었다. 그리스에서 연극이 성행했음은 널리 알려져 있으나, 당시에 연극 관람이 민주주의에 참여하는 방식의 하나로 중시되었다는 사실은 그다지 알려져 있지 않다.

알렉산드로스는 세계 제국을 최초로 이룩한 대왕으로 유명하지만, 적어도 고대 그리스의 민주주의와 관련해서는 그를 민주주의의 파괴자로 불러야 옳다. 폴리스를 구축하지 못한 마케도니아는 알렉산드로스의 아버지가 통치하던 시대부터 국력이 커졌다. 그리스의 어느 폴리스도 홀로 대항할 수 없어서 마케도니아에 연합으로 대항했으나, 결국은 패배했고 모든 폴리스가 독립성을 상실했다.

폴리스 존립의 전제는 자치였다. 자치는 폴리스 시민의 최대 자랑거리이자 다른 도시와 구별되는 폴리스만의 특징이었다. 따라서 자치가 부정되자 민주주의도 부정된 것이다. 알렉산드로스의 침략을 받은 직후, 아테네에서 민주파를 중심으로 반란 세력이 들고일어났지만 그들도 기원전 322년 여름에 항복했고, 이로써 민주주의는 결정적으로 종식되었다.

이때부터 참정권은 2,000드라크마 이상의 재산을 갖고 있는 시민 9,000명에게만 인정되었고, 정치는 부자정富者政으로 변했다. 민중법원, 공무원 추첨제, 복수 대표제, 공직 순환제, 민회 수당 등이 모두 폐지되었다. 빈민의 민회 참여도 금지되었다. 그 뒤 80여 년 동안 아테네에서 정변이 8번 일어나고 민주주의가 3번 부활했으나, 그 모두가 헬레니즘 세력의 지원을 받은 것이었으니 사실상 기원전 322년이 민주주의의 마지막 해였다.

그렇게 아테네의 민주주의는 끝이 났다. 아테네의 민주주의는 알렉산드로스 대왕이라는 외세에 의해 망한 것이었다. 따라서 세계사 교과서에 나오는 상투적인 설명, 즉 그리스가 펠로폰네소스전쟁 이후에 중우정에 빠져서 멸망했다는 설명은 옳지 않다. 아테네의 민주주의는 민주주의 자체의 문제 때문에 망한 것이 아니었다.

제5장

소크라테스 이야기

한국인의 철학

"여론조사로 생생하게 밝힌 한국 최초의 철학 탐구서"라는 『한국인의 철학』에 나오는 첫 질문은 '철학' 하면 무엇이 떠오르는가였고, 가장 많은 사람이 "점과 관련된 용어"라고 대답했다. 국어사전에서는 철학을 '인간이 살아가는 데 있어 중요한 인생관, 세계관 따위를 탐구하는 학문' 등으로 풀이하지만, 바로 그런 것들을 점집에서 찾는 것이 한국인인지도 모른다(따라서 현실과 유리되었거나 다른 나라 사전을 베낀 국어사전은 수정되어야 한다). 점쟁이들은 자신을 철학자라고, 자신의 업소를 철학관이라고 당당하게 부른다. 이는 점이 철학 중에서도 동양철학, 특히 주역과 관련이 많기 때문일 것이다.

이 조사에 따르면 돈을 내고 점을 본 사람은 40퍼센트에 이른다. 응답자의 42퍼센트가 대학 재학 이상의 고학력자인데도 그렇다. 서양식 교육을 10년 이상 받아도 전통의 지배 아래 있다는 것이다. 우리 사회가 불안해서 그렇다고 보는 견해도 있지만, 한국인은 미국에서 살아도 여전히 점을 본다. 오랜 선동 사회가 만드시 불안했다고 볼 수도 없다. 19세기 말에서 20세기 초 한반도를 다녀간 외국인들의 기록을 보면 점쟁이나 무당이 지금보다 큰 힘을 가진 것으로 묘사된다.

이 조사에서 도출된 한국 철학의 특징은 죽음에 대해 심각하게 생각하지 않는 유교적 현세주의다. 그러나 제사를 비롯해 한국인이 죽은 사람에게 바치는 열의는 대단하다. 한국 문화를 죽음의 문화라고 볼 수도 있다. 기독교를 믿는 사람들은 물론, 교리 차원에서 윤회를 극복하고자 하는 불교에서도 49재를 비롯한 장례 행사를 크게 치른다. 이런 특징도 점의 길흉화복과 관련이 있다.

학문적으로 동양철학자라는 사람들이 점을 보거나 무당을 찾는지 어쩌는지는 모르지만, 그들이 연구하는 『주역』 등의 책들이 동양철학의 교본임은 물론이다. 공자나 이황을 비롯한 유학자들은 『주역』에 따라서 스스로 점을 보았다. 그들에게 점을 보아달라고 부탁한 사람이 많았을지도 모른다. 그러니 점쟁이들이 동양철학자 운운해도 전혀 근거 없는 소리는 아니다. 서양철학자들이 카드 점 매뉴얼 같은 책을 철학의 차원에서 연구한다는 이야기는 들어본 적이 없지만 말이다.

이 조사에서 "'철학' 하면 무엇이 떠오르는가"라는 질문에 대해 "점"이라는 대답 다음이 "어렵고 재미없다"는 대답이다. 이는 점과는 달리, 혹은 점까지 포함해 철학에 대한 사람들의 보편적 인식을 보여준다. 응답자의 74퍼센트가 철학과 관련된 책을 읽어본 적이 없다고 답한 것도 이와 관련된다. 이는 대학에서 철학과의 수업이 서양철학 중심이고 교양철학도 서양철학 중심인 탓인지 모른다.

철학의 난해함은 한국인이 존경하는 철학자(이들은 물론 점쟁이가 아니지만)인 공자, 소크라테스, 아리스토텔레스, 맹자 등이 모두 외국인이라는 점과 관련이 있는지도 모른다. 공자나 맹자는 중국인인데 중국에서보다 한국에서 존경을 받는 것도 전통과 관련이 있다. 한국에서는 조선시대부터 그런 경향이 있었던 반면 중국은 사회주의 정권 성립 이후부터 유교를 철저히 비판했다. 이는 북한도 마찬가지다. 유교는 점과 관련이 있다. 유교를 비판한 중국에서는 점이 없어졌다. 일본에는 점이 남아 있지만 한국과 비교할 바 아니다.

오늘날 한국에서 철학이란 무엇인가? 그것이 과연 필요할까? 적어도 대다수 사람에게 점이 있는데 철학이 필요할까? 일반인에게는 필요 없을지 몰라도 철학이 존재하는 것은 사실이다. 대부분의 대학에 철학과가 있고(최근 많이 없어지고 있어서 학문의 기본을 없앤다고 개탄하는 사람도 많지만, 학생들이 오지 않는 학과를 없앤다고 학문 자체가 없어지는 것은 아니다), 초중고 교과서 등에도 철학에 대한 언급이 있는 것을 보면 무시할 수 있는 것은 아니다.

소크라테스를 숭상해야 할까?

한국인이 철학이라는 말을 안 것은 일제강점기 일본을 통해서였다. 일본인들이 철학이라는 말을 처음 들은 것은, 1904년 도쿄에 세워진 철학당 공원에 있는 시세이도四聖堂에서 공자, 석가, 소크라테스, 칸트를 신으로 모시고 숭배하기 시작한 뒤부터였다. 이를 주도한 사람이 기독교에 반대한 국수주의자인 까닭에 예수가 제외되었지만, 1930년대에 들어서 칸트의 자리를 예수가 차지한 뒤 소위 4대 성인이라는 말이 굳어졌다. 따라서 이 말도 일제 유산이다.

일제강점기에 소크라테스가 4대 성인의 반열에 오른 이유는, 그가 서양에서 철학의 아버지로 숭상된 것도 있지만 그가 '악법도 법'이라고 하며 독배를 마시고 죽었다는 일화 덕분이기도 하다. 19세기 후반에 일본이 서양철학을 받아들일 때 소크라테스를 '칼을 버리고 붓을 든 사무라이의 상징'으로 여겨, 그를 성인으로 받들었기 때문이다. 또 예수와 마찬가지로 민중의 무지에 의해 죽임을 당했다고 미화된 탓도 있었다. 즉, 민중을 경멸하는 하나의 표상이었다.

특정 종교의 창시자가 아니면서도 성인이 된 소크라테스는 철학자의 모범이자 모든 학문의 원류이자 인간의 이상형으로 받들어졌다. 그의 학문을 이은 플라톤과 아리스토텔레스와 더불어 그리스 철학, 더 나아가 서양철학을 대표하는 사람으로 숭배되었다. 그러나 그 영향력은 긍정적이라기보다는 도리어 부정적이었다. 특히 '악법도 법'이라고 하는 말은 전제국가나 독재국가를 철학적으로 정당화하는 말로 사용되었고, 그 말과 함께 소크라테스가 실제로는 말한 적이 없는 '무지의 지知'라고 하는 말도 옳은 것을 아는 것이 훌륭하다고 하는 윤리의 기본을 망각하게 만들었다. 철학자는 가정을 비롯해 현실과는 무관하게 산다는 이미지를 심어준 악처 크산티페의 일화나 살진 돼지보다는 배고픈 소크라테스(사실 소크라테스는 비만이었다)가 낫다는 식의 말도 철학이나 철학자에 대한 부정적인 이미지를 심어주었다.

더욱더 문제가 되는 소크라테스의 악영향은 그가 말했다는 이상국가의 철인 왕으로 독재자가 미화되었다는 점이다. 플라톤의 『국가』에 나오는 철인 왕을 소크라테스가 실제로 언급했는지 아니면 플라톤이 그렇게 꾸민 것인지는 논쟁의 여지가 있고, 그 진실에 대해서는 누구도 정확하게 알 수 없다. 다음은 1971년에 당대에 내로라하는 교수 7명이 집필해 대량으로 배포한 『민족의 등불』이라는 책에 나오는 말이다.

"그의 신분은 비록 군인이었으나 그의 인격과 통찰은 일찍이 역사상에 보기 드문 철학자요 사상가요 예언가임을 우리는 그의 탁월한 리더십에서 역력히 찾아볼 수 있다. 세기의 현자 플라톤은 그 옛날 이른바 철인정치를 제창했거니와 우리의 영도자 박 대통령이야말로 철인정치의 표본임을 부정할 사람은 없을 것이다."

이 책에는 소크라테스가 아니라 플라톤이 등장하지만, 철인정치를 주장한 사람은 소크라테스라고 볼 수도 있다. 소크라테스가 아니라 플라톤이라고 한 것은 플라톤이 쓴 책에 그가 등장하기 때문이지만, 일반인들은 소크라테스의 말씀으로 철인정치를 받아들일 수도 있기 때문이다.

어하튼 이 책의 집필자로는 당시 저명한 정치학자들과 인문학자들이 참가했다. 김명회, 김점곤, 민병기, 박준규, 여석기, 유형진, 이정식 등이다. 그들이 독재를 미화하는 데 플라톤이나 소크라테스를 원용한 것을 두고 오독이라고 비난할 사람이 많겠지만, 그들이 플라톤의 『국가』에 정통하지 않았다고 볼 이유가 없다. 도리어 그런 해석이 당연했다고 본다. 최근에는 박정희 대통령을 이순신에 비유하기도 하는 경향이 생겨났지만, 앞으로도 플라톤이나 소크라테스의 철인 왕을 들먹이는 일이 생기지 않는다고 볼 수도 없다.

플라톤이나 소크라테스가 독재를 정당화하는 사상의 소유자라면 우리는 과연 그들을 숭상해야 할까? 차라리 철학관에 가서 점을 보는 것이 속 시원하고 깨끗한 일이 아닐까? 게다가 대통령을 비롯한 정치인들도 점을 열심히 본다고 하지 않는가? 그래서 한국 사람들은 지금도 여전히 철학이라고 하면 점을 떠올리는 걸까?

소크라테스가 철학의 시조인가?

소크라테스나 플라톤을 철학의 시조라고 보고 그들에 의해 서양 문명이 형성되었다고 하지만 이는 잘못된 것이다. 플라톤의 제자인 아리스토텔레스는 탈레스가 철학의 창시자라고 했다(『형이상학』 1권 3장). 피타고라스의 정리로 유명한 피타고라스를 최초의 철학자라고 보는 견해도 있다. 그들과 동시대를 산 아낙시만드로스, 헤라클레이토스, 파르메니데스 등을 최초의 철학자로 보기도 한다. 모두 소크라테스 이전 사람들이다.

이들을 중심으로 6세기에 시작된 그리스 학문 운동은 엘리트가 아니라 일반인에 의해, 그리스 본토가 아닌 소아시아 반도에 있는 이오니아 연안의 그리스 식민지에서 이루어졌다. 그곳은 농업이 아니라 상업이 발달했다. 이오니아 중에서도 밀레투스는 탈레스를 비롯한 그리스 고대 철학의 발상지였다. 기원전 650년경부터 90개의 식민지를 건설해 그 지역의 무역을 독점한 그곳에서 탈레스가 탄생했다. 군주정, 참주정, 민주정이 되풀이되는 과정에서 정치적으로 적극적이고 억압하거나 협박하기 어려운 주민들이 사상의 시장을 형성했다. 탈레스를 비롯한 고대 그리스 철학자들이 유물론적인 자연 해석을 하게 된 바탕에는 그런 사회가 있었다.

아리스토텔레스는 탈레스가 최초로 우주의 단일한 물질적 기본을 물 또는 습기라고 주장했다고 썼다. 그러나 물질을 구성하는 기본단위로 물을 선택한 것은 탈레스가 처음이 아니었다. 그것은 수메르인의 창조 설화인 창세기에서 나온 것으로 습지에서 물을 공급받아야 하는 사막 국가에 가장 적절한 주장이었다. 탈레스의 학설은 그 신화에서 창조주를 뺀 것에 불과했다. 다만 신들의 변덕이 아니라 자연 자체에서 그 원인을 탐구한 게 탈레스의 독창성이었다.

탈레스의 계승자인 아낙시만드로스는 흔히 천문학의 창시자, 우주론 또는 철학적 세계관을 체계적으로 전개한 최초의 사상가로 불린다. 그는 세계를 아페이론apeiron(무한자)이라고 불리는 지각할 수 없는 실체에서 이끌어냈다. 한편 아낙시메네스는 만물의 근원을 공기라고 생각했고 헤라클레이토스는 불이라고 했다.

소크라테스 이전의 철학자들이 모두 이오니아에서 나온 것은 아니었다. 피타고라스의 정리로 유명한 피타고라스와 그 일파는 남부 이탈리아에 살았다. 그러나 피타고라스의 정리도 사실 피타고라스가 만든 것이 아니라 그보다 최소한 1,000년 전부터 바빌론의 수학자들이 알고 있던 것이었다. 피타고라스는 민주적 사상, 즉 토지 귀족의 전통주의에 맞서는 상인과 같은 중간 계급의 합리주의를 옹호했으나 곧 탄압을 받았다.

탈레스를 비롯한 그런 사람들을 철학자라고 부른 사람은 후대의 소크라테스였지만 당시에는 소피스트, 즉 지혜를 사랑하는 사람이라고 했다. 그러나 소피스트라는 말이 궤변가라고 오해되고 있듯 그들에 대한 이야기는 그들에 대해 반박하거나 조롱하기 위해 소크라테스의 제자인 플라톤이나 아리스토텔레스에 의해 전해지고 있을 뿐이다. 프로타고라스와 기원전 5세기의 다른 소피스트들은 강의료를 받았다. 강의료를 받을 필요가 없을 정도로 부자였던 플라톤은 그들을 비웃었다.

그러나 더 큰 이유는 민주주의에 대한 태도에 있었다. 소크라테스와 플라톤은 민주주의에 철저히 반발했고, 아리스토텔레스는 상당히 중립적이었으나 비판적이었다. 반면 소피스트들은 상대주의적 철학에 근거해 민주주의의 이념을 체현했다. 그들은 정의는 사람들 사이의 의견 교환과 변경과 합의에 의해서만 해결이 가능하고, 어떤 개인의 정신에 좌우되는 것이 아니라고 보았다. 반면 소크라테스와 플라톤은 『국가』에서 '순수한 존재 또는 존재 자체를 관조할 수 있는 자'인 철인의 독재정치를 주장했다. 그리고 『정치』에서는 절대군주제를 이상적인 것으로 보았고, 『법률』에서는 사상을 통제하는 위원회제를 이상국가로 보았다.

덕은 지식인가?

소크라테스를 철학의 시조라고 하지만 그 이전의 철학과 관련지어 볼 때 소크라테스는 반동反動이라고 할 수 있다. 자연에 대한 지식을 관찰에 의해서 아는 것이 아니라 선험적 논쟁에 의해 얻을 수 있다고 소크라테스는 보았기 때문이다. 소크라테스에 의해 철학은 유물론에서 관념론으로 바뀌었다. 소크라테스 이전에는 물질의 본질이 철학의 탐구 대상이었던 반면 소크라테스 이후에는 정신이 물질에 우선한다고 보고 그 본질을 탐구하는 것에 집중하게 되었다.

소크라테스는 참된 지식이 절대적인 정의定義를 통해서만 얻어질 수 있다고 했다. 그 참된 지식을 에피스테메epiesteme, 그것과 구별되는 단순한 의견을 독사doxa라고 한다. 에피스테메란 순수하고 무조건적인 정의, 즉 절대적인 정의를 말한다. 소크라테스가 절대적이고 불변하는 정의를 찾으려 한 것은 세계가 끊임없이 변화하는 유동과 모순이라고 본 헤라클레이토스에 대한 반발이었다. 플라톤이 소크라테스를 통해 말한 이데아란 그런 정의의 세계를 말한다. 그는 우리가 눈으로 보는 모든 사물이나 현상은 비실재의 것이고, 눈에 보이지 않는 어딘가에 그 본질인 보편의 이데아가 실재한다고 주장했다. 자신도 결코 내릴 수 없는 정의를 상대방에게 내려보라고 하고서 그들이 내리는 정의를 쉽게 논박했다.

소크라테스를 흔히 대화의 철학자니, 지혜의 산파라고 한다. 그러나 그는 우리가 흔히 알듯 건강한 아이를 받는 산파가 아니라, 낙태를 전문으로 하는 산파다. 왜냐하면 그는 부정변증법negative dialectic의 전문가이기 때문이다. 그는 누구와 논쟁을 하든 항상 자신의 생각은 밝히지 않았고, 새로운 결론도 내리지 못했다. 소크라테스는 델포이 신전에 새겨진 '너 자신을 알라'라는 말에 대해, 사람은 누구나 혼을 가지며 그 혼이 가장 귀한 것이니 저마다 자신의 혼을 훌륭하게 보살피라는 뜻이라고 해석한다(『소크라테스의 변론』). 여기서 혼이란 정신으로 생각해도 좋으리라. 따라서 이 말은 훌륭한 정신, 즉 덕을 가져야 한다는 말이 된다.

'덕'은 "마음이 바르고 인도에 합당하며 포용성 있는 품성"이라고 국어사전에서 해설하나, 가령 '덕이 있는 사람'이라고 하는 경우와 같이 일반적으로는 매우 모호하게 사용된다. 특히 그 덕이 반드시 지식에 의해 얻어지는 것이라고는 생각되지 않는다. 덕이 지식에 의해서만 확보되는 것이라면 지식인이야말로 덕이 높은 사람이겠다. 그러나 우리가 익히 알듯 지식인 중에서는 덕이 낮거나 아예 없는 사람도 많다. 따라서 누군가가 '아는 만큼 본다'고 한 말을 덕에 적용해 '아는 만큼 덕이 있다'라고 한다면 동의할 수 없다. 나는 인간이면 누구나 볼 수 있고, 지식이란 그 정도를 조금 더 높여준다고 생각하므로 '아는 만큼 본다'라는 말의 의의도 그 일부만 인정한다. '아는 만큼 덕이 있다'는 말은 더욱 그렇다. 물론 지식이 덕성의 함양에 어느 정도 기여할 수는 있다. 그러나 지식이 없다고 해서 덕이 없다고는 할 수 없다.

반면 소크라테스는 덕을 지식이라고 했다. 여기서 그리스에서 덕이란 말이 우리가 사용하는 덕과는 다를 수도 있다. 그리스에서 덕이란 가르칠 수 있는 것이자 누구나 배울 수 있어야 하는 것이었다. 아테네의 시민이라면 이를 당연히 여길 것이었고, 소피스트들은 그래야 한다고 주장했다. 그러나 소크라테스는 반대로 생각했다. 그는 참된 지식은 절대적인 정의를 통해서만 얻어질 수 있다고 하면서, 그런 지식은 소수만이 얻을 수 있다고 생각했다. "덕이란 타고나는 것도 아니고 가르칠 수 있는 것도 아니며, 오히려 덕을 갖춘 사람이 있다면 그것은 지성과 관계없이 신의 은혜로 얻은 것이다." 그러나 신은 '그것을 받는 사람들이 알 수 없도록 주기 때문에' 일반인은 그것을 갖지 못한다고 했다(『메논』). 따라서 덕을 갖지 못하는 다수는 양떼라고 했다. 이에 대해 그리스인들은 시민이 철학의 대가일 필요가 없고 이성을 가진 상식인이면 충분하다고 생각했다. 이처럼 소크라테스와 아테네 시민들은 덕과 지식에 대한 견해가 근본적으로 달랐다.

소크라테스의 반민주주의

소피스트들은 스스로 지식과 덕의 교사라고 주장했다. 그러나 소크라테스는 지식과 덕은 가르칠 수 없으므로 소피스트들을 사기꾼이라고 비난했다. 그 때문에 소피스트는 그 후 두고두고 역사적으로 비난을 받았다. 그렇다면 소크라테스가 지식과 덕은 가르칠 수 없다고 주장한 이유는 무엇인가? 첫째는 그의 반민주주의 때문이다. 덕과 지식이 가르쳐지고 배울 수 있는 것이라면 '아는 자'가 통치하고 나머지는 무조건 그에게 복종해야 한다는 자신의 주장과 모순된다. 둘째는 '절대적 확실성의 부정'이라는 그의 철학과 관련된다. 셋째는 자신의 제자 중에 반민주주의적 인사들이 있어서였다.

그러나 소크라테스가 소피스트들을 비난한 더 기본적인 것은 소피스트들이 인간의 평등을 주장했고 심지어 노예제도를 비판했기 때문이다. 반면 소크라테스, 플라톤, 아리스토텔레스는 빈민을 멸시했고 노예제도를 인정했다. 노예제도를 인정한 자들은 스토아학파, 성 바울, 로마의 법률가들, 심지어 미국 헌법의 설립자들까지 역사적으로 끝없이 나타났다. 그러나 그것을 이유로 소크라테스 등을 변호할 수 없다. 그들이 적대시한 당대의 소피스트들은 노예제도를 부정했기 때문이다.

그 예는 얼마든지 들 수 있다. 가령 크세노폰의 『소크라테스 회상』에 등장해 소크라테스와 대화하는 안티폰이라는 소피스트는 인간의 평등을 가장 명백히 주장했다. 사실 그는 야만인까지 포함하는 모든 인간의 평등을 주장하고, 지식은 모든 사람이 습득할 수 있다고 말했다. 또한 자연법과 인간이 만든 도시법을 구별하고, 도시법은 피통치자의 동의로 확보된다고 해서 민주주의의 기본을 보여주었다. 나아가 그는 모든 불화의 원인이 부의 불평등에 있고 부자는 이웃을 도와야 한다고 하며 복지국가론을 전개했다. 이는 소크라테스나 플라톤, 크세노폰이 빈민에 대해 전혀 관심을 기울이지 않는 것과 대조적인 주장이었다.

플라톤의 『국가』에서 소크라테스는 크레타와 스파르타의 제도를 최상의 정치 형태라고 찬양하고, 그다음이 과두정이며, 제일 못한 것이 민주정이라고 했다. 그러나 스파르타와 크레타는 당시 그리스에서 가장 낙후된 지역이었고, 해외여행이 규제된 폐쇄 사회였다. 소크라테스는 청년들이 고국에서 배운 것을 잊지 않도록 하기 위해서 해외여행을 규제해야 한다고 했다(『프로타고라스』). 아리스토파네스의 희극 『새』에서는 소크라테스가 아테네를 싫어하고 스파르타를 좋아한 불평분자들의 우상으로 묘사되었다.

인간들이 모두 라코니케에 미쳐 머리를 길게 기르고,

먹지 않고 지내고, 더러워진 채로 지내고,

소크라테스 병에 걸리고, 단장을 짚고 다녔지요.

여기에서 라코니케란 스파르타를 말한다. 아테네 사람들은 자기들을 싫어하는 소크라테스를 싫어했다. 그리스인들은 인간 사회를 폴리스라는 자유 도시로 이해했으나, 소크라테스는 그들을 양떼와 같은 집단으로 보았기 때문이다. 그리스인들에게 자유 도시란 시민이 자신의 삶과 도시에 영향을 미치는 결정 사항에 대해 토론하고 투표할 권리를 갖는 것을 뜻했다. 이는 바로 지금 우리가 믿는 민주주의의 원리다. 따라서 나도 그리스인들처럼 소크라테스를 싫어한다.

크세노폰에 의하면 소크라테스는 "다스리는 자의 직분은 해야 할 일에 대해 명령하는 것이며, 피통치자의 할 일은 이에 복종하는 것"(『소크라테스 회상』)이라고 했다. 그리스인에게 동의가 아니라 복종만을 요구한 것이었다. 소크라테스를 청년 타락죄의 혐의로 고발한 자들은, 소크라테스가 『일리아스』에 나오는 다음 부분을 청년들에게 가르쳤다고 주장했다. 핵심은 크세노폰이 인용한 것에 이은 다음 부분, 즉 오디세우스가 아가멤논을 변호하는 부분이다. "사공이 많으면 배가 뒤집히기 마련이오. 지휘자나 임금은 하나면 족해! 제우스신께서 권한을 주신 그분 하나면 족하단 말이오."

누가 소크라테스를 죽였는가?

폴리스와 시민의 아마추어리즘은 소크라테스에 의해, 그의 프로페셔널리즘에 의해 부정되었다. 그래서 그는 결국 처형당했다. 그의 처형 자체는 법적으로나 도덕적으로나 허용될 수 없는 것이었지만, 전제정에서 민주정을 회복한 지 몇 년 안 된 민주정을 지키기 위한 정치적 노력의 하나로 보아야 한다. 말하자면 어지러운 혼란기에 반민주주의자가 너무나 많았기에 본보기로 소크라테스를 처형한 것이다.

그러나 이후의 역사에서는 반민주주의가 승리했다. 역사는 전문가, 특히 교수를 중심으로 하는 노예제 학문 집단인 대학을 근간으로 해서 엘리트 전문가들이 세상을 지배하는 비민주적 체제를 형성했다. 이 반민주주의의 역사는 2,000년 이상 지속되어왔다. 200여 년 전부터 범세계적으로 민주주의의 바람이 불었지만, 그 대세는 어디까지나 간접민주주의와 전문가주의가 복합된 관료주의 같은 것이었다. 그것은 고대 그리스의 직접민주주의가 가졌던 아마추어리즘과는 배치되는 것이었다.

덕분에 아테네 민주주의에 적대적이었던 소크라테스를 비롯한 그의 제자들이 그 세력을 여전히 유지할 수 있었다. 지난 2,000년 동안의 봉건사회는 물론, 지난 200년 동안의 민주사회에서도 그 학설은 옳다고 칭송되었다. 그러나 이제 우리는 그 실상을 정확하게 알아야 한다. 소크라테스나 플라톤의 반민주주의적 가르침보다 고대 아테네 시민들의 직접민주주의가 우리에게 더욱 소중하기 때문이다. 물론 지금 우리는 아테네의 그것을 그대로 따라할 수도 없고 그럴 필요도 없다. 그러나 직접민주주의가 불가능하다든가 그것은 단지 중우정에 불과하다는 식의 편견은 버려야 한다. 특히 그런 편견을 심어주는 철학은 버려야 한다.

우리는 왜 소크라테스를 알아야 할까? 왜 철학을 알아야 할까? 무슨 위안을 주는 것일까? 이에 대한 답을 찾기 위해 『젊은 베르테르의 기쁨』을 읽어보자. 이 책의 원제가 『철학의 위안The Consolation of Philosophy』이기 때문이다. 제1장은 '인기 없음에 대한 위안'이라는 제목인데, 소크라테스가 우리에게 위안을 주는 이유를 이 책은 다음과 같이 설명한다.

"소크라테스는 제한된 지식을 가진 500명의 시민들에게 재판을 받았는데, 그들은 당시 아테네가 펠로폰네소스전쟁에서 패한 데다 피고의 몰골이 이상하다는 이유로 소크라테스에게 비이성적인 의심을 품고 있었다.……우리는 지방 배심원들이 적시에 우리를 돕도록 설득하지 못할 수도 있지만, 그래도 후대의 심판이 가능하다는 사실에서 위안을 얻을 수 있다."

이 글은 소크라테스가 인기가 없어 죽었어도 후대에 재평가를 받았다는 점에서 우리가 위안을 얻을 수 있다고 말하는 듯하다. 재판에서 사형을 당한다고 해도 후대의 심판이 달리 내려질 수 있으므로 위안을 얻는다는 것이다. 그러나 이 책을 읽는 사형수들이 과연 소크라테스에게서 위안을 얻고 죽을 수 있을지는 의문이다. 소크라테스처럼 후대의 심판이 달리 내려질 수 있는 확률도 거의 없는데 어떻게 위안을 얻는다는 말인가?

나아가 재판을 담당한 500명의 시민이 "제한된 지식"을 가졌고, 게다가 "피고의 몰골이 이상하다는 이유로 소크라테스에게 비이성적인 의심을 품고 있"어서 잘못된 판단을 내렸다는 설명은 너무나도 터무니없다. 아무리 제한된 지식의 소유자라고 해도 몰골이 이상하다고 사람을 죽일 수 있을까? 내가 아는 한 소크라테스 재판에 대한 수많은 자료 중에서 그리스 시민들에 대해 그런 웃기는 설명을 하는 자료는 없다.

『젊은 베르테르의 기쁨』은 영미권에서 오랫동안 베스트셀러였고, 영국에서는 〈철학: 행복으로의 초대〉라는 제목으로 6부작 텔레비전 다큐멘터리로 상영되었다고도 하는데 이 같은 내용을 보면 영미의 독자들이 참으로 불쌍하기 짝이 없다. 그렇다면 우리는 어떤가? 소크라테스 연구의 권위자라고 하는 『소크라테스의 변론』 번역자는 소크라테스가 몰지각과 시기심과 이기적 적대심 때문에 죽었다고 말한다. 한국의 소크라테스 연구 수준 역시 절망적이다.

"결론적으로 말해, 소크라테스의 죽음은 한 철학자의 일생에 걸친 철학적 작업에 대한 당대 사람들의 그런 몰지각과 부질없는 시기심 그리고 당대 아테네의 정치 지도자들의 그런 이기적 적대심이 영합해 빚은 어이없는 결말이었던 셈이다."

이 글에서 "몰지각"이라 함은 당시 아테네인들이 소피스트와 소크라테스를 구별하지 못한 점을 말하고, 정치가들의 "이기적 적대심"이란 소크라테스가 당대 민중 지도자들을 참된 지도자가 아니라 민중을 오도하는 자들로 보아 그들의 반감을 샀다는 점이라고 한다.

그러나 과연 당대 그리스인들이 소크라테스를 소피스트와 구별하지 못할 정도로 몰지각했을까? 당시 어떤 소피스트도 소크라테스처럼 죽은 적이 없는데 왜 소피스트로 혼동되었다고 하는 것일까? 당시 어떤 기록을 보아도 소피스트라서 소크라테스를 죽였다고 한 것은 없다. 그런데도 왜 그런 소리를 하는 것일까? 게다가 번역자가 아예 그 내용을 설명하지도 않은 당대 사람들의 "부질없는 시기심"이란 무슨 말일까? 나아가 정치지도자들의 "이기적 적대심"이란 것은 또 무슨 말일까?

이에 대해 번역자는 플라톤의 『메논』에서 보듯, 소크라테스를 고발한 아니토스가 숭배한 테미스토클레스와 페리클레스에 대해, 소크라테스가 자신은 훌륭했으나 자식들을 훌륭한 인물로 만들지 못했다고 지적했고 이에 아니토스가 화를 냈고, 그 후 "그처럼 한창 잘나가는 정치 지도자를 대수롭지 않게 보는 소크라테스"가 "눈엣가시 같은 인물"이어서 "소크라테스라는 성가신 존재를 자기 눈앞에서 사라지게 하는 것, 그것은 정치지도자로서의 아니토스 자신의 위상을 손상하지 않고 유지할 수 있게 하는 하나의 중요한 방편이었을 것"이라고 한다. 이어서 소크라테스에 대한 기소는 403년에 효력을 발휘한 사면 조치에 위배되므로 다른 혐의를 씌웠다고 한다.

그러나 페리클레스 등에 대한 논쟁과는 관계없이, 아니토스가 소크라테스를 비판한 게 소크라테스가 그처럼 한창 잘나가는 정치 지도자를 대수롭지 않게 보았기 때문이라는 말은 터무니없는 이야기다. 이는 당대의 민주주의 지도자인 아니토스에 대한 전혀 근거 없는 비난이다. 번역자가 아니토스에 의한 민주주의 회복 이전의 비민주주의 정권과 소크라테스의 관련성을 전혀 설명하지 않은 점도 이해하기 어렵다.

제6장

플라톤 이야기

플라톤과 제국주의

플라톤을 숭상하는 사람들이 별안간 늘어나고 있다. 특히 최근 한국에서 그렇다. 텔레비전에서 한때 공자니 맹자니 떠들썩하더니만 이제는 소크라테스와 플라톤이다. 권력의 부침 때문인지 유행의 변화 때문인지 모르지만 어느 것이나 소위 엘리트들의 말놀이다. 그런 자들 중 서양에서 유학한 자들은 서양철학이 플라톤에 대한 주석에 불과하다는 앨프리드 노스 화이트헤드Alfred North Whitehead의 말을 신주 삼아 외치며 플라톤 철학이 만고의 진리인 양 주장한다. 그런 주장은 19세기 후반에서 20세기 초반에 걸친 제국주의 시대에 인기를 끌었던 플라톤을 숭상한 서양인들의 과장된 구호에 불과했다. 그리스신화를 비롯한 그리스 문화와 로마 문화라는 것은 본래 제국주의적인 것이었기에 그런 유행이 당연한 것이라고 볼 수도 있지만, 그 유행이 100년이 훨씬 지난 지금 대한민국에서 다시 유행하는 이유는 무엇일까?

오늘날의 대한민국을 제국주의 국가라고 부를 수는 없을지 모르지만,

대한민국을 지배하는 사상 중에는 제국주의나 인종차별주의를 방불케 하는 왜곡된 자민족 중심주의와 국수주의 같은 것이 분명히 있다. 그 기초가 되는 경쟁주의, 승자독식주의, 독재주의, 초인주의, 불평등주의, 반사회주의, 이기주의 같은 것이 도사리고 있다. 19세기 후반 서양에 득세한 이런 사상의 극단이 우생학이었고, 이것은 바로 플라톤에서 비롯되었다. 플라톤의 우생학, 즉 그리스인(특히 스파르타)이 가장 우수한 인종이라는 주장의 변형이 근대 서양 문명이었다. 플라톤은 자손의 질을 보장하기 위해 국가가 우생학적으로 생식生殖을 감시해야 한다고 주장했는데 이는 스파르타에서 오래전부터 했던 일이다. 스파르타를 다룬 영화 〈300〉을 보고 소크라테스와 플라톤이 생각났다고 하면, 소크라테스와 플라톤을 아테네인으로 알고 있는 사람들은 이상하게 생각할까? 소크라테스와 플라톤보다 과학적이었다는 아리스토텔레스는 야만인의 자연적 열등성을 근거로 노예제를 정당화했다. 플라톤 이후 서양철학은 플라톤에 대한 주석에 불과하다는 말은 이런 의미로 이해되어야 한다.

한국에서 서양 문명을 말하는 자들이 자기가 전공하는 어떤 서양 학자를 신으로 모시는 것이야 이해한다고 해도, 모든 한국인에게 신으로 받들라고 말할 때는 조심해야 한다. 화이트헤드의 말도 그렇다. 사실 이 말은 그가 1929년에 펴낸 『과정과 실재』라는 책에서 플라톤의 책이 내용이 풍부하다는 점을 강조한 말에 불과했다. 단적으로 말해 서양철학을 조금이라도 안다면 그런 소리를 할 수 없다. 왜냐하면 플라톤에 반하는 철학의 전통, 특히 유물론이나 과학철학의 전통이 뿌리 깊기 때문이다.

그의 제자라는 아리스토텔레스부터가 그렇다. 라파엘로가 바티칸궁전에 그린 〈아테네 학당〉을 보면, 그림 중앙에 있는 플라톤은 하늘을 가리키지만 아리스토텔레스는 땅을 가리키고 있다. 이 그림의 원래 제목은 '원인에 대한 앎Causarum Cognotio'이었고, 그림 속의 사람들이 아테네인에 한정되지 않았음에도 이런 이름이 붙여진 것은 후대의 그리스 숭배열 때문이었다. 플라톤과 아리스토텔레스는 스승인 소크라테스와 함께 아테네에 살기는 했지만, 아테네의 민주주의를 싫어했으니 '아테네 학당'의 양대 철학자로 모셔질 수 있을지 의문이다.

플라톤의 대표작이라는 『국가』를 읽어봐도 도대체 무슨 이야기를 하는지 모를 정도로 두서가 없고, 비현실적이며, 일관성이 없다는 것을 바로 느낄 수 있다. 게다가 불쾌하기 짝이 없다. 신정神政정치, 군국주의, 민족주의, 위계질서, 반자유주의, 전체주의, 권위주의, 억압주의, 정체주의 등을 정당화한다. 또한 노예 소유주인 귀족 출신답게 철저히 경멸적인 사회·경제구조에 대한 논의, 극단적인 보수주의와 함께 나타나는 무모한 공상주의, 독단주의와 독재주의 등이 끊임없이 나온다.

도대체 이런 자가 왜 서양철학의 아버지인지 참으로 의심스럽다. 플라톤은 소크라테스를 죽인 아테네 민주주의에 반대해 그런 반민주주의를 꿈꾸었다. 하지만 그가 말한 철인정치 아래였다면 소크라테스는 즉각적으로 처형당했을 것이다. 아니 그런 세상에서는 그 누구보다도 먼저 플라톤이 처형되었을 것이다. 그럼에도 그런 세상을 꿈꾸었다니 참으로 끔찍한 일이 아닌가?

플라톤은 누구인가?

고전이든 뭐든 해설서보다 원전을 읽는 것은 좋은 정도가 아니라 반드시 필요한 일이다. 다만 플라톤의 원전은 읽기에 너무 복잡해서 해설서를 참조해야만 한다. 우리말로 된 플라톤에 대한 해설서는 수없이 많지만, 내가 추천할 수 있는 유일한 책은 사이먼 블랙번Simon Blackburn의 『국가론 이펙트』다. 이 책은 국내에 2014년에 출간되었고, 원서도 2006년에 나온 만큼 가장 최근 책이자 가장 공정한 책이다. 한 권 더 추천한다면 칼 포퍼의 『열린사회와 그 적들』인데 1945년에 나온 이 책은 그동안 많은 비판을 받았고, 한국에서도 그 비판이 그대로 복습되었기 때문에, 이 책의 비판서를 읽은 사람에게는 흥미롭지 않을 수도 있겠다. 블랙번의 책은 그런 비판까지 다루고 있으니 유일무이한 해설서를 바라는 사람에게는 안성맞춤이다. 그는 '역사적인 맥락'에서 플라톤을 다음과 같이 묘사한다.

"심술이 더덕더덕 붙은 전형적인 노인이면서 냉소적이며 냉담한 성향의 귀족으로, 아테네의 민주주의를 싫어하고, 사람이 잘못하면 벌을 받아야 한다고 생각하고, 민주주의에 대한 두려움에서 기술자나 농부를 포함해 모든 생산직 노동자들의 노동을 조롱하고, 노동자들의 교육에 대한 여망을 경멸한 사람이며, 어리석게도 무시무시한 스파르타의 군사독재를 동경하던 사람."

블랙번은 "처음 플라톤의 대화편을 접했을 때 나는 아무런 매력을 느끼지 못했"고 거기에 나오는 소크라테스에 대해서도 "가혹할 정도로 캐묻고 몰아붙이는 그의 모습을 상상할 때마다 나는 불쌍한 피해자를 자기 손아귀에 넣고 도리어 혼란만 불어넣는 못된 변호사의 모습을 떠올리고는 했다"고 한다.

플라톤이 태어났을 때 아테네는 스파르타와 전쟁 중이었다. 그가 태어나기 4년 전인 기원전 431년에 시작된 펠로폰네소스전쟁이 한창인 때였다. 이 전쟁은 30년 가까이 계속되다가 플라톤이 23세가 된 기원전 404년에 아테네의 패배로 끝났다. 아테네가 패배하기 3년 전, 즉 20세 때부터 플라톤은 이미 60세가 넘은 소크라테스의 제자가 되었다. 패전국인 아테네에는 승전국인 스파르타의 괴뢰정권이 수립되었다. 이 정권은 플라톤의 외가 친척이 포함된 30인의 귀족정이었는데, 1년 만인 기원전 403년에 민주정에 의해 무너졌다. 이어 플라톤이 28세였던 기원전 399년에 스승인 소크라테스가 처형당했다. 그렇게 20대를 보낸 플라톤은 민주정에 적대감을 품었다.

소크라테스의 죽음을 다룬 『소크라테스의 변론』이나 『크리톤』 등은 소크라테스가 처형된 뒤, 30대가 된 플라톤이 집필한 것으로 짐작된다. 이 작품들은 소크라테스를 충실하게 재현한 것이 아니라 플라톤의 창작이라고 보는 것이 옳다. 플라톤은 스승인 철인 소크라테스의 죽음이 억울한 죽음이자 부당한 죽음이라고 생각했다. 그래서 소크라테스를 "박해에 시달린 당시의 인물 중에서 가장 탁월한 인물이자 가장 현명하고 정의로운 인물"이라고 찬양했다. 지금도 많은 사람이 소크라테스에 대해 그렇게 말한다. 그러나 나는 소크라테스가 아테네 민주주의에 반대하고 그 적국인 스파르타에 동조했기 때문에 처형을 당했다고 본다.

『프로타고라스』, 『고르기아스』, 『메논』 등도 플라톤의 초기 작품으로 분류된다. 이런 초기 작품들에 등장하는 주인공 소크라테스는 그의 실제 모습을 반영하지만, 중기와 후기 작품들에 등장하는 소크라테스는 플라톤이 자신의 사상을 주장하기 위해 등장시킨 배우에 불과하며 실제의 화자는 플라톤이라고 말하는 사람이 많다. 그러나 나는 이런 견해에 반대한다. 소크라테스의 수제자였던 플라톤의 작품 전부가 두 사람의 일치된 생각에서 나온 것이라고 생각한다.

철인정치와 이상국가

플라톤은 소크라테스의 죽음 이후 외국에 나갔다가 다시 아테네로 돌아와 35세(기원전 392년)에 전쟁에 참가했고, 40세쯤(기원전 388~387년)에는 이탈리아와 이집트 등을 방문했다. 당시에 그가 남부 이탈리아에서 만나 평생의 친구가 된 아르키타스는 피타고라스학파의 중심인물인 뛰어난 수학자이자 정치 지도자로 플라톤이 말하는 철인 정치가를 연상시킨다. 플라톤은 시칠리아 동해안의 시라쿠사Siracusa를 여행하며 디오니소스 1세와 교분을 맺은 뒤 42세 무렵인 기원전 385년경에 아테네로 돌아왔다.

386년경 플라톤은 오늘의 대학과 같은 학문 기관인 아카데미아를 세웠다. 그래서 그를 '대학의 아버지'라고도 한다. 아카데미아에서 어떤 교육과 연구가 이루어졌는지는 알 수 없으나 수학을 대단히 중시한 것은 분명하다. 이는 플라톤이 엄밀한 사색에 의한 지성의 함양에 수학이 중요하다고 생각했기 때문이다. 또한 우수한 정치 지도자의 양성도 아카데미아의 중요한 목적 가운데 하나였다. 아카데미아는 아테네가 패망한 뒤 기원후 529년에 동로마제국의 유스티니아누스 황제에 의해 기독교에 배치되는 이교 활동이라는 이유로 폐쇄될 때까지 거의 1,000년 동안 존속했다. 이 아카데미아에서 플라톤은 죽을 때까지 제자들을 가르치고 책을 집필했다.

아카데미아를 창설한 뒤 50대 중반이 되기까지 플라톤은 『향연』, 『국가』, 『파이돈』, 『파이드로스』, 『파르메니데스』 등의 책을 집필한 것으로 보인다. 이 시기를 두고 흔히 플라톤이 소크라테스의 틀을 벗어나 그 자신의 이데아론을 정립했다고 한다. 이데아란 이 세상과는 다른 세계의 실체를 말한다. 그중에서도 최고의 것을 플라톤은 '선 또는 좋음의 이데아'라고 했고, 정의를 포함한 모든 것은 그것에 입각해야 유용하고 이로워진다고 했다. 그리고 그것을 아는 철학자들이 생산계급을 지배하는 이상국가를 세워야 한다고 주장했다. 『국가』에서 그가 말하는 철인정치가 바로 이상국가를 이루기 위한 전제다.

플라톤은 기원전 367~366년에 다시 시칠리아의 시라쿠사를 방문했다. 디오니소스 1세가 죽고 그 아들인 디오니소스 2세가 취임한 것을 철인정치를 실시할 기회로 보았기 때문이다. 그러나 디오니소스 2세는 플라톤을 유폐시켰다. 그는 몇 달 뒤 풀려나 아테네로 돌아왔으나 디오니소스

2세의 요청으로 다시 기원전 361~360년에 시라쿠사를 찾았다. 이번에도 플라톤은 여러 사건에 연루되어 생명의 위협까지 당했으나 무사히 탈출했다. 그 후 시라쿠사는 내란으로 파멸했다. 『국가』에 나오는 철인 왕은 디오니소스 2세를 본뜬 것이라고 보는 견해도 있다. 플라톤이 만년에 집필한 『티마이오스』, 『소피스트』, 『정치가』, 『법률』 등에는 이런 그의 쓰라린 경험이 반영되어 있다. 그중에서 『법률』은 『국가』에서 논의된 정치 문제를 더욱 광범하게 다루고 있으나 그다지 체계적이지 못해 플라톤의 책이 아니라고 보는 학자들도 있다.

그런가 하면 최근에는 『국가』에서 개진된 이데아론이 『법률』에서는 근본적으로 바뀐다고 보는 학자들도 있다. 이데아가 완전한 진리 체계에서 가치문제에 대한 기본 방향을 담은 추상적 실체 정도로 조정되었다는 것이다. 또한 『법률』에서는 플라톤이 철인 왕에 대한 기대를 버리고 법에 의한 지배를 국가 원리로 삼았다고도 한다. 그러나 뒤에서 보듯 『국가』에서는 전면에 나타난 철인 왕이 『법률』에서는 숨어 있을 뿐이고, 『법률』의 내용은 『국가』와 원리적으로는 다르지 않다.

플라톤 이전의 철학자들이 쓴 책이 대부분 단편으로만 남은 반면에 플라톤의 책은 거의 완전한 형태로 남아 있다. 모두 35편에 이르는 대화편과 13편의 서간이 그것이다. 그중에는 위작偽作일지도 모른다고 생각되는 것들도 있다. 플라톤은 80세인 기원전 347년경에 독신으로 죽었다.

아테네 민주주의와 플라톤

2008년 6월에 어느 국회의원이 그해 5월부터 시작된 촛불집회를 2,400여 년 전 그리스의 '천민 민주주의'와 같이 나라를 망치는 것이라고 비난했다. 그리스의 민주주의를 가리켜 천민 민주주의라고 한 것에도 문제가 있지만, 그 천민 민주주의 때문에 그리스가 망한 것도 아니기 때문에 그의 비난은 대꾸할 가치조차 없는 무지의 소치다.

고대 그리스에서는 촛불처럼 모인 사람들이 법을 만들고 국정의 모든 중요한 과제를 직접 처리했다. 고대 그리스에서는 국민의 생명에 위험을 초래할지도 모르는 미국산 쇠고기를 멋대로 수입하는 정책을 정부가 채택한다면, 국민이 그것을 무효로 하고 그것과 관련해 새로운 법과 정책을 만들 수 있었다. 이런 일이 참된 민주주의를 통해 당연히 실현되었다. 촛불집회는 바로 그런 민중 집회, 즉 민회였다.

물론 고대 그리스와 달리 지금 한국은 민중 집회의 권한을 법이 인정하지 않는다. 우리의 법은 미국산 쇠고기 수입에 대한 결정은 정부만이 내릴 수 있고, 법은 국회가 제정하게 되어 있다. 그러나 모든 법의 기본인 헌법, 그중에서도 기본인 헌법 제1조를 민주주의의 원리에 따라 조금만 논리적으로 해석한다면, 선거를 통해 정부와 국회를 구성하는 국민이 그 행정과 입법의 기능을 직접 수행하고자 하는 것을 인정하지 못할 이유가 어디에 있을까? 물론 이에 대해 여러 가지 반론이 가능하리라. 그러나 적어도 대다수 국민이 촛불집회를 승인한 터에 그것이 헌법 제1조의 구현이라고 보지 못할 이유가 어디에 있는가? 오히려 헌법 제1조의 정신에 맞는 것이 아닌가? 헌법에 규정되어 있지도 않은 서울의 지리적 위치를 거론하며, 소위 관습헌법에 의해 서울을 수도라고 인정한 헌법재판소의 터무니없는 지혜 아닌 지혜 같은 것을 빌릴 필요도 없이, 그것은 삼척동자라도 당연히 인정할 헌법의 원리가 아닌가? 그러나 대한민국의 국회의원이나 헌법재판관이란 자들은 삼척동자보다도 헌법을 잘 모른다.

어느 국회의원과 유사한 말을 멋대로 한 고대 그리스의 철학자가 플라톤이다. 플라톤은 한국의 저 천박한 국회의원처럼 직접민주주의를 하는 민주 시민을 '천민'이라고 모욕하지는 않았지만(나는 헌법 개정에 반대하지만, 꼭 개헌을 해야 한다년 내통령이나 국회의원이 국민을 모욕해서는 안 된다는 규정을 추가하는 개헌을 주장한다. 소위 사이버모욕죄는 터무니없는 것이지만 국민모욕죄는 민주주의를 지키기 위해서 반드시 실시해야 한다), 그 역시 그런 민주 시민을 멸시하기는 마찬가지였다. 여기서 아테네의 민주 시민이란 당시 아테네에 살고 있었던 30만 인구 중에 노예, 외국인, 여성, 미성년자를 제외한 3만 명 정도의 성년 남자를 가리키는 말이기는 하다. 대부분 농업, 공업, 상업에 종사한 3만 명의 시민이 직접민주주의를 하는 것을 놓고 플라톤은 타락한 정치라고 욕하고 대신 철인 독재를 주장했다. 그는 민주주의를 하는 농·공·상업 종사자는 정치를 할 자격조차 없다면서 그들이 각자 자기 직업에 충실한 것이 정의라고 주장했고, 그렇게 되도록 그들을 엄격하게 다스리려면 단 1명의 철인이 군인들을 부려가며 철저한 독재를 해야 한다고 주장했다. 물론 그는 노예, 외국인, 여성, 미성년자는 아예 인간으로 취급하지도 않았다. 그런 사람들까지 모두 국민으로 인정하는 오늘날 플라톤이 살아 있었다면 과연 그는 무어라고 말할까?

플라톤은 민주정이 법 앞의 평등만이 아니라, 법을 비롯한 공적 사안을 결정하는 데 참여할 수 있는 평등을 뜻했기 때문에 분노했다. 그것을 보장해주는 것은 바로 추첨이었다. 추첨은 통치를 '아무나'에게 '우연'히 맡길 뿐, 통치자의 자질과 지식을 따지지 않는 제도다. 지식과 정치적 탁월함을 가진 자에게 기하학적 평등에 따라 통치의 특권이 돌아가야 한다고 보았던 플라톤에게 추첨은 무질서 그 자체였다.

이 정도의 유치한 독재론을 편 것만으로도 플라톤은 그 뒤로 2,400년 이상 이어진 모든 독재의 철인으로 숭상되기에 충분했겠지만, 그것만으로는 철학자들이 하는 철학이라는 고담준론에 걸맞지 않았을 것이다. 그래서인지 그는 그 유치한 독재론을 인간의 혼을 구성하는 이성(철인), 기개(군인), 욕망(농·공·상)의 조화인 정의에 맞는 것이라고 그럴듯하게 합리화했다. 그렇게 해서 그 복잡하고 난해하며 심오한 철학이라는 것을 자기가 완성했다고 주장했다. 이러한 그의 주장은 곧 계급사회가 인간의 본성에 합치하는 진리라는 말과 같다. 플라톤이 말한 정의란 그런 혼의 계급에 따라 철인(왕), 군인(사대부), 농·공·상(생산자)으로 평생을 사는 것을 의미한다. 이렇게 하면 영혼의 진리와 사회의 진리가 일치되고 인간의 원리와 국가의 원리가 단번에 모두 실현된다는 것이다. 플라톤 철학이라는 것은 이 정도의 철학이라고 보면 된다.

도대체 철학이라는 것이 무엇인가? 학문 중의 학문이라는 철학이 고작 이런 것이란 말인가? 철인 왕이라고 자부하는 모든 독재자의 독재를 합리화·정당화·정통화한 플라톤이 2,400여 년 동안 서양을 지배해왔다. 이것은 적어도 민주주의의 시작과 함께 끝냈어야 할 가공할 반민주적 전통이 아닌가? 이 반민주적 전통이 그토록 오랫동안 인간을 지배해온 점이나 국가에 따라 몇 십 또는 몇 백 년의 역사를 가진 민주주의가 지금까지도 여러 가지 문제를 안고 있는 것을 보면, 민주주의는 분명 쉬운 일이 아니다. 이런 점에서 반민주주의 철학자인 플라톤의 주장은 수천 년, 수만 년이나 지속된 수많은 독재자의 지배에 절대적 근거가 될 수 있었다. 아니 지금도 그를 지지하는 학자들이 있는 것은 물론이고 그를 찬양하는 정치인이나 일반인이 많은 것이 사실이다.

사실 플라톤의 주장은 우리 역사에서 고조선 이래 조선시대까지 사농공상이라는 신분 계급 위에 군림했던 왕의 지배를 절대화하는 것과 똑같다. 고조선이나 조선에서 어느 날 왕이 병들었을지도 모를 중국산 쇠고기를 먹으라고 백성에게 강요했는데, 가장 천한 농공상인들이 거리에 나와 촛불을 들고 왕에게 '너나 그것 많이 먹고 왕의 자리에서 물러나라'고 하는 상황을 우리는 상상할 수 있는가? 실제로 그런 일이 벌어졌다면 왕이나 양반들은 그런 일을 한 백성을 모두 잡아다가 죽이지 않았을까? 플라톤도 당연히 그런 농공상인들은 모두 죽어야 한다고 주장했다. 이런 플라톤이 지금 우리에게 어떤 의미일까? 나는 이런 사고방식을 가지고 있었던 우리의 왕과 양반을 인정할 수 없고, 이와 다를 바 없는 플라톤도 인정할 수 없다.

플라톤은 자기와 같은 단 한 사람의 철학자가 '천민'의 민주적 자유인 욕망을 철저히 통제하고 억압하는 것이 최선의 정치이자 지혜와 용기의 정치인 철인정치라고 주장하고, '촛불'을 든 천민을 모조리 붙잡아다 국가반역자로 사형에 처해야 한다고 주장했을 것이다. 그는 바로 그런 것이 철학자의 지혜이고 군인의 용기라고 했을 것이다. 그는 욕망에 찌든 피지배자에게는 오로지 절제하는 것만이 도리이자 정의라고 했을 것이다. 요컨대 그는 촛불 따위를 들어서는 안 되고, 모두 다 직장이나 논밭으로 돌아가 맡은 일이나 열심히 해야 하며, 정치는 철인과 동격인 대통령이나 그 부하들에게 맡겨야 한다고 주장했을 것이다. 그러나 대통령과 그 부하들이 과연 지혜를 구현하는 철인이거나 용기를 갖고 있는 자들인가? 도리어 그들이야말로 욕망에 찌든 천민 아닌가? 이상의 논의를 도표화하면 다음과 같다.

	아테네	플라톤(또는 유교)
정체	민주정	독재정
정치 주체	시민(농 · 공 · 상)	철학자(사대부)
정치 이념	개인주의	집단주의(국가주의)
인간상	아마추어	전문가
지식	상식적 실용	철학과 신화
사고	합리적 사고	철학적 · 종교적 · 비합리적 사고
예술	중시	무시

플라톤의 동굴

플라톤은 철인 독재를 주장한 철학자이며 모든 왕을 포함한 독재자들의 아버지다. 그런 자가 서양철학의 아버지라면 그 자녀들은 더는 볼 게 없다. 플라톤이나 서양철학에 대한 내 설명은 이 한마디로 충분하지만, 소위 철학자들이 플라톤이 남긴 헛소리를 신주 모시듯 하니 그 쓸데없는 것들을 다시 살펴보지 않을 수 없다.

플라톤의 헛소리 중 철학자들이 특히 좋아하는 것으로 '동굴의 비유'라는 것이 있다. 우리는 모두 동굴이라는 무지의 어둠 속에 갇힌 채 눈앞에 어른거리는 그림자를 세계의 전부인 양 착각하며 살아가지만, 철학자들만은 태양을 목격하고 어둠의 허상을 간파하기에 예외라는 이야기다. 플라톤은 우리를 가리켜 '술 취한 사람'이라고도 하고, 철학을 사랑할 수 없고 지혜를 가질 수 없는 사람이라고도 했다. 이 글을 읽는 독자가 플라톤이 말한 철학자라면 모르겠지만, 나머지 인간은 모두 동굴 속의 술 취한 사람이라는 것이다. 그런 사람들은 철인이 철저하게 지배해야 한다고 플라톤은 주장하며, 바로 이것이 그 유명한 철인 독재론이다.

그러나 자신이 그런 철인 독재자가 되지도 못하면서 독재자를 그렇게 미화하는 헛소리만 해대는 철학자가 있다면, 그가 바로 동굴 속의 술 취한 사람이 아닐까 하는 게 내 생각이다. 철학자라고 하면 우리가 곧잘 떠올리는 비현실적인 이미지가 바로 그런 것이 아닐까? 최근에 양반 사대부 전통 철학에 대한 재해석이 이루어지고 있지만, 여전히 철학이라고 하면 선비라는 미명을 내세운 도학자道學者들의 공리공담空理空談이라는 이미지가 떠오르는 것이 아닐까? 일제 때 그런 도학자들의 후손인 양반 지주의 자제들을 중심으로 소위 '데칸쇼(데카르트, 칸트, 쇼펜하우어)'라는 독일 관념론 등 서양철학을 수입해 소개하던 분위기가 그대로 철학의 이미지로 굳어진 것일까? 그런 관념론이 민족 독립과 인간 해방이라는 당시의 가장 중요한 시대 과제에 어떤 답을 주었을까? 도리어 그런 시대 과제에 눈을 감게 만든 것이 아닐까?

해방 후 지금까지 철학을 주도한 사람들도 마찬가지가 아니었을까? 그런 철학자들이야말로 동굴 속의 술 취한 사람이 아니었을까? 플라톤을 안다는 학자들이 고작 박정희의 독재를 철인정치라고 숭상한 것도 그런 술 취한 사람들의 쌍스러운 짓이 아니었을까? 이제라도 그것이 철인정치가 아닌 독재정치였음을 밝혀야 하지 않겠는가? 그 동굴 속의 술 취한 철학자들을 이제는 쫓아내야 하지 않겠는가? 1970년대에 활약한 그런 철학자들은 대학에서 이미 없어졌다. 그러나 그 후배나 제자들이 여전히 그들의 자리를 이어받아 차지하고 앉아 있고, 심지어는 국회나 청와대까지 진출해 플라톤을 팔아먹으면서 민주주의를 모독하고 있다.

일제하에서나 해방 후의 독재 체제에서 철학자들은 모두 동굴이라는 무지의 어둠 속에 갇혀 눈앞에 어른거리는 그림자를 세계의 전부인 양 착각하며 살았던 것이 아닐까? 그들이 신주처럼 모셔온 플라톤에 따르면 철학자만은 태양을 목격하고 어둠의 허상을 간파하기에 예외여야 했으나, 도리어 우리의 철학자들은 서양 관념론의 그림자를 세계의 전부라고 주장하고 우리의 땅 위에 떠오르는 태양을 늘 무시했던 것이 아닐까? 플라톤의 이 말은 바로 그런 어두운 동굴 속의 현실을 비판해야 한다는 뜻일 텐데, 우리의 철학자들은 그런 현실 비판을 하기보다는 오히려 서양철학이라는 동굴 속에 숨어 현실도피와 현실 미화로 일관해온 것이 아닐까? 현실을 동굴에 비유하고 그 동굴에서 벗어나야 한다고 한 플라톤의 주장 자체는 옳았다. 그러나 우리의 철학자들은 서양철학이라는 동굴 속에 숨어 외국 사상의 그림자에 도취하기만 해온 것이 아닐까?

반면에 우리 대중은 동굴 속에서 철학자들처럼 술에 취해 그림자만 보고 있어서는 먹고살 수 없다. 우리는 들판과 시장과 거리에서 열심히 일을 해야 겨우 먹고살 수 있다. 따라서 우리는 동굴에 갇히기는커녕 그 속에 들어가볼 새도 없다. 철학자가 보기에는 우리가 동굴의 철학을 사랑할 수도 없고 지혜를 가질 수도 없는 존재인지 모르지만, 우리에게는 처음부터 그런 게 필요 없다. 조금이라도 더 잘 먹고 더 잘살기 위해서는 일을 잘하는 방법을 배우는 것으로 충분하다. 그렇다고 해서 우리가 플라톤이 말하듯 동굴 속의 동물처럼 살지는 않는다.

잘 먹고 잘사는 방법 가운데 중요한 것으로 도덕이 있고, 법이 있고, 정치가 있다. 도덕과 법을 지키고자 하고 좋은 정치를 희망하는 우리는 악인도 천민도 아니다. 우리는 철인이 아니지만 악인도 천민도 아니다. 그것만으로 충분하다. 이데아니 뭐니 해대는 어려운 플라톤 철학까지 굳이 알 필요는 전혀 없다. 그걸 모른다고 해서 천박하다는 욕을 얻어먹을 이유도 없다. 세상을 등지고 동굴 속에 숨어 그런 헛소리나 욕설만 일삼아 해대는 동굴 속의 동물 같은 철학자에게 우리가 매도당할 이유도 없을뿐더러 지배당할 이유도 없다.

우리는 우리끼리 들판과 시장과 거리에서 도덕과 법에 맞는 민주주의를 하면서 잘 먹고 잘살면 된다. 그리스인들이 직접민주주의를 했듯 우리도 그렇게 하면 된다. 굳이 지배자가 필요하다면 우리가 더 잘 살게 해줄 사람을 우리가 직접 지도자로 뽑으면 된다. 그렇게 뽑아놓은 지도자가 지배자가 되어 독재를 하면 우리는 어쩔 수 없이 거리에 나서서 '아웃!'을 외치면 된다. 그렇게 '아웃!'을 외치는 것이 철학이다. 그런 회의와 비판이야말로 진정한 철학이다. 촛불이 철학이다. 반항이 철학이다. 부정이 철학이다. 철학이 뭐 별것인가? 플라톤을 위시한 서양철학을 죽도록 외우는 것은 철학이 아니다. 잘못된 세상에 대해 '아니!'라고 말하는 것이 철학이다.

플라톤이 살았던 시대에 소피스트라는 사람들이 있었다. 그들을 가리켜 흔히들 궤변론자라고 하지만, 그들은 플라톤처럼 철인 독재를 주장하지 않았다. 그들은 우리 시대의 지식인과 같았다. 이런 정도로 그들의 위상을 인정하면 된다. 그들에 대해 시비할 필요도 없다. 그러나 플라톤은 평생을 두고 그들을 시비했다.

히틀러의 철학자들

철학자가 왕이 되는 나라를 꿈꾼 플라톤에게 지도자란 분명 독재자다. 그것도 히틀러 같은 무자비한 독재자다. 히틀러는 독일인을 "서구 민주주의의 피상성에 격렬하게 반대하는 철학적인 국민들"이라고 했다. 또 일본의 어느 한국 학자는 한국인을 "철학적 민족"이라고 했다. 아마 조선시대의 조선인도 그렇게 말했을지 모른다. 조선시대만큼 유교와 성리학이라는 하나의 철학에 철저히 지배된 시대가 이 세상에 또 있었을까? 그런 점에서 조선인은 히틀러나 독일 민족보다 훨씬 전부터, 훨씬 깊고 넓게 철학적이었는지 모른다.

유교를 믿는 사람들은 유교가 민주주의에 반하지 않으며, 도리어 진정한 민주주의라고 할지도 모른다. 하지만 왕이라는 절대자, 양반과 선비라는 지배계급, 노예를 비롯한 피지배계급의 존재를 인정한 점에서는 분명 비민주주의적이었다. 유교가 아무리 민본주의이고 민생주의라고 해도 사대부와 왕의 독재를 인정한 점에서는 반민주주의적이었다.

이본 셰라트Yvonne Sherratt는 『히틀러의 철학자들』에서 유대인 학살을 비난하기는커녕 그 주범인 히틀러를 찬양한 하이데거나 카를 슈미트Carl Schmitt나 고틀로프 프레게Gottlob Frege의 철학을 가르쳐야 하는가라고 묻지만, 한국은 물론 전 세계에서 그들의 철학을 중요하게 다루고 있다. 하이데거나 슈미트에 대해서는 나치니 아니니 하는 논의라도 있었지만, 분석철학의 원조인 프레게는 우리에게 그다지 유명하지도 않고 그가 반유대주의자이며 히틀러를 존경했다는 점 또한 잘 알려져 있지 않다.

히틀러를 싫어한 버트런드 러셀이나 루트비히 비트겐슈타인이 프레게의 영향을 받았지만, 그들도 프레게의 그런 점을 언급한 적이 없다. 마찬가지로 미셀 푸코, 장 폴 사르트르Jean Paul Sartre, 루이 알튀세르Louis Althusser, 폴 드만Paul Deman, 자크 데리다Jacques Derrida 등도 하이데거의 영향을 받았지만 그가 나치였다는 점을 비판한 적이 없다. 유대인 수용소에 갇히기도 하고 그곳에서 겨우 탈출한, 따라서 히틀러를 싫어하고 하이데거도 비판한 적이 있던 해나 아렌트는 1950년 옛 정부情夫였던 하이데거를 만난 뒤에 그를 위해 헌신했다. 심지어 그녀는 같은 유대인 철학자인 테오도어 아도르노가 하이데거를 비판하자 아도르노를 공격하기도 했다. 슈미트는 독일법계인 일본과 한국은 물론 영미에서도 대단히 인기가 높은데 그가 나치였다는 것은 전혀 문제가 되지 않는다.

나치 시대의 법률가들은 전후 독일의 법조계는 물론 학계의 주류를 이루었고, 철학을 비롯한 인문학과 사회과학, 자연과학계에도 나치 잔재들이 오랫동안 남아 있었다. 전후 독일은 나치를 제대로 청산하지 못했다. 유대인에 대한 전후 책임이나 보상 논의는 일본과 비교할 수 없을 정도지만, 독일 사회나 일본 사회나 유대인을 포함한 타민족에 대한 차별에 대한 무비판적인 순응은 전전戰前과 큰 차이가 없다. 남한이나 북한은 이러한 문제에서 자유로운가? 이승만 독재나 박정희 독재 시대의 독재 허용에 대해 우리의 인문학을 비롯한 모든 학문은 과연 자유로운가? 유신 시대 박정희의 철학자였던 박종홍을 비롯한 그 시대 어용 철학자들에 대해 우리의 철학계는 철저히 반성했던가?

어디 나치나 유신 시대뿐인가? 나치가 유대인을 대량 학살했다는 점만이 문제인가? 히틀러의 독재를 찬양하고 민족을 차별하며 노예제를 인정한 게 문제라면 소크라테스, 플라톤, 아리스토텔레스부터 문제인 것이 아닌가? 공자나 맹자나 한비자도 문제가 아닌가? 소위 서양철학과 동양철학 모두 문제가 아닌가? 셰라트의 말을 빌릴 필요도 없이, 윤리에서 비롯되며 윤리가 본질인 철학이 윤리를 저버린다면 그것이 철학일 수 있을까? 어떤 인문학이든 인간의 도리에서 출발해 귀결하는 것이 아닌가? 그럼에도 어떻게 반윤리적인 그런 철학을 허용할 수 있겠는가?

제7장

아리스토텔레스 이야기

아리스토텔레스와 네오콘

이명박 대통령이 2010년 여름휴가 때 마이클 샌델의 『정의란 무엇인가』를 읽고서 새로운 국정 지표를 '공정 사회'로 정했다는 이야기가 있었는데, 그 내용이 그의 자서전 『대통령의 시간』에도 나오는지 모르겠다. 『정의란 무엇인가』는 아리스토텔레스의 정의론에 입각해 자유주의를 비판하는 공동체주의의 대표 격인 샌델이 '자유'가 아닌 '미덕'이 정의의 원리라고 주장한 책이다. 자유와 미덕의 대치는 2,500여 년 전에 디오게네스와 아리스토텔레스가 보여준 상반된 입장에 그 뿌리를 두고 있다. 『정의란 무엇인가』에서 '미덕'이라 번역된 arete가 국내에 출간된 아리스토텔레스의 저서에서는 '탁월성'으로 번역되고 있는데, 아리스토텔레스는 이것이 모든 사람에게 있는 것이 아니라 특별한 소수에게만 있는 것이라 보았다.

『정의란 무엇인가』는 한국에서 100만 부 이상이 팔렸다고 한다. 그 이유 가운데 하나로 요즘 한국인들이 정의에 굶주려서 정의에 대한 호기심이 커진 것이라고들 한다(그 이유를 대통령 탓이라고 보는 견해도 있지만). 그러나 이 책은 한국인이 품고 있는 '정의'에 대한 의문에 거의 아무런 답도 주지 않는다. 도리어 지금 우리의 눈앞에 정의롭지 못한 세상이 펼쳐져 있는 것이 정의를 '자유'가 아닌 '미덕'으로 보지 못한 탓이라는 샌델의 말은 지극히 황당무계하게 들린다. 게다가 그런 황당무계한 말이 수십만 독자를 유인했으니 더욱 황당무계하다. 황당무계한 이야기를 하는 책을 베스트셀러로 만드는 재주는 모든 베스트셀러가 다 황당무계한 것이 아닌 한, 인정할 만한 재주이자 그가 말하는 '미덕'임이 틀림없다.

그런데 샌델은 아리스토텔레스를 자신의 스승으로 내세우면서 그를 오로지 '미덕'의 사람으로만 설명한다. 샌델이 말하는 아리스토텔레스에게서는 내가 아리스토텔레스의 특징이라고 말하는 제국주의자나 국가주의자나 계급주의자나 불평등주의자의 냄새가 나지 않는다. 샌델이 설명한 아리스토텔레스의 정의론도 그렇다. 그래서 나는 샌델이 아리스토텔레스를 제대로 알지 못한다고 생각한다.

샌델보다 문제가 되는 사람들이 있다. 소위 네오콘neocons이라 불리는 이들이다. 최근에 미국에서 급속하게 부상한 네오콘은 극단적으로 보수적인 국가주의자나 제국주의자들이다. 그들은 아리스토텔레스와 그의 스승인 플라톤, 플라톤의 스승인 소크라테스를 찬양하고, 독일의 나치와 관련성이 있는 니체, 하이데거, 슈미트도 찬양한다.

네오콘이 그 철학자들을 악용하는지는 몰라도 그 철학자들의 본모습은 네오콘과 무관하다는 비판이 있을 수도 있지만, 나는 그렇게 생각하지 않는다. 미국의 네오콘도 문제지만 그들과 유사한 모습을 보이는 한국의 네오콘은 더 심각한 문제다. 미국에서는 네오콘과 앞에서 언급한 철학자들 사이의 연관성을 밝히기도 하고 그런 내용의 책도 나오는 반면, 한국은 그렇지도 않기 때문이다. 오히려 한국의 네오콘은 무비판적인 교양 무드와 더불어 더욱 일방적으로 기승을 부리고 있다. 네오콘은 자신들의 생각이 소크라테스, 플라톤, 아리스토텔레스와 같다고 한다. 반면에 철학자들은 대부분 이를 밝히지 않는다. 샌델은 네오콘에 속하지는 않지만 아리스토텔레스를 신봉한다는 점에서는 네오콘과 같은데, 이 점도 한국에서는 거의 무시된다.

아리스토텔레스와 플라톤

아리스토텔레스는 기원전 384년에 태어나 어려서는 소피스트들에게서 교육을 받았다. 17세쯤 아테네로 가서 플라톤의 아카데미아에 입학했고, 몇 년 뒤 아카데미아로 돌아온 플라톤의 강의를 듣고 곧이어 그곳에서 수사학을 강의했다. 아리스토텔레스는 아카데미아에서 수학, 윤리학, 정치학 등을 공부하는 학생 겸 교수로 20년을 지냈다. 기원전 347년경에 플라톤이 죽자 그는 아카데미아를 떠났는데, 이는 그가 아카데미아의 후임 원장이 되지 못했기 때문이었다는 설도 있다.

기원전 348년, 36세의 아리스토텔레스는 몇몇 제자와 함께 소아시아 왕의 궁정에서 강의와 저술을 했다. 3년 뒤인 기원전 345년에 그곳 왕이 페르시아군에 의해 처형당하자 아리스토텔레스는 미텔레네에서 2년을 보낸 다음, 마케도니아로 돌아가 당시 13세였던 알렉산드로스를 가르쳤다. 아리스토텔레스가 그 뒤 4~5년 동안 무엇을 했는지는 알 수 없으나, 기원전 336년에는 아테네로 가서 뤼케이온을 세우고 그곳에서 12년간 문학, 과학, 철학 등을 가르쳤다(1996년에 뤼케이온의 터가 발굴되었다). 뤼케이온은 아카데미아보다 50년 뒤에 세워진 학교다.

아리스토텔레스는 아테네 시민이 아닌 재류 외국인이었으므로 재산을 소유할 수 없었지만, 아테네를 비롯한 그리스의 도시국가들이 이미 알렉산드로스의 지배 아래 들어간 뒤였으므로 그가 재산을 소유하고 뤼케이

온을 운영하는 것이 가능했다. 알렉산드로스기 사망한 기원전 323년에 벌어진 반反마케도니아 운동으로, 61세의 아리스토텔레스는 무신론자라는 이유로 고발되었다. 소크라테스가 재판을 받고 독배를 받아 마셨던 것과 달리, 아리스토텔레스는 아테네에서 도망쳐 에비아Évvoia섬에서 살다가 이듬해 62세의 나이로 그곳에서 죽었다. 아리스토텔레스는 100여 권의 책을 썼다고 하지만, 그 가운데 지금까지 전해진 것은 강의록뿐이다. 환상적이고 극적인 문체를 구사하며 관념주의적 태도를 보였던 플라톤과 달리, 아리스토텔레스는 냉철한 분석과 논증을 기초로 경험적이고 실증적인 학문을 세웠다.

아리스토텔레스는 처음부터 플라톤의 이데아론을 비판했다. 플라톤의 주장은 시적 비유에 불과한 것이라고 생각한 그는, 그 대신 형상形相과 질료의 관계에 관한 자신의 새로운 사상을 내세웠지만 형상의 능동성을 인정했다는 점에서 플라톤을 완전히 벗어나지는 못했다. 그러나 엘리트주의적이고 금욕적이었던 플라톤과 달리 아리스토텔레스는 시민계층을 어느 정도 대변했고, 독신으로 산 플라톤과 달리 결혼도 두 번이나 했다. 그럼에도 아리스토텔레스의 사상 또한 기본적으로 엘리트주의적인 것이었다.

노예제도에 기초를 둔 당시의 폴리스를 인간의 본성에 근거한 영원한 제도라고 본 점에서 아리스토텔레스는 플라톤과 다르지 않았다. 그리스인은 야만인보다 우수하고, 그리스인 중에서도 정신력이 뛰어나 완전한 탁월성을 지닌 자가 그리스를 통치해야 하고, 육체적으로 뛰어나 불완전한 탁월성만을 지닌 자는 복종과 봉사에 알맞게 태어난 존재이며, '태어날 때부터 타인의 소유물'인 노예는 이성을 갖지 못한다고 그는 생각했다.

아리스토텔레스에 의하면 국가는 인간의 자연적인 욕망에 의해 발생한 것이며 그 목적은 윤리의 실현에 있다. 이처럼 국가의 기원을 신화나 위대한 정치가의 역량에서 찾았다는 점에서 비종교적인 국가기원론을 펼친 셈이다. 또한 이상국가를 구상한 플라톤과 달리 아리스토텔레스는 인간의 본성은 국가 안에서만 발전되며 따라서 국가를 떠난 개인은 윤리적일 수 없다고 보았다. 그에게 국가의 과제란 참된 인격의 도야와 개발이었다. 플라톤의 이상국가에서는 가족과 사유재산제를 포기하지만, 아리스토텔레스는 그렇게 하는 것이 개인의 특성을 없애고 보편에 대한 복종을 요구하므로 국가의 참된 목표에 어긋난다고 보았다.

그뿐만 아니라 시민정을 비판한 플라톤과 달리, 아리스토텔레스는 시민들이 집단적으로는 옳은 결정을 할 수도 있지만 개별적으로는 올바른 판단을 할 수 없다는 이유로, 고위 관직은 엘리트계층에 한정되어야 한다고 주장했다. 또한 정치적 탁월성과 윤리적 탁월성은 지배자에게만 일치하므로 법은 지배자의 의지에서 나와야 한다고 주장했다.

플라톤이 정체를 구분했듯이 아리스토텔레스도 정체를 구분했다. 통치자의 수에 따라 정체를 군주정, 엘리트정, 공화정으로 구분하고, 그 각각이 타락하면 전제정, 부자정, 시민정이 된다고 했다. 플라톤과 마찬가지로 아리스토텔레스도 타락한 정체에는 소수의 지배보다 다수의 지배가 좋으므로 전제정보다 시민정이 낫다고 보았다.

국가를 유지하는 직종에 대해서도 아리스토텔레스는 플라톤과 같은 생각을 했다. 그 직종은 농민, 수공인, 시민, 군인, 사제, 통치자 등 6개 계층에 대응했다. 시민은 인격의 완성에 방해가 되는 농사나 수공업에 종사해서는 안 된다고 본 것도 두 사람이 똑같았다. 따라서 공유지와 사유지로 나뉘는 토지 중 공유지에서 나온 수확은 종교적 목적으로 사용하는 것을 제외하고는 시민의 음식으로 써야 한다고 주장했다.

교육에 대해서도 아리스토텔레스는 플라톤과 마찬가지로 국가주의 교육을 주장했다. 5세까지는 가정교육, 이어 2년간의 예비교육 뒤로 7세부터 사춘기까지는 1차 교육, 그 뒤로 21세까지는 2차 교육이 이루어져야 한다고 주장했다. 신체 단련과 함께 체조는 용기를 북돋아주므로 일찍부터 교육해야 한다고 보았고, 교양과목으로는 문법·미술·음악을 중시했다. 돈벌이를 목적으로 한 교육과 스포츠에 편향된 교육은 피해야 한다고도 했다. 이와 같은 내용이 담겨 있는 아리스토텔레스의 『정치학』은 플라톤의 『국가』나 『법률』에 비해서는 현실적이지만, 그 내용이 엘리트주의적이고 국가주의적이라는 점은 크게 다르지 않다.

아리스토텔레스의 '국가'

아리스토텔레스의 『정치학』 1권 1장은 "모든 국가는 분명 일종의 공동체"라는 말로 시작한다. 국가란 여러 공동체 중 하나고, 공동체에는 국가 외에도 가정이나 마을을 비롯해 여러 가지가 있다는 것이다. '국가'라고 흔히 번역되는 폴리스polis는 그 크기만 보면 도시라고 하기도 어렵다. 고대 그리스에는 수백 개의 폴리스가 있었는데 대부분 1,000명 정도의 사람이 사는 곳이었으니 사실 오늘날 우리가 볼 때는 시골 마을 수준이다.

그럼에도 아리스토텔레스의 『정치학』의 내용이 현대의 거대한 국가에도 적용될 수 있다고 보아 학자들은 폴리스를 국가라고 부른다. 그러나 적어도 현대의 국가 개념에 필수적인 '주권'이라는 개념과 폴리스는 전혀 무관하다. 특히 아리스토텔레스가 말하는 폴리스는 '포괄적인 선'을 실현하는 공동체로 상정되었다. 이러한 아리스토텔레스의 폴리스 개념은 이른바 '사회계약'이나 '정의에 관한 상호 보증'으로 국가를 설명한 근대 정치학자들의 견해와도 달랐다. 사회계약론과 유사한 주장은 아리스토텔레스의 시대에도 있었다. 하지만 주로 소피스트들이 내세운 이러한 주장을 아리스토텔레스는 『정치학』에서 분명히 거부했다.

이처럼 도덕적 탁월성을 국가와 연결시키는 아리스토텔레스의 국가 개념은 현대 민주주의에서는 도저히 받아들일 수 없는 것이다. 흔히들 아리스토텔레스를 현상을 객관적으로 묘사하고 분석한 사람이라고 말하지만, 이러한 국가 개념이 과연 그가 살았던 당대의 그리스를 객관적으로 묘사한 것인지도 의문이다. 도덕적 탁월성 개념에 입각한 아리스토텔레스의 국가론에서 국가란 최고의 도덕적 탁월성을 갖춘 공동체라는 주장이 될 수밖에 없다. 이런 이론은 독재국가의 권력 집단이 독재를 합리화하고 정당화하는 데는 물론이고, 그 밖에 모든 비도덕적인 집단이나 국가가 자신을 도덕적으로 탁월한 존재로 미화하는 데 이용할 수 있다.

아리스토텔레스는 『정치학』 1권 2장에서 '타고난 치자治者'와 '타고난 피치자被治者'를 구분하고 그 둘의 결합을 필연적인 것이라고 보았다. "서로 상대방 없이 존재할 수 없는 것들은 한 쌍으로 결합해야 한다"는 것이다. 따라서 "타고난 치자와 피치자도 자기 보존을 위해 결합해야 한다". 이어 "지성에 의해 앞을 내다볼 수 있는 자는 타고난 치자이자 주인이지만, 남이 계획한 것을 체력으로 실현할 뿐인 자는 피치자요, 타고난 노예"라면서 "그래도 주인과 노예는 상호보완적이어서 이해관계가 일치한다"고 한다. 또한 "자연은 여자와 노예를 구별해놓고 있다"고 한다. 아리스토텔레스에게 국가란 폴리스, 즉 그리스인의 국가다. 비그리스인(비헬라스인)에게는 국가가 없다는 것이다.

"비헬라스인들 사이에서는 여자와 노예의 지위가 같은데, 비헬라스인들에게는 천성적으로 치자의 요소가 없어 그들의 공동체는 여자 노예와 남자 노예의 결합에 지나지 않기 때문이다. 그래서 시인들은 '헬라스인들이 비헬라스인들을 지배하는 것은 당연하다'고 말하는데 이는 비헬라스인과 노예는 본성적으로 동일하다는 뜻이다." 여기서 "천성적"인 "치자의 요소"란 "지성에 의해 앞을 내다볼 수 있는 자"의 자질을 말한다.

아리스토텔레스는 아시아인을 비롯한 모든 타민족을 그리스인보다 열등한 존재로 보았다. 『정치학』 7권 7장에서 "아시아인들은 지능과 재주는 타고났으나 기개가 부족하다. 그래서 그들은 남에게 예속되어 노예로 살아간다", "헬라스 민족은 두 가지 탁월성을 겸비해 기개도 있고 지능도 있다. 그래서 헬라스 민족은 자유민으로 남아 있고, 최선의 정체 아래 살고 있으며, 정치적으로 통일만 될 수 있다면 다른 민족을 모두 지배할 수 있을 것이다"라고 한다.

아리스토텔레스가 말하는 국가는 어디까지나 그리스인에 한정되는 특수한 것이다. 이러한 사고방식은 그리스 외의 다른 나라를 국가로 인정하지 않고 노예들의 집단으로 본다는 점에서 지극히 제국주의적이다. 그리고 이런 제국주의적 사고방식은 아리스토텔레스의 제자인 알렉산드로스에 의해 실제 제국으로 실현되었다. 그리스인들 이외의 다른 집단은 남녀 노예로만 구성된 공동체이기 때문에 국가를 구성할 수 없고, 그들이 국가를 이루기 위해서는 그리스인의 지배를 받아야 한다는 것이 아리스토텔레스의 주장이었다.

아리스토텔레스는 남과 여, 아비와 아들, 주인과 노예의 결합인 가정을 최초의 공동체로 보았다. 우리가 말하는 남녀간, 부자간의 결합만이 아니라 주인과 노예의 결합도 가정에 포함된다는 말이다. 그리고 이 가정은 "날마다 되풀이되는 필요를 충족하기 위해 자연적으로 형성"된다고 한다. 따라서 그에게 주인과 노예의 관계는 사회적 관계가 아닌 가정적 관계다.

아리스토텔레스는 여러 가정으로 구성된 최초의 공동체가 마을이고 국가는 여러 마을로 구성된다고 한다. 또 가정이 자연적인 것이듯 국가도 자연적인 것이라고 한다. 국가를 자연적인 것이라고 강조한 이유는 노예제가 비자연적인 것이라는 당대의 노예해방론에 대항해 노예제를 자연적인 것이라고 정당화하기 위해서였다. 그는 노예는 타고난 본성이 노예고, 노예를 지배하는 치자는 타고난 본성이 치자라고 했다.

아리스토텔레스의 '정의'

샌델을 통해 주목을 받은 아리스토텔레스의 '정의론'은 『니코마코스 윤리학』 5권에 나온다. 아리스토텔레스가 "민주주의자들은 자유를 가치라고 말하고, 부자정의 지지자들은 부나 좋은 혈통을 가치라고 말하고, 엘리트 정체를 지지하는 사람들은 탁월성을 가치라고 말한다"고 했듯 사람에 따라, 나라에 따라, 시대에 따라 정의에 대한 가치관은 분명히 다르다. 아리스토텔레스는 정의를 여러 가지로 구별한다.

첫째, 정의가 적용되는 범위에 따라 전체적 정의와 부분적 정의로, 둘째, 부분적 정의를 그 관련된 부분의 성질에 따라 분배적 정의, 시정적 정의, 교환적 정의로, 셋째, 정의가 적용되는 대상에 따라 정치적 정의와 가족적 정의로, 넷째, 정치적 정의를 그 근원에 따라 자연적 정의와 법적(또는 관습적) 정의로 구별한다.

아리스토텔레스의 정의론은 노예, 재류 외국인, 이방인, 들짐승 등을 제외한 시민만을 대상으로 한 것이라는 점에 유의해야 한다. 이처럼 비시민을 배제하고 성립되는 정의라면 처음부터 '전체적 정의'일 수 없고 '부분적 정의'일 수도 없으며, 특히 부분적 정의 가운데 하나인 '분배적 정의'일 수도 없다. 아리스토텔레스가 말하는 분배적 정의란 각자의 가치(공적)에 따라 재산이 비례적으로 분배되어 서로 등가의 관계가 되는 것을 뜻한다. '시정적 정의'란 당사자간에 이득이나 손해가 등가가 되도록 시정하는 것이다. 마지막으로 '교환적 정의'란 재산을 교환할 때 교환되는 두 재산의 등가성을 확보하는 것이다.

본질적으로 어느 경우에나 '등가교환'이 전제되며, 등가교환을 가능하게 해주는 것은 '필요'라고 아리스토텔레스는 말한다. 그런데 필요라는 것은 비교나 계산이 가능하지 않다. 따라서 필요를 대신해 만물을 균등화하고 수량화해서 세거나 비교할 수 있게 해주는 것이 있어야 한다. 아리스토텔레스는 다음과 같이 말한다.

"이런 까닭에 교환되는 모든 것들은 어떤 방식으로든 서로 비교될 수 있어야만 한다. 바로 이것을 위해 돈이 도입되었으며, 돈은 일종의 중간자가 된 것이다. 돈은 모든 것을 측정해서, 넘치는 부분이나 모자라는 부분까지 측정하고, 가령 몇 켤레의 신발이 집 한 채와 같은지, 혹은 얼마만큼의 식량과 같은지까지 측정하기 때문이다."

여기에서 "중간자"라 함은 아리스토텔레스가 말하는 정의의 원리인 '중용'이나 '중간' 그 자체다. 아리스토텔레스가 『니코마코스 윤리학』 5권에서 "정의와 부정의에 대해, 그것들이 어떤 종류의 행위들에 관련하는 것인지, 또 정의는 어떤 종류의 중용인지, 또 정의로운 것은 어떤 것들 사이의 중간인지를 탐구해야 할 것이다"라고 말할 때 정의를 중용이나 중간으로 규정하는데 바로 그 중용이나 중간이 돈인 것이다.

"돈은 모든 것을 측정"한다고 한 아리스토텔레스의 말은 "인간이 만물의 척도"라고 한 프로타고라스의 말을 흉내낸 것이다. 프로타고라스는 소피스트의 대표 격인 사람으로 소크라테스, 플라톤, 아리스토텔레스가 일관되게 비난한 인물이다. "인간이 만물의 척도"라는 프로타고라스의 말을 어떻게 해석해야 할 것인지를 놓고 여러 가지 논의가 있었으나, 일반적으로는 유연한 상대주의의 원칙을 표현한 말로 이해되고 있다.

프로타고라스의 시점에서 "돈은 모든 것을 측정"한다는 아리스토텔레스의 말을 번역한다면 "돈이 만물의 척도"라는 것이 된다. 그런데 "인간이 만물의 척도"라는 말에서 만물의 '물物'이란 원래 '필요', '필요한 것', '가치 있는 것', '대금', '금액' 등을 뜻하는 말이다. 돈으로 측정되는 유용하고 가치 있는 물건이나 그 대금이나 금액, 돈 그 자체를 뜻한다. 만물의 '물'은 현대 그리스어에서도 그런 의미로 사용되고 있다. 따라서 "인간이 만물의 척도"라는 말의 뜻은 '돈의 다과多寡에 의해 나타낼 수 있는 모든 유용하고 가치 있는 물건을 평가하는 척도는 인간'이라는 것이다. 물건의 가치를 평가하는 주체나 요소는 인간이라는 말이다.

반면에 "돈이 만물의 척도"라고 번역할 수 있는 아리스토텔레스의 말은 결국 '돈이 돈의 척도'라는 뜻이 된다. 이러한 문제점을 제외하고 '만물'이라는 말을 문자 그대로 만물로 보면 만물의 하나인 인간이 문제가 된다. 아리스토텔레스의 말을 받아들인다면 인간은 가격표를 통해 판단되는 대상이 되어버리고, 다른 모든 유용한 물건과 함께 진열대에 전시되어 그것이 갖는 '가치에 따라' 매매되는 물건인 상품과 등가가 되어버린다. 결국 아리스토텔레스에 의하면 인간은 물건과 등가(돈에 의한 등가)인 존재로 전락하게 된다. 여기서 아리스토텔레스의 모든 인간론은 화폐론으로 바뀔 수밖에 없다. 이는 유물론도 아니고 굳이 말한다면 유唯화폐론, 즉 화폐만 능론이다.

아리스토텔레스는 돈에 의한 물건의 비교가 없으면 "교환이나 공동체는 있을 수 없을 것"이라고 말한다. 결국 그가 말하는 공동체, 특히 국가 공동체의 핵심은 돈이다. 나아가 그는 "돈은 일종의 척도로서 물품들을 같은 척도로 잴 수 있게 만들어 그것들을 동등하게 만"듦으로써 다른 상품과 교환할 수 있게 할 뿐만 아니라 "돈은 미래의 교환을 위한 것"이 되기도 하므로 "지금 당장은 필요하지 않지만 나중에 필요하게 될 경우 교환이 가능하다고 우리를 위해 '보증을 서는 것'"이라고 말한다. 여기서 "미래의 교환을 위한 것"이라는 말이 보증을 전제로 하는 재산의 경제적 이용을 말하는 것인지, 아니면 화폐 자체에서 나오는 이득인 이자의 수취나 고리대금을 말하는 것인지는 분명하지 않다. 아리스토텔레스는 고리대금을 비난했으니 적어도 이것이 고리대금을 뜻하지는 않을 것이다.

돈에 의한 공동체를 낙관한 아리스토텔레스의 정치학을 비롯한 그의 모든 사상이 현실적으로 어떻게 기능하고 작용했는지를 설명해주는 논의를 나는 본 적이 없다. 그러나 분명한 것은 그런 그의 사상이 사실상 등가교환이 아닌 '싸게 사서 비싸게 판다'는 재산 거래의 부등가교환으로 전환되어 화폐의 자가 증식을 초래하고, 결국은 자본주의의 본질이 되는 돈(화폐) 지상주의로 이어졌다는 점이다. 돈놀이가 금융시장을 움직이고 일확천금의 꿈을 좇는 극소수 투기꾼들이 시장을 좌우하게 되고 그 결과로 투기와 전혀 무관한 수많은 사람이 실업자가 되거나 빈곤에 찌들게 되는 현실은 아리스토텔레스의 화폐만능론에서 비롯되었다.

아리스토텔레스를 어떻게 평가해야 할까?

아리스토텔레스의 정의론은 "정의는 돈이다"라는 말로 요약된다. 그 밖의 말은 다 "정의는 돈이다"라는 말을 꾸미기 위한 사족이다. 가령 아리스토텔레스가 말하는 정의란 각자의 '가치'에 따라 각자를 판단하는 것을 뜻한다. 그런데 그 가치란 능력을 말하고, 결국은 돈에 의해 측정되는 능력을 말한다. 이것은 우리 시대의 속물적 상식이라고 할 수 있는 능력주의의 모토와 같은 것인데, 문제는 그것이 과연 '정당한 불평등'이라고 할 수 있느냐다. 아리스토텔레스는 극소수 시민계층만을 대상으로 그들 사이에 빈부의 차가 있는 것을 가치나 능력에 따른 정당한 불평등이라고 보았는데, 그것을 과연 가치나 능력에 따른 정당한 불평등이라고 할 수 있는 것일까? 또한 현대사회에서 나타나는 빈부 격차나 양극화 등을 과연 가치나 능력에 따른 정당한 불평등이라고 할 수 있을까?

나는 아리스토텔레스가 정당화한 고대 그리스의 상황이 21세기의 세계, 특히 한국의 상황과 극히 유사하다고 본다. 고대 그리스인이나 현대 한국인 모두 "정의는 돈이다"라고 생각하기 때문이다. 그러나 정말로 정의로운 사회를 꿈꾼다면 "정의는 돈이다"라고 생각해서는 안 되는 것이 아닐까? 지금 우리가 상식적으로 생각할 수 있는 정의의 원칙은 그 이념, 절차, 내용의 3가지 측면에서 각각 다음과 같다. 첫째, 정의의 이념은 인간이면 누구나 존엄한 존재이니 인간다운 삶을 살아야 하고 그 삶은 자유와 평등에 입각해야 한다. 둘째, 정의의 절차는 법을 포함해 미리 정해진 규범을 지키는 것이고, 특히 모두에게 공정한 공직시험제도를 실시하는 것이다. 셋째, 정의의 내용은 경쟁의 출발선에서 각자의 의사와 무관한 조건을 가능한 한 없애 공정하게 조건을 부여하고, 경쟁의 결과로 생기는 승패에 따른 배분을 가능한 한 공정하게 조정하는 것이다.

이러한 3가지 기준에서 보면 노예를 '타고난 노예'로 분류해 인간으로서 가치조차 부정하고, 노동자, 농민, 기술자, 여성, 아동, 외국인 등에 대해 불평등한 차별을 인정하는 아리스토텔레스의 태도는 평등의 원칙에 명백하게 어긋난다. 그는 시민이면 누구나 공직에 취임할 수 있는 아테네의 공직 평등주의를 비판하고 공직에 취임할 수 있는 권리를 엘리트에 한정해야 한다고 주장했다. 이런 주장은 최근의 한국과 같은 상황, 즉 교육의 실질적 불평등이 공직과 전문직의 세습화를 초래하는 상황을 합리화하는 논리가 될 수 있다.

아리스토텔레스는 공직에 취임할 권리를 엘리트로 한정해야 한다는 주장의 근거로 엘리트의 타고난 조건이 우월함을 내세운다. 이런 점에서 그의 정의는 승패에 따른 배분을 조정해야 할 필요성을 인정하지 않는 것이므로 현대적인 정의의 문제를 해결하는 데는 아무런 도움도 못 되고, 도리어 대단히 보수적인 반反정의가 될 수 있다. 이렇게 볼 때 아리스토텔레스의 정의론은 계급차별적이고 배타적인 엘리트 지배주의를 정당화하는 논리에 불과하다.

게다가 아리스토텔레스가 강력한 국가(우월)주의를 내세운다는 점에서 그의 주장은 한국에서 특히 더 위험하다. 서양에서는 오랜 민주주의의 역사를 통해 국가주의가 그동안 상당히 완화되었으나, 한국에서는 오랜 반민주주의의 역사와 전근대적인 전통이 일제강점기, 군사독재기, 경제독재기를 거치면서 개발주의 혹은 경제주의와 연결된 국가주의와 강고하게 결합했다. 이에 따라 21세기에 들어서도 한국은 다른 어느 나라에서도 볼 수 없는 강력한 국가주의를 보여주고 있다. 이러한 한국의 국가주의는 북한의 공산주의라는 적을 전제로 해서 가진 자의 자유와 권력을 국가가 승인해주는 측면을 갖고 있어, 정경유착에 근거한 특권주의나 연고주의를 초래했다.

이명박 정권이 고소영(고려대－소망교회－영남)이니 강부자(강남 부동산 부자)니 하는 말로 지칭되는 특권층과 부유층 인사들 중심으로 짜였다는 사실은 누구나 알고 있다. 아리스토텔레스의 정체론에 따르면, 아무리 좋게 보아도 이명박 정권은 시민정 수준에도 미치지 못하는 부자정 정도에 불과하다. 레오 스트라우스Leo Strauss를 잇는 네오콘이 북한과 이란을 독재정이라고 비판했지만, 적어도 북한이 사회주의의 표방을 중단하지 않는 한 아리스토텔레스가 말하는 독재정과는 다른 것으로 볼 수도 있다.

아리스토텔레스가 모든 사람에게 똑같이 적용되는 '국가와 정치와 행복'에 대해 말했다는 설명이 있다. 물론 지금은 노예가 없고 남녀간 평등도 어느 정도 확보되어 노동자나 철학자나 남자나 여자나 모두 평등하다. 따라서 아리스토텔레스가 철학자에 대해 한 말이 이제는 모든 사람에게 적용된다고 말하는 이들도 있을지 모른다. 그러나 아리스토텔레스에게 철학자란 노동의 의무에서 완전히 벗어난 사람이었고, 지금도 극소수의 엘리트만이 그럴 수 있다. 오늘날 우리가 철학자라고 지칭하는 사람들은 대부분 대학 등에 고용된 노동자이므로 '노동에서 제외된 자'가 아니다. 오늘날 노동에서 제외된 자들은 엄청난 부동산을 갖고 있는 불로소득자 집단이다. 사실 아리스토텔레스 시대의 엘리트들도 엄청난 부동산을 갖고 있으면서, 노예로 하여금 그것을 경작하게 해 거기서 나오는 수입으로 무위도식하는 사람들이었다. 그들이 철학과 정치를 했다고 하니 '무위'도식이라고 할 수는 없겠고 '철학도식'이나 '정치도식'이라고 해야 할지도 모르겠다.

아리스토텔레스가 말한 이런 것들이 현대에는 모든 사람이 향유해야 하거나 향유할 수 있다는 이유로, 아리스토텔레스가 모든 인간에게 보편적으로 적용되는 것들을 말했다고 샌델과 같은 학자들이 이야기하는 것은 문제가 있다. 그렇게 이야기하는 것은 옛날의 궁중 요리를 지금은 모든 사람이 먹을 수 있게 되었다고 해서 한국의 보편적 전통요리라고 이야기하고, 옛날의 궁중 혼인 예법을 지금은 모든 사람이 궁궐에 가서 결혼식을 하면서 따를 수 있게 되었다고 해서 한국의 보편적 전통 예법이라고 이야기하는 것과 같다. 또한 옛날에 양반들이 살던 기와집이나 그들이 사용하던 문방구, 가구, 도자기, 서화 따위를 한국의 전통 주택이나 전통 예술이라고 떠받들면서 그런 것들을 되살려야 한다고 이야기하는 것과 같다. 그렇게 이야기해서 나쁠 게 무엇이냐고 할 사람이 있을지도 모르겠다.

내 말은 그렇게 이야기하는 게 나쁘다는 것이 아니라, 과거에 궁중에 속했던 것들은 왕과 왕족이라는 소수만이 누렸던 것이고 과거에 양반이 가지고 있었던 것들은 양반과 그 가족만이 누렸던 것임을 분명히 알아야 한다는 것이다. 이와 마찬가지로 아리스토텔레스가 한 이런저런 말들도 당시의 극소수 엘리트에 대해서 한 말이었음을 분명히 알아야 한다. 따라서 아리스토텔레스가 한 말이 모든 사람에게 평등하게 적용되는 말인 것처럼 이야기해서는 안 된다.

아리스토텔레스는 물론이고 플라톤과 소크라테스도 당대에 극히 제한된 수의 시민만이 참여할 수 있었던 시민정을 반대했고, 철학을 하는 엘리트만이 세상에 대한 지배권을 가져야 한다고 주장했다. 이 점에서는 세 사람 사이에 아무런 차이도 없다. 그런데 이는 그냥 옛날이야기로 끝나는 것이 아니다. 지금 네오콘을 비롯한 극단적 보수주의자들이 아리스토텔레스, 플라톤, 소크라테스를 내세우며 이용하고 있기 때문이다.

제8장

디오게네스 이야기

네루와 알렉산드로스

박정희는 알렉산드로스를 좋아해서 박근혜에게 알렉산드로스의 전기를 읽혔다고 한다. 언제 누가 쓴 책인지는 알 수 없지만 아마도 1960년대에 나온 책이었으니 찬양 일변도의 책이었으리라. 당시 다른 부모들도 위인 전을 자녀에게 권했겠지만 의도는 달랐을지 모른다. 박정희는 박근혜가 알렉산드로스를 닮기 바랐을까? 어린 시절 청와대에서 그 책을 읽고 자란 덕에 아버지처럼 대통령이 된 것일까? 반면 감옥에 갇힌 네루는 그의 딸 인디라 간디Indira Gandhi(인디라와 결혼한 간디는 마하트마 간디와는 아무런 관계 가 없다)에게 보낸 편지에서 알렉산드로스를 "허영과 자만심의 인간이었고 가끔 아주 잔인하고 난폭했다"고 썼으니 그의 전기를 읽으라고 권했을 리 절대 없다.

　네루가 인디라에게 편지를 썼을 때 그는 독립운동을 한 혐의로 투옥 되어 있었으니, 박근혜에게 알렉산드로스의 전기를 권한 박정희와는 사정 이 전혀 달랐다. 네루는 32세에 처음으로 투옥된 뒤 1945년 56세에 마지막으로 투옥되기까지 9번에 걸쳐 근 10년간 투옥되었다. 네루는 13세 딸의 생일을 맞아 편지를 쓰기 시작해 3년간 196통의 편지를 보냈다. 한 통에 일반적 크기의 편지지 10장이 충분히 넘는 내용으로, 그 전체는 세계에서 가장 긴 편지로 기네스북에 올랐다. 감옥에서 쓴 편지였으니 대부분 기억에 의존했을 것인데도 지금까지의 그 어떤 세계사 책보다 감동적인 것은 무엇보다도 딸에 대한 사랑이 밑바닥에 깔려 있기 때문일 것이다. 그리고 네루가 밝혔듯 그 편지는 설교가 아니라 대화하고 토론하는 민주적 방식이었기 때문이다. 그렇게 네루는 딸에게 민주주의를 가르쳤다.

그 편지가 빛나는 참된 이유는 그 내용, 즉 그 역사관이 민주적이기 때문이었다. 서양 중심주의나 우월주의나 영웅주의 또는 엘리트주의에 젖은 세계사가 아니라 동서양을 고루 섭렵하고 민중의 입장에서 쓴 세계사이기 때문이었다. 그런 점에서 80여 년 전에 쓴 이 책보다 나은 세계사 책을 나는 아직 보지 못했다. 이는 약 20년에 걸친 민족해방운동을 경험하면서 고민을 거듭한 덕분에 쓸 수 있는 내용이었다. 일류 대학 출신으로 서재에 앉아 책만 읽은 자들에게는 도저히 기대할 수 없는 것이다. 단적으로 17회 편지에서 네루는 알렉산드로스가 자신을 거의 신으로 간주했고 일시적인 격분과 변덕의 순간에 가장 훌륭한 친구들을 죽였으며, 몇 개의 큰 도시를 파괴하고 그 주민들마저 학살했다고 썼다. 그래서 그가 생전 저지른 수많은 야만적 행위에 감탄은커녕 반감과 증오를 느꼈다고 했다. 네루는 박정희가 숭배한 나폴레옹과 히틀러에 대해서도 마찬가지로 비판했다.

네루는 대영제국이나 로마제국에 대해서도 비판적이었다. 그는 대영제국이 스스로 로마제국과 비교한 것은 영국인들의 자기만족을 위한 것이고, 제국이란 여러 사람을 착취해 스스로 살찌운다는 점에서 모두 대동소이한 것이며, 로마인이나 영국인이나 모두 상상력이 빈곤하다는 점에서 같다고 했다. 별스럽게 점잖을 뺀 거만한 얼굴로 온 세계가 자기들 멋대로 주무르기 위해 만들어진 것처럼 생각하며, 한평생 회의나 고통을 모른 채 설치며 돌아다닌다는 것이었다. 네루는 그런 제국에 반대하는 반제국 운동에 평생을 바친 민주주의자이자 사회주의자였다. 그의 딸 인디라 간디도 처음에는 아버지와 마찬가지로 민주주의와 사회주의를 신봉해 어려서부터 독립운동에 참여했고, 아버지가 죽은 몇 년 뒤 인도의 수상이 되었다.

디오게네스와 알렉산드로스

네루가 딸에게 쓴 편지에는 간디 이야기가 자주 나온다. 간디가 남긴 사진 중에도 어린 인디라와 함께 있는 사진이 있다. 간디는 부처나 디오게네스나 예수처럼 평생 소박하게 살았고 권력에 맞섰다. 디오게네스에 대해서는 누구나 아는 유명한 일화가 있다. 어느 날, 알렉산드로스는 시체를 묻는 데 사용하는 통 속에서 벌거벗고 햇빛을 즐기는 디오게네스를 찾아가 말했다. "나는 알렉산드로스 대왕이다. 소원이 있으면 말하라." 이에 디오게네스 왈, "나는 개 디오게네스다. 햇빛 가리지 말고 비켜라."

디오게네스가 이렇게 말했다고 철학 책에서는 그를 견유犬儒학파로 분류한다. '유儒'는 유교의 선비를 뜻하는 글자이므로 유교와 아무런 관계도 없는 그를 그렇게 분류하는 것은 문제가 있다. 서양에서는 견유학파를 'the cynics'라고 부르는데 이는 냉소적인 사람이라는 뜻이어서 그를 '냉소학파'라고 칭하는 사람들도 있다. 그러나 냉소학파라는 표현도 그것이 지칭하는 철학자들의 사상을 오해하게 만들 우려가 있어서 부적절하다. 그들의 사상이 지닌 한 가지 특징에 따라 세계시민주의라는 표현을 사용할 수도 있겠지만, 이 역시 그 사상의 일부만을 표상할 뿐이다.

나는 그들의 사상이 지닌 전체적 특징을 자유라고 보지만, 그렇다고 그들의 사상을 자유주의라고 부르면 현재 일반적으로 사용되는 자유주의라는 말과 혼동될 수 있으니 역시 문제가 있다. 그들의 사상은 반공주의 정도의 의미를 갖고 있는 우리의 자유주의와는 전혀 다르며, 도리어 사회주의에 가깝다. 그 밖의 다양한 자유주의의 개념도 그들의 사상과 일치하지 않는다. 그래서 나는 그들을 원어 그대로 키니코스학파라고 부르겠다.

앞의 일화를 전하는 책들을 보면, 흔히 알렉산드로스 대왕이 명령조로 묻고 디오게네스가 공손하게 존댓말로 대답한 것처럼 되어 있는데, 나로서는 디오게네스가 그랬으리라고는 도저히 믿을 수 없어서 이 같이 반말로 옮겨보았다. 디오게네스는 통 속에서 재빨리 나와 고개를 푹 숙이고 사시나무처럼 떨며 송구한 몸짓으로 두 손을 내밀기는커녕, 일어나지도 않고 그를 쳐다보지 않았을지 모른다.

이 에피소드는 세상을 등지고 산속에 들어가 사는 스님의 한철 선禪수행이나 탈속적인 철학자의 인도 방랑 같은 것이 아니라, 한마디로 수십년을 거지나 개처럼 살았던 자의 이야기다. 그는 자발적인 거지로 부처나 예수가 그랬듯 모든 걸 다 버렸다. 무욕의 자유인인 디오게네스에게 욕망의 화신인 알렉산드로스 대왕은 세상에서 가장 한심한 자이자 가장 옳지 않은 자였다. 부처는 왕자로 태어나 왕이 될 팔자였는데 그런 팔자를 저버리고 집을 나와 거지가 되었으니 결국은 디오게네스와 비슷했다. 그런 그를 후세에 왕들이 섬긴 것이야 문제될 게 없지만, 호국불교니 하며 불교를 권력과 연결시킨 것은 부처의 가르침과 다른 것이었다.

그 밖에도 디오게네스는 다양한 에피소드를 남겼다. 대낮에 등불을 켜고 인간을 찾고, 길거리에 누운 채 사람들이 보는 앞에서 자위행위를 했고, 스스로 개라고 하면서도 자기를 개라고 부르는 사람들을 개라고 불렀다.

가난의 철학을 권함

이런 에피소드들은 디오게네스가 욕심을 버리고 소박하게 살았다는 것을 말하는 것이 아니다. 권력과 부, 본능과 쾌락을 무시했거나 그런 것들에 초연했다는 이야기에 그치는 것도 아니다. 그는 도도하고 당당하게 그런 것들을 거부했고, 권력 없음과 가난을 자랑스럽게 생각했다. 그는 가난이 낳는 불결함, 구걸하는 처지, 추함, 모욕, 노예 상태 등의 모든 불행을 적극적으로 수용하고 내세웠다. 그런 그의 태도는 동물적인 삶으로 이어질 수 있었다. 그래서 그는 자신을 개라고 부르면서 스스로 개라고 생각하고 개처럼 행동했다. 그에게는 이런 무욕의 삶이 참된 삶을 살기 위한 물질적 조건이었다. 자유롭기 위해서는 어디에도 얽매이지 말아야 했기 때문이다.

자유란 '무엇에도 얽매이지 않는 것'이다. 따라서 자유에는 무엇이든 누구든 당당하게 비판할 수 있는 자유도 포함된다. 당당하게 비판하기 위해서는 그 어떤 사람이나 세력과도 타협하지 말아야 하고, 그 어떤 사상이나 종교나 학설에도 종속되지 말아야 한다. 나아가 스스로 그 어떤 권력이나 권위도 갖지 말아야 한다. 디오게네스에게 참된 것은 그 자신의 가난한 삶 자체뿐이었다. 가난이 모든 것의 '참된 본질(이것을 진실이나 진리라고 불러도 좋다)'을 드러낸다. 그런 삶은 타인이 정한 법이나 관습, 사상이나 이론과 무관하며, 그 모든 것에서 해방되며 그 모든 것에 저항한다. 나아가 스스로 아무것도 숨기지 않는다. 참된 철학자는 어떤 은폐도 참을 수 없고, 모든 것을 공개적으로 드러내며, 어떤 부끄러움도 갖지 않는다.

디오게네스는 알렉산드로스를 개라고 불렀을지도 모른다. 그것도 숨어서가 아니라 드러내놓고 말이다. 그래도 알렉산드로스는 그를 죽이기는 커녕 잡아가지도 않았을 것이다. 부처가 그렇게 했다고 해도 인도의 어느 왕이 그를 죽이거나 잡아가지 않았을 것이다. 그런 사회가 고대 그리스였고 고대 인도였다. 고대 그리스는 적어도 길거리 포스터에 쥐를 그려넣었다고 사람을 잡아가는 나라는 아니었다. 정권을 비판한다고 해서 소위 국가원수 모독죄니 하며 사람을 잡아가는 나라는 아니었다. 헌법을 비판한다고 해서 긴급조치니 하며 잡아가는 나라는 아니었다.

한국에서는 지배자를 욕하면 능지처참을 당하는 역사가 오랫동안 이어졌다. 부모나 스승을 욕해도 욕을 보았다. 대낮에 등불을 들고 다니며 고함을 친다고 별일이 있었을 것 같지는 않지만, 공개된 장소에서 자위행위나 성행위를 하면 큰 벌을 받을 것이다. 우리 역사에도 이런저런 기인이 많았지만, 그런 짓을 한 기인이 있었다는 이야기는 들어본 적이 없다. 우리의 역사에 나오는 그 수많은 위대한 왕 가운데 거지 철학자를 찾아간 왕이 있다는 이야기를 들어본 적도 없다. 아니, 우리에게는 거지 철학자 자체가 없었다. 한국 학자들은 과거를 보고 출세하기 위한 철학만을 했지 거지로 살기 위해 철학을 하지는 않았다. 그런 전통 탓인지 지금도 가난하게 살기 위해 철학을 공부하는 사람은 거의 없다. 그러나 나는 가난하게 살기 위한 철학 공부를 제안하며, 그 모델로 디오게네스를 소개한다.

디오게네스와 아리스토텔레스

알렉산드로스가 디오게네스에게 소원을 물은 것은, 아리스토텔레스가 누린 특권과 비슷한 특권을 노예 신분인 디오게네스에게 주려고 했던 것인지도 모른다. 알렉산드로스의 스승인 아리스토텔레스는 재류 외국인이라는 비천한 신분(재류 외국인은 노예와 비슷한 신분이었다)으로 아테네에 살면서도, 알렉산드로스 덕분에 사립대학을 세우고 경영하는 특권을 누렸다. 이런 특권은 아리스토텔레스와 그의 스승인 플라톤을 빼고는 재류 외국인은 물론 아테네의 시민에게도 없는 것이었다. 이런 측면에서 디오게네스와 아리스토텔레스를 도식적으로 비교해보면 다음과 같다.

디오게네스=노예=비시민→개 또는 거지.

아리스토텔레스=재류 외국인=비시민→사립대학 총장.

어쨌든 일반적인 노예에게 알렉산드로스가 그렇게 물었다면, 그 노예는 평생에 처음이자 마지막으로 절호의 출세 기회를 만났다고 생각했을 것이다. 디오게네스도 그것을 몰랐을 리 없다. 그러나 디오게네스는 그것을 단호히 거부했다. 그는 알렉산드로스에게 어떤 소원도 말하지 않았다. 그는 최하층인 노예로 사는 것에 만족했다. 그게 참된 삶이라고 믿었다. 그가 유달리 노예로 사는 것을 좋아해서 그렇게 산 것은 아니었다. 당시에는 인구의 절반 이상이 노예였으니, 그가 그들과 달리 자기만 특별하게 살고 싶지 않던 것일 수도 있다. 적어도 먹고사는 문제에서 그는 노예의 삶을 받아들였다.

노예인 디오게네스가 어떻게 통 속에서 벌거벗고 햇빛을 즐길 수 있었는지는 알 수 없다. 아마도 디오게네스를 존경한 그의 주인이 그가 그렇게 하는 것을 그냥 내버려둔 덕분이었으리라. 디오게네스는 노예 신분에서 벗어나려고 애쓴 적이 없다. 그의 학식이나 유명세로 미루어볼 때 알렉산드로스의 힘을 빌리지 않고도, 다른 사람들의 도움을 받아 노예 신분에서 벗어날 수 있었을 텐데도 그렇게 하지 않았다. 그는 노예 해방을 주장한 적이 없지만, 스스로 노예가 되기 전에 자신의 노예가 도망쳤을 때 노예를 찾아내려고 하지 않고 그냥 내버려두었다. 노예 문제든 뭐든 모든 것이 그에게는 자신의 '자유=자족'과 무관한 것이었다.

아리스토텔레스는 노예는 아니었지만 노예와 비슷한 대우를 받는 재류 외국인이었다. 즉, 그는 지금 한국에 있는 외국인 노동자와 같은 신세였다. 그런데도 그는 재류 외국인의 지위 향상을 위해 노력한 적이 없다. 그는 자기와 같은 재류 외국인은 시민에서 제외되는 것이 당연하다고 생각했고, 엘리트나 철학자가 중심이 되어 재류 외국인보다 훨씬 많은 권리를 가진 시민계급을 지배하는 폴리스 정치를 옹호했다. 자신이 시민계급에 속하지 않는 재류 외국인이었기 때문에, 철학자로서 자기를 부각시켜 지배계급이 되는 벼락출세를 하고자 했기 때문이다. 이런 점에서 아리스토텔레스는 지극히 현실적이고 타산적인 출세주의자였다. 반면에 디오게네스는 철저히 비현실적인 이상주의자였다.

흔히들 아리스토텔레스를 플라톤과 소크라테스에 비해 지극히 현실적인 학문을 한 사람으로 평가하지만, 타산을 따지는 출세주의자로 평가하지는 않는다. 그러나 나는 그가 출세주의자였다고 생각한다. 소크라테스와 달리, 알렉산드로스가 죽은 뒤 아테네에서 일어난 반反마케도니아 운동으로 인해 붙잡혀 처형당할 위기에 처한 아리스토텔레스가 재빨리 도망친 것을 보아도 그것을 알 수 있다. 그렇게 도망친 것은 플라톤도 마찬가지였다. 철학자라고 해서 그런 죽임을 당해야 하는 것은 아니니 그들이 도망친 것을 나무랄 수는 없다. 그러나 소크라테스를 '진리의 순교자'니 '학문의 자유를 지키기 위해 희생한 성인'이니 하며 미화하는 사람들은 죽임을 당하지 않으려고 도망친 플라톤과 아리스토텔레스를 비난해야 마땅할 텐데, 그들이 그러지 않는다는 걸 나로서는 이해하기 어렵다.

제논과 스토아학파

디오게네스에게는 몇 명의 제자가 있었다. 그중에는 히파르키아라는 여성도 있었다. 히파르키아는 디오게네스의 제자답게 구혼자의 재산, 출신 성분, 용모에 무관심했다. 그녀는 디오게네스의 제자인 크라테스와 결혼했다. 스승인 디오게네스는 결혼을 부정했지만 그들은 결혼을 했다. 크라테스는 알렉산드로스가 조국의 재건을 원하느냐고 묻자 '또 다른 알렉산드로스'가 그걸 파괴할 것이므로 그럴 필요가 없다고 답했다. 크라테스는 디오게네스의 충고에 따라 양치는 목장을 포기하고 갖고 있던 재산과 돈을 모두 바다에 던져버렸다. 그의 집에는 누구라도 자유롭게 드나들었고, 찾아오는 모든 사람을 즐겁게 환대했다. 그러나 그는 스스로 거지가 되기를 거부했고 최소한의 물질 소유를 긍정한 점에서 디오게네스와 달랐다.

크라테스의 제자 중에는 제논이 있었다. 제논은 디오게네스가 죽기 10여 년 전에 키프로스섬에서 태어났고 20대에 아테네로 가서 크라테스의 제자가 되었다. 그가 '스토아 포이킬레Stoa poikile', 즉 채색된 주랑柱廊에서 강의했기 때문에 제논의 제자들은 스토아학파라고 불렸다. 그는 아름다움(탁월성)과 절제를 같은 것으로 보았다. 탁월성이 없는 한, 부모나 가족도 원수라고 했고, 부녀를 공유하고 남녀가 같은 옷을 입어야 한다고 했다. 또 도시 안에 신전·법정·체육관을 지어서는 안 되고, 화폐를 만들어서도 안 된다고 했다. 이런 점에서 그는 명백히 디오게네스를 잇는 사람이었다.

스토아학파는 대체로 소크라테스와 플라톤의 이데아론과 영혼 불멸에 관한 논증을 거부했다. 제논은 당시 그리스의 상식인 유물론으로 플라톤 등의 형이상학과 맞서 싸웠다. 그는 개인의 삶에서 선은 건강, 행복, 재산과 같은 것들에 있는 것이 아니라 오직 개인적 의지의 탁월성에 있다고 보았다. 그러므로 인간은 세속적 욕망에서 해방되어야만 자유로워진다고 생각했다.

그러나 스토아학파 철학자라고 해서 다 같은 사상을 갖고 있었던 것은 아니다. 가령 마사 누스바움Martha C. Nussbaum 등은 마르쿠스 아우렐리우스Marcus Aurelius를 디오게네스와 같은 세계시민주의자로 보지만, 나는 그렇게 보지 않는다. 마르쿠스 아우렐리우스는 이렇게 말했다. "나의 본성은 이성적이고 국가적이다. 내가 속하는 도시와 조국은 황제 안토니우스로서는 로마지만 인간으로서는 우주다."(『명상록』) 이 말은 로마시대 가톨릭 학문의 일반적인 사고방식, 즉 로마제국의 황제는 교회 안에 있는 존재이지 교회 위에 있는 존재는 아니라는 사고방식과 일맥상통한다. 가톨릭(보편적) 교회가 로마제국을 포함하면서 그 황제의 권력 위에 있다는 것이 당시의 일반적인 사고방식이었다. 마르쿠스 아우렐리우스에게 우주는 정신의 고향이었고 지구는 그 우주의 일부에 불과했지만 "로마인으로서, 남성으로서" 최후까지 지켜야 할 조국은 로마였다. 이러한 마르쿠스 아우렐리우스는 디오게네스가 말한 세계시민주의와 다른 것이었다.

디오게네스와 예수

예수가 디오게네스의 정신적 제자라고 하면 기독교도들은 화를 낼지도 모르겠다. 하지만 나는 철학사에 나오는 그 어떤 사람보다 예수가 그의 사상에 가깝다고 생각한다. 우선 두 사람은 집이 없는 홈리스였다는 점에서 같다. 예수를 홈리스라고 부른다고 기독교도들은 또 화를 낼지도 모르겠다. 하지만 『성경』에서는 분명히 그렇게 말한다. 가령 「마태복음」 8장 20절과 「누가복음」 9장 58절을 보면 예수는 "여우도 굴이 있고 공중의 새도 거처가 있으되 인자는 머리 둘 곳이 없다"라고 했다. 디오게네스와 마찬가지로 예수도 집과 가정을 부정했다. 「마태복음」 10장 35~37절에서 예수는 이렇게 말했다. "내가 온 것은 사람이 그 아버지와, 딸이 어머니와, 며느리가 시어머니와 불화하게 하려 함이니 사람의 원수가 자기 집안 식구리라. 아버지나 어머니를 나보다 더 사랑하는 자는 내게 합당하지 아니하고 아들이나 딸을 나보다 더 사랑하는 자도 내게 합당하지 아니하"다.

　　그러나 예수와 디오게네스 사이의 사상적 연관성을 직접적으로 보여주는 구절은 「마태복음」 19장 21~30절과 「마가복음」 10장 21~31절에 나온다. 예수는 다음과 같이 말했다. "네 소유를 팔아 가난한 자들에게 주라", "낙타가 바늘귀로 들어가는 것이 부자가 하나님의 나라에 들어가는 것보다 쉬우니라", "내 이름을 위하여 집이나 형제나 자매나 부모나 자식이나 전토田土를 버린 자마다 여러 배를 받고 또 영생을 상속하리라", "먼저 된 자로서 나중 되고 나중 된 자로서 먼저 될 자가 많으니라." 이 가운데 마지막 말은 「마태복음」 20장 1~16절에 나오는 포도원 에피소드에서도 반복된다. 또한 「마가복음」 9장 35절에 나오는 "누구든지 첫째가 되고자 하면 뭇 사람의 끝이 되며 뭇 사람을 섬기는 자가 되어야 하리라"는 예수의 말과 「누가복음」 9장 48절에 나오는 "너희 모든 사람 중에 가장 작은 그가 큰 자니라"는 예수의 말도 같은 의미다.

"먼저 된 자로서 나중 되고 나중 된 자로서 먼저 될 자가 많으니라"라는 예수의 말은 추상적인 표현이기는 하지만, "곧 뒤집혀 밑에 있는 것은 위로 올라올 것"이니 "얼굴을 밑으로 해서" 자신을 매장해달라고 한 디오게네스의 말과 같은 뜻이다. 디오게네스가 극장에 들어갈 때 나오는 사람들과 맞부딪치듯 하는 자신의 행동에 대해, 스스로 "나의 전 생애를 통해서 이루려고 힘쓰고 있는 것"이라고 설명한 것이나 '노예와 주인의 역전'을 이야기한 것도 같은 맥락으로 볼 수 있다.

예수가 죽은 뒤 사도들이 어떻게 살았는지를 보여주는 「사도행전」 2장 44~45절에는 재산 포기에 관한 이야기가 나오는데, 이것도 같은 맥락이다. "믿는 사람이 다 함께 있어 모든 물건을 서로 통용하고 또 재산과 소유를 팔아 각 사람의 필요를 따라 나눠 주"었다. 그 뒤에 그들이 함께 식사했다는 이야기가 이어진다. 또한 「사도행전」 4장 32절을 보면, "믿는 무리가 한마음과 한뜻이 되어 모든 물건을 서로 통용하고 자기 재물을 조금이라도 자기 것이라 하는 이가 하나도 없"었다고 한다. 초기 기독교인들이 모두 그렇게 살았는지에 대해서는 논쟁의 여지가 있지만, 『성경』 말씀이니 일단 믿도록 하자.

그 밖에도 『성경』에 나오는 예수에 관한 이야기 중에는 디오게네스의 일화와 유사한 것이 많다. 가령 디오게네스는 동물에 비유해 무소유의 사상을 피력하고는 했는데, 예수도 새(「마태복음」 6장 26절), 까마귀(「누가복음」 12장 24절), 백합화(「누가복음」 12장 27절) 등에 비유해 그런 사상을 피력했다.

3세기경의 기독교 신학자인 루키아누스Lucianus는 초기 기독교도들과 키니코스학파 사람들 사이에 폭넓은 교류가 있었음을 보여주는 에피소드를 전했다. 어느 키니코스학파 사람이 체포되자 기독교도들이 물심양면으로 그를 도왔다는 이야기가 그것이다. 당시 유대인, 키니코스학파, 기독교도가 그리스·로마 문명의 일반적 풍조에 동일한 적대감을 갖고 있었다는 점에서 사실일 것으로 생각된다.

자율주의와 타율주의

나는 아리스토텔레스가 아니라, 디오게네스가 서양 사상의 새로운 아버지로 자리 잡으면 좋겠다고 생각한다. 아리스토텔레스는 그리스 이외의 모든 나라(그는 사실 그리스 이외의 나라는 나라로 인정하지 않고 그저 노예들의 마을 정도라고 생각했다)를 그리스가 지배해야 한다고 주장한 제국주의자였고, 그리스 안에 사는 사람들을 모두 시민으로 인정한 게 아니라 인간 중에는 본성적으로 주인인 사람과 노예인 사람이 있는데, 그리스 사람 가운데 전자에 해당하는 사람들이 후자에 해당하는 사람들을 지배하는 것이 옳다고 말한 불평등주의자였다. 노예를 소유한 자들인 시민조차 돈이라는 최고의 가치에 의해 구분된다고 본 화폐만능주의자이자, 그렇게 구분할 때 상층에 속하는 소수도 개인으로 살기보다는 국가에 복종해야 한다고 주장한

국가주의자였다.

그럼에도 그가 2,000년 이상이나 서양 사상을 지배하게 된 것에 대해, 많은 학자가 그가 쓴 책들이 그럴 만한 가치가 있기 때문이라고 주장하지만 나는 그렇게 보지 않는다. 아리스토텔레스가 주장한 것과 같은 제국주의, 불평등주의, 화폐주의, 국가주의 따위가 2,000년 이상 서양을 지배했기 때문에 그 결과로 아리스토텔레스가 중시된 것이다.

아리스토텔레스 사상에 대한 기존의 논의들은 그의 사상이 기본적으로 이 같은 성격을 가진다는 점을 철저히 무시하고 그가 보편적인 인간과 사회와 국가와 자연을 광범위하고 심도 있게 연구한 것인 양 높이 평가해왔다. 그러나 그의 사상에 대한 이러한 평가는 허구적 가상이고 지적인 사기다. 그가 연구한 인간과 사회와 국가와 자연은 그리스의 인간과 사회와 국가와 자연이었고, 그리스 안에서도 지극히 제한된 극소수 엘리트들의 관점이었다.

나는 반자유·반자치·반자연적이며 화폐주의적인 소크라테스, 플라톤, 아리스토텔레스가 아니라 자유·자치·자연적이고 반화폐주의적인 디오게네스, 노장, 부처, 예수에게서 새로운 사상사를 쓰자고 제안한다. 내가 제안하는 새로운 사상사는 기원전의 고대 중국, 고대 인도, 고대 그리스부터 현대에 이르기까지 모든 사상을 타율주의disciplinarianism와 자율주의libertarianism의 대립이라는 관점에서 다시 보는 것이자, 그러면서도 자율주의를 지지하는 것이어야 한다. 이를 도식화하면 다음과 같다.

> 자율주의=자유·자치·자연적, 반화폐주의적=디오게네스, 노장, 부처, 예수.
> 타율주의=반자유·반자치·반자연적, 화폐주의적=소크라테스, 플라톤, 아리스토텔레스.

libertarianism은 자유주의나 자유지상주의라고 번역되기도 하지만 liberalism과 구별되는 것으로 봐야 한다. 차라리 반국가주의적인 아나키즘에 가까운 '자율주의'로 이 말을 번역하는 것이 옳다. 타율주의는 사회 결합을 목표로 비합리적인 교의와 전통을 중시하는 반과학적이고 반이성적인 입장에 서서 특정한 개인의 탁월성과 영웅적 행위가 사회 결합에 더 좋은 것이라고 주장한다. 반면에 자율주의는 비합리적인 교의 위에 사회 질서를 세우는 것에 반대하고 집단주의가 아닌 개인주의를 통해 사회 결합을 완화시키려는 반종교적, 공리주의적, 합리적 사상이다. 이런 자율주의에 근거를 둔 새로운 사상사를 쓸 때 가장 철저하게 비판해야 할 대상은 소크라테스, 플라톤, 아리스토텔레스와 그들의 사상과 그들을 원류로 하는 서양의 주류 사상이다.

정치학은 20세기에 성립한 학문이지만 그 뿌리는 2,500년 전의 소크라테스, 플라톤, 아리스토텔레스에서 찾을 수 있다. 그리고 그 뒤로 마키아벨리, 홉스, 로크, 루소, 헤겔, 마르크스 등 수많은 학자가 정치학을 연구했다. 2,500년 동안 위대한 학자들이 쓴 정치학 관련 고전들이 끊이지 않고 쏟아져 나왔는데 정치는 왜 항상 그 모양이었을까? 특히 정치학이 학문으로 정립된 20세기에 히틀러, 스탈린, 박정희가 등장한 이유는 무얼까? 그런 독재자들을 지금도 찬양하는 사람이 적지 않지만, 나는 독재자 찬양에 반대한다. 그리고 소크라테스, 플라톤, 아리스토텔레스부터 마키아벨리, 홉스, 로크, 루소, 헤겔, 마르크스 등 수많은 학자가 그런 독재자의 등장을 막기는커녕, 그들의 등장에 도움을 준 측면도 있다고 생각한다.

여하튼 그런 방면에 대한 연구를 흔히 정치학이라고 하며, 더 좁혀 정치철학이나 정치사상이라고 하는데, 나는 그런 학문 자체에는 아무런 흥미도 없다. 그러나 여기서 한 가지 기본적인 문제에 대해서는 언급해야겠다. 그것은 정치학을 포함해, 서양에서 고전으로 간주하는 것들을 어떻게 보아야 하느냐의 문제다. 이 문제에 대한 한 가지 관점은 고전에는 역사를 초월하는 가치가 있다고 보는 것이다. 이것이 고전에 대한 가장 일반적인 태도라고 할 수 있다. 정치학도 미국의 레오 스트라우스나 그보다 앞서 영국의 정치사상에 영향을 끼친 제이슨 바커Jason Barker 같은 사람들은 고전에는 역사를 초월하는 가치가 있고 그 가치는 어느 나라나 시대에도 의미를 갖는다고 보았다. E. H. 카Edward Hallett Carr가 말한 역사관, 즉 역사를 과거와 현재와 미래의 대화로 보는 관점도 이와 같다고 할 수 있다. 서양의 고전에 대한 이런 관점은 문제가 있다고 서양에서조차 여러 비판을 받아왔다. 서양 고전의 역사를 초월하는 보편적 가치를 무조건 인정하자는 주장은 서양의 고전과 전통과 역사를 달리 하는 비서양 지역에서 서양 절대주의의 입장에 서지 않고서는 도저히 수긍할 수 없는 주장이다.

나는 서양의 정치학과 정치철학 차원에서 이루어지는 논쟁에는 별로 흥미가 없다. 그런 논쟁에서 주장되는 이야기들이 어느 것이나 서양을 중심에 둔다는 점에서 다르지 않기 때문이다. 고대 그리스의 고전을 강조하는 스트라우스를 비롯한 네오콘neocons이 소크라테스, 플라톤, 아리스토텔레스는 물론이고 투키디데스까지 끄집어내어 제국주의의 침략 행위를 정당화하면서, 그들이 남긴 '고전'에 대한 재해석에 나서는 것을 서양의 철학자나 역사학자들이 그동안 왜 무시해왔을까?

페르시아와 벌인 전쟁에서 이긴 아테네가 지중해를 장악했지만, 결국은 스파르타와 펠로폰네소스전쟁을 벌였다가 패망한 역사적 사실에 대한 투키디데스의 견해가 제2차 세계대전 이후 냉전 중심의 미국 외교정책의 성립에 기초가 되었다는 것은 널리 알려져 있다. 그 뒤로 네오콘이 등장하면서 투키디데스는 그들에 의해 제국주의의 원조로 재해석되었고, 미국이 군사적 우위를 강화하기 위한 국방비 증액을 추진하는 데 이용되었다. 그 과정에서 소크라테스, 플라톤, 아리스토텔레스, 투키디데스는 네오콘의 반민수적 제국주의를 뒷받침해주고 장식해주는 기능을 했다. 미국이 그들에게서 냉전의 논리를 배웠든 침략의 논리를 배웠든 간에 미국은 기본적으로 제국주의의 나라다. 그리고 그 제국주의의 고전적 근거가 바로 소크라테스, 플라톤, 아리스토텔레스, 투키디데스의 저작이었다.

스트라우스는 고대 그리스의 고전과 기독교를 결합시키고자 했다. 서양 문명이 그 두 가지로 구성되었다는 것은 누구나 상식으로 알고 있으니, 사실 스트라우스의 그런 노력은 그리 놀라운 일이 아니다. 소크라테스, 플라톤, 아리스토텔레스, 투키디데스 등으로 상징되는 고대 그리스 문화가 기독교와 실제로 융합된 것도 우리가 역사적 사실로 알고 있다. 그런데 나는 그 두 가지가 분명히 서로 이질적인 것이었다고 생각하며, 기독교가 고대 그리스 문화를 받아들인 것이 기독교의 타락을 초래했다고 본다. 즉, 원래는 자율주의였던 기독교가 고대 그리스 문화와 융합되면서 타율주의로 변질되고 타락하기 시작한 것이다. 그래서 나는 서양 문명이 앞으로 올바른 방향으로 나아가려면 고대 그리스 문화에 침윤된 기독교를 버리고 본래의 자율주의 기독교로 돌아가야 한다고 생각한다.

나는 불교문화에 대해서도 비슷한 생각을 갖고 있다. 즉, 불교문화도 원래는 자율주의였으나 유교의 영향을 받으면서 타율주의로 변질되고 타락했다. 따라서 불교문화가 올바른 방향으로 나아가려면 유교문화를 벗어버리고 그 본래의 자율주의로 되돌아가야 한다.

제**9**장

고대 그리스 연극 이야기

전쟁이냐 섹스냐

2015년 3월 10일부터 3월 29일까지 서울 대학로 자유소극장에서 공연된 연극 〈리시스트라테Lysistrate〉('무장을 해제하는 여자'라는 뜻)는 전쟁을 일삼는 정치권력과 물질 만능 세태를 비판하고 남성 우월주의를 타파하기 위해 여성들이 "전쟁이냐 섹스냐War or Sex"를 외치며 평화협정을 맺을 때까지 잠자리를 거부한다는 내용이다. 그런 내용에다 망해가는 대학로 연극을 살리기 위해 CEO, 의사, 회사원, 교수, 사진가, 비올리스트, 보석 디자이너, 헤어 디자이너, 호텔리어 등 25여 명의 각계각층 '오피니언 리더들'이 특별 출연한 것으로 화제가 되었다. 고대 그리스의 희극배우들처럼 가죽으로 만든 남근을 모두 허리에 차고 원작에 나오는 수많은 음담패설을 그대로 읊었더라면 더 큰 화제를 불렀을지도 모르지만, 화제에 비해 관객 수가 그다지 많지 않은 것을 보면 그 '오피니언 리더들'의 인기에도 한계가 있었는지 모른다.

아니, 반전反戰 섹스 파업이라는 생전 처음 보는 기발한 소재가 대중적

열기를 제내로 불러일으키지 못하는 우리 현실이 참으로 유감스럽다. 전쟁을 여성의 하반신을 차지하려는 남성들의 물건에 비유하는 등 그 기기묘묘한 은유의 음담패설을 여기에 다 옮기지 못하는 것이 유감이다. 내가 2,500년 전의 그리스인들보다 고지식한 도덕주의자인지, 지금 이 나라가 그런 사람들만 사는 나라인지 모르겠지만 말이다. 물론 그 당시에도 나 같은 자들이 있었고, 당연히 남존여비주의자들도 있었다.

단적으로 아리스토텔레스는 『정치학』에서 여자를 멋대로 내버려두면 시민 생활과 국가 안녕에 유해한데, 여자들에게는 아무런 기율이 없고 오로지 음탕하기만 해 사치 삼매경에 빠져 생활할 것이라고 말했다. 아리스토텔레스만이 아니라 소포클레스 같은 비극 작가들도 이집트에서 남편이 집안에서 베를 짜고 아내들이 밖에서 생활양식을 벌어들이는 것을 야만의 비정상이라고 비난하고, 이를 정상으로 되돌려야 한다고 주장했다. 남녀 사이의 정상적인 노동 분담이 이루어지는 문명이 비정상의 야만으로 바뀐 것이라는 비난이었다. 고대 그리스도 여성 지위에 관한 한 오늘날 한국처럼 후진국이었다.

군이 남존여비주의자가 아니라고 해도 전쟁이나 정치를 섹스에 비유하는 것에 노골적으로 화를 낼 사람도 많을 것이다. 그런데 관객이 모두 남성이고, 작가, 연출가, 배우, 합창단 등 모두가 남성인 연극에서 그런 내용이 희곡으로 집필되고 극장에서 상연되었다니 더더욱 놀랍다. 남자만 득실대는 군대에서 남자 군인이 남자 군인을 앞에 두고 그런 반전 연극을 한 셈이니 말이다. 그것도 전쟁 도중에 말이다. 내일 다시 전장에 나가 생명을 걸고 싸워야 하는 사람들 앞에서 말이다. 지금 우리가 그런 연극을 군대에서 할 수 있을까? 군대는커녕 일반인 상대의 무대에서라도 할 수 있을까? 도대체 누가 그렇게 할 수 있을까? 저 화려한 직종의 '오피니언 리더들'이 특별 출연한 것이 아니라(그런 수준의 특별 출연이라면 장군이나 관료의 출연을 상상할 수 있겠지만) 군인이나 일반 시민이 이런 반전 연극을 할 수 있을까? 그런 점에서 고대 그리스는 아무래도 지금 우리보다는 선진국이었다. 아니, 보통 사람들이 언제 연극을 했던가? 언제 연극을 보았던가? 지금도 평생 연극은커녕 영화 한 편도 안 보는 사람이 많은 나라가 아닌가?

　고대 그리스의 연극은 2,500년이 지난 지금도 여전히 그리스뿐 아니라 전 세계에서 상연되고 있다. 2,500년 전 지구 반대쪽에서 했던 연극이 지금 우리에게도 재미있다니 정말 신기한 일이다. 한국의 25년 전 연극이나 영화가 남의 나라 이야기 같은데 말이다. 2,500년 전 그리스인들은 매일 아침 일찍부터 아침 식사용 빵과 무화과 열매와 포도주를 들고 연극을 보기 위해 아크로폴리스 남쪽 언덕에 있는 디오니소스 극장으로 모여들었다. 1만 5,000명 정도가 앉아 보는 그 극장은 지금도 거의 원형 그대로 남아 있다. 연극은 해가 질 때까지 3~4편이 상연되었다. 2,500년 전이나 지금이나 그리스인들은 예술을 사랑한다. 경제가 엉망이라는 지금도 마찬가지다. 그것이 정말 부럽다.

그리스 희곡, 비판적으로 읽기

「리시스트라테」의 작가 아리스토파네스는 민주주의에 반대한 보수적 작가로 평가되었을 정도로, 남녀평등이나 여성해방에 관심이 있었던 사람은 아니었다. 그럼에도 한국에서 그는 어떤 서양 극작가보다도 인기가 높다. 비민주적이어서 인기가 높은 것은 아니겠지만, 2,500년 전의 아리스토파네스가 한국에서 자주 공연되는 작품의 희곡 작가라니 그리스 연극의 힘이 참으로 놀랍다. 그에 비하면 셰익스피어는 시시한 광대 수준 정도라고 하면서 그를 세계 역사상 가장 위대한 희극 작가라고 말하는 문학사가들도 있지만, 이는 한국에서 그다지 상식적인 이야기는 아니다. 그러나 그의 작품을 접하게 되면 누구라도 셰익스피어가 우스워 보일 것이다.

아리스토파네스의 인기는 국립극장에서 그의 3부작을 연속 공연한 2013년에 특히 두드러졌다. 번안의 정치적 풍자가 과도하다는 이유로 문제가 되기도 했지만, 전통 연희극演戱劇 한마당처럼 풍성한 놀이마당으로 만든 점은 나처럼 연극을 자주 볼 수 없어서 일부러 서울 구경을 해야 하는 시골 사람의 넋까지 빼놓을 정도로 독창적이었다. 특히 〈구름〉 공연은 대중가요 〈님과 함께〉가 연주되자 코러스가 가사를 바꿔 부르며 합창하는 첫 장면부터 마지막 장면까지 독창적인 음악의 열창과 풍자의 열연으로 빛났다. 이제 그런 번안은 고대 그리스 연극 공연에서 지극히 당연하게 취급되지만, 고전극 자체를 보고 싶은 충동을 낳을 정도로 그 변모가 심해 문제가 되기도 한다. 물론 그리스에서 2,500년 전의 연극을 그대로 재현한 것을 보고 골치만 아팠던 악몽을 다시 떠올리기는 싫지만, 유려한 번역과 정확한 무대 고증을 한다면 더 높은 평가를 받을 수도 있을 것이다.

한국에서 아리스토파네스 이상으로 인기가 있는 작가가 진보적 비극 작가 에우리피데스라는 점은, 그래도 이 나라가 아직은 민주국가라는 사실을 확인시켜준다는 점에서 다행이다. 같은 비극 작가 중 비민주적인 소포클레스의 〈안티고네〉도 가끔 상연되지만 인기가 에우리피데스만 못하다는 점도 그렇다. 에우리피데스의 작품 중에서도 남편 이아손에게 버림받은 메데이아의 비애와 증오, 질투, 복수 심리를 그려낸 〈메데이아〉가 자주 상연되는데, 특히 2015년 1~2월에 열린 인천시립극단의 공연은 자연과 하나 되어 살아가는 숲의 부족 메데이아와 야망을 위해 자연을 착취하는 이아손의 대립이라는 '에코페미니즘ecofeminism' 관점을 담은 것으로 높이 평가되었다. 나는 〈리시스트라테〉의 비극판이자 반전 연극인 에우리피데스의 〈트로이의 여인들〉을 더 좋아하지만, 10년간의 전쟁에서 패배한 트로이 여성들의 후일담으로, 영화 〈트로이〉의 속편 격이어서 대중성까지 있음에도 자주 보기는 어려워 유감이다.

아리스토파네스나 에우리피데스처럼 자주 공연되지 못하는 그리스 희곡들도 최근 주목을 받고 있다. 2014년 서울대학교 도서관에서 가장 많이 대출된 책은 『에우리피데스 비극』이고, 3위와 10위가 『아이스킬로스 비극』과 『소포클레스 비극』이어서 그리스 3대 비극 작가의 작품이 모두 상위권에 포함되었다. 4위인 『아리스토파네스 희극』과 9위 소포클레스의 『오이디푸스 왕』을 더하면 10위권 도서의 절반이 그리스 고전극이다.

이처럼 그리스 고전극의 전성기라고 부를 만도 하지만, 몇 작품의 상연이나 도서관 대출용 도서 통계로만 그렇게 말하기에는 어폐가 있다. 상연은 상업적이고 도서 대출도 특정 수업과 관련된 것이어서 취업을 위한 영어 공부와 크게 다르지 않기 때문이다. 게다가 희곡을 읽는 것과 연극을 보는 것은 전혀 다르다. 학생들이 어려서부터 그런 고전극을 볼 수 있어야 고전에 대한 참다운 이해가 가능할 텐데 우리에게는 그런 환경 자체가 없다. 고전극을 1년 내내 공연하는 극장들이 즐비한 외국이 정말 부럽다. 학점용 독서를 통해서 고전극의 맛이라도 보게 하는 것을 나쁘다거나 불필요하다고 말할 수는 없지만, 이제는 대학에 연극 전용 극장이 들어서야 한다. 연극과 마당극, 뮤지컬과 오페라, 예술영화, 회화나 조각을 쉽게 볼 수 없는 나라에서 인문학 운운하는 것이 창피하다.

여하튼 주의할 것은 진보적인 비극이든 보수적인 희극이든, 그 작가들이 민주주의에 찬성했든 반대했든 간에, 지금 남아 있는 그리스 희곡은 모두 진정한 의미에서 민중의 민주주의에 충실한 연극이 아니라 지배계층이 민중 지배를 위한 교육용으로 만든 작품이었다는 점이다. 따라서 니체의 『비극의 탄생』은 물론 김상봉의 『그리스 비극에 대한 편지』까지도 비판적으로 읽어야 한다.

아리스토파네스의 희극

그리스가 전쟁의 소용돌이에 빠진 가장 비극적인 시기에 희극이 가장 인기를 끌었고, 그것이 뛰어난 완성도를 보였다는 점은 역설적이기도 하지만 고통 속에서 웃음을 찾는 것이야 동서고금에서 당연할 수도 있다. 아리스토파네스의 삶에 대해서는 알려진 바가 거의 없고, 그의 전성기는 27년 간 지속된 펠로폰네소스전쟁과 겹치기 때문에 그 시대를 배경으로 한 반전 작품이 많다. 주로 전쟁을 정치적으로 이용한 사이비 민주주의자들이나 청년들을 선동하는 소피스트들을 비난한 작품이 많은 것도 그 때문이다. 마찬가지로 희극 작가인 메난드로스의 작품이 읽기조차 쉽지 않은 것에 비하면, 아리스토파네스의 희극은 충분히 사랑받을 만하다.

아리스토파네스 희극의 전형인 「새」는 기원전 414년 펠로폰네소스전쟁 발발 18년째, 시칠리아 원정이 한창인 때가 배경이다. 당시 아테네 사람들은 오랜 전쟁으로 지쳐 있었고 특히 시칠리아 원정 후 나라는 급격히 기울고 있었다. 궤변이 유행했고, 소송과 전염병과 전쟁으로 시끄럽고 살기 어려운 현실에서 사람들은 벗어나고 싶어 했다. 그중 한 사람인 초로의 시인이 친구와 함께 이상향을 찾아 하늘에 '새의 나라'를 세우고자 새들을 찾아가는 것으로 연극은 시작한다.

새들은 자기들을 구워먹던 인간에게 적대적이지만, 새가 신보다 먼저 태어났고 원래 세상의 주인이었으며, 하늘에 나라를 세워 인간과 신의 교류를 차단하면 신에게서 세상의 통치권을 빼앗을 수 있고, 인간에 대해서는 신과 같은 지위를 회복할 수 있다고 하는 감언이설에 속아 '구름 위의 뻐꾸기 나라'를 만든다. 인간들이 기존의 신 대신에 새로운 신인 새를 섬기기로 하고 마침내 새들의 축복 속에 시인은 제우스의 딸과 결혼해 최고신이 된다. 유토피아로 선전된 새 나라가 결국 독재자가 지배하는 디스토피아로 변한다는 내용은 조지 오웰George Orwell의 『동물농장』이나 『1984』의 원조 격이다.

신을 풍자한 「새」와 달리 「구름」에서는 소크라테스로 대변되는 지식인을 풍자한다. 아리스토파네스가 소크라테스 산파술을 소피스트 변론술처럼 비난하는 것에 대해 화를 낼 인문학자가 많을지도 모르지만, 나는 노예제를 옹호하고 민주주의에 반대한 소크라테스가 아니라 그 반대였던 소피스트 편이다. 그렇다고 아리스토파네스가 소피스트 편으로 민주주의에 찬성한 것은 아니었다. 플라톤의 『소크라테스의 변론』에서 소크라테스는 이 연극이 끼친 해악 때문에 자신이 재판을 받게 되었다고도 했지만 말이다. 제목인 '구름'은 소크라테스가 섬기는 신화 속의 신들이 영원한 실체가 아니라 순간적으로 사라지는 구름에 불과하다는 뜻을 나타낸다. 지금 이 나라에도 그런 구름은 얼마나 많은가!

「구름」은 늙은 농부가 돈을 꾼 후 갚기가 싫어져 빚쟁이들과의 재판에서 이길 수 있는 필승의 변론술을 익히는 것으로 시작한다. 그는 아들을 소크라테스 학당으로 보내려 하지만 놀기만 좋아하고 낭비벽으로 빚만 잔뜩 진 아들은 마이동풍이다. 그래서 자신이 직접 배워보려고 거금을 들였지만 머리가 굳어 배울 자신이 없자, 다시 아들을 강제로 입학시켜 변론술을 가르친다. 학사모를 쓴 아들은 빚쟁이들을 학교에서 배운 궤변으로 물리치고, 아버지는 의기양양해한다. 그런데 돌연 아들이 아버지를 구타하는 패륜 행위가 발생한다. 대중 앞에서 아버지가 아들의 반인륜적 행위를 성토하지만, 아들은 궤변으로 자신의 행동을 정당화한다. 분노한 아버지가 소크라테스 학당을 찾아가 학교 건물에 방화를 하면서 연극은 끝난다.

펠로폰네소스전쟁에서 아테네가 패한 뒤에 아리스토파네스가 쓴 「개구리」는 극작가들을 비판하는 희극이다. 국력이 바닥난 아테네의 재건을 위해 디오니소스가 3대 비극 시인인 아이스킬로스와 에우리피데스 중 한 사람을 되찾아오려고 저승으로 길을 떠나면서 벌어지는 이야기다. 그것을 신부와 동자승이 삼보일배 고행의 순례를 떠나는 이야기로 각색한 국립극장의 번안은 정말 독특했다. 동자승의 만류에도 '그분'을 그리워하며 그를 찾아 저승으로 떠난 신부는 이승과 저승을 잇는 호수에 이르러 배를 타자마자 개구리들의 노래가 들리면서 예상치 못한 일을 당한다. 이 극의 압권은 저승에서 벌어지는 극작가들의 싸움이다.

에우리피데스가 아이스킬로스를 사기꾼이라고 하며 관객들이 알아듣지도 못하는 허풍스럽고 혐오스러운 표현을 사용했다고 비난하면서, 자신은 불필요하고 산만한 표현을 줄이고 유용한 일상사를 무대에 올려 새로운 비극을 개척했다고 자랑한다. 그러자 아이스킬로스는 자신이 시민의 모범인 영웅들을 묘사한 반면, 에우리피데스는 뚜쟁이, 신전에서 아이를 낳는 여자, 오빠와 살을 섞는 여자, 자식을 죽이는 여자 등 시민에게 해가 되는 사악한 자들의 비행만을 다루었다고 비난한다. 이런 식의 공방이 계속 이어지지만 어떤 방법으로도 우열을 가리기 힘들자 결국 시의 무게를 저울로 재기로 한다. 자신의 말을 강물에 적시고, 가장 무거운 재앙인 죽음을 사용한 아이스킬로스가 승리하자 디오니소스는 그를 지상으로 데려간다. 에우리피데스가 승복하지 않는 가운데, 빈 옥좌는 구경꾼이었던 소포클레스가 차지한다.

에우리피데스의 비극

아리스토파네스는 「개구리」에서 에우리피데스가 아이스킬로스에게 패했다고 했지만, 고대 그리스 극작가 중에서 내가 제일 좋아하는 작가는 유일한 민주주의 극작가인 에우리피데스다. 에우리피데스 작품 중 자식을 죽이는 여인의 이야기가 「메데이아」다. 그리스 신화에 나오는 여성 중에서 가장 악독한 죽음의 여사제인 그녀의 이야기를 아이스킬로스나 소포클레스가 연극으로 만들었다면 영웅주의적이고 고전적인 도덕극이 되었겠지만, 에우리피데스는 전혀 그렇게 하지 않았다. 그는 남녀 관계나 결혼 문제 같은 현실 문제를 다루기 위해 신화를 도구로 썼을 뿐이다.

에우리피데스의 연극은 메데이아가 코린토스에서 버림받아 남편 이아손에게 복수하는 생애의 마지막 부분만 다루었다. 메데이아가 아들들을 시켜 남편의 새 아내를 죽이고 그 아들들을 시민이 죽인다는 신화의 내용을, 연극에서는 메데이아가 직접 남편의 새 아내와 그녀의 아버지인 왕, 거기에 자식들까지 죽이는 것으로 바꾸었다. 에우리피데스는 이아손의 대를 끊고 가정을 무너뜨리는 복수의 일환으로 메데이아가 직접 아들들을 살해했다고 내용을 재창조한 것이다. 그는 '복수를 위한 자식 살해'를 작품의 핵심으로 삼았지만, 그렇다고 해서 메데이아를 이상화한 것은 아니었다. 이는 그녀를 그리스인이 아니라 흑해 연안 이민족의 공주라고 설정한 것에서 드러난다.

에우리피데스가 이아손 중심의 전통적인 남성 영웅담을 여성의 관점으로 옮긴 것을 두고, '여성 영웅'의 탄생을 예고한다고 보는 사람들도 있다. 그러나 영웅을 부정하는 에우리피데스에 대한 해석으로 여성 영웅이라는 말 자체가 적절하지 않다. 그냥 '당당한 여성'이라고 하는 것이 옳다. 가령 헨리크 입센Henrik Ibsen의 『인형의 집』에 나오는 '노라'와 같은 여성상이다. 그만큼 현대적이다. 아니, 아직도 요조숙녀가 이상형인 한국의 현실에서 본다면 보기가 쉽지 않은 미래의 여성상인지도 모른다.

에우리피데스의 새로운 여성상 추구는 「메데이아」보다 10여 년 빨리 상연된 그의 초기작이자 대표작인 「트로이의 여인들」에서 비롯되었다. 트로이전쟁이 끝난 지 하루 뒤가 무대인 「트로이의 여인들」은 남편이 참혹하게 살해당한 왕비 헤카베가 자신과 마찬가지 운명의 트로이 여인들과 함께 살해당한 가족을 애도하는 것으로 시작한다. 그럼에도 딸인 카산드라가 그리스 장군의 첩으로 끌려가고 어린 손자마저 성벽에서 내던져지는 고통이 끝없이 이어진다. 승리자의 입장이 아니라 패배자이자 피해자의 시점에서 그려진 이 연극을 본 사람들은 트로이전쟁에서 승리하고 돌아온 그리스 남성들이었다. 에우리피데스는 그 남성들의 전쟁범죄를 고발한 셈이다. 연극의 마지막에서 그리스군의 전령은 자국 군대를 비판하면서, 성벽에 떨어진 아이를 장사지낼 수 있도록 그 유해를 전리품인 헥토르의 방패에 올려 왕비에게 돌려준다.

에우리피데스의 여성들은 아리스토파네스의 「리시스트라테」에 나오는 여성들과도 다르다. 전쟁에서 승리하는 것보다 아이를 낳는 일에 큰 용기가 필요하다고 당당하게 말하는 여성들이기 때문이다. 그런 점에서 신의 의지에 따라 움직이는 아이스킬로스나 소포클레스의 신화적인 여주인공들보다도 훨씬 현실적이다. 그 여주인공들은 불가사의한 우연의 노리개에 지나지 않는다. 에우리피데스의 여성들은 어쩌면 고대 그리스 연극에서 유일하게 현실적인 인물들이다. 그리스 희곡은 그의 작품에 이르러서야 인간의 주체성이 논의될 수 있었고, 죄의 유무나 권리와 책임 같은 것을 따질 수 있게 되었다. 관객들이 유죄니 무죄니 하며 따질 수 있는 병적 성격의 현대적 주인공이 처음으로 등장한 것이다. 그래서 에우리피데스의 작품은 수천 년 동안 다양하게 해석되었다. 1996년 독일의 작가 크리스타 볼프Christa Wolf는 메데이아를 남성 권력과 집단 권력에 의해 희생된 제물로 보았다.

에우리피데스는 그리스 3대 비극 작가 중에서 나이가 가장 어렸다. 그리스의 다른 희곡 작가들과 마찬가지로 그의 삶에 대해서는 알려진 바가 거의 없다. 50년의 작가 생활을 하면서 남긴 작품 중 19편이 온전하게 남아 있고 55편의 단편이 남아 있으며 92편은 제목만 남아 있다. 엄청난 작품을 썼지만 상을 받은 것은 4편에 불과했을 정도로 성공한 축에 들지도 못했다. 세상에 등을 돌린 탓이었다. 그러나 그 누구보다도 그는 민중의 벗이었고 어떤 계급에도 속하지 않은 최초의 지식인이었다. 당시 그리스는 문학에 관심을 두는 사람이 많지 않아 시인이 경제적으로 독립하기는 불가능했다. 그래서 항상 방랑자처럼 불안하고 불규칙적인 삶을 살았다. 그러나 에우리피데스는 지배계급에 기생하지 않았고 다양한 불특정 다수의 독자에 의존했다.

반면 소포클레스는 성직자 출신의 반민주적인 귀족주의자로 아테네의 민주적 시민국가를 거부하고 개별 가문의 권리와 평등을 전제로 한 절대적 국가권력 사이의 투쟁에서 혈족의 이념을 선택했다. 흔히 저항권을 표현한 고전으로 여겨지는 「안티고네」는 사실상 민주주의 국가에 반항하는 여성을 찬양한 것에 불과했다. 비록 귀족주의자이기는 했지만 군인 출신의 아이스킬로스가 민주주의와의 조화를 믿은 것보다도 훨씬 후퇴한 것이었다.

소포클레스와 아이스킬로스의 비극

「안티고네」는 당시 왕이 큰 조카가 조국의 수호자로 전사하자 후하게 장사를 치러주었지만, 작은 조카는 조국을 파괴하다가 전사했으니 시신을 매장하지 말고 개떼와 새떼의 밥이 되게 하라고 명한 것에 대해, 질녀 안티고네가 작은 오빠의 후한 매장을 주장했다는 점을 들어 세계 최초로 저항권을 표현한 극으로 알려졌다. 그러나 과연 크레온 왕의 주장이 부당한 것인지에 대해서는 다시 생각해보아야 한다. 안티고네는 인간의 법을 부정하고 신의 법을 주장했다. 이 연극은 신에 대한 믿음과 신에 의해 세워진 규범을 비판했던 소피스트에 대한 강력한 항의였다는 점에서 본질적으로 보수적인 드라마였다. 나는 이 연극을 한국에서 번안할 때 심각한 묘지 문제로 매장을 금지하자, 조상의 매장 전통을 들어 저항하는 양반들의 이야기로 바꾸면 어떨까 하고 생각한 적이 있다.

「안티고네」에 앞서는 연극 〈오이디푸스〉는 한국에서 가끔 상연될뿐더러 '오이디푸스 콤플렉스' 등으로 널리 알려졌다. 「안티고네」, 「오이디푸스」와 함께 소포클레스 3부작을 구성하는 「클로노스의 오이디푸스」는 「오이디푸스」의 속편이고, 「안티고네」는 오이디푸스의 자식들 이야기니 속편의 속편이다. 신의 섭리에 의한 인간의 운명을 과도하게 강조하는 소포클레스의 드라마는 한국의 막장 드라마처럼 나에게는 지겹다.

지금은 잘 상연되지 않는 아이스킬로스의 비극도 마찬가지다. 세상은 신의 섭리에 의해 움직이고 인간은 그 허수아비에 불과한데, 인간이 자신이 주체라고 믿고 살기에 비극적이라는 것이 소포클레스와 다르다면 조금은 다르지만 신의 섭리를 강조하는 점은 마찬가지다. 그의 대표작인 「오레스테이아」 3부작의 첫 번째 작품인 「아가멤논」은 트로이전쟁에서 힘겹게 승리하고 고국으로 돌아온 아가멤논이 아내와 그 정부에게 암살당하는 이야기다. 왕의 역할을 대신하며 남성처럼 된 여성에게 딸을 죽인 자는 죽여야 할 대상일 뿐이었고, 자신이 왕이기에 돌아온 남편은 필요 없는 존재였을 뿐이었다. 이어지는 「제주祭酒를 바치는 여인들」이나 「자비로운 여신들」도 악순환되는 아가멤논 집안의 복수 이야기다. 이는 부족사회의 정의관인 보복을 부정하고 폴리스에 맞는 새로운 사법적 정의관을 세우기 위한 연극이다.

아이스킬로스의 작품 중에서 내가 제일 좋아하는 것은 「결박된 프로메테우스」다. 불을 훔쳐서 인간에게 주었기 때문에 결박을 당했다고 하는 상식과 달리, 아이스킬로스가 대통령 비밀누설죄 같은 것 때문에 결박당했다고 한 점도 흥미롭다. 또 괴테나 퍼시 비시 셸리Percy Bysshe Shelley가 전제를 타도하는 영웅으로 프로메테우스를 재창조한 원형이기에 좋아한다. 최근에는 자연을 남용하고 혹사시킨 탓에, 인간이 환경적·사회적 결과의 영향 속에서 살아가게 된 요인을 제공한 자로 비난하고 있지만 말이다.

민주주의와 예술

흔히 최초의 민주주의 체제라고 하는 고대 아테네에서, 아리스토파네스 같은 반민주적인 작가들이 연극 경연에서 항상 1등 상을 받고 관중들에게 인기가 가장 좋았다는 점은 기이하다는 평가도 있지만, 지금 한국의 대중 예술의 수준을 보면 전혀 이해가 되지 않는 것도 아니다. 보수 일변도인 한국의 대중 예술에 비해 보수(아리스토파네스)와 진보(에우리피데스)가 균형을 이루었던 고대 그리스가 훨씬 건강했다.

아리스토파네스가 에우리피데스에 대해 귀족적 이상 생활을 모독한다고 비난한 것을 보면, 당시 사람들이 보수와 형식주의, 진보와 자연주의의 관계를 필연적인 것으로 느꼈음을 보여준다고 지적한 아르놀트 하우저의 견해는 60여 년이 지난 지금 읽어보아도 탁월하다(물론 나는 그가 비서양 세계에 무심했고 무시하기도 했다는 점을 비판했지만, 60여 년 전에는 그런 태도가 당연했으리라는 생각도 든다).

희극이 그 자체로 민주적인 문학 장르지만 보수적이었던 것과 달리, 비극은 민주적 특성을 가장 잘 보여주었다. 여기서 민주적 특성이라고 함은 민주주의 찬양이었다는 것이 아니라 민주주의 사회가 갖는 모순을 가장 분명하게 보여주었다는 말이다. 대중(소수의 자유 시민을 뜻하는 말로 인구의 반 이상인 노예를 포함한 개념은 아니다)을 위한 공연이라는 점에서는 민주적이었지만, 소재가 신화나 영웅에서 왔다는 점에서 반민주적이었다. 고대 그리스의 귀족계급이 유일하게 좋아한 소재는 일상생활이 아니라 신화나 영웅 전설에서 온 비현실적인 이상理想의 것이었고, 대중을 교화시키고 자 하는 내용이었다. 그들에게 일상은 비천하고 쓸모없는 것이었다.

이는 연극에 상을 주고 공연 작품을 선택한 자들이 극소수의 지배층 귀족이었음을 뜻한다. 노예는 물론 자유 시민조차 작품 선택이나 공연 방법 등에 대해 어떤 권한도 갖지 못했다. 대중이 입장료를 내지 않고 극장에서 보낸 시간에 대한 보상금까지 받았다는 점을 들어 민주주의의 절정이자 민주주의 예술의 원조라고 찬양하는 후세인들도 있지만, 이는 대중이 연극에 어떤 관여도 하지 못하게 철저히 막은 술책이기도 했다. 그리스 고전극은 선전극이었고, 비극 작가들은 공무원으로서 희곡 집필은 물론 연극 상연에서도 전혀 자유롭지 못했다. 국가정책이나 지배계급의 이해관계와 일치되지 않으면, 어떤 작품도 상연은커녕 집필도 할 수 없었다.

고대 그리스의 민주적 예술은 서민의 일상생활을 소재로 해 지배층의 어떤 지원과 지시도 받지 않고 연극을 공연한 미무스mimus, mime였다. 대중을 교육시키는 것이 아니라 민중을 즐겁게 하려고 했던 이 연극은 고전적 작품을 상연한 공설 극장에 비해 그 내용도 더욱 풍부하고 그 역사도 더욱 길었으나 지금은 전혀 전해지고 있지 않다.

마지막으로 니체의 고대 그리스 비극관에 대해 언급하고 싶다. 그가 '디오니소스적인 것'이니 '아폴로적인 것'이니 하며 구분한 것이 진리처럼 통하는 한국이기 때문이다. 『비극의 탄생』에서 니체는 '독일적인 것'과 '디오니소스적인 것'만을 진정한 문화라고 했다. 니체는 독일적인 것이 프랑스적인 '퇴폐'(토착 문화에 근거하지 못해 모방적이고 혼성적이며 추상적이고 공허하다는 비난의 표현)의 침입에 의해 옅어졌지만 독일 음악, 특히 바그너의 강력한 음악에 의해 독일적인 것의 본질인 디오니소스적인 것이 부흥하리라고 고대했다. 그리고 바그너 음악을 미래의 음악이라고 주장했다.

니체에 의하면 그리스 비극을 몰락시킨 원흉은 디오니소스적인 것을 배제하고 합리주의적인 낙관론을 주장한 소크라테스와 그를 따른 에우리피데스였다. 나아가 니체는 이성의 전능함을 믿는 현대의 학문도 소크라테스를 계승한 것이라고 비판했다. 그러나 니체의 본심은 전쟁과 노예제도를 토대로 삼은 그리스에 대해 소크라테스가 반대한 점을 문제 삼고 싶었던 것이라고 보는 게 옳다. 니체는 비극의 종말과 함께 고대 그리스인이 자신들의 불멸성을 포기했고, 그 결과 노예가 지배하게 된 셈이라고 하면서 이런 경향을 소크라테스주의라고 불렀고, 소크라테스를 음악 드라마 Musikdrama, 樂劇의 파괴자라고 비판하면서 당시 독일 유대인이 장악한 언론도 그런 파괴자들이라고 비난했다.

1870년에 보불전쟁이 발발하자 그것을 디오니소스적 분출로 본 니체는 전선으로 가던 도중에 기병대의 행진을 보고 가장 강력하고 고귀한 삶을 향한 의지는 전쟁과 지배를 향한 권력의지에서 발견된다는 것을 처음으로 느꼈다. 니체는 비참한 전장을 현존재를 치료하는 것이라고 미화하면서 찬양했고, 그렇게 보는 것이 바로 디오니소스적인 세계관이라고 했다. 독자들은 아마도 평생 발휘해보지 못했을 놀라운 상상력, 즉 비참한 전장을 아름다운 것으로 보는 강인한 군인의 상상력을 가져야만 비로소 니체를 이해할 수 있다.

제10장

에피쿠로스 이야기

부모에 대한 회의

2015년 3월에 『스켑틱SKEPTIC』 한국어판이 창간되었다. 이는 스켑티시즘 skepticism, 즉 회의주의를 표방하는 잡지다. 한국에 회의주의가 소개된 것이 이번이 처음은 아니지만, 정기간행물을 통해 회의주의를 하나의 사상적 흐름으로 보급시키려는 움직임은 분명 처음이다. 그런 흐름이 2,300년 이전에 시작되었음에도 우리는 이제야 시작했다는 것이 놀랍기도 하지만, 여하튼 다양한 사상의 소개라는 점에서 반갑다. 그만큼 우리에게 회의주의가 뿌리박지 못했다는 것일까? 혹은 다양한 사상의 소개가 여전히 힘들다는 것일까? 몇 번의 시행착오 끝에 이루어지는 시도이니 꼭 정착하길 바란다.

절대주의에 대한 회의는 상대주의를 낳기 마련인데 우리에게는 상대주의도 없다. 그래서 모든 것이 여전히 절대주의적이다. 남북한의 유일사상, 교조주의, 절대주의가 그 단적인 보기다. 그 각각의 절대주의 밑에 수많은 절대주의의 가지가 족생簇生하고 있다. 남북한은 여전히 조선시대나 일제강점기와 같은 절대주의 세상이다. 민주주의니 사회주의니 해도 절대주의적이라는 점에서 조금도 다르지 않다.

나는 평생 그 절대주의와 싸워왔는데, 그 최대의 적이 남북한의 독재자가 아니라 내 부모였다는 점이 평생 괴로웠다. 김수영이 노래했듯 "저왕궁 대신에 왕궁의 음탕 대신에 / 50원짜리 갈비가 기름 덩어리만 나왔다고 분개하"는 꼴이라고 생각한 적도 있었지만, 가정의 독재에 무조건 복종하면서 정치적 독재자에게 저항한다는 것이 나에게는 이해되지 않았다. 나는 영남 출신 골보수의 전형인 아버지와 살아생전에 부닥치지 않은 적이 없었다. 그래서 소위 진보라고 하는 자들이 나와 비슷한 부모를 두고도 마찰은커녕 극진한 효도를 다하는 것을 나는 지금까지도 이해하지 못한다. 진보라고 하면서도 극진히 제사를 지내고 혈연은 물론 학연과 지연의 인간관계를 완벽하게 추구하며 향유하는 사람들을 나는 지금도 이해하지 못한다.

나의 아버지는 비민주적 전통의 화신이었다. 특히 경어 사용에 철저했다. 민주주의란 의식주와 같은 기본 생활의 변화에서 온다고 생각하는 나는, 말하기나 읽고 쓰기와 같은 기본적 표현 행위의 변화에서도 민주주의가 나온다고 생각한다. 단적으로 평어와 경어의 구별은 불평등 언어로서 비민주적이다. 우리말처럼 경어의 구분이 복잡한 나라가 세상에 없다. 그만큼 불평등한 계급사회라는 것이다. 중국어에는 아예 경어가 없으며 (극소수의 명사에 높임말이 있는 정도다) 우리처럼 경어가 있는 일본어도 경어의 구분이 우리만큼 복잡하지 않으며, 지금은 상당 부분 완화되었다.

이렇게 복잡한 우리의 경어 사용이 언제부터 시작되었는지 알 수 없지만, 유교가 서민 생활에까지 영향을 미친 조선 후기부터는 더욱 철저해졌을 것으로 짐작된다. 그 복잡한 예송논쟁禮訟論爭(현종 때 인조의 계비인 조대비趙大妃의 상복 입는 기간을 둘러싸고 남인과 서인이 두 차례에 걸쳐 대립한 사건)

따위와 함께, 할 일 없는 양반들이 만들어낸 계급놀이의 하나였으리라는 짐작이다.

나의 아버지는 성씨나 족보와 제사에 대해서도 신앙이라고 할 정도로 집착했다. 나는 어려서부터 그 성씨나 족보는 가짜이고 나물이나 고기 앞에 절하는 제사도 미신이니 지낼 수 없다고 반항했다. 성씨, 족보, 제사 따위가 상징하는 양반문화는 상놈을 전제하는 계급 문화이므로 없어져야 하는데도, 모든 국민이 양반이 되는 것이 한국의 민주화이자 근대화였다. 원래 양반은 전체 인구의 10퍼센트도 되지 않았는데, 지금은 이런저런 과정에 의해 모두가 양반이 되었다. 게다가 조선에서 권세가 높았던 이씨와 김씨 성을 딴 자들이 가장 많아 현재 두 성씨가 인구의 30퍼센트를 넘는, 세계에서 유례가 없는 사례를 낳았다.

그러나 우리 선조의 대부분은 상놈이었다. 특히 노비는 지역에 따라 70퍼센트까지 이르렀고 그들의 몸값은 조랑말 값의 반 정도였다. 신라시대나 고려시대에는 노비가 10퍼센트도 안 되었는데, 그마저 해방되기는커녕 조선에 와서 더욱 늘었다. 양반과 상놈의 차이는 군역을 비롯한 특혜의 유무에 있었다. 그러니 전쟁이 나면 죽는 것은 상놈이었고 평시에는 죽어라고 일만 했다. 임진왜란 때는 일본군의 반이 조선인이었다. 동학농민군은 20만 명에 이르렀지만 의병은 1만 명도 되지 않았다. 그러나 그 동학마저도 신분 해방이 아니라 만민의 신분 강화인 양반화를 지향했다. 인간화가 아니라 계급화였다. 그 문제점은 지금까지도 남아 있다.

인간을 양반과 상놈으로 구분한 유교는 인간의 자연스러움을 없애고 가식적으로 만들었고, 지배층에만 특혜를 주었다. 조선시대 양반들이 왕을 비롯해 모두 중국 황제의 신하라고 한 것이나, 수십 만 명의 공녀貢女와 고자孤雌를 비롯해 전쟁 포로까지 유교의 나라 중국에 바친 것은 식민지의 행위였다. 상놈은 매년 수만 명씩 굶어죽었고, 요행히 살아남아도 평생을 압박 속에 살아야 했다.

나의 아버지는 프랑스에서 외규장각 의궤가 비록 영구 대출이라는 형식으로나마 돌아온 것에 감격했다. 내 아버지만이 아니라 전 국민이 감격했다. 그러나 외규장각의 내용이란 궁궐의 복잡한 행사 기록에 불과한 것이 아닌가? 그런 행사에 동원된 군사는 수천 명에 이르렀는데 그들은 돈 한 푼 받기는커녕 자기 밥을 스스로 챙겨먹으면서 오랫동안 행차를 따라다녀야 했다. 훌륭한 임금으로 평가되는 정조도 부친인 사도세자의 성묘를 위해 정약용에게 말해 수원에 호화 성곽을 지었고, 매년 겨울 수천 명을 동원한 행차를 했다. 당시 서울의 상비군이 300명 수준이었던 것을 생각할 때 엄청난 인력 동원이었다. 수개월 걸리는 장례를 비롯해서 왕실의 행사는 모두 엄청난 낭비였다.

아버지의 숙원은 조상묘의 장식이었다. 내가 한국에서는 본래 조선 중기까지 묘지 없이 화장을 했고 그것이 매장보다 합리적이라고 주장하면, 아버지는 대노하며 삼년상의 효성을 칭찬했다. 아버지는 풍수를 특별히 신봉했다. 묏자리 보는 풍수와 잦은 제사가 아버지나 조선시대 왕을 비롯한 한국인의 500년 동안의 삶이었다. 『조선왕조실록』이 전하는 임금의 하루도 마찬가지다. 예송논쟁으로 500년을 서로 싸우다가 나라가 망했다. 그럼에도 그 전통과 역사에 대한 회의가 없다.

회의주의와 에피쿠로스주의

절대주의란 보통 서양사에서 초기 자본주의 시대의 독재정치를 말하는 것이지만, 나는 그런 독재정치도 포함해 진리나 가치 따위의 절대성을 인정하고 그 절대성을 추구하는 이론, 즉 상대주의에 반대되는 사고방식이라는 의미로 사용한다. 상대주의란, 여러 대상이나 현상이나 과정 등의 상호

관계와 상호 연관만을 인식할 수 있을 뿐 그 자체는 인식할 수 없다고 보는 것이다. 따라서 상대주의는 인식하는 주관에서 독립한 객관적 진리란 존재하지 않는다고 보기에 불가지론으로 나아간다. 실증주의와 실용주의가 상대주의와 가깝다고 할 수 있는데, 특히 최근 부각되고 있는 것이 문화상대주의다.

문화상대주의란, 인간의 행위를 지배하는 윤리나 도덕이 사회마다 다르게 나타나며 사회적으로 용인되는 관습에 붙여진 것이라는 주장이다. 그것은 2,500여 년 전, 헤로도토스가 다리우스 왕의 일화를 적으면서 "서로 다른 문화에는 서로 다른 도덕률이 존재한다"고 한 말에서 비롯되어 소피스트에게 이어졌다. 이와 대립한 것이 소크라테스의 절대주의 관념론이었는데, 그리스가 패망한 뒤 헬레니즘 시대에 와서 상대주의는 회의주의로 이어졌다. 상대주의는 냉소주의와 허무주의를 동반할 수도 있기 때문에 위험성이 전혀 없는 것은 아니지만 절대주의를 깨뜨린다는 점에서 가치가 없다고 할 수 없다.

회의주의를 피론주의라고도 하는데, 그 이유는 그 창시자가 피론이기 때문이다. 그는 알렉산드로스 대왕의 원정대를 따라 여행하면서 민족과 나라, 사람에 따라 생각이 다르다는 것을 알았고, 외부 환경에 무관심해 행복한 인도의 탁발승을 숭배했다. 역사에서는 일반적으로 알렉산드로스 대왕의 동방 원정(기원전 323년)부터 이집트가 로마에 귀속될 때까지 약 300년의 오리엔트 세계 문화를 헬레니즘이라고 한다. 반면 철학사에서는 아리스토텔레스 사후부터 신플라톤주의의 발생 이전까지인 기원전 320년경에서 기원후 200년까지의 약 520년의 기간, 즉 로마시대를 포함한 기간을 헬레니즘 철학 시대라고 한다. 헬레니즘 철학 시대는 중세와 마찬가지로 흔히 사상의 암흑시대로 여겨져왔으나 최근에는 이에 대한 반론도 만만치 않다.

가령 회의주의만 해도 최초의 상대주의로서 15~16세기에 부활해 미셸 드 몽테뉴Michel de Montaigne나 데이비드 흄David Hume 등에게 영향을 주었고, 20세기에는 더욱 일반적으로 알려졌다. 피론에게는 많은 제자가 있었지만, 섹스투스 엠피리쿠스가 『피론주의 개요』에서 모든 종류의 믿음에 대해 판단을 유보하면 마음의 평화가 온다고 주장한 것 정도만 기억해두자. 명확하지 않으면 믿지도 말고 결론도 내리지 말라는 것이다. 당시 모든 그리스 철학의 학파는 마음의 평화를 추구했다. 섹스투스 엠피리쿠스에 따르면 마음의 평화는 어떤 목표라기보다는 "마치 그림자가 몸을 따르듯" 판단의 정지와 자연스럽게 함께하는 부산물 같은 것이었다. 그리고 보이는 그대로, 느낌 감정 그대로, 체험하는 바에 따라 살라고 했다. 배고프면 먹고, 졸리면 자면 된다. 자신이 속한 상황이나 사회의 관습과 법에 몸을 내맡기면 된다. 회의는 혁명으로 연결될 수도 있지만, 도리어 관습을 중시한 점에서 그의 회의주의는 강한 보수성도 내포했다.

섹스투스 엠피리쿠스는 "회의주의는 불안과 독단이라는 끔찍한 양대 질병에서 인류를 구출했다"고 주장했지만, 뒤에 그레고리오 교황은 피론과 그를 단죄했다. 그들이 회의주의라는 악성 질병을 사람들에게 퍼뜨린다는 이유에서였다. 교황의 이러한 단죄를 낳은 종교적 태도와 회의주의는 지금도 여전히 싸우고 있다. 한국에서도 크게 인기를 끈 『이기적 유전자』의 리처드 도킨스를 비롯해 기독교나 종교에 대한 수많은 반대론자가 회의주의자다. 피론주의와 마찬가지로 헬레니즘 시대에 생긴 최초의 과학적이고 자유주의적인 휴머니즘인 에피쿠로스주의는 비종교적일 뿐 아니라 유물론적이라는 점에서 피론주의와 유사하지만, 무엇보다도 삶의 불안과 죽음의 두려움에서 인간을 해방시키려고 한 점에서 지적으로 매우 세련된 최초의 철학이었다.

죽음은 아무것도 아니다

한 달 전쯤 '엄마'가 감기로 병원에 갔다가 암일 수도 있다는 진단을 받았다. 여든이 넘은 나이에도 자식들보다 건강하게 사시다가 별안간 받은 암 선고에 자신은 물론 자식들 모두 지난 한 달을 황망하게 보내야 했다. 진단이 잘못된 걸 수도 있다는 생각에 여기저기 병원을 찾아다니며 갖가지 검사를 했지만 확실한 것은 아무것도 없었고 모두의 생활이 어수선해졌을 뿐이다. 30년 전쯤 번역했던 이반 일리치Ivan Illich의 『병원이 병을 만든다』, 딱 그 꼴이었다. 갑자기 죽음을 맞으리라는 망상에 사로잡혀 슬퍼하느라 정신을 차리지 못한 한 달이었다.

이미 돌아가신 아버지나 엄마에게 차마 말할 수는 없었지만 '죽음은 아무것도 아니다'라는 에피쿠로스의 말을 매일 가슴에 새기며 다시는 병원에 가지 않겠다고 맹세한 적은 이전에는 없었다. 언젠가는 죽어야 한다는 사실을 인간은 인정하지 않기에 내세를 말하는 종교를 믿게 되고 그로부터 문명이 나온 것이라고 하지만, 에피쿠로스는 죽음에 대한 공포로 세월을 보내는 것만큼 멍청한 짓이 없다고 했다. 모든 좋고 나쁨은 감각에 있는데, 죽으면 감각을 잃게 되기 때문이라는 것이다. 그리고 그런 앎은 무한한 시간의 삶을 보태주기 때문이 아니라, 불멸에 대한 갈망을 제거시켜준다고 했다.

에피쿠로스 말처럼 삶을 즐기지 못하고 불완전하게 끝내는 것만큼 바보 같은 짓이 없고, 그 공포를 다른 사람들에게까지 전염시키는 것만큼 간교하고 잔인한 짓도 없다. 앞으로 아무리 아파도 병원에 가지 않겠다는 맹세를 과연 지킬 수 있을지 의문이지만, 암이라는 진단을 받아도 끔찍한 고통을 주는 고가의 각종 검사만은 하지 않겠다는 생각은 변함이 없다. 아니 건강 진단이라는 것 자체를 거부하고 살아야겠다. 늙으면 더욱 병원에 의

존하게 된다고들 하고, 그래서 나이가 들어서는 도시에 살아야지 시골에 살면 안 된다고 충고하는 사람이 많지만, 절대로 병원이 아니라 시골집에서 죽겠다고 릴케의 '말테'처럼 굳게 결심한다.

오래 사는 것은 물론, 영원한 청년으로 사는 것이 우리 시대의 꿈이라고들 하지만 나는 그것만큼 경멸하는 것이 없다. 내가 한 번도 불러본 적이 없는 〈청춘을 돌려다오〉니 〈아빠의 청춘〉이니 하는 노래들이 노래방에서 가장 인기가 높다고들 하지만 나는 그것을 경멸한다. 나이가 들면 조금이라도 젊어 보이기 위해 갖은 애를 쓴다고들 하지만 그것만큼 바보짓이 또 있을까? 시시때때로 자기 나이가 얼마로 보이느냐고 물어대면서 실제 나이보다 어리다고 하면 너무나도 좋아한다. 동서고금에 보편적인 현상이라지만 특히 한국에서 유난히 심하다. 그래서 주름을 펴는 수술을 비롯한 각종 사이비 의술이 노인들에게 인기가 있다고들 한다. 젊음을 회복시켜주는 각종 정력제가 유행한다고도 한다.

그런 한국을 쾌락주의의 나라라고 하고 그런 한국인, 특히 한국 노인들이 모두 쾌락주의자라는 의미에서 에피쿠로스주의자라고 할 수 있지만, 그것은 에피쿠로스의 삶이나 생각과는 너무나 다르다. 마키아벨리주의자와 마키아벨리, 마르크스주의자와 마르크스가 다르듯이, 에피쿠로스주의자와 에피쿠로스는 전혀 다르다. 에피쿠로스를 원자론자나 유물론자라고 부를 수는 있지만, 이것도 무슨 진리를 말하고자 하는 것이 아니라 두려움을 주지 않기 위해 고안한 것임을 기억해야 한다. 만물과 마찬가지로 영혼도 원자로 이루어졌다고 하면 세계는 더는 위험한 장소가 아니게 되기 때문이었다. 죽음에 의해 육체와 영혼을 이루었던 원자들의 결합은 흩어지고 개인은 깨어져 없어진다. 따라서 신들이 상벌을 준다고 하는 내세에 대한 두려움도 없어진다.

절제의 즐거움

'살기 위해 먹는가, 먹기 위해 사는가'라는 우문이 있지만, 먹기 위해 산다는 것이 답일 만큼 옛날부터 우리는 많이 먹었다. 아마도 먹을 것이 별로 없었기 때문이겠지만, 먹을 것이 풍족해졌어도 먹는 것에 대한 욕망은 여전하다. 아니 더하다. 그래서 세상은 먹는 것으로 넘쳐나고 모두들 맛난 것을 찾아다닌다. 고대 그리스인들도 노예들이 심혈을 기울여 만든 진귀하고 건강에 좋으며 맛있는 음식을 찾아다녔지만, 에피쿠로스는 자기가 재배한 콩을 삶아 아무런 양념을 하지 않고 먹는 것을 좋아했다. 그러니 요리 전문가들이 만들거나, 요리 책으로 설명해야 할 정도로 복잡하고 어려운 요리는 질색이었다. 에피쿠로스는 '정원'이라는 이름의 원시공동체를 만들고, 뜻이 맞는 사람이라면 남녀노소 누구나와 채소를 가꾸고 먹고 대화를 하면서 소박하게 살았다. 에피쿠로스가 즐거움(보통은 쾌락이라고 한다)에 대해 한 말을 살펴보자.

"내가 말하는 즐거움은 몸의 고통이나 마음의 혼란으로부터의 자유이다. 왜냐하면 삶을 즐겁게 만드는 것은 계속 술을 마시고 흥청거리는 일도 아니고, 욕구를 만족시키는 일도 아니며, 물고기를 마음껏 먹거나 풍성한 식탁을 가지는 것도 아니고, 오히려 모든 선택과 기피의 동기를 발견하고 공허한 추측들 때문에 마음의 가장 큰 고통이 생겨난다. 이것을 몰아내면서, 멀쩡한 정신으로 계산하는 것이기 때문이다. 이 모든 것의 시작이자 가장 큰 선은 사려 깊음이다. 사려 깊음은 심지어 철학보다도 소중하다. 왜냐하면 모든 다른 탁월함은 사려 깊음에서 생겨나며, 사려 깊음은 우리에게 '사려 깊고 아름답고 정의롭게 살지 않고서 즐겁게 사는 것은 불가능하며, 반대로 즐겁게 살지 않고서 사려 깊고 아름답고 정의롭게 사는 것도 불가능하다'고 가르치기 때문이다. 다시 말해, 탁월함은 본성적으로 즐거운 삶과 연결되어 있으며, 즐거운 삶은 탁월함으로부터 뗄 수 없다."

이런 에피쿠로스를 경멸할 수는 있어도 위험하게 생각하기란 힘들 것 같은데도, 그는 생전에 위험인물로 낙인이 찍혔다. 이유는 그가 이기주의자로서 국가를 단결시키는 이타주의를 해친다는 것이었다. 그러나 에피쿠로스와 그 동료들은 그런 비난에 전혀 동요하지 않았다. 지금 나도 에피쿠로스처럼 살고 있다. 2,500년이 지난 지금도 나를 이기주의자로 보는 자들이 있지만, 나는 그들의 말이 옳다고 생각하지 않는다. 나는 그런 국가자본주의적 쾌락과 사치에서 소외된 사람들과 함께 살고자 노력하는 이타주의자라고 자부한다. 에피쿠로스는 소박한 행복을 가로막는 권력과 자본이 추구하는 소유의 유혹을 거부하고 소박하게 참된 삶을 살려고 했다. 나도 그런 삶을 추구한다. 사려 깊고 아름답고 정직하게 살아야 즐겁게 살 수 있다. 그런 그를 방탕아라고 부른 스토아 철학자 에픽테토스를 비롯해 에피쿠로스와 그 학파를 쾌락망나니라고 부른 후세인들은 그를 오해한 것이다. 절제의 삶을 산 점에서 에피쿠로스는 쾌락의 적대자라고 불린 스토아 철학자들과 마찬가지였다.

얼굴에 질 책임은 없다

마흔이 넘으면 얼굴에 책임을 져야 한다는 말은 링컨이 했다고 한다. 이 말은 얼굴에 그 사람의 삶이 모두 나타난다는 뜻인데, 과연 그런지는 의문이다. 철학자라고 해도 느긋하게 나이 든 얼굴이 아니라 속물처럼 찌든 얼굴을 한 경우가 많기 때문이다. 철학자라고 하는 것도 하나의 허울인 직업적 화장에 불과하기 때문이다.

링컨이 그런 말을 한 계기는 누군가의 얼굴이 마음에 들지 않았기 때문이다. 그런 링컨은 자신의 얼굴이 마음에 들었는지 의문이지만, 나는 내

얼굴이 마음에 든 적이 없다. 그래서 거울도 잘 보지 않고 사진 찍기나 찍히기도 싫어한다. 특히 책에다 그럴듯한 냄새를 풍기는 사진을 싣기 싫어한다. 링컨 시대의 40세는 지금의 60~70세에 해당한다는 말도 있지만, 어떤 나이 든 얼굴에 신경 쓴다는 것 자체가 나에게는 마음에 들지 않는다. 그래서 요즘처럼 남녀노소 불문하고 화장과 성형에 야단법석인 세태가 나와는 전혀 맞지 않다.

성형은 물론 화장을 한 적도 없고 세수를 잘 하지도 않는 나에게는 얼굴 자체가 무관심의 대상이다. 관상이라는 것이 얼굴이 변하지 않는다는 것을 전제로 해 그 얼굴이 운명을 보여준다는 것인데, 나는 그런 것을 믿지 않고, 40대 이후에는 얼굴이 자기 책임으로 변한다는 말도 믿지 않는다. 나는 가장 자연스러운 얼굴이 가장 아름답다고 생각한다. 물론 성형이나 화장은커녕 세수조차 하지 않은 나의 얼굴을 자연스럽다는 이유만으로 아름답게 보아줄 사람이 이 세상에 없을지도 모르지만, 그것을 내 책임이라고 생각하지는 않는다. 그렇지만 나는 나나 남들의 얼굴에 대해 확실히 그렇게 생각하고 있다. 그래서 성형이나 화장은 싫다. 화장을 두고 예의니 표현권이니 하는 소리를 들으면 구역질이 난다. 화장이나 성형을 하고 싶어 하는 사람을 억지로 말릴 필요야 없겠지만, 그것을 윤리나 법이나 인권으로 말하지는 말기 바란다.

얼굴에 책임을 져야 한다는 말은 얼굴에 나타나는 삶에 책임을 져야 한다는 말이리라. 그러나 얼굴에 반드시 그의 삶이 나타난다고 볼 수도 없다. 얼굴 때문에 속는 경우도 얼마나 많은가? 더욱이 성형이나 화장이 대세인 대한민국에서는 얼굴을 그대로 믿기가 쉽지 않다. 게다가 옷이나 장신구, 자가용이나 저택, 직장이나 계급, 돈이나 명예, 골프니 하는 스포츠 등 갖가지 허물로 치장을 하는 한국적 분위기에서 연출되는 얼굴을 믿기는 더욱 어렵다.

그러나 그런 허울을 벗기고 그 얼굴을 제대로 바라보면 대부분 저질의 인공적 조작이 드러나기 마련이다. 그래서 그런지 대부분의 얼굴은 추하다. 특히 늙으면 늙을수록 그 탐욕으로 더욱 추악하다. 어떤 허울로도 그 추악함을 가릴 수 없다. 그러니 에피쿠로스가 노년이 인생의 절정이라고 찬양한 것은 반드시 맞지 않다. 그는 청년들은 신념에 따라 흔들리고 운수에 따라 방황하지만, 노인은 항구에 정박한 배처럼 느긋하게 행복을 즐기기 때문에 그렇다고 했다. 그런데 한국에서는 청년은 쾌락을 즐기지만 노인은 쾌락을 즐길 수 없다는 차이 때문에 도리어 청춘이 숭상되고 노년은 경멸된다. 이런 나라에서는 늙기도 서럽다.

늙어서 즐길 수 있는 행복의 거리도 거의 없다. 다른 나라에서는 남녀노소가 즐기는 문화가 있지만 한국의 문화란 청소년을 위한 소비문화뿐이다. 그래서 노인 문제를 주제로 한 영화는 아예 인기가 없다. 어려서부터 독서나 취미 생활에 익숙하지 않기 때문에 스스로 즐기는 문화를 만들지도 못하고 공원이나 지하철을 방황한다. 보수적 성향의 노인들이 갖는 표수를 무시할 수 없기 때문에 마련된, 노인들을 위한 각종 무료 혜택들을 이용하는 사람들뿐이다.

에피쿠로스가 노년을 찬양한 것은 마음이 동요되지 않고 평안한 상태이기 때문인데, 과연 그런지, 적어도 한국의 노인이 그런지 의문이다. 늙기 싫다고 하며 갖가지 약을 먹고 매일처럼 병원에 다니는 노년이 과연 그럴까? 영화 〈버킷리스트〉에 나오는 미국 노인들도 마찬가지다. 평생 해보지 못한 것을 늙어서 모두 해낸다는 욕심이 싫기 때문에 나는 그런 영화를 좋아하지 않는다. 소위 노익장이라고 하는 말을 싫어한다.

발기부전 치료제는 철학적으로 좋다?

대니얼 클라인Daniel Klein의 『철학자처럼 느긋하게 나이 드는 법』에는 동의할 수 없는 이야기가 많다. 가령 테스토스테론 패치는 안 되지만 발기부전 치료제는 괜찮다고 하는 것이다. 인간이라면 당연히 알아야 한다는 듯이 책에는 이에 대해 전혀 설명이 없어서, 그것들이 무엇인지 모르는 나는 한참을 찾아보아야 했다. 혹시 나처럼 모르는 독자를 위해 설명하자면, 테스토스테론 패치란 남성 호르몬 촉진제를 말한다. 처음부터 그렇게 말했으면 더 좋았을 텐데 말이다. 여하튼 그 호르몬이 부족해 발기가 안 되면 발기부전 치료제를 쓴다는 것인데, 클라인은 왜 그 둘을 '철학적으로' 구별하는 것인가? 그는 철학적으로 꾸며대지만 나에게는 다 똑같이 보이는데, 혹시 자신이 발기부전 치료제를 애용하는 탓이 아닐지 모르겠다.

나는 몇 년 전 발기부전 치료제 때문에 사망한 동료 교수의 장례를 치른 적이 있는데, 그때 다른 교수들이 발기부전 치료제 사용을 조금도 이상하게 생각하지 않은 것에 놀랐다. 행복해진다면 뭐가 나쁘냐는 것이었다. 주식 투자로 돈을 버는 것도, 성형수술도 행복의 관건인 이상 교수가 한다고 뭐가 나쁘냐는 것이었다. 그런 사람들은 자신도 언젠가는 죽는다는 사실을 인정하지 않고, 언제나 청춘이라고 생각하기도 한다.

소크라테스는 마누라에다 첩까지 두었고, 아리스토텔레스는 재혼을 해서 당시로서는 보기 드물게 60대까지 해로했지만 플라톤이나 에피쿠로스는 결혼을 하지 않았다. 빌헬름 바이셰델Wilhelm Weischedel은 『철학의 에스프레소』에서, 에피쿠로스가 창녀하고 살았고 자기 동생과 중매해서 욕을 먹었다고 하지만 그것이 사실인지 아닌지는 알 수 없다. 여하튼 그것이 에피쿠로스 철학의 '에스프레소'는 아니지만, 버림받은 창녀나 노예를 인간적으로 대하고 그들을 철학 토론에 참가시켰으며 유언장에 그들을 자유롭게 풀어주라고 남긴 점은 노예제를 찬양한 소크라테스나 플라톤, 아리스토텔레스보다는 나은 점이다.

혼자 밥을 먹어도 좋다

에피쿠로스는 무엇을 먹느냐가 아니라 누구와 먹느냐가 중요하다고 하면서, 친구 없이 혼자 먹는 것은 짐승처럼 사는 것과 다르지 않은 것이라고 했다. 이런 말은 혼자 먹어야 하는 사람들에게는 아픔일 수 있다. 에피쿠로스는 우정을 중시한다. 그러나 친구가 반드시 많지 않아도 좋고, 친구가 없다고 해도 좋다.

다행히도 에피쿠로스는 홀로 생각하는 즐거움에 대해서도 말했다. 그러기 위해서는 게으름이 필요하다. 따라서 게으름을 찬양해야 한다. 어려서부터 게을렀던 나에게는 『게으름에 대한 찬양』을 쓴 버트런드 러셀이 당연히 가장 위대한 철학자였다. 나의 게으름은 중학교 시절부터 시작되었다. 시골의 부모를 떠나 혼자 도시에 살면서 중학교를 다녔는데 모두들 공부에 열심이었던 반면 나는 미술실에 처박혀 혼자 그림을 그리거나 음악을 듣거나 소설책을 읽거나 누워서 공상을 했다. 에피쿠로스가 권한 정신의 환희였다. 대학 시절까지 그렇게 게으르게 보냈다. 그사이 항상 혼자 밥을 먹었다. 항상 혼자였으니 운동은 하지 못했다. 친구도 없었다.

나이가 들어 그렇게 게으르게 산 것을 후회하기도 했다. 좋은 대학을 못 간 것이 한국에서 살기에 그렇게 힘든 것인 줄 정말 예전에는 미처 몰랐다. 대단한 출세를 못해서가 아니라 인간의 기본적인 가치조차 학벌로 결정된다는 것을 미처 몰랐다. 그래서 모두들 좋은 대학에 가려고 기를 쓴다는 것을, 그렇게 기를 쓰니까 더욱 그렇게 된다는 것을 나중에야 알았다. 그렇다고 해서 내 아이들이나 다른 아이들에게 그렇게 기를 쓰고 살라고 권한 적은 없다. 옳지 않다고 생각했기 때문이다. 남을 이기려고 기를 쓴다는 것은 어떤 경우에도 옳지 못하다. 남보다 공부든 뭐든 잘한다는 것이 싫었다. 물론 그런 능력도 없었을지 모른다.

나는 노는 것보다도 게으르기를 좋아했으니 노는 것도 서투르다. 스포츠는 물론 화투나 바둑이나 장기 등 그 어떤 놀이도 못하고 좋아하지도 않는다. 놀이를 스포츠로 발전시켰다는 그리스인이나 영국인을 별로 존경하지 않는다. 올림픽도 좋아하지 않는다. 스포츠 기록이란 것에도 전혀 관심이 없다. 어려서부터 할 줄 아는 것은 걷거나 자전거를 타는 것 정도다. 내가 움직이는 유일한 경우다. 지금까지 자가용 없이 걷거나 자전거로 이동하는 것은 어린 시절부터의 버릇이지 건강에 좋다고 일부러 하는 것이 아니다.

건강에 좋다고 하는 일이나 하지 않는 일들을 나는 모두 싫어했다. 5년 전 아버지를 여의면서 평생 유언처럼 말씀하신 금연을 골초 반세기 만에 지키게 되었지만 모두 담배를 피우는 자리에 가면 한두 개피 피우고, 술은 여전히 마신다. 오래 살아보겠다는 이유로 어떤 것도 한 적이 없다. 오래 살고 싶다는 생각을 한 적도 없다. 반 고흐를 비롯해 어려서부터 좋아한 사람들은 모두 30대에 죽었다.

요컨대 자연스러움이 최고다. 삶은 물론 죽음도 자연스러운 것이 좋다. 흔히들 종교가 죽음에 대한 공포 때문에 생겨났다고들 하지만, 그 공포 때문에 종교를 믿을 생각은 추호도 없다. 에피쿠로스에 의하면 그것은 거짓 환상의 장사에 불과하다. 모든 것이 덧없음을 인정하고 명성과 권력을 멀리하면서 자유롭고 소박하게 사는 것만이 가능할 뿐이라는 것이다. 부처나 묵자, 디오게네스나 예수가 하는 말과도 궁극적으로는 크게 다르지 않다. 물론 예수가 말하는 하느님이라는 생각은 부처나 에피쿠로스에게는 없었다. 그래서 기독교가 지배한 고대와 중세 서양에서 에피쿠로스는 무시되었다. 유교가 지배한 동양에서 묵자가 무시되었듯이 말이다. 그러나 묵자가 20세기에 와서야 발견된 것과 달리 에피쿠로스는 15세기에 발견되었기에 동서양의 역사는 완전히 달라졌다. 에피쿠로스가 발견되기까지 1,000년을 암흑의 중세라고 했다. 에피쿠로스는 그 1,000년을 끝낸 르네상스의 기폭제였다.

에피쿠로스는 300여 권의 책을 썼다지만 정작 남아 있는 것은 3통의 편지와 40개의 금언뿐이다. 로마시대의 시인 루크레티우스가 에피쿠로스 사상을 오늘날까지 전하는 것에 크게 기여했다. 루크레티우스는 기원전 50년 무렵에 장시長詩「사물의 본성에 관하여」를 써서 에피쿠로스의 철학을 노래했다. 루크레티우스의 시는 필사본으로 9세기 무렵까지 전해졌지만 그 뒤 홀연히 사라졌다. 그러다 500년 뒤인 1417년, 기적적으로 세상의 빛을 다시 보게 되었다.

1508년에 나온 몽테뉴의 『수상록』에서는 루크레티우스의 장시를 100여 행이나 인용했다. 뉴턴은 신을 부정하지 않았지만 "신이 창조한 원자를 쪼갤 수 없다"고 했다. 루크레티우스의 장시는 점차 유물론의 고전이 되었고 계몽주의 사상가들에게도 영향을 미쳤다. '원자가 자유롭게 이탈한다'는 생각은 봉건제의 속박에서 벗어나려는 자유주의 사상가들에게도 큰 영감을 주었다. 미국의 정치가 토머스 제퍼슨Thomas Jefferson도 루크레티우스의 애독자였다. 에피쿠로스와 루크레티우스가 미국 독립혁명에도 영향을 미친 것이다. 그러나 지금 나에게는 소박한 회의와 절제의 삶에 지침이 되는 것으로 충분하다.

제11장
로마 이야기

고대 로마 문명이라는 것

2014년 12월 9일부터 2015년 4월 5일까지 국립중앙박물관에서 열린 '로마제국의 도시 문화와 폼페이'는 북새통 속에서나마 한국에서 고대 로마의 '위대한 영광'과 화려한 상류 생활을 엿볼 수 있는 희귀한 기회였다. 〈스파르타쿠스〉나 〈글래디에이터〉를 비롯한 수많은 영화나 드라마에서 자주 보아서 대부분 눈에 익은 것들이었지만, 내 눈에는 무엇보다도 로마식 졸부 근성을 유감없이 보여주는 천박한 것이었다.

일본의 대표적 우익인 시오노 나나미鹽野七生식의 로마 찬양에 젖은 탓인지, 국립중앙박물관은 물론이고 그 전시회를 보도하고 소개하는 언론이나 미술 전문가들까지 '고대 문명의 절정'이니 하면서 하나같이 찬양 일변도였다. 그런데 같은 우익이면서도 미술 사학자로 명성이 높은 폴 존슨이 로마의 예술을 콘크리트 위에 세워진 예술이라고 매도하면서 그 졸부 근성을 비난하는 점을 보면, 고대 로마 문명에 대한 이해에는 참으로 큰 편차가 있음을 알 수 있다.

이번 전시회는 물론, 시오노 나나미의 책을 비롯한 대부분의 로마 관련 기사에서는 로마 귀족들의 휴양도시였던 폼페이에 별장을 가졌던 로마의 상류계층은 로마 인구 100만 명 가운데 극소수에 불과했으며, 그중 40퍼센트는 노예로 비참하게 살았다는 이야기는 하지 않는다. 게다가 로마제국 전체를 보면 노예의 비율은 더욱 높아져서, 가령 베수비오 화산 폭발로 폼페이가 완전히 화산재로 덮이기 80년 정도 전에, 예수가 태어난 팔레스타인을 비롯한 로마 식민지 인구의 대다수가 노예였다는 사실도 말하지 않는다.

시오노 나나미의 『로마인 이야기』에는 노예에 대한 언급이 거의 없고, 노예를 대표하는 스파르타쿠스는 단 한 페이지에서 지극히 건조한 백과사전식 해설 수준으로 간단히 설명된다. 독재자나 장군에 대해서는 수십 페이지, 수백 페이지의 장광설을 늘어놓는 정성을 볼 때, 노예를 참으로 무의미한 존재라고 보는 것이다. 참으로 엄청난 영웅 사관이고 권력 사관이다. 뉴레프트니 뉴라이트니 하기 이전의 전근대 왕조 사관을 연상시킨다.

스파르타쿠스가 노예 검투사 양성소에서 도망쳐간 곳도 폭발 직전의 베수비오산이었다. 그곳에서 폼페이를 내려다보며 스파르타쿠스는 이를 갈았을 것이다. 그렇게 기원전 73년에서 71년까지 2년간 노예 12만 명이 일으킨 반란은 세계사에서 가장 찬란한 자유를 위한 투쟁이었다. 노예가 400만 명이 넘었던 19세기 미국에서, 노예인 냇 터너Nat Turner의 투쟁에 참가한 노예가 200명이었다는 것을 생각해보면 역사는 진보하는 것이 아니라 퇴보하는 것인지도 모른다. 왕후장상王侯將相이 본래 씨가 있는 것이 아니고 때가 오면 누구든지 할 수 있는 것이니, 언제까지나 상전 밑에서 고생만 할 것이 아니라고 연설했던 고려시대 '만적의 난'(1198년)에 참여한 노예는 과연 얼마나 되었는가?

스파르타쿠스에 대한 가장 믿을 만한 책이라고 선전하는 배리 스트라우스Barry Strauss의 『스파르타쿠스 전쟁』의 부제는 '야만과 문명이 맞선 인류 최초의 게릴라전'인데, 여기서 '야만'이 스파르타쿠스이고 '문명'이 로마라면 이 두꺼운 책은 펼쳐볼 필요도 없이 쓰레기통에 집어던져야 하는 것일지도 모른다. 그러나 이는 원저에 없는 부제를 한국인 번역자나 출판사가 장삿속으로 멋대로 붙인 것이니, 돈을 주고 이미 구입했다면 버릴 필요까지는 없다.

실제 스파르타쿠스는 영화나 드라마에 나오는 근육질 '몸짱' 스파르타쿠스와 달랐다. 어느 시대에나 노예들은 뼈만 앙상했고 피부에는 채찍 자국이 선명했다. 누더기를 걸치고 있지만 상처로 거무튀튀해진 등을 감출 수는 없었다. 모두 이마에 글자를 새겼고 발목에는 족쇄가 채워졌다. 평생 결혼을 하지 못했고 여자 노예는 주인의 성노리개에 불과했다. 서양에 초야권初夜權이라는 것이 없었다는 주장도 있지만, 로마 여성의 초야는 주인에 의해 유린되었다. 노예들은 우연이 아니라 필연, 즉 운명에 의해 노예가 되었으며 본성이 열등한 존재라고 사람들은 생각했다.

세네카와 같은 스토아 철학자들은 물론 에픽테토스 같은 노예 출신 철학자들이나 성 바울과 같은 기독교인들도 그렇게 생각했으니 일반인은 말할 것도 없었다. 심지어 노예들도 스스로 그렇게 생각했다. 따라서 그들의 반란은 노예제 해방을 위한 것이 아니었고, 새로운 왕국을 세워 노예를 부리고 살기 위함이었다. 노예제가 오랫동안 유지된 것 중 하나가 바로 이런 이유이고, 그런 노예근성은 지금도 그대로 남아 있다.

로마와 미국

미국인들은 독립 때부터 자신들이 로마를 모방해 연방제 공화국을 건설했고, 로마 원로원을 흉내내 상원Senate을 만들었으며, 그래서 국회의사당이나 대법원도 로마식으로 지었다고 자랑해왔다. 이른바 공화주의가 롤 모델로 삼는 것이 로마 공화정이다. 즉, 군주정, 귀족정, 민주정을 통합한 것이다. 그러니 로마 공화정은 미국식 민주정치의 원형인 셈이다. 심지어 미국 정치인들은 로마식으로 지은 저택에서 살았다.

1903년에 만든 하버드 스타디움은 로마의 콜로세움을 모방한 것으로, 이곳에서는 풋볼 시합이 주로 치러진다. 로마인들이 검투를 좋아했듯 미국인들은 풋볼을 국민스포츠로 발전시켰는데, 풋볼뿐 아니라 모든 스포츠 경기는 로마의 콜로세움에서 벌어진 검투에서 비롯되었다고 해도 과언이 아니다. 이곳에서는 검투 외에도 투우, 각종 맹수와의 생사를 건 결투, 산 채로 화장된 헤라클레스나 리라lyra 연주 중 술 취한 여자들에게 찢겨 죽는 오르페우스의 재연, 당나귀들과 소녀들의 집단 성행위 등 대중의 말초 신경을 자극하는 갖가지 쇼가 벌어졌다. 잔인한 장면에서 환호를 지르는 군중을 보면 나치의 공포나 사디즘이 느껴진다. 이는 그야말로 제국의 힘을 과시하고, 공포 조성에 의해 치안 효과까지 노리며, 대중들의 불만을 해소하기 위한 현대의 3S(스크린, 스포츠, 섹스)를 하나로 만든 것이었으니 로마문화야말로 현대의 미국식 대중문화의 모델인 셈이다.

그래도 그런 것들이야 애교다. 미국과 로마가 가장 무섭게 닮은 점은, 소위 '팍스 로마'에 대응되는 '팍스 아메리카'가 44명의 역대 대통령 가운데 12명이 장군 출신인 군사 대국에 의해 유지되는 거짓 평화라는 점이다. 시오노 나나미는 로마가 개방적이고 포용적이어서 엄청난 발전을 이룩해 세계 최초의 제국을 이루었다고 말하지만, 침략과 착취가 어떻게 개방이고 포용이란 말인가? 미국의 중동 침략이 개방이고 포용이란 말인가? 그런 미국이 문명이고 미국에 맞서는 것은 모두 야만이란 말인가?

미국은 중동을 침략하면서 새로운 십자군전쟁 운운했는데, 나에게 예수의 십자가는 스파르타쿠스의 십자가다. 예수가 태어나고 6년 뒤 로마가 팔레스타인을 지배하면서 2,000명 이상이 처형되었고 엄청난 세금에 자살자가 급증했다. 그 반항자 중의 한 사람이었던 예수를 처형한 빌라도는 『성경』에서 묘사된 것과 반대로 잔인하고 부패한 독재자였다. 한국을 비롯해 전 세계에 영향을 끼쳤다는 로마법이란 그 잔혹한 독재의 수단이었다. 『성경』에는 로마에 대한 비판이 전무하지만 예수가 처형당하고 1세기 이상이 지난 기원후 135년, 끊이지 않는 예수 후예들의 반란 때문에 로마는 결국 유대인 추방령을 내렸다. 그렇다면 예수도 야만이란 말인가?

시오노 나나미는 주인과 노예 사이의 유대와 신뢰를 찬양하고, 노예라도 능력자는 출세를 할 수 있었다면서 간디 같은 사람도 식민지 독립이 아니라 제국 유지를 위해 노력했을 것이라고 하니, 예수에 대해서도 마찬가지로 유감을 가졌을지 모른다. 아니 결국은 기독교가 로마 국교가 되었으니 예수가 그것을 예상했다고 할지도 모른다. 어쩌면 시오노 나나미는 기독교 때문에 로마제국이 망했다고 했으니, 예수가 빌라도에게 붙어 로마의 법률가가 되어 이스라엘을 로마와 통합하는 데 노력해야 했다고 생각했음이 틀림없다. 그는 간디나 안중근이 영국이나 일본을 위해 충성을 다하지 못한 것은 제국 로마의 참된 가치를 몰랐기 때문이라고 한다. 특히 독재자 카이사르를 몰랐기 때문이라고 한다. 시오노 나나미에게 가치 있는 것은 오로지 영웅과 제국뿐이다. 플라톤, 플루타르코스, 토마스 칼라일 Thomas Carlyle, 야곱 부르크하르트 Jacob Burckhardt, 니체 등의 영웅주의와 제국주의뿐이다.

그런 반민주주의자의 책이 민주주의를 꽤나 한다는 한국에서 엄청나게 읽혔다고 하니 도대체 어떻게 된 일인가? 게다가 헌법이니 인권이니 운운하는 자들까지 그런 책을 찬양하고 부지런히 인용하는 것을 도대체 어떻게 이해해야 하는가? 일본과 한국에서만 통하는 그런 책을 세계적 수준 운운하는 몰상식은 어디에서 나오는 것인가? 그런 책을 보수와 진보 안 가리고 모두들 좋다고 읽어대니 우리의 민주주의가 이 모양인가?

한국에서 보수니 진보니 하는 것은 모두 서양 찬양에 젖었다는 점에서 하나같이 가짜다. 진정한 진보라면 서양 제국주의(동양 제국주의도 물론이다)를 비판할 줄 알아야 한다. 미국만이 아니라 그리스 · 로마부터 영국이나 프랑스의 제국주의까지 비판할 줄 알아야 한다. 그런 제국주의를 찬양하고 부추기며 선동하는 인문학도 비판할 줄 알아야 한다.

로마는 노예제사회

임진왜란 때 일본군의 반이 조선인이었고, 구한말에 일본군이 쳐들어왔을 때 서민들 중에는 환영한 사람도 많았으며, 1945년 일본인들이 일본으로 돌아갔을 때 조선인에게 맞아 죽은 사람이 한 사람도 없었다는 것을 읽고 정말 놀란 적이 있다. 그러나 통계상 국민의 70퍼센트까지 노비라는 통계를 보고, 조선이 노예제사회였음을 안 뒤로는 그럴 수 있었겠다고 생각했다. 일본에는 노예가 없다는 이야기를 들었거나 노예 생활이 너무 힘들어서 조선이 일본에 망하기를 바란 노예들이 분명 있었을 것이다.

세계사학계에서는 노예가 전체 인구의 20퍼센트 이상이면 노예제사회라고 한다. 그렇다면 조선은 분명히 노예제사회다. 조선의 노비는 노예가 아니라는 학설도 있지만, 노예란 다른 사람에게 소유되어 강제로 부림을 당하는 사람을 뜻하므로 다를 바 없고, 노비가 노예보다 낫다고 해서 비참했던 전통사회가 더 나아지는 것도 아니다. 이탈리아의 노예는 기원후 28년에 약 300만 명에 달했는데, 당시 자유민은 약 400만 명이었다. 그러나 자유민에는 아동이 포함되었고 성인 남자는 거의 전장에 있었던 반면, 노예는 대부분 성인이었으므로 노동 가능 인구수는 노예가 더 많았다. 그러니 고대 로마는 당연히 노예제사회였다. 고대 그리스도 노예제사회였다. 서양은 19세기 초, 조선은 19세기 말까지 노예제사회였다.

고대 로마에 노예가 많아지면서 자유민은 이득을 본 것이 아니라, 도리어 더욱 가난해졌다. 노예는 원래 집안일만 했으나 군대가 그들을 농지제도를 바꾸는 수단으로 썼다. 농부가 군대에 끌려들어가면서 농토가 황폐화되자, 토지를 병합해 대형 농지인 라티푼디움Latifundium으로 조성했고 거기에 노예를 대거 투입했다. 그러니 로마제국이 망했을 때 극소수의 권력자나 부자들은 울었겠지만, 노예를 포함한 대부분의 가난한 이들은 울기는커녕 로마를 멸망시킨 이국인들(고대 그리스인들이나 로마인들은 그들을 야만인이라고 불렀다)을 환영했다. 가령 408년부터 409년 겨울에 서고트족이 로마를 점령하자 그곳의 노예 4만 명이 서고트 진영으로 탈출했다. 로마만이 아니라 제국 전역에서 그런 일이 벌어졌다. 농민들이나 도시민들은 '야만족'의 침입에 자발적으로 저항한 적이 없었다. 야만인이 정복한 지역에서는 종교적 관용이 확대되고 착취도 줄어 쉽게 동화되었다.

따라서 로마의 파괴자는 그동안 비방의 대상이 되어온 야만족이 아니라 로마의 지배층이었다. 그들이 파괴적인 경제적 착취를 자행해 급진적 개혁이 불가능해짐에 따라 결국 고대 그리스·로마 문명은 파괴되었다. 지배계층에 의한 자멸이었다. 야만족의 침략에 의해서가 아니라 지배 세력의 부정부패에 의해 자멸한 것이었다. 시오노 나나미의 로마제국에 대한 무한 찬양과 달리 로마는 뇌물 제국이었고 체면 제국이었다. 이 점도 과거 중국이나 조선과 크게 다르지 않았다.

흔히들 로마는 제국으로(지리적으로), 법으로, 기독교로 3번이나 세계를 정복했다고 한다. 이는 로마제국에 대한 찬양이겠지만 피정복자에게는 반드시 찬양일 수 없다. 로마제국의 후손이라고 하는 서양인에게는 자랑이겠지만 비서양인에게는 자랑일 수 없다. 한국의 법률가들은 로마법이 우리 법의 모태라고 해서 우리가 그 자랑스러운 후손에 속한다고 생각하는지 모르겠다. 나는 적어도 로마법과 우리 법 사이에 낀 일본법의 자랑스러운 후손이라는 생각을 한 적이 없다.

일본법이 침략법으로서 문제가 된다면 로마법도 마찬가지다. 일본법에 침투한 로마법이 아니라 로마법 자체를 가져오면 된다는 생각은 참으로 유치하다. 일본법이 모방한 독일법도 마찬가지다. 일본을 통해 전해 받은 독일법은 가짜이므로 독일에 가서 독일법을 공부하면 모든 법 문제가 풀린다는 식의 주장은 그야말로 코미디다. 독일법도 로마법에서 나왔으니, 독일이 아니라 로마에 가야 하지 않겠는가? 그러나 이런 식의 진짜 가짜 논쟁 자체가 코미디다.

기독교인들도 기독교가 로마에서 시작되었으니 자신들을 로마인의 후예라고 할지도 모르겠다. 로마가 무엇인지도 모르는 사람들에게 로마의 후예 운운하면 웃겠지만, 기독교인들은 기독교가 로마의 국교로 세계적 종교가 되었으니 로마를 결코 잊지 못하리라. 그래서인지 현대의 로마라고 하는 미국을 조국인 양 생각하는 기독교인도 적지 않다. 지금까지도 콜로세움에서 가톨릭 행사를 열듯, 대운동장에서 부흥회를 하는 미국식 기독교는 로마의 전통을 그대로 따르고 있는 것인지도 모른다.

카이사르를 비롯한 로마 황제들을 존경하는 사람들에게 내 말이 어떻게 들릴지 모르겠다. 마키아벨리가 『로마사 논고』에서 카이사르를 두고 내린 평가, 즉 공화정(일부가 말하는 민주주의가 아니다)을 파괴한 최고의 독재자라는 평가 외에 어떤 다른 평가가 가능할까? 시오노 나나미가 카이사르를 '로마사 최고의 천재'로 평가하는 것을 나는 도저히 받아들일 수 없다.

로마의 흥망

로마는 아테네처럼 작은 도시였으나 지금의 유럽과 북아프리카까지 지배하며 거대한 제국을 세웠다. 그래서 그것에 대한 찬양이 서양인들에 의해 끊임없이 이어졌는데, 로마가 위대했다면 그것은 그리스와 마찬가지로 방대한 노예를 착취한 가운데 번성했기 때문이다.

서양사에서는 로마의 역사가 길게 설명되고 특히 공화정이 자랑스럽게 언급되지만, 가장 먼저 주목해야 하는 점은 로마의 하층민 반란이 공화국이 수립된 지 15년 뒤에 시작되었고 그들의 투쟁은 100년 이상 반복되었다고 하는 점이다. 덕분에 소수의 부유한 평민이 관직에 취임하는 것이 가능해졌지만, 로마는 망할 때까지 고대 그리스 수준의 민주주의에 전혀 도달하지 못했다. 그럼에도 평민들이 제국에 복종한 것은 제국이 새로운 토지를 정복해서 빈농들의 생활이 일시적으로 나아졌기 때문이다. 그러나 계속되는 정복 전쟁으로 대다수 농민의 삶은 더욱 악화되었고 정복의 결과물은 부자들에게 돌아갔으며 부익부 빈익빈 현상은 갈수록 심해졌다.

로마가 그리스보다 뛰어난 것 중의 하나가 법이라고 보는 견해가 있으나, 형사법은 자의적이고 억압적이란 점에서 오늘날과 유사했고 상속을 규정한 민사법의 기술적 합리성의 형식이 돋보일 뿐이지, 내용상 우수하다고는 할 수 없다. 도리어 로마법에서 신분은 귀족, 평민, 예속 평민, 노예로 구분되었고 그중 참정권을 갖는 시민은 귀족뿐이다. 그들은 토지를 가질 수 있었으며 공권(선거권과 공직권)과 사권(결혼권과 사유권)을 행사했으므로 그리스보다 더욱 제한적인 귀족정이었다고 볼 수 있다. 반면 평민은 사권만을 가지고 병역과 납세의 의무를 졌다. 그리고 예속 평민은 귀족의 토지를 경작하되 귀족의 보호를 받았고(그 점에서 중세의 농노와 같았다), 노예는 그리스와 동일했다.

로마법에서는 자유상태, 시민상태, 가족상태가 구분되었다. 자유상태를 통해 자유인과 노예가 구분되었고, 시민상태를 통해 자유인이 로마 시민과 비시민으로 구분되었으며, 가족상태를 통해 로마 시민이 가족의 일부인 경우와 가족의 자식들인 경우로 구분되었다.

기원전 5세기경에 만들어진 로마 최초의 실정법인 12표법은 그리스 솔론의 법을 모방해 만든 것이었다. 이 법은 귀족과 자유인 사이의 신분 투쟁의 결과, 기존에 비밀로 행해지던 법을 공표하고 자유인의 보호를 성문화하도록 요구해서 쟁취한 것이다. 12표법에는 "모든 시민에게 공통적으로 적용되는 법, 그래서 개인의 지위와 상관없이 이를 잘 활용할 수 있는 권리를 인정하는 법은 허용하지만, 특정 개인에게 이익이 되고 타인에게는 피해를 주는 특권이나 법률은 제정되어서는 안 된다"고 하고 있다. 이러한 바탕에서 로마에서는 개인주의적인 사법私法이 발전해 개인의 자유를 일정하게 인정했으나 그것은 그리스에서처럼 일부 자유인의 것에 불과했다. 로마의 공화정도 그리스의 민주정과 같이 실제로는 세습 엘리트가 지배한 귀족정이었고, 민회는 형식적인 관료 선출 기관에 불과했다. 로마의 자유란 부와 권력을 가진 엘리트들이 기존 질서를 지키는 자유를 의미했을 뿐이다.

로마법에는 이론상 모든 법이 인민에게서 나오고 인민이 제정한 것이라는 관념이 존재했으나 이는 그야말로 관념에 불과했다. 도리어 "군주의 마음에 든 것이 곧 법의 효력"을 가졌다. 따라서 로마의 자유는 권위와 양립되는 모순이 있었다. 특히 시민에 대한 원로원과 관직자의 권위, 가족에 대한 가장의 권위가 존중되었다. 로마에서 권위에 대한 복종은 지배에 대한 복종과는 달리 자발적인 것이었고, 정체로는 왕의 지배가 아닌 공화제, 개인으로는 노예가 아닌 자유인이라는 것이 로마의 자유였으며, 그 내용은 법이 부여한 시민권이었지만 이는 진정한 의미의 자유라고 할 수 없었다. 공화제 시대의 시민권은 그것을 갖지 못한 노예에 비해서 특권이었지만, 동시에 국가에 헌신하는 의무이기도 했다. 로마에는 검열이나 사치 금지와 같은 사생활 침해가 있었고, 집회를 금지할 수 있었으며 생명·자유·재산 등의 시민적 권리도 법의 테두리 안에서 보호되었다.

로마법은 로마만이 아니라 그 동맹국과 로마의 세력권에 드는 자유국에도 적용되었는데, 자국민보다는 시혜적이었고 자치나 조공이나 로마군 주둔의 면제도 로마에 의해 일방적으로 결정되었다. 그러나 그리스에서 전쟁에 패한 인민을 노예로 삼은 것에 비해서는 훨씬 관대하게 대우했다. 이러한 로마법의 개인주의적 전통은 영토가 확대된 로마 후기, 특히 전제정이었던 유스티니아누스와 콘스탄티누스 통치 시기에는 후퇴했다. 지배자 황제가 인민을 지배한 시대에 국가와 개인 사이의 일체감은 사라졌고, 법은 통용되었지만 공동체의 동질성을 보장하는 것에서 개인의 생활을 안전하게 지키는 것으로 변모했다.

특히 콘스탄티누스의 통치기를 지나 그 후의 기독교 국교화로 인해, 고대의 종교적 관용과 지적 존중이라는 가치가 없어졌다. 초기 기독교는 유대교와는 달리 보편주의적이고 개인주의적인 신앙이었다. 기독교는 낡은 종교의 도덕 규칙을 약화시켰으나 그 개인주의는 스토아학파나 에피쿠로스학파처럼 자유주의라기보다는 반反정치적이어서 다양한 정치제도와 양립할 수 있었다. 가령 세네카는 자유를 정치적이거나 사회적인 지위가 아니라 정신적 상태로 보았다. 자유에 대한 이런 로마적 사고는 당시 게르만 사회에도 존재했다. 13세기 후반에 게르만 지방의 법률서에는 자유를 "물리적 강제력이나 법에 의해 금지되지 않는 한, 스스로 하고 싶은 것을 할 수 있는, 인간이 태어나면서 부여받은 자유, 특권"이라고 기록했는데, 이는 자유에 대한 게르만적 전통을 이은 것이었다. 그래서 뒤에 존 밀턴 John Milton, 몽테스키외, 토머스 제퍼슨은 자유가 게르만 숲 속에서 나왔다고 했다.

할리우드의 로마

로마에 대한 인상을 만드는 주역은 책이 아니라 영화나 텔레비전 드라마다. 할리우드에서 만들어지는 영화는 하나 같이 로마에 호의적이다. 심지어 예수를 처형한 빌라도의 로마를 다루면서도 그렇다. 가령 멜 깁슨Mel Gibson의 영화 〈패션 오브 크라이스트〉(2004년)에서는 빌라도를 비롯한 로마인들이 너무나도 고귀하게 그려진다. 이 영화에서 빌라도는 예수를 깊이 동정하는 성인과 같은 풍모다. 그러나 실제 빌라도는 원주민 반란군을 잔인하게 섬멸한 로마의 장군이었다. 반면 이 영화에 나오는 유대인들은 영화 역사상 최악의 작품, 즉 나치의 공보장관인 요제프 괴벨스Joseph Goebbels의 명령으로 제작된 〈유대인 쥐스Jud Süβ〉에 나오는 유대인 이미지 그대로다.

1940년에 만들어져 2,000만 명이 보았지만 1945년 이후 상영이 금지된 이 영화에는 강간범인 유대인 쥐스가 나온다. 이 이미지는 〈패션 오브 크라이스트〉에 그대로 재생되어 영화를 본 관중은 누구나 쌍스럽고 음탕한 유대인을 혐오하지 않을 수 없다. 움베르토 에코나 크리스토퍼 히친스 Christopher Hitchens가 이 영화를 두고, 저질의 고문 포르노 영화에 불과하다고 욕했지만 한국에서는 250만 명 이상이 이 영화를 보았다.

로마인의 이미지에 가장 충실한 배우는 아널드 슈워제네거Arnold Schwarzenegger다. 그는 나치의 아들로 히틀러를 존경한다고 공언했다. 그의 작품 중 로마와 조금이라도 연관이 있는 영화는 데뷔작인 〈뉴욕의 헤라클레스〉뿐이지만, 나머지 작품과 정치 활동에서 로마인의 분위기를 풍기기 때문이다. 할리우드에 이런 우익 이미지의 전통은 〈벤 허〉의 찰턴 헤스턴Charlton Heston이나 로널드 레이건Ronald Reagan 이래 너무나도 뿌리 깊다.

박진감 넘치는 전차 경기로 유명한 〈벤 허〉는 1959년 영화임에도 최근까지 명절 때마다 텔레비전에서 끊임없이 방송되는 소위 '명화'다. 그 주제는 로마제국에서 예수 탄생과 구원이라는 종교적인 것이다. 따라서 로마제국은 비판의 대상인 동시에, 노예가 된 벤 허가 뒤에 다시 로마 귀족의 양자가 되어 정의를 회복한다는 줄거리를 통해 로마제국의 관용도 드러내고 있다. 그러나 로마에서 주인과 노예가 갖는 일반적 관계가 그러했던 것은 아니므로 이 영화가 보여주는 로마는 대단히 미화된 것이라 할 수 있다.

로마의 주종 관계를 더 사실적으로 보여주는 영화가 1960년에 만들어진 〈스파르타쿠스〉다. 그러나 제대로 된 역사 영화인 이 작품에도 문제는 많다. 가령 스파르타쿠스를 진압하는 로마 측의 크라수스나 카이사르는 사실 스파르타쿠스와는 무관하며, 스파르타쿠스는 전우 살해에 대한 복수로 로마군 포로 300명을 처형했을 정도로 잔인했다. 게다가 로마인이 모두 악역으로 나오는데, 과연 로마 하층민들이 그러했을지도 의문이다. 또 이 영화는 스파르타쿠스로 인해 크라수스가 독재관이 된다고 믿게 만드는 요소가 있는데 당시 로마는 공화정이었다. 〈글래디에이터〉와 마찬가지로, 콤모두스Commodus 황제 집정 시를 배경으로 한 〈로마제국의 멸망〉은 콤모두스를 악당으로 묘사하지만 실제로 그는 그렇지 않았다. 특히 영화에서는 그의 아버지인 아우렐리우스와 대조적으로 그려지는데, 『명상록』을 쓴 철인 왕으로 알려진 아우렐리우스도 야만족에 대한 전쟁을 하는 등 문제는 많았다.

세계 문명이라는 것

'로마제국의 도시 문화와 폼페이' 전시회는 '세계문명전'이라는 이름 아래 2008년 페르시아, 2009년 이집트와 잉카, 2010년 그리스, 2012년 터키, 2013년 이슬람 문명을 주제로 국립중앙박물관에서 열린 전시회의 연속은 아닌 듯하지만, 2014년에 열리지 않은 세계문명전의 대체인 것 같다. 이 전시회는 앞의 어느 전시회보다 인파가 많이 몰려서 주최자에게는 더 만족스러웠을 것이다. 대부분의 전시회에 사람이 거의 들지 않는 반면, 이런 서양 미술 전시회에는 유치원생과 초등학생 단체 관람을 포함해 엄청난 관중이 밀어닥치는 것을 보면 관중들도 지극히 속물적이거나 속물이기를 강요당하는 것이 아닌지 모르겠다는 생각까지 든다.

2010년 영국박물관에서 온 '그리스전'도 인기가 높았다. 유사한 전시회가 2011년 울산박물관에서도 열렸던 것을 보면 더욱 그렇다. 당시 '국내 최초로 지방에 유치되는 해외 전시'라고 하는 광고가 나붙었다. 그러나 서울에서도 영국박물관의 그리스 미술 작품을 100점 이상 보기란 흔한 일이 아니어서인지 엄청난 관중이 몰렸다. 특히 고대 그리스 미술을 대표하는 '원반 던지는 사람'은 1948년 런던올림픽 포스터의 메인 이미지로 사용된 이래 한국의 미술 교과서에 실렸고, 2012년 런던올림픽 때도 '문화올림픽' 운운하면서 그 상징으로 크게 선전되었기 때문에 우리 눈에도 익었다. 그 작품의 생동감, 즉 원반을 던지기 직전의 순간을 포착한 생동감을 부정할 필요야 없지만, 그것은 영국이 그리스에서 도굴한 장물일 가능성이 크다.

그 작품뿐만 아니라 대부분의 전시 작품이 그러했다. 아니 영국박물관에 있는 작품 다수가 도둑질한 물건인지도 모르는데 그런 것을 자국 문화인 양 자랑하다니 참으로 가관이다. 게다가 그것은 뜨거운 태양 아래 나체로 스포츠를 하는 그리스에 어울리는 작품이지 우울하고 창백한 영국이나 영국인에게는 전혀 어울리지도 않는다. 다 훔쳐가고 몇 개 남지 않은 나체의 스포츠인 상을 그리스박물관에서 보면 그 유동적이고 분방한 성격을 분명히 알 수 있다. 이는 그전의 전통이나 편견에서 해방되었다는 점에서 위대한 예술이다.

개인의 자유를 속박했던 제도적인 속박이 사라지고 추한 것, 평범한 것, 사소한 것이 중요한 주제로 등장하는 점으로도 소중한 인류의 유산이다. 그래서 제국의 강탈이 더욱 가슴 아프다. 자유를 억압하는 제국의 착취를 상징하는 작품이기에 분노가 앞선다. 런던에서도, 파리에서도, 베를린에서도, 도쿄에서도 그러했다. 그래서 나는 그곳에 갈 때마다 마음이 쓰려 다시는 이곳에 오지 않겠다고 결심했지만, 그런 곳들이 아니면 볼 수 없으니 언젠가 또 가보지 않을 수 없을 것이다. 2015년 서울에서 보는 폼페이 작품들은 이탈리아에서 온 것인데, 이미 18세기부터 도굴된 그곳 유물 중 우수한 것들은 영국박물관이나 루브르박물관 등에 소장되어 있어서 역시 그곳을 찾아야 볼 수 있다.

2008년 페르시아 문명, 2009년 이집트 문명과 잉카 문명, 2010년 그리스 문명, 2012년 터키 문명, 2013년 이슬람 문명 전시회에 출품된 작품들은 각국에서 왔지만, 그 모든 문명의 걸작품도 대부분 영국박물관이나 루브르박물관 등에 장물로 보관·전시되어 있다. 그렇게 된 데는 서양의 제국주의 침략이 있었기 때문이다. 그 문명들 사이에 등급을 붙인 것도 제국주의였다.

제12장

로마인 이야기

한국의 로마인 칭송

2015년 6월 말에 벌어진 한국 정치(양아치 정상배政商輩의 의리와 배신의 조폭 놀이를 정치라고 할 수 있다면 말이다)의 난장판을 보면서 죽은 독재자가 아직도 대한민국을 지배하고 있음에 분노한다. 명백하게 위헌이 아닌 것을 위헌이라고 하면서 국회를 없애버리기라도 하겠다는 식으로 협박하는 대통령이 엄청난 지지를 받으면서 버틸 수 있는 이 인문 부재의 황무지에서 인문 운운하기가 너무 창피하다. 이런 시대에 인문 운운하는 것 자체가 인문에 대한 모독이다. 인간에 대한 모독이다. 독재가 필요하다는 사람도 있다지만, 나는 어떤 이유로도 독재를 용납할 수 없다. 좋은 왕이나 황제가 있다는 것도 부정한다. 모든 왕은 독재자이기 때문이다.

나는 알렉산드로스나 카이사르도 싫다. 리처드 솅크먼Richard Shenkman의 말처럼, 이 두 사람은 세계 최대급의 살인자에 불과했다. 플루타르코스가 알렉산드로스의 최대 업적으로 든 것이 단 한 번의 전투에서 11만 명의 페르시아인을 살해한 것이며 플리니우스는 카이사르가 갈리아전투에서

119만 2,000명을 죽였다고 말한다. 이런 내용이 나오는 잔인한 '영웅전'을 세계 고전이라고 아이들에게 읽히는 서양이나 그것을 모방하는 우리는 참으로 잔인하다. 박정희가 카이사르를 좋아했는지는 관련 기록이 없어서 알 수 없지만, 분명히 좋아했을 것이다. 카이사르가 바람둥이라는 점까지도 시오노 나나미는 찬양했는데, 카이사르가 살아 있다면 분명 그와 연애라도 했을 것이다. 카이사르에게 여성은 전략적 상품일 뿐이라는 것을 시오노 나나미도 잘 알 것인데 말이다.

그럼에도 한국에는 시오노 나나미의 애독자가 굉장히 많다. 그녀가 일제강점기 성 노예 문제에 그 누구보다도 부정적인 이유는 그런 반여성적인 여성관 탓 때문일 텐데, 그런 여성이 쓴 '카이사르론'이 한국에서 그렇게 인기가 있다니 정말 이해할 수 없다. 시오노 나나미와 다름없는 소위 '우익 보수 골통'이 그랬다면 너무나도 당연해서 말을 꺼낼 필요도 없겠지만, 소위 인권 전문 법조인이라는 교수가 쓴 『로마문명 한국에 오다』라는 책에서 카이사르를 "서양사 최고의 영웅", "부하에게 진정한 충성을 받아낸 지도자", "로마제국의 기틀을 만든 사람", "유럽의 창시자" 등으로 찬양하는 것을 읽고 놀란 적이 있다.

또 키케로를 두고 "로마 공화정이 위기에 처해 있을 때 공화정의 옹호자로 황제정을 구상하는 카이사르의 정적이 되어야 했던 비운의 정치인"이자, "그가 남긴 말과 글이 2,000년 동안 사람들의 눈과 귀를 사로잡은" '로마의 최고 지성'으로 "모든 로마인 중에서 카이사르 다음가는 명성을 얻은 라틴 문학의 왕자"라고 찬양하는 것에도 놀랐다. 독재자를 최고 영웅이라고 하는 것이야 영웅의 의미 부여 방식에 따라 가능할지 모르지만, 독재자를 찬양하는 것에는 문제가 있고, 따라서 키케로를 공화정의 옹호자니 지성이니 하는 것에도 문제가 있다.

이 교수는 네로나 세네카(세네카를 법조인이라고 하는 톰 모리스Tom Morris

는『철학이 삶을 구할 수 있다면』에서 로마 스토아 철학자에서 키케로를 제외하고 있고, 같은 주제를 다룬『직업』에서 윌리엄 B. 어빈William B. Irvine도 키케로를 무시한다)는 아예 언급조차 하지 않지만, 철학자 알랭 드 보통Alain de Botton은 『철학의 위안』에서 로마 철학자로서는 유일하게 '좌절에 대한 위안'을 주는 철학자로 세네카를 언급했다.

그러나 세네카도 로마식 사기꾼 법조인으로 억만장자이기는 마찬가지였다. 네로에게 여자를 붙여주어 환심을 사 근위대장이 된 섹스투스 아프라니우스 부루스와 함께, 세네카는 기원전 49년부터 62년까지 로마 정치를 주도하면서 황제 권력을 업고 엄청난 재산을 모았다. 그는 황제의 가정교사였는데, 바로 그 황제에게 배신당해 죽는 비운의 스승이 되었다. 그렇게 잘 먹고 잘살다가 비참하게 죽었기에 우리에게 위안을 준다는 것인가? 그런 위안을 받아 좌절을 이겨낸다는 것은 너무나도 비인간적이지 않은가?

"시저는 죽어야 한다"

〈시저는 죽어야 한다〉는 2012년 베를린영화제에서 최고상인 금곰상을 받은 타비아니Taviani 형제의 영화다. 영화는 실제 죄수들이 감옥에서 셰익스피어의 〈줄리어스 시저〉를 공연하면서 벌어지는 일들을 담고 있는데, 시저의 죽음을 안타까워하는 셰익스피어 연극과 달리 타비아니 형제의 영화는 시저 살해를 당연시한다. 일본인인 시오노 나나미가 시저, 즉 카이사르를 극찬하는 데 반해 이탈리아인인 타비아니 형제는 카이사르를 극도로 혐오한 것이다. 게다가 타비아니 형제는 카이사르를 비롯한 로마 정치인들을 흉악 범죄인, 아니 우리 모두와 같다고 묘사했다. 조르조 아감벤 Giorgio Agamben이 로마 시대의 특수 범죄자인 '호모 사케르'를 지금 우리 모두와 같다고 말하듯 말이다.

〈시저는 죽어야 한다〉에서는 "시저는 죽어야 한다"는 대사가 되풀이 되는 점이 가장 인상 깊었다. 타비아니 형제에게는 카이사르 이래 수많은 독재자, 특히 그들이 10대 때 겪었던 베니토 무솔리니Benito Mussolini부터 이 영화를 만든 당대의 실비오 베를루스코니Silvio Berlusconi까지 모두 죽어야 할 카이사르였다. 그들에게는 이탈리아의 역사가 바로 그러했을 것이다. 이탈리아 땅의 교황들도 마찬가지였으리라.

사실 타비아니 형제의 이 영화는 그들이 평생 추구한 주제였다고 해도 과언이 아니다. 이 형제의 최고 걸작이라고 하는 〈파드레 파드로네〉도 아버지를 거부하는 이야기였다. 몽테스키외는, 카이사르를 죽인 브루투스가 자신의 아버지가 다시 살아 돌아온다고 해도 카이사르와 같은 독재자라면 그를 똑같이 죽일 거라 말했다고 『몽테스키외의 로마의 성공, 로마제국의 실패』에서 썼다. 그러고는 자유로운 정부하에서 카이사르가 저지른 죄를 처벌할 방법은 암살뿐이었다고 몽테스키외는 덧붙였다. 자유롭지 않은 정부하에서는 더욱 그렇다. 독재자를 처벌할 수 있는 방법은 암살뿐이다. 국민의 수준에 따라서는 선거도 무의미하다. 프랑스의 여성 선거권 인정이 한국만큼 뒤처진 것은 보수 세력이 아니라 진보 세력이 여성 선거권 인정에 반대한 탓이었다. 여성이 투표하면 보수 세력이 득세한다는 이유였다.

카이사르의 암살극이 수없이 상연된 서양에서는 공화정을 파괴한 독재자라는 평가와 함께 로마가 낳은 창조적 천재라는 양극단의 평가가 있어왔다. 카이사르가 죽은 뒤 로마에서 그는 숭배되었지만 중세 1,000년 동안은 이름조차 잊혔다. 그리스 · 로마가 부활한 르네상스에 와서 『플루타르코스 영웅전』이 처음으로 영역英譯된 뒤, 셰익스피어는 숭배 일색의 플루타르코스와는 달리 카이사르에게 중립적인 입장을 취했지만 마키아벨리에 의해 여지없이 공화국의 파괴자로 매도되었다. 마키아벨리는 카이사르를 칭송하는 자들은 그의 돈을 받았거나 로마제국이 오래 지속된 것에 압도되었으며, 그의 이름 아래 로마제국이 통치된 탓이라고도 비판하고 카이사르가 로마 공화정을 파괴했다고 비난했다. 계몽 시대에도 몽테스키외를 비롯한 여러 사상가에 의해 카이사르는 비판을 받았다.

카이사르가 부활한 것은 19세기 독일 제국을 비롯한 제국 시대였으나 히틀러를 경험한 뒤 독일 공화국에서는 다시 카이사르에 대한 비판이 우세해졌다. 이탈리아를 비롯한 제국의 안전을 위해 루비콘강을 건넜다고 하지만 이는 공허한 수사다. 카이사르는 히틀러나 무솔리니 같은 전형적인 독재자에 불과하며 따라서 암살당하는 것이 당연하다는 평가였다. 무솔리니처럼 사형을 당하고 히틀러처럼 자살을 한 뒤에도 그들이 동정을 받기는커녕 영원히 전쟁범죄자로 기억되는 유럽과 달리, 전범들이 추앙을 받는 일본에서는 시오노 나나미 같은 우익 인사들이 판을 치지만 그것을 진실이라고 믿는다면 참으로 바보 같은 짓이다. 그녀만이 아니라 대부분의 일본 대중 역사물 작가와 역사가들도 우익이라는 것을 알아야 한다. 일본에서 최고의 인기를 누렸던 시바 료타로司馬遼太郎도 우익이기는 마찬가지다.

카이사르에 대한 평가가 양극단이라는 이유로 카이사르와 관련된 사람들 각각의 입장에서 다원적인 평가를 시도하는 사람도 있다. 하지만, 네루가 딸에게 보낸 세계사 편지에서 카이사르에 대해 매우 간단히 말하듯 그는 군인 출신의 독재자였다. 그를 변호하는 자들은 그가 쿠데타로 독재자가 된 자들과는 달리 원로원에 의해 임명된 합법적 독재자라고 한다. 그러나 원로원은 카이사르의 뒤에 버티고 있는 군대의 눈치를 보았을 것이고, 히틀러나 무솔리니도 그런 합법적인 절차를 거친 것은 마찬가지이니 합법적이라는 이유에서 카이사르를 변호할 수는 없다.

제왕 절개라는 말이 카이사르에서 시작되었다는 말이 있지만 사실 여부는 알 수 없다. 그것이 사실이라고 해도 별 의미가 없지만, 이른바 운명적인 결단을 내릴 때 '주사위는 던져졌다'고 하면서 '루비콘강을 건넌다'는 표현을 사용하는 것에 대해서도, 플루타르코스가 말했듯 주사위 운운하는 것은 당시에 흔했으므로 그의 말로 특별히 기억할 것도 없다. 7월과 8월이 연속으로 31일인 것이 카이사르와 아우구스티누스의 출생 월月을 하루라도 더 길게 기념하기 위해서였다는 사실은 더욱 황당하다.

모방적이고 절충적인 철학자, 키케로

고대 로마의 철학이나 사상이라고 하는 것도 참으로 어처구니없는데, 묘하게도 오늘의 미국과 그것을 정신없이 모방하는 한국의 그것과 참 많이도 닮았다. 이런 나라들에는 철학이나 사상이나 인문이 있을 수 없다. 기껏 해봐야 목욕탕용 샴푸 선전문 같은 것들뿐이다. 그러니 인문 이야기에서 고대 로마는 빼도 좋다. 목욕탕 문화가 역사상 제일 발달했던 고대 로마에는 정말 철학자다운 철학자가 없었다. 가령 톰 모리스는 로마의 대표적인 철학자로 세네카와 에픽테토스와 마르쿠스 아우렐리우스를, 윌리엄 B. 어빈은 그 3명에 무소니우스 루푸스를 더해 다룬다. 그들의 책을 읽어보면 오늘날 미국에서 나오는 힐링이니 하는 대중 치료 사상과 지극히 유사하다. 그야말로 제국의 힐링이다.

그나마 그 속에 포함되지도 않은 키케로를 살펴보자. 대학이나 출판사나 북 카페의 이름 등으로 후마니타스라는 말이 유행하고 있는데, 이는 다른 라틴어 철학 용어와 마찬가지로 키케로가 지은 말이다. 그래서 후마니타스를 키케로주의Ciceronianism라고도 하지만 그 내용은 공허하다. 그가 그 말에 담은 의미는 문명인만이 가질 수 있는 '우아함' 같은 것으로 야만

인의 '거침'에 대응되는 차별적인 뜻이었다. 즉, 이 말은 그리스 전통을 이어받은 로마인의 '인간다움'을 뜻하는 것으로, 이방인의 '비인간적인' 야만에 비해 로마인이 우월하다는 것이었다. 그런 전통이 고대 그리스 이래 서양 인문학의 가장 뿌리 깊은 전통이라고 할 수 있는데, 지극히 '비인간적인' 자가 자신을 지극히 '인간적인' 자로 위장하기 위해 그 말을 처음으로 사용했다고 한다면 달리 생각할 것이다. 이 말을 상호로 사용하는 자들은 키케로의 이 말을 그의 생애와 관련 지을 필요가 없다고 할지 모르겠지만 말이다.

『로마문명 한국에 오다』의 저자는 변호사에게 돈을 주는 것이 금지된 고대 로마에서 키케로가 변호료로 받은 돈이 아니라 그의 변호를 받은 사람들이 유산 등으로 엄청난 재산을 남겨 부자가 되었다고 키케로를 변호한다. 하지만 이는 키케로가 고리대금업까지 하면서 엄청난 부를 축적한 것을 모르고 한 소리다. 키케로가 돈에 무관심했다는 거짓말의 원조인 플루타르코스는 『플루타르코스 영웅전』에서 키케로의 유일한 단점이 "지나친 명예욕 때문에 현명한 판단을 흐리는" 점이라고 했다. 그중에서도 특히 루치우스 세르주스 카틸리나의 음모를 분쇄해 키케로의 권력과 명예가 절정에 이르렀을 때, 자신이 그 사건에서 한 역할을 너무 자랑해서 눈살을 찌푸린 사람이 많았다고 했는데, 그 정도야 약과라고 보아야 한다.

카틸리나는 기원전 63년, 당시 집정관이었던 키케로가 탄핵한 내란 음모 주모자였다. 집정관은 로마 공화정의 최고 정무관으로 3명이 임기 1년 동안 정치를 담당했다. 당시는 빈부 격차가 극단에 이르렀고 카틸리나는 불만 세력을 대표했다. 기원전 64년의 집정관 선거에서 키케로에게 패한 카틸리나가 이듬해 선거에서 다시 패배하자, 무장 반란을 일으키고 로마에 불을 지르려는 음모를 꾸민 것을 키케로가 폭로하고 그를 처형한 것이었다. 그러니 민중을 대표하는 카틸리나를 키케로가 처형한 것에 대해 한국의 학자들이 키케로 편을 드는 것은 이해하기 어렵다. 게다가 이미 500년도 더 전에 마키아벨리가 『로마사 논고』에서 내란 음모자에 불과한 카틸리나보다 내란 수괴인 카이사르가 나빴는데도 카이사르가 아니라 카틸리나를 욕하는 역사가들을 비판하지 않았던가?

키케로의 더 큰 문제는, 그의 연설이 목적 달성을 위해 진실을 희생한 것으로 겉과 속이 다른 사기꾼 수준의 정치인과 법률가의 전형이었다는 점이다. 따라서 그는 공화정을 독재정으로 가지 못하게 한 사람이 아니라 독재정으로 가도록 촉진시킨 장본인이었다. 사실 키케로는 『공화정에 관하여』 마지막에 나오는 「스키피오의 꿈」을 쓸 무렵에는 군주국을 이상으로 삼았고, 특히 카이사르와 대립한 폼페이우스를 좋아했다. 뒤에 그가 옹호한 공화정이란 것도 원로원 중심 귀족들의 옵티마테스(벌족閥族파)를 지지하고, 민회 중심의 포풀라레스(민중파)를 견제한 것이었다. 그는 민중파가 사유재산을 침해한다고 비난했고, 빈민이 폭력으로 재산권을 침해할 수 없도록 해야 한다고 주장했다.

특히 노예거나 해방민이었던 그리스인과 유대인들이 민중파를 지지하자, 그리스인은 "부끄러운 줄 모르고 거짓말"을 하며 유대인은 '야만적 미신'에 빠져 있다고 비난하는 인종 계급 우월주의를 보이기도 했다. 19세기 독일 역사가로 로마제국과 카이사르를 찬양한 테오도어 몸젠Theodor Mommsen은 로마의 포룸forum(고대 로마의 도시 광장)을 경멸하며, 그곳은 이집트인, 유대인, 그리스인, 노예 등이 마구 떠들어대는 곳이라고 비난했다. 그리고 그 외국인의 피에 의해 로마의 순수한 피가 오염되어 로마의 민족적·사회적 부패를 가속화시켰다고 말했다. 이는 로마제국을 잇는다고 주장한 히틀러가 피의 순수성을 주장하는 것으로 이어졌다.

이러한 주장의 원조라고 할 수 있는 키케로가 공화정의 원칙에 충실했다는 평가에는 문제가 있다. 그가 끝까지 옹호했다고 하는 공화정은 결국 원로원의 귀족정치일 뿐이며, 평민의 정치 참여나 권리 신장에 반대하는 보수적 태도를 보였음을 고려해보면, 결국 현상 유지에만 급급했다는 비판도 가능하다. 그는 자신과 같은 노예 소유자가 지배하는 로마의 사유재산제를 철저히 옹호하고 노동계급을 '자기 자신을 파는 자'라고 경멸했다. 또한 신의 섭리와 영혼의 불멸을 믿었다. 이미 당대의 세네카가 비판했듯 키케로는 창조적인 사상가가 아니라, 모방적이며 절충적이고 이차적인 철학자에 불과했다.

황제를 숭배한 노예, 세네카

세계시민임을 자처한 디오게네스의 제자로 세계국가를 주장한 제논과 같은 초기 스토아 철학자들과 달리, 그들이 비판한 플라톤에 더욱 가까워진 로마의 후기 스토아주의 창설자인 세네카도 키케로처럼 3류 철학자였다. 그는 "인생은 짧고 예술은 길다"라는 말을 한 것으로 유명하지만, 이는 사실 고대 그리스의 의사 히포크라테스가 한 말을 줄인 것이다. 히포크라테스는 「격언 모음」에서 "인생은 짧고 기술은 길며, 기회는 순간이고 경험은 흔들리며 판단은 어렵다"고 했다. 즉, 환자를 치료할 때 개인의 순간적인 경험이 아니라 장기간에 만들어진 기술에 의지하라는 뜻이다. 그러니 "인생은 짧고 예술은 길다"라는 말과는 무관하다. 여하튼 세네카는 삶이 짧은 것이 문제가 아니라 우리가 그 시간을 대부분 허비하는 것이 문제라고 하면서 삶이 짧다고 불평하지 말고 그것을 최대한 활용하라고 했다. 사람들에게서 벗어나 은둔자로 살면서 철학을 공부하라고 했다.

　　그러나 그 자신은 키케로 이상으로 재산을 축적한, 로마 최대의 자산가였다. 물론 입으로는 부를 경멸한다고 했다. 그것도 요즘의 주식 투자로 억대의 돈을 벌었다. 내가 아는 어떤 철학 교수는 월급을 모두 주식 투자로 날려버렸지만, 세네카는 영국에 돈을 빌려주고 받은 엄청난 이자로 대갑부가 되었다. 그래서 영국에서는 민란이 일어났다. 세네카는 또한 키케로와 같은 저명한 정치가이기도 했다. 미국이나 한국의 철학자를 비롯한 교수들이 그 어느 나라, 어느 시대 학자들보다도 친근감을 느낄 수 있는 폴리페서나 머니페서의 전형이 고대 로마의 그들이었다. 그런 점에서도 로마와 미국(그리고 그 아류인 한국)은 참으로 닮았다.

세네카는 41세에 로마의 폭군 칼리굴라Caligula의 미움을 받아 죽을 위기를 넘겼고, 45세에 황제 클라우디우스의 조카딸과 간통을 했다는 이유로 고발되어 8년간 코르시카로 추방당했다. 기원후 49년 53세에 로마로 돌아온 세네카는 어린 네로를 가르치다가 기원후 54년 클라우디우스가 암살당하자 네로를 황제에 앉히는 데 성공한 뒤 권력의 정상에 올랐다. 네로의 거듭된 폭정과 정치적 동지의 죽음 등으로 더는 권력을 유지할 수 없음을 깨닫고 권력에서 물러났으나, 기원후 65년에 황제 암살 모의가 발각되면서 네로에게서 자결 명령을 받았다.

타키투스에 의해, 자살 직전 세네카가 울부짖는 동료들에게 했다고 전해지는 말은 유명하다. "여러분은 철학의 가르침을 잊었소? 뜻밖의 재난에 대비해 그토록 오랫동안 깊이 생각한 저 결의는 어디로 가버렸소? 네로의 잔인한 성격을 몰랐단 말이오? 어머니를 죽이고 동생을 살해했으면 스승을 죽이는 것 외에 무엇이 남아 있겠소?" 그리고 아내에게 말했다. "남편의 훌륭한 생애를 조용히 떠올리며 거기에서 위안을 받도록 하시오. 그리고 남편과의 사별을 견뎌내도록 하시오." 그러나 아내가 함께 죽게 해달라고 하자 그는 허락했다. 그리고 두 사람은 동시에 작은 칼로 팔의 혈관을 절개했지만, 늙은 세네카의 몸에서는 피가 빨리 흐르지 않았다. 그래서 소크라테스의 죽음을 모방해 독약을 마시고 죽으려 했지만 이번에도 여의치 않았다. 그래서 증기탕에 넣어달라고 해 그곳에서 질식해 죽었다.

그의 죽음을 〈소크라테스의 죽음〉을 그렸던 자크 루이 다비드Jacques-Louis David를 비롯해 수많은 화가가 그렸다. 다비드의 〈세네카의 죽음〉은 지극히 고전주의적인 〈소크라테스의 죽음〉을 그리기 13년 전인 젊은 시절에 그려진 탓인지, 세네카의 아내와 하녀들의 고혹적인 가슴이 드러난 로코코 분위기의 자유분방한 그림이다. 〈세네카의 죽음〉은 렘브란트가 그린 같은 제목의 그림보다 철학적인 분위기라는 점에서는 훨씬 못하다. 그러나 내게는 엄숙함이 과해 보이는 렘브란트의 그림보다 다비드의 그림이 세네카에게 더욱 어울린다는 느낌이 든다. 이는 알랭 드 보통이 『철학의 위안』에서 세네카를 언급하면서, 우아한 프랑스인의 식사 매너를 연상시키는 세네카의 철학을 읽을 때도 마찬가지다.

가령 세네카는 저녁 식사가 몇 분 늦게 나온다고 해서 식탁을 발로 차 엎을 것도, 술잔을 던져 깨뜨릴 것도, 기둥에 머리를 박을 것도 아니라고 한다. 또 파리 한 마리가 윙윙거릴 때 아무도 신경을 쓰지 않으면 성가셔 할 것도 없고, 개가 앞길을 막거나 하인이 열쇠를 떨어뜨린다고 날카롭게 굴 필요가 없으며, 저녁 식사 때 노예들이 잡담을 나눈다고 해서 채찍을 휘두를 것도 없다고 한다.

세네카의 철학이란 모두 이런 식이다. 그의 책 중에서 가장 유명하다는 『화에 대하여』에서 그는 화를 다스리는 최고의 치료법은 "화가 치솟을 때 당신의 험한 얼굴을 거울에 비추어보는" 것이라고 한다. 즉, 자신에게 "잠시 멈춰!"라고 할 수 있는 절제의 힘을 가지라는 것이다. 그러나 그렇다고 해서 화가 풀릴까? 도리어 거울을 깨뜨리게 되지 않을까? 그 밖에도 "화는 화를 낸 사람에게 반드시 되돌아온다", "그저 조금 뒤로 물러나 껄껄 웃어라", "화의 최대 원인은 '나는 잘못한 게 없어'라는 생각이다", "실수에 대해서는 화를 내서는 안 된다. 즉, 어두움 때문에 말을 약간 더듬거리는 사람을 두고 화를 낸다면 어떻게 되겠는가" 등 재치 있는 말을 하지만 대부분 공소空疎하다.

세네카는 자제심을 결여한 것이 자유로운 생활과 반대인 노예의 예속적 형태라고 했다. "노예가 아니라 인간을 보고 싶다. 어떤 사람은 성의 노예이고, 어떤 사람은 황금의 노예이며, 어떤 사람은 야심의 노예이다." 세네카는 '자유란 아무것에도 노예가 되지 않는 것'이라고 했지만, 그 자신은 항상 황제를 극도로 숭배하는 노예에 불과했다. 아니 어쩌면 자신이 그러했기에 그 반대의 자유를 갈망했는지도 모른다. 게다가 그는 교만한 노예주였다. 그는 거리를 활보할 때 33명이나 되는 노예들의 호위를 받으며 자신의 부와 권위를 과시했다.

노예해방을 반대한 에픽테토스

에픽테토스는 노예로 태어나 주인에게 폭행을 당해 절름발이가 되었지만, 철학자로 출세해 행정장관까지 지냈다. 황제가 지식인을 모두 추방한 기원후 90년까지 로마에서 살면서 가르쳤다. 그러면서 노예 해방 등 사회혁명적인 노력을 할 법도 하지만 사실은 그 반대로 사회혁명에 대해서는 키케로나 세네카 이상으로 무관심했다. 몸은 노예라도 정신은 자유로울 수 있다고 주장해 노예와 같은 처지에 살았던 사람들에게 아큐阿Q식의 정신승리법을 가르쳤다. 그래서 스토아철학을 강인한 철학이라고도 하지만 이는 얼마나 황당한 말인가? 노예에게 그가 당하는 착취를 참아내라고 가르쳤으니 말이다.

인류의 평등을 주장한 세계시민주의자라는 점에서 에픽테토스는 디오게네스나 제논의 후계자라고 할 수 있다. 그러니 노예도 다른 사람들과 평등하다는 말이 나오는 것이다. 따라서 버트런드 러셀이 『러셀 서양 철학사』에서 인정했듯, 에픽테토스의 도덕은 플라톤이나 아리스토텔레스의 도덕보다 우월하다. 그는 기독교도처럼 원수를 사랑해야 한다고도 했다. 그러나 그것은 어디까지나 내면적인 것에 그쳤고 사실상 소수의 현자만을 위한 것이었다.

현실 사회에서 처한 위치가 어떻든 영적 세계에서는 모두가 평등하다는 주장은 노예주로 하여금 노예를 잔인하게 취급하는 행위를 완화하는 데 어느 정도 기여한 것이 사실이지만, 노예제 해방이나 폐지와는 아무런 관련이 없었다. 카이사르나 키케로, 세네카는 많은 노예를 거느린 노예주였으므로 노예해방에 반대한 것이 당연하다고 해도, 노예 출신인 에픽테토스까지 그러했다는 것은 이상하지 않은가?

에픽테토스는 주인과 영혼을 부패시키지 않는 한, 육신의 노예를 신이 인간에게 명령하고 배분한 가치 있는 직분으로 생각했다. 거대한 세계 극장에서 각자의 연기를 발휘하는 연기자가 인간이라고 본 그는 노예도 신이라는 감독이 그런 연기의 하나로 준 것이므로, 그 역할을 충실히 연기해야 조화로운 사회질서의 유지가 가능하다고 했다. 그러니 기껏해야 개량주의나 타협주의에 불과했다.

마르쿠스 아우렐리우스

스토아철학은 황제들에게 호감을 주었고 마침내 황제 자신도 그 철학자가 되었다. 철인황제라고 하는 마르쿠스 아우렐리우스의 외아들 콤모두스는 로마의 나쁜 황제들 중에서도 최악이었다. 검투는 철인황제 시절에도 성행했다. 철인황제라는 명성에 맞게 무딘 검을 가지고 싸워야 한다는 포고령을 내렸을 뿐이다. 그러나 그런 포고령의 효력도 얼마 가지 않았으며 더 야만적인 야수들과의 혈투에 대해서는 아무런 조치도 취하지 않았다. 그 역시 네로처럼 기독교를 탄압했고 노예제의 폐단을 묵과했다.

마르쿠스 아우렐리우스의 『명상록』은 한 번쯤은 읽어볼 만한 책이지만 인문의 역사에서 필독서라고는 할 수 없다. 그 내용이란 만물은 끊임없는 변화와 유전을 겪을 수밖에 없으므로, 인간도 육체적 욕망에 몸을 맡기지 말고 불굴의 의지로 국가 안에서 자기가 맡은 역할을 충실히 다하는 것이 본연의 의무라는 것이다. 황제는 황제로, 노예는 노예로 말이다. 그는 황제로서 아무것도 바꾸려고 하지 않았다.

그리스의 국수적인 폴리스를 벗어나 인류애의 유토피아를 주장한 스토아철학은 이처럼 로마에 와서 제국의 어용 철학으로 타락했다. 디오게네스와 제논은 돈, 법, 권력, 전쟁 등이 없는 참된 인간적 삶을 꿈꾸었는데, 로마에 와서 그것은 그런 것에 눈 감은 힐링 철학으로 타락했다. 그래서 노예 출신인 에픽테토스조차 사회 변화에는 철저히 무관심한 채 내면에만 몰두했다. 숙명을 옳다고 하고 다신주의多神主義에 안주하면서 세상의 변화는 나쁜 것이라고 주장했다.

영국 역사가 토머스 매콜리Thomas Macaulay가 말했듯이 스토아 철학자들은 고리대금업으로 부자가 되었으면서도 가난을 찬양하고, 노예를 착취하면서도 인간은 모두 형제이고 자유롭다고 주장했으며, 아들이 어머니를 죽인 것을 옹호하면서도 도덕 운운하는 자들이기도 했다는 점을 우리는 역사에서 배워야 한다. 키케로는 폭풍우가 몰아치는 바다에서 화물의 일부를 버려야 할 때 당연히 값비싼 말이 아니라 헐값의 노예를 버려야 한다고 했다. 세네카는 노예를 고문하고 구타해 불구자로 만들거나 십자가형에 처하는 권리도 노예주에게 인정했다.

그럼에도 19세기까지 노예제에 근거한 로마 문명은 서양에서 찬양 일변도의 대상이었다. 프랑스혁명을 비판한 에드먼드 버크Edmund Burke도 그중 한 사람이었다. 독일 역사학의 아버지라는 하인리히 폰 트라이치케 Heinrich von Treitschke도 고대의 노예제 도입을 문명 구제 행위라고 주장했고, 니체 역시 마찬가지였다.

　　로마 문명이야말로 극소수가 극소수를 위해 만든 극소수의 문명이고 나머지 대다수는 극빈 상태로 연명했다. 그 화려한 건물이나 책 몇 권에 황홀해서는 안 된다. 특히 로마 문명이 독재나 제국을 찬양하는 수단이 된다면, 이제 갓 민주주의를 뿌리내리기 위해 갖은 힘을 다 쓰고 있는 이 척박한 땅에 와서는 안 된다. 제발, 독재의 망령이여, 썩 물러가라!

제13장

로마의 문학과
예술 이야기

베르길리우스는 환경사상가인가?

우리는 흔히 서양문화는 물질문화이고 동양문화는 정신문화라고 비교하면서, 물질 만능으로 타락한 서양문화를 동양문화로 구해야 한다고들 한다. 또는 서양은 인공의 기계, 동양은 천혜의 자연이라고도 비교한다. 그런 단순 비교에는 문제가 많지만, 서양의 신화나 역사가 서양 중심의 정복주의와 절멸絶滅주의를 그 어떤 비서양보다도 뚜렷하게 보여주는 것은 사실이다. 서양 문명의 근원이라고 하는 그리스 · 로마의 신화와 역사가 그 단적인 보기다. 그래서 나는 그리스 · 로마 신화를 비판해왔다. 서양은 몰라도 적어도 비서양에서는 그런 비판이 철저하게 행해져야 하는데, 내가 아는 한 그러는 사람이 아직 없어서 대단히 유감이다.

『환경에 대한 50명의 핵심 사상가Fifty Key Thinkers on the Environment』라는 영어 책은 로마 최고의 시인이라는 베르길리우스(베르길리우스라는 이름은 미루나무라는 뜻이다)를 언급하는데, 그 대표작인 『아이네이스』를 통해 로마제국을 찬양한 그를 환경사상가로 보아도 좋은지 의문이다. 이 작품은 트로이전쟁에서 생존한 영웅 아이네이스가 로마제국의 초석을 세웠다는 내용으로, 신의 인도하에 세계를 문명화한다는 로마제국의 사명을 밝힌 로마제국의 '국민 서사시' 또는 '국가 서사시'다. 하지만 로마제국 자체가 원주민을 몰살하고 세워졌으며, 그 이후 환경은 지속적으로 파괴되었다는 것은 이미 상식 아닌가?

가령 로마 시대에 엄청난 곡창穀倉이었던 북아프리카는 철저히 정복되어 로마 시민들과 대규모 상비군에게 공짜 곡식을 대준 탓으로 그 뒤 광활한 사막이 되지 않았던가? 그곳은 기원전 146년 카르타고가 로마에 의해 붕괴된 뒤에도 계속 번성했지만, 점차 늘어난 로마의 곡물 수요로 인해 토양이 척박해지고 침식되기 쉬운 땅으로 변질되었다. 제국의 다른 지역에서도 마찬가지 현상이 벌어졌다. 이러한 환경 파괴는 로마제국 멸망의 중요한 원인의 하나이기도 했다.

물론 베르길리우스가 환경을 파괴하라고 한 것도 아니고, 농촌 출신인 그가 농촌을 이상향으로 묘사하는 '농경시'나 '전원시(목가)'의 전통을 세웠다는 점에서 환경사상가의 한 사람으로 말하는 것은 서양에서 일반적인 상식이라고 할 수 있다. 베르길리우스가 40대에 쓴 최초의 저작인 『목가』는 10편의 전원시로 구성되는데, 그중 1편은 옥타비아누스(아우구스투스 황제)가 카이사르의 살해자들과 싸운 내전 뒤인 기원전 42년, 황제 휘하 퇴역 군인들의 식민지 입식入埴을 위해 행해진 토지 몰수를 주제로 한 것이었다.

기원전 37~30년 내전의 마지막 시기에 쓰인 『농경시』도 흔히 전통적 농촌 생활을 복구할 것을 강력히 호소한 작품이라고 평가되고 있지만, 사실은 토지 경작에 필요한 숙련과 기술을 노래한 작품이었다. 따라서 자연계와 그 속 인간의 위치에 관해 고대인들이 취한 태도와 그 전통의 모든 범위에 대해 그가 개방적인 자세를 보여준 것은 사실이지만, 도시, 특히 로마제국으로 변하면서 침략과 몰살을 거듭해가는 인간 문명의 비참한 역사를 기정사실화하고 제국을 찬양한 점도 명백했다.

베르길리우스는 『목가』에서 이상적인 시골 아르카디아Arkadia를 발명한 것으로 높이 평가되어왔다. 그것은 꿈과 같은 풍경으로, 사람들은 예술을 통하거나 물리적인 환경을 직접 조작해 그곳에 들어가려고 시도했다. 『목가』의 세계는 자연과 조화된 생활의 감각을 그 중심에 두는데, 그것은 외부에서는 전쟁과 토지 몰수라는 형태로, 내부에서는 성애性愛의 정열情熱이라는 형태로 붕괴될 수도 있는 것이었다. 그 완성의 극치는 목동들이 여인들과 사랑을 통해 자연 속에서 행복하게 되는 사적인 것이기도 하지만, 카이사르에 대한 신격화가 암시하듯 신과 같은 영웅의 승천昇天을 자연 전체가 기뻐한다는 공적인 것으로도 나타났다.

이처럼 환경과 인간의 관계에 대한 베르길리우스는 견해는 다면적이었다. 로마제국을 (스토아철학으로 채색된) 인간과 자연의 우주적 공감에 의한 역사적 실현으로 보여주는가 하면, 분노한 사람들과 풍경에 대한 (폭력적이고 도덕적으로 문제가 많은) 정복으로 보여주기도 했다. 베르길리우스에게 인간은 농업을 위해 삼림을 벌채하지만 삼림은 범해서는 안 되는 신성한 대상이기도 했고, 도시는 인간의 진보를 증명하지만 유덕有德한 원초적 생활이 사치 속에서 붕괴되어가는 무대이기도 했다. 베르길리우스가 보여주는 이러한 양면성은 오늘날의 우리도 해결하지 못한 현실의 반영이기는 하지만, 그것을 적극적인 환경 보호의 사상이라고 보기는 어렵다.

『아이네이스』 비판적으로 읽기

도서관에 가면 그리스·로마 문학의 서가가 대부분 그리스 문학으로 채워져 있음을 본다. 예술 쪽도 마찬가지다. 로마의 문학과 예술이 그리스의 모방에 불과하다고 생각하는 것을 반영이라도 하듯이 말이다. 베르길리우스가 쓴 『아이네이스』도 그 전반부는 『오디세이아』, 후반부는 『일리아스』를 연상할 만큼 서술 형태가 유사해 두 작품을 표절한 것이라고 볼 수도 있다. 그러나 형식의 모방보다 중요한 것은 내용의 모방이다. 호메로스가 그리스 제국의 찬양자였듯 베르길리우스도 로마제국의 찬양자였다.

베르길리우스가 그 책을 쓰기 전, 카이사르는 로마의 지배자가 된 뒤에 포로 로마노Foro Romano 북쪽에 아이네이스의 어머니인 비너스(라틴어로는 베누스라고 한다)의 신전을 세웠다. 카이사르가 암살된 뒤 그의 양자 옥타비아누스는 로마를 통일하고 그 후 500년간 이어진 로마 제정의 초대 황제 아우구스투스도 역시 아이네이스를 조상으로 섬겼다. 『아이네이스』는 그 두 사람이 속한 율리우스 일족의 조상인 아이네이스에 대한 이야기이므로, 그 두 사람에 대한 찬양도 당연히 포함되어 있다.

이 책의 주제는 전 세계가 추구하는 전쟁 없는 세상의 도래라고 하지만, 그 주역이 로마 황제 아우구스투스인 것은 명백하다. 『아이네이스』 1권에서 베르길리우스는 아우구스투스 시대의 평화가 1,000년 더 전부터 예정된 신성한 운명이었다고 노래한다. 기원전 12세기경 트로이의 영웅이 로마의 모체가 되는 도시를 세우고, 기원전 8세기에 로물루스가 로마를 건설하고, 그 뒤 700년이 지나 아우구스투스가 세계를 통일하기까지 모든 일을 신들의 아버지 유피테르(그리스신화의 제우스)가 태곳적에 정했다고 노래한다. 그러나 로마가 영원한 제국이라고 노래한 베르길리우스의 말과 달리 로마는 5세기 후반에 멸망했다.

『아이네이스』에는 로마가 세계의 통치자이자 우주사史의 집행자가 될 수밖에 없는 이유가 야만을 상징하는 괴물과의 대결을 통해 끝없이 노래된다. 이는 그리스 신과 영웅이 상징하는 문명과 괴물로 상징되는 그리스 밖의 야만의 끝없는 투쟁을 재현한 것이다. 베르길리우스는 다음과 같이 명한다.

로마인이여, 너는 명심하라(이것이 네 예술이 될 것이다).

권위로써 여러 민족을 다스리고, 평화를 관습화하고,

패배한 자들에게는 관용하고, 교만한 자들은 전쟁으로 분쇄하도록 하라.

여기서 말하는 로마의 평화란 제국주의가 주장하는 강력한 침략자 중심의 이기적 평화에 불과하다. 로마는 그 자체가 선이고 정의이며 진실인 반면 다른 민족은 악이고 불의이며 허위로서 오로지 로마의 정복 대상일 뿐이다. 그런 가치판단의 핵심 기준은 로마가 문명이고 로마가 아닌 민족은 모두 야만이라는 것이다. 그 로마가 서양이고 기독교이며 유럽이고 미국이 되어왔다. 따라서 이 책은 그들의 족보를 꾸미는 책일 수는 있어도 그 침략 대상인 우리의 책일 수는 없다.

거의 600쪽에 이르는 그 작품을 읽기는 쉽지 않지만, 서양에서는 중세에도 널리 읽혔고 지배층의 폭넓은 지지를 받았다. 단테가 『신곡』에서 베르길리우스를 안내자로 삼은 뒤로 그는 서양문명의 안내자로 유명해졌다. 특히 르네상스에 와서 피렌체의 지배자 메디치를 찬미하는 책으로 널리 읽혔다. 이어 존 밀턴의 『실낙원』을 비롯해 많은 서양 문학 작품에도 영향을 미쳤다.

독일의 문인 테오도르 해커Theodore Haecker는 1931년 베르길리우스를 '서양의 아버지'라고 부른 책을 썼고, 영국의 시인 토마스 S. 엘리엇Thomas S. Eliot은 1945년 "유럽 문명의 중심에는 베르길리우스가 있다"고 하면서 『아이네이스』를 "참으로 보편성을 갖춘 고전 중의 고전"이라고 찬양했다. 그러나 이 두 사람 모두 대단히 보수적인 서양주의자들이었고, 그들의 말은 서양의 종말이 아직 시작되기 전 마지막 유언 같은 것이었음에도, 여전히 한국에서는 베르길리우스를 기리는 송가頌歌로 회자되고 있다.

그런 회자 속에서 현대문학과 관련해 흥미로운 것은, 오스트리아의 헤르만 브로흐Hermann Broch가 베르길리우스의 마지막 순간을 통해 삶과 죽음, 예술과 인생의 관계를 재조명한 방대한 소설 『베르길리우스의 죽음』을 집필했다. 1984년에 우리말로도 번역된 그 책의 내용은 이렇다. 죽기 직전의 베르길리우스가 『아이네이스』를 불태울 것을 결심하지만 동료 시인들은 작품의 탁월함을 들어 이를 제지하려 하고, 황제 아우구스티누스도 로마제국이 상징하는 인간의 과업 자체를 부정하는 처사라며 반대한다. 이 논쟁을 통해 죽어가는 인간이 과연 창조라는 과업을 이루어낼 수 있는지, 지상에서의 삶과 인식이 어떤 의미를 가질 수 있는지, 특히 사상적으로 유례없이 빈곤하고 참된 것은 전혀 없이 오로지 천박한 합리주의에 의해 유지되는 거짓된 장식미만이 횡행하는 시대에 말이 갖는 허구성에 대해 묻는다.

토마스 만Thomas Mann은 "소설이라는 유연한 매체를 통해 경험할 수 있는 가장 놀랍고도 심오한 체험"을 선사한다고 이 책을 격찬했지만, 읽기가 결코 쉽지가 않다(솔직히 말해 나는 30년 동안 몇 번이나 시도했지만 완독하지 못했다). 게다가 『아이네이스』가 제국주의 작품이라는 우리의 비판과는 무관하게, 대단한 형이상학적 이유로 이 작품을 불태우고자 하는 것이어서 브로흐의 책은 이제 읽을 필요도 없다고 생각한다. 물론 브로흐가 나치에 쫓기던 1945년에 완성한 작품인 까닭에, 로마적 전통에 회의적이고 로마의 정치와 신앙이 해체되는 시대의 불안을 20세기에 불러왔다는 점에서 공감을 주는 바도 없지는 않다.

『아이네이스』가 2,000년 이상 서양의 고전 중의 고전으로 평가되었다고 해도, 우리까지 로마제국을 찬양할 필요가 있을까 싶다. 이 책을 굳이 읽는다면 비판적인 자세로 읽어야 한다. 함부로 인류의 고전 운운할 것이 아니다. 일본에서 나온 책을 번역한 『문학의 탄생』(문학의 광장 1권)은 고대 그리스·로마 문학을 다루면서 "'영원한 로마' 세계를 건설해야 하는 영웅 아이네이스의 '운명'은 지금 우리에게도 작용하고 있는 게 아닐까?"라고 한다. 이를 아베 신조安倍晋三식의 일본 제국주의 부활을 꿈꾸는 것과 통한다고 볼 필요는 없겠지만, 일본 문학가들이 로마제국 이래의 서양 제국주의에 부화뇌동하는 전통에서 벗어나지 못하고 있음을 보여준다.

호라티우스의 풍자

"억류된 그리스가 무례한 정복자를 포획했다"는 호라티우스의 말은 고대 그리스인이 결국 야만스러운 로마제국에 시를 들여왔다는 의미인데, 2015년 그리스에서 '긴축 반대'가 승리하자 유럽연합 내에서 그리스에 대한 연민을 끌어오는 계기가 되기를 바라는 마음에 유럽 여러 나라에서 회자된 말이다. 이 말은 그리스에 대한 찬미가 아니라 그리스 문화에 심취해 나약해진 로마인들에게 각성을 촉구하는 경구였다고 보는 한국의 서양사학자도 있지만, 호라티우스 시절의 로마는 여전히 문화적으로 그리스의 지배를 받았다. 우리에게는 이 말보다는 호라티우스가 노래한 카르페 디엠Carpe diem이 더 친숙할지도 모른다. 영화 〈죽은 시인의 사회〉에서 키팅 선생이 책상 위에 뛰어오르며, 전통과 규율에 옥죄여 있는 학생들을 향해 "오늘을 붙잡아"라고 외치던 시 구절이다.

> 미래가 무엇이든 간에 우리에게 주어진 운명을 견디는 것이 훨씬 훌륭한 것이야.……참되게 살아. 포도주를 줄이고 먼 미래의 욕심을 가까운 내일의 희망으로 바꾸게. 지금 우리가 말하는 동안에도, 질투하는 시간은 이미 흘러갔을 것이야. 오늘을 붙잡아, 미래에 최소한의 기대를 걸면서!

이처럼 베르길리우스에 비해 훨씬 더 잘 알려진 호라티우스지만(에드워드 기번Edward Gibbon이 군대에서 행군 중에도 호라티우스의 책을 읽었다는 일화는 유명하다), 그의 작품은 40쪽 정도 분량의 『시학』과 『카르페 디엠』 외에 우리말로 번역되어 있지 않다. 이 둘과 함께 로마의 3대 시인이라고 할 수 있는 오비디우스의 작품이 대부분 번역되어 있는 것과는 너무나도 대조적이다. 왜 호라티우스의 대표작인 『카르미나』 등은 아직도 번역되고 있지 않을까? 베르길리우스의 『아이네이스』처럼 이 작품도 그리스 시의 모방이어서일까? 이 작품은 『아이네이스』처럼 로마의 새로운 지배자인 아우구스투스를 찬양했으나 동시에 부의 공허함이나 안분지족을 주장하기도 했다.

호라티우스는 인간적으로도 흥미롭다. 그의 아버지는 전쟁 포로로 노예가 된 자였으나, 호라티우스는 아버지를 부끄러워하거나 그의 아들임을 변명한 적도 없었다. 그의 고향 베노사Venosa에는 아직도 그의 초라한 생가가 2,000년 전 모습 그대로 남아 있다. 그가 21세 때 브루투스가 카이사르를 암살하자 그는 노예의 아들답게 브루투스 편에 섰다. 그러나 브루투스는 결국 자살하고 호라티우스도 목숨만을 건지고 알거지가 되었다. 그 뒤 친구 베르길리우스의 소개로 당대의 실세인 가이우스 마이케나스를 만나 글을 썼다. 호라티우스 작품의 특징은 풍자다. 인간 사회를 신랄하게 냉소하는 '유베날리스적 풍자'와 달리 '호라티우스적 풍자'는 온건한 방법으로 실례를 들어 공감을 주는 것이었지만, 둘 다 도덕성을 바탕으로 부정의 형식을 통해 긍정의 '건강한 사회'를 창조하고자 했다는 점에서 일치했다. 웃으며 진리를 말하는 것이 그의 풍자문학 모토였다. 호라티우스는 『풍자』 첫 대목에서 다음과 같이 노래했다.

너는 모르냐?

돈이 무슨 소용?

어디에 쓸모가 있나?

빵과 채소 그리고 포도주 조금,

그걸 대신 가졌다고,

그리고 인간이라면 필요한

다른 걸 살 수 있다고? 어떻게?

그게 그렇게 좋으냐?

밤낮 영혼을 삼켜 먹는 불안으로 살면서,

도둑맞을까 잠도 못자면서

불날까 노심초사하는,

아니면 노예가 너를 습격하거나

네 돈을 가지고

도망갈 걱정에 빠져서

뭐가 그리 좋아?

아, 부가 우리에게 선이 아닌

짐을 가져다준다면

나는 차라리 거지가 될 거야.

오비디우스의 '변신 이야기'

오비디우스의 『변신 이야기』는 『성경』 다음으로 서양문학의 전개에 가장 큰 영향을 미친 책이라는 소문 때문인지 몇 차례나 우리말로 번역되었고, 그의 다른 책들도 제법 많이 번역되었다. 아마도 『변신 이야기』가 흔히 그리스신화의 원전 대접을 받기 때문일 것이다. 그러나 문학작품으로서 이 책의 가치는 그리 높지 않다. 각각의 이야기가 변신에 관련되어 있다는 공통성을 제외하면 주제의 통일성을 찾기도 어렵다. 굳이 찾아보자면 관통하는 주제가 사랑과 애욕이라는 점, 방대한 그리스신화는 물론이고 당시에 떠돌던 소아시아 설화, 트로이 전사, 로마 건국 신화까지 한 줄에 꿰어 당시 황제인 아우구스투스에게 신성을 부여했다는 점 정도다.

『변신 이야기』는 이야기를 하나씩 소개하며 전체를 하나로 묶는 헤시오도스의 『신통기』와 『여인들의 목록』의 형식을 모방했다. 또한 『변신 이야기』에 등장하는 메데이아 등 여자들의 섬세한 심리 묘사는 그리스의 비극 시인 에우리피데스의 영향을 받았다. '변신'이라는 테마는 그리스신화에서 흔히 볼 수 있는 주제로, 고대 로마의 다른 시인들도 이미 '변신 이야기'라는 책을 썼다. 『변신 이야기』는 서두에, 황금시대가 '정의와 권리를 자발적으로 향유하던 시대'였다고 노래하는 등 음미할 부분이 적지 않지만 그 정도에 그친다.

> 법은 없었다.
> 형벌도 필요치 않았다. 두려움은
> 전혀 알려지지 않았고, 청동 서판에는
> 어떤 법적 협박도 담겨 있지 않았다. 탄원의 무리들이
> 판관의 얼굴을 살피는 일도 없었다. 판관이 없었으니
> 그럴 필요가 어디 있었으랴?

오비디우스는 수사학을 배운 뒤 판사를 지내기도 했으나, 그 신분에서 조만간 얻을 게 분명했을 원로원직을 포기하고 작품 활동에 전념했다는 점에서 특이했다. 그는 당시 유행하던 연애시로 명성을 얻었으나 연애의 농락술을 교훈시풍으로 엮은 『사랑의 기술』은 풍속을 문란케 하는 책이라는 이유로 아우구스투스 황제의 노여움을 샀다. 이 책의 1권은 남자가 여자의 마음을 얻는 기술, 2권은 얻은 사랑을 지키는 기술, 3권은 여자가 남자의 마음을 얻는 기술을 다루었다. 심지어 성교 체위까지 언급해 반도

덕적이라는 비난을 받을 만했다.

그 뒤 오비디우스는 연애시와 결별하고 '변신'하듯 이야기 시의 창작에 몰두해 필생의 대작 『변신 이야기』와 『로마의 축제들』 등을 썼으나, 그가 『변신 이야기』에서 그토록 찬양한 황제에게 돌연 로마 추방을 선고받았다. 『사랑의 기술』 때문이었다. 결국 그의 만년은 화려했던 전반과 달리 비참했다. 흑해 연안의 벽지에서 호소와 애원이 담긴 서신을 고국에 띄우며 10년을 보내다가 그곳에서 죽었다. 그의 영향은 중세 후기부터 뚜렷이 나타나다가 르네상스에 이르러 절정에 이른다. 서양의 12~13세기를 '오비디우스의 시대'라고 부를 정도다. 서양의 중세 문화는 기독교와 오비디우스의 『변신 이야기』라는 두 축을 중심으로 형성되었다고도 하는데, 지금 우리가 그에게 열광할 필요는 전혀 없다.

유베날리스의 경구

데키무스 유니우스 유베날리스는 노예를 비롯한 당시 민중 계급을 대변한 로마 유일의 시인이라는 점에서 주목해야 한다. 당시 사회상에 대한 통렬하지만 유쾌한 풍자시로 유명하며, 당대의 라틴 문학은 물론 후대의 풍자 작가들에게 많은 영향을 끼쳤으나, 한국에 번역된 작품은 하나도 없다. 그 삶에 대해서도 확실한 것은 하나도 없다. 유베날리스는 사실 '건전한 신체에 건전한 정신이 깃든다'는 구호로 우리에게 친숙한 사람이다. 그러나 이 말은 곡해되어왔다. 그것은 욕망과 허영으로 가득한 부모들이 자식을 위해 신에게 제물을 바치고 기원하는 모습을 보고 너희는 몸만 키울 줄 아는 바보들이라고 비판한 말이었기 때문이다.

유베날리스가 남긴 말 중에 후기 로마의 역사를 대변하는 '빵과 서커스'란 말도 서양에서는 유명하다. 로마시대에는 원형 연무장演武場의 피비

린내 나는 검투사 경기와 원형 경기장의 목숨을 건 전차 경주 등 소위 '쇼'가 성행했다. 지배계급에게 먹을 것을 충분히 제공하고, 자극적인 유혈 스포츠를 통해 정치적 무관심을 유도하는 서커스 쇼를 벌인 것이다. 유베날리스는 밀을 무상으로 배급하고 원형 경기장의 유혈 스포츠에 열광하며 살아가는 후기 로마의 사회상을 보고 "빵과 유희뿐이로다"라고 탄식했는데, '빵과 서커스'란 말도 여기서 나온 말이었다.

그 밖에도 그가 남긴 경구는 많다. "호위병 자신은 누가 보호해줄 것인가?", "가난을 억누르면 값은 서서히 올라간다", "글을 쓰고 싶어 좀이 쑤신다", "가장 큰 존경은 어린이에게 바쳐야 한다", "젊은이들에게 관대하라", "자신에게는 부자인 양, 친구들에게는 빈자인 양 행동하라", "운수는 재미로 어리석은 자를 먼저 찾아가 그들을 요행의 수레바퀴에 던질 수 있다", "가난으로 재능이 좌절된 사람은 출세하기 쉽지 않다", "지혜는 운명조차 극복하게 한다", "지혜는 무엇이 옳은지를 제일 먼저 가르친다" 등이다. 누구나 한 번쯤은 음미할 가치가 있는 경구들이다.

그는 젊어서부터 타협하지 않았다. 황제의 신하들이 장교 진급에 부당한 영향력을 행사하고 있다고 풍자시를 쓴 탓으로 재산을 몰수당하고 추방당했다. 황제가 암살된 뒤 로마로 돌아왔으나 죽을 때까지 빈곤하게 살았다. 그가 쓴 풍자시 16편은 로마의 사회적 타락, 인류의 어리석음과 잔인함을 비웃었다. 특히 배부르고 고상한 작가들이 무시한 로마의 심각한 외국화, 수많은 노예, 식민지 인구의 엄청난 유입, 그로 인한 로마 민중의 몰락 등과 같은 현실을 직시했다. 그는 로마를 떠나는 친구의 심경을 다음과 같이 노래했다.

다른 어느 초라한 곳에

둥지를 튼다고 해도

여기 이 대도시의 거친 세계에서

사는 것보다야 낫겠지.

곳곳에 위험이 도사리고 있고,

언제 집이 내려앉을지도,

언제 불이 날지도 모르는 곳,

8월의 뜨거운 하늘 아래에서조차

시를 낭송해야 하는

시인들이 사는 이곳보다는!

빙켈만의 그리스 미술 숭배

예술에서 문명과 야만을 구분하는 기준은 무엇인가? 그리스 · 로마의 서양은 열대와 한대의 중간인 온대 지역이었기에 몸도 균형이 잡히고 영혼도 아름다워서 소크라테스, 플라톤, 아리스토텔레스 같은 고매한 철학자들이 출현한 반면, 이집트 등의 비서양은 열대 기후여서 흑인처럼 몸이 균형을 잃고 영혼도 아름답지 못해 철학 자체가 없이 죽은 시체만을 숭배했다는 주장이 일찍부터 서양에 있었다. 그리하여 서양에서는 정치적 자유로 인해 위대하고 자유로운 사고가 생겼고 여가와 한가로움을 향유하며 예술을 창조했으나, 비서양은 그렇지 못했다는 것이다. 그 결과 서양 예술에는 우아하고 섬세한 곡선미가 깃들었으나, 비서양 예술에는 곡선이 아닌 둔탁하고 엉성한 직선이 중시되었다고 했다.

이런 식의 구분을 학문이라는 이름으로 절대화한 사람이 많았지만, 그 대표는 18세기 독일의 요한 요아힘 빙켈만이었다. 특히 그는 르네상스 이후 그리스 미술에 대한 새로운 숭배를 시작했다. 그런데 그 이유의 하나가 그의 동성애 취향이었다. 그리스 문화가 동성애 위에 세워진 것이기 때문에 동성애자인 그를 매혹했다는 것이다. 고대 그리스 예술에서 가장 중시된 것은 남자 몸의 아름다움이었다. 그는 여성의 몸만을 아름답다고 느끼고 남성 몸의 아름다움을 모르면 미에 대한 본능이 없는 것이라고 주장했다. 그러나 그리스에서 남자 몸이 중시된 것은 군인이어야 했던 남자들이 몸을 가꾸어야 했기 때문이다.

동성애가 부인된 18세기 독일에서 살았던 그에게 그리스 미술 취미는 동성애자로 살아가기 위한 유일한 탈출구였다. 그가 죽은 것도 동성애 때문이라고 보는 견해가 있을 정도로 그것에 탐닉했다. 토마스 만의 동성애 소설 『베니스에서의 죽음』이 빙켈만을 주인공으로 삼았다는 이야기도 있다. 그러나 빙켈만의 그리스주의는 단순히 동성애 취향의 문제에 그치는 것이 아니라, 동성애로 매개된 군국주의·영웅주의·제국주의로 연결되어 결국은 히틀러를 낳았다(나는 동성애에 반대하지 않는다).

빙켈만은 『그리스의 회화와 조각에 대한 의견Gedanken über die Nachahmung der griechischen Werke in der Malerei und Bildhauerkunst』(1755)에서 "우리가 위대하게 되거나 적어도 독특한 그 무엇이 되기 위한 유일한 방법은 그리스인을 흉내내는 것이다"라고 주장하기도 했다. 특히 그리스 조각의 '고귀한 단순과 정숙한 장엄'을 강조했다. 이어 『그리스 미술 모방론』의 처음에서 그는 "전 세계에 널리 퍼지고 있는 좋은 취향은 맨 처음 그리스 하늘 아래에서 시작되었다"고 했다. 그러나 그는 그리스에 가보지 못한 채 후대의 헬레니즘 작품이나 그리스 명품의 로마 시대 모사품만을 보았기 때문에 이 말에는 한계가 있었다. 그에게 그리스 예술은 동성애와 마찬가지로 마음속의 이상향에 불과했다. 그가 그리스 미술과 이집트 미술의 차이가 생긴 원인을 기후로 본 것 자체가 그리스나 이집트도 가보지 못하고 내린 가상의 결론이었다. 사실 이집트나 그리스나 모두 지중해 해안에 있는 곳들로 그 기후는 모두 아열대고, 두 곳의 주민들도 전형적인 백인이 아니라 흑인과 백인의 혼혈을 방불하게 한다.

빙켈만은 서양과 비서양 예술의 구분을 서양 예술의 역사에 적용해서 그리스 예술이 강한 신을 숭배해 강하기만 하고 우미優美가 없이 엄격하고 딱딱했던 고대 양식, 완전하고 이성적인 조화와 숭고의 위대함을 강조한 숭고 양식, 알렉산드로스 이후 이성과 감성, 통일성과 다양성이 결합된 정신적인 우미 양식으로 발전했다가, 그리스 말기와 로마 시대에 와서는 모방 양식으로 본질보다는 현상이 추구되었다고 했다. 그러나 그리스 미술에는 귀족을 비롯한 지배층이 유지하고자 한 엄격하고 고풍스러운 형식주의적 미술이 민중 차원의 자연주의와 함께 존속했고, 파르테논신전과 그 조각은 그런 형식주의와 자연주의가 조화를 보여준 것으로 볼 수도 있다. 그 뒤 기원전 5세기 말엽부터 다시 민중적인 자연주의가 대세를 형성했지만, 로마 미술에서는 형식주의가 더욱 강해졌다.

그리스 · 로마 미술

이집트나 메소포타미아 또는 중국의 문학, 미술, 과학은 공공의 것이어서 개인이 주도권을 잡을 여지가 거의 없었던 반면, 그리스 · 로마에서는 시민이라면 누구나 도시국가 생활에 참여했고 개인의 업적이 중시되었으며 화가, 조각가, 건축가, 운동가, 시인, 음악가가 자신의 이름으로 예술을 창조했다고 알고 있는 게 보통이다. 그러나 그리스 · 로마의 시민계층은 인구의 소수에 그치는 특권 계급이었고, 그 예술이나 과학도 과대망상적인 권력이 그 비합리성의 표출을 정당화하기 위한 것이었음은 마찬가지였다. 또 그리스 · 로마 예술의 개인주의나 개인적 독창성을 강조할 때는, 그것이 적어도 민주주의 차원의 그것과는 다르다는 점을 분명히 알아야 한다.

그리스 미술을 대표하는 것은 현존하는 신전이나 조각이지만, 당시의 문헌을 보면 회화도 중시되었다. 이를 보여주는 채색 도기가 아직 남아 있다. 그 도기의 그림을 보면 그리스인이 내세가 아닌 현세를 중시했음을 알 수 있다. 좁은 내부를 둘러싼 거대한 석괴石塊로 된 이집트나 메소포타미아의 신전에 비해, 그리스의 신전은 논리적 구조에 따라 각 부분을 정확하게 배열해 쌓아올려 자연의 조화를 문자 그대로 건축한 것이었다.

로마 예술, 특히 조각은 그리스 조각의 모방이었다. 귀족의 호화로운 저택은 그리스풍 조각들로 장식되었다. 반면 로마의 독자적 초상 조각과 이야기 부조도 발달했다. 고대 로마에서는 가장이 죽으면 양초로 데스마스크를 만들어 일가의 특별한 묘에 안치하는 조상숭배의 관습이 있었다(지금도 부족사회에 남아 있다). 그것이 기원전 1세기 무렵, 공화정 마지막 60~70년 동안 영구 보존의 대리석 조각으로 바뀌었다. 이것이 초상 조각의 시작이었다. 같은 시기, 그리스에서 만든 초상 조각이 심리묘사에 뛰어난 반면 로마의 그것은 로마적인 위엄, 권위, 의무, 의지의 전형을 보여준다. 같은 초상 조각 중에서도 황제의 동상 같은 것에서는 인간이라기보다 신적인 권위가 두드러진다. 이야기 부조도 대부분 황제의 위업, 특히 식민지 정복을 과시하기 위해 만들어졌다.

초상 조각과 마찬가지로 초상화도 조상숭배에 중요한 역할을 했으나 현재 남아 있는 작품은 없다. 그러나 로마 지배하의 이집트에서 그려진 사실적이고 강렬한 색체의 개성적인 초상화는 미라와 함께 보존되어 지금까지 많이 남아 있어서 그 화풍을 충분히 짐작할 수 있다. 오늘날 남아 있는 로마 벽화의 대부분은 프레스코로 그려졌음을 폼페이 유적에서 찾아볼 수 있다. 로마의 회화가 그리스 회화의 특성을 공유한 것은 분명하지만, 그리스 회화가 거의 남아 있지 않아서 정확한 비교는 불가능하다.

로마의 지배층은 초기에 그리스의 고전적 미술 작품을 좋아했으나, 황제 시대 이후에는 자연주의적인 로마풍이 선호되었다. 이는 귀족들이 조상의 조각을 세우는 것에서 비롯되었다. 그러나 곧 회화가 조각을 대체했다. 회화는 선전용으로도 중요했다. 오늘날의 영화 같은 두루마리 그림책도 유행했다. 여기서 서양문명의 전형인 서사시적 양식이 나왔다. 이는 고대 오리엔트나 그리스 미술이 비서사적이라는 점과 대조된다.

조각이나 회화에 비해 건축은 더욱더 로마적이다. 로마 건축은 그리스 건축보다 복잡하고 변화무쌍하며 구조나 설계도 훨씬 진취적이다. 천성적으로 기술자인 로마인들은 광장, 도로, 다리, 극장, 경기장, 목욕탕, 판테온 등을 엄청난 규모로 건설했다. 장애물이 없는 넓은 실내를 만들기 위해 아치, 볼트, 돔을 채용했다. 그리스인은 한계가 있는 기둥과 다리의 건축법에 만족했지만, 실용주의적인 로마인은 야심적인 건축 계획을 신속하고 경제적으로 실현하기 위해 벽돌과 콘크리트를 사용했다. 그러나 나는 로마의 제국적 위용에 넘치는 건축물을 보고 호감보다는 모멸감을 느꼈다. 당시 그것을 만든 예술가들도 마찬가지 아니었을까?

사실 고대 그리스·로마에서 예술가, 특히 화가나 조각가는 돈에 팔리는 하층 기술자 취급을 당했고 장인은 대개 노예였다. 이는 생산적 노동으로 살아가는 것을 경시하는 풍조에서 비롯된 것이었고, 그런 행위가 예속이나 봉사 또는 복종을 상기시켰기 때문이다. 노예의 손으로 수행되어서 천시된 것이 아니라, 천시되었기 때문에 노예의 손에 맡겨졌다. 그러나 생산노동이 아닌 시작詩作을 일삼는 시인을 비롯한 문필가의 대우는 달랐다. 플라톤은 시인 추방을 주장했지만 그리스에서 철학자는 시인보다 좋은 대우를 받지 못했다. 시인은 선지자나 예언자로 추앙받기도 했고, 지배계급의 귀한 손님으로 멋진 차림을 하고 여유롭게 살았다. 로마제국 말기에 예술가들은 콜레기아Collegia를 조직해 기술 수준을 유지하려는 움직임을 보였다. 그 도제 관계는 철저한 계급제였으나, 21세기의 우리 같이 공사公私조차 구별하지 못하는 수준은 아니었다.

제14장

모세와 유대교 이야기

이스라엘의 역사, 팔레스타인의 역사

한국의 인문학, 특히 문사철 중에서 이스라엘이 차지하는 부분은 어느 정
도일까? 이스라엘의 역사라고 하는 『구약성서』는 동시에 문학이고 철학이
다. 『신약성서』와 함께 그 책이 세계 최고 최대의 베스트셀러이자 스테디
셀러라는 것을 감안하면, 그리고 그 영향력을 고려하면 세계 최고의 인문
학서라고 해도 과언이 아니다. 성서 말고도 이스라엘에 대한 책은 한국에
많다. 아마도 인문학서에서 차지하는 비율도 세계 어느 나라보다 높을 것
이다. 인문학이 죽었다고 하지만 유대교와 기독교 인문학은 목하 성업 중
이다. 게다가 유대인 할리우드가 끝없이 만들어내는 구약 소재의 영화들
은 그런 인문학을 더욱더 '발전'시키고 있다.

　　이스라엘의 역사를 다룬 책 중에 존 브라이트John Bright가 쓴 『이스라
엘의 역사』는 1979년에 처음 번역되었다가 2002년에 다시 번역된 것을
보면 그 분야에서는 대단히 유명한 책임이 틀림없다. 그러나 이 책은 처음
부터 엉터리다. 왜냐하면 팔레스타인 땅의 원주민이 팔레스타인이라는 사

실을 숨기고 대신 아모리인, 가나안인, 이스라엘인이라고 하기 때문이다. 그래서 지금의 이스라엘은 '원주민' 이스라엘인이 조국 땅으로 돌아온 나라가 된다. 그러나 역사는 그곳 원주민이 분명히 팔레스타인인이었고 이스라엘인은 이민이나 침략민이고, 지금 벌어지고 있는 팔레스타인 사태는 그곳의 원주민과 이민 사이의 전쟁이라는 사실을 밝히고 있다. 따라서 브라이트의 책은 그런 역사적 사실을 숨기고 허위를 조작한다. 이런 책이 국내외에 수없이 많다. 그것을 뒷받침하는 것이 성서다. 성스러운 책이니 거짓일 수 없다고들 생각하기 때문에 그런 거짓이 인문학 행세를 하고 있다. 그러나 이보다 반인문적인 행위가 또 있겠는가?

문제점은 그것에 그치지 않는다. 이스라엘에 대한 서양의 모든 책에 공통된 이스라엘의 특별성과 우월성과 토착민의 열등성에 대한 터무니없는 강조가 끝없이 이어진다. 그것이 팔레스타인 땅에 대한 침략과 지배를 정당화하는 것임은 물론이다. 게다가 여호와 신과의 계약으로 이스라엘이 성립되었다는 『구약성서』의 이야기를 그대로 인정하며 이스라엘을 특별하게 만든 것은 그 종교였다고 주장한다. 반면 팔레스타인인 가나안인의 종교는 부도덕하고 천박하고 타락한 다산 숭배의 이교異敎였다고 주장한다. 나아가 그런 토착종교만이 아니라 세계의 어떤 종교보다도 이스라엘 종교는 최고였다고 주장한다. 그리고 정치적으로도 최상이었다고 주장한다. 그래서 우수한 이스라엘 문명과 거기에서 나온 서양문명이 타락하고 정체된 원주민을 압도하여 대체한 것은 당연하다고 한다. 그 예는 다른 어느 것에서보다도 한국에서도 찾을 수 있을지 모르겠다.

브라이트의 책이 더욱더 놀라운 이유는 그 책의 역사관이 소위 신에 의한 섭리사관이라고 하는 점이다. 따라서 이스라엘이 차지한 땅은 신의 선물이니 원주민의 권리 운운할 필요가 전혀 없어지게 된다. 그것이 서양 안에서의 침략은 물론이고, 특히 서양이 비서양을 침략할 때 이용된 것이었음은 주지의 사실이다. 따라서 이스라엘의 팔레스타인 침략은 서양 제국주의의 원형이다. 그러나 현실의 그것은 문명의 전달자, 문화의 전수자, 참된 종교의 선교자로 가장한다.

다행히도 이러한 행위들을 고발한 책이 번역되어 있다. 키스 W. 휘틀럼Keith W. Whitelam이 쓴 『고대 이스라엘의 발명』이다. 그러나 그 한 권의 책이 엄청난 이스라엘 역사의 왜곡을 덮기는 힘들다. 더구나 팔레스타인의 참된 역사를 볼 수 있는 책이 우리 주변에는 아직 없다. 메소포타미아 문명과 이집트 문명 사이의 회랑에 해당되는 팔레스타인 역시 위대한 문명이었다. 그 땅에 기원전 1000년 무렵에 이스라엘이라는 나라가 세워졌으나 기원전 6세기에 사라졌다. 그 뒤 2,600년이 지나 이스라엘이 다시 세워졌지만, 이는 동시에 그동안 그곳에 살았던 사람들을 추방한 것이었다.

모세는 침략주의자다

많은 기독교 신자가 성서를 거의 읽지 않는다는 어느 신부의 이야기를 듣고 놀란 적이 있다. 특히 『신약성서』보다 『구약성서』를 읽지 않는다고 말했다. 기독교 신자가 아닌 사람이 성서를 읽는 경우는 거의 없을지도 모른다. 그럼에도 내가 성서를 완독한 것은 군대 훈련병 시절, 성서 외에는 읽을 것이 아무것도 없었기 때문이다. 6개월간의 지루하기 짝이 없는 훈련 기간에 어쩔 수 없이 읽었다. 그 뒤에도 글을 쓸 때 필요에 의해 가끔씩 읽었지만 완독한 적은 거의 없다. 그래서인지 『신약성서』의 산상수훈 부분 말고 특별히 기억나는 부분이 없다. 더욱이 『구약성서』에는 무섭고 황당한 부분이 많았다. 흔히 『구약성서』를 유대민족의 역사서라고 하지만 나는 그렇게 생각한 적이 없고, 대부분 신화라고 본다. 『신약성서』에 대해서도 기적이니 하는 부분 등에 대해서는 마찬가지로 본다.

물론 성서를 재미로 읽을 수만은 없다. 성서에 나오는 사람들에 대한 평가도 각양각색이다. 가령 문동환은 『예수냐 바울이냐』에서 바울이 바로 예수의 본정신을 망친 인물이라고 비판했다. 바울은 『신약성서』 27권의 절반인 13권을 지은 성서의 완성자지만 사랑을 가르친 예수와 달리, 기독교를 강자의 종교로 바꾼 장본인이라는 점에서 그전에도 많은 사람이 비판했다.

그런데 문동환은 바울 이전의 모세에 대해서는 비판하지 않았다. 한국에서 텔레비전 등을 통해 수없이 방영된 영화 〈모세〉 탓인지 모르지만, 기독교 신자가 아니어도 사람들은 모세를 민족독립운동가 정도로는 안다. 나에게는 이집트를 탈출하는 모세 무리를 뒤쫓는 파라오 병사들을 홍해 한가운데 몰아넣고 몰살시키는 장면에 박수를 쳤던 어린 시절의 추억이 있다. 이런 장면은 이집트의 역사에는 아예 등장하지도 않지만 우리에게는 일제를 피해 달아나는 독립군처럼 생각되었다.

최근의 연구는 『구약성서』가 대부분 역사적 사실이 아니라는 점을 밝히고 있지만, 유대민족은 수천 년간 자신의 역사서라고 믿어왔고 지금도 그렇게 믿고 있으며, 유대민족만이 아니라 세계의 모든 기독교도가 그것을 지난 2,000년간 진리라고 믿어왔다. 심지어 일제 치하에서는 이스라엘을 조선과 비유하며 '제2의 이스라엘', '동양의 예루살렘'이라는 식으로 『구약성서』가 애독되었다. 최근 기독교 선교사들은 구약보다도 신약을 훨씬 선호하지만 일제 치하의 성탄절에는 모세 이야기를 연극으로 꾸며 상연하기도 했다.

해방 이후 『신약성서』 중심으로 바뀐 것에는 여러 가지 이유가 있지만, 일제 말기에 식민지 당국이 민족주의 고취를 이유로 『구약성서』 강독을 금지하고 정교분리에 입각한 신약의 4복음서만을 허용했고, 일본 기독교인들이 이에 적극 동참한 점을 들 수 있다. 구약이 사실이 아니라는 이유에서 믿지 않게 된 것이 아니라는 것이다.

그뿐만 아니라 바울이 로마제국의 신민임을 자랑스러워하고 이름까지 로마식으로 바꾸었으며 자신이 사용하는 헬라어로 『신약성서』를 기록했다는 점도, 친일 기독교인들에게는 친일과 창씨개명과 일본어 사용에 대한 중요한 성서적 근거가 되었다. 게다가 모세를 강론하며 신사참배는 우상숭배가 아니라고 주장한 목회자도 있었다. 심지어 일본의 조선 병합을 '출애굽'으로 해석하기도 했다. 이는 미 대륙을 정복하면서 인디언을 학살한 청교도처럼, 서구 제국이 식민지를 침략하고 원주민을 학살하면서 가나안 정복을 성서적 근거로 삼은 것과 같았다. 흑인을 노예로 부리면서도 그러했고, 백인들이 남아프리카에서 흑인들을 학대한 사실도 '출애굽'으로 합리화했다.

사실 원주민인 가나안족을 몰살하고 이스라엘을 세운 모세와 그 후계자인 여호수아야말로, 지금 이스라엘의 원조에 해당하는 정복자 혹은 침략자가 아닌가? 나아가 그것을 가능하게 한 서양의 제국주의는 바울에서 비롯된 것이 아니라, 모세의 침략주의에서 비롯된 것이 아닌가? 게다가 모세는 학대를 못 이겨 탈출한 이집트의 전제정을 그대로 가나안에 재현했고 그곳 원주민인 팔레스타인인을 쫓아내지 않았는가? 영국을 탈출한 영국인들이 미국을 제국으로 만들고, 히틀러를 피해 탈출한 이스라엘인들이 히틀러를 재현하듯 말이다.

최근 기독교에서는 모세의 탈출을 탈식민주의의 모델인 양 말하기도 하는데, 이는 너무나도 단순한 생각이다. 고대 이스라엘이 주변 제국 열강의 끊임없는 압제와 수탈에 시달렸기에 그 역사가 탈식민주의적이고 구약의 연구야말로 탈식민주의적이라고 하는 것까지는 좋지만, 오늘날의 이스라엘까지 그런 식으로 이해하는 점에는 문제가 많다.

흔히들 서양 문화의 두 기둥이 헤브라이즘과 헬레니즘이라고 하지만,

사실 그 둘은 침략주의와 몰살주의라는 점에서는 똑같다. 구약에서 여호수아가 원주민을 몰살하는 장면은 그리스가 트로이를 몰살하는 장면이나 아이네이스가 이탈리아 원주민을 몰살하는 장면과 너무나 유사하다. 헬레니즘은 다신교인 반면 헤브라이즘은 일신교라는 점에서 다르다고도 하지만, 헬레니즘 시대의 제우스는 다른 신을 지배하는 최고신이라는 점에서 일신교의 유일신과 크게 다르지 않았다.

이스라엘(모세)과 그리스(아킬레스)와 로마(아이네이스)의 원주민 몰살은 서양 제국주의 역사의 모델이다. 역사는 과거를 교훈 삼아 새로운 현재를 창조하는 것이라고 하지만, 실제의 역사는 전혀 그렇지 못하고 야만의 살육만을 되풀이했다. 그래서 발터 베냐민Walter Benjamin이 "문명의 역사란 야만의 역사"라고 한 말은 맞다. 인간은 문명적 존재가 아니라 야만적 존재다. 인간은 만물의 영장이 아니라 만물의 파괴자이고 살육자이며 특히 인간 동족의 살육자다.

이집트에서 억압과 박해를 받았던 모세와 히브리인은, 자신들은 다른 민족을 억압하거나 박해하지 않겠다고 생각하지 않았다. 그리스인에게 몰살당한 트로이인도 마찬가지다. 그 뒤의 역사도 같다. 이스라엘인은 600만 명의 희생자를 내고 1948년 새로운 나라를 세웠지만, 그들로 인해 희생당한 팔레스타인인과 평화롭게 살겠다는 생각은 전혀 하지 않았다. 도리어 그들을 몰살하고자 한 히틀러와 똑같은 몰살 정책을 감행해왔다.

유대교의 질투하는 신, 시험하는 신

내가 구약보다는 신약 읽기를 좋아한 이유 중의 하나는 구약에 나오는 신이 너무나도 무섭고, 특히 질투하는 신이기 때문이었다. '질투하는 신'이란 내가 하는 말이 아니라 구약의 신 여호와가 스스로 하는 말이다. 질투하는 대상은 다른 신이다. 자기가 아닌 세상의 어떤 신도 섬기지 말라는 것이다. 다른 신을 섬기면 엄청난 처벌을 받는다고 저주와 협박을 한다. 가령 과거 「신명기」라고 불린 「모세의 설교」 5장 8절 이하를 읽어보자.

> 너희는 하늘이나 땅이나 땅 아래 물속에 있는 어떤 것의 모양을 본떠서 우상을 만들지 말며 그것에 절하거나 그것을 섬기지 말아라. 나 여호와 너희 하나님은 질투하는 하나님이다. 그래서 내가 나를 미워하는 자를 벌하고 그의 죄에 대하여 그 자손 삼사 대까지 저주를 내리겠다. 그러나 나를 사랑하고 내 계명을 지키는 자에게는 그 자손 수천 대까지 사랑을 베풀 것이다.

이와 같은 구절은 『구약성서』에서 끝없이 볼 수 있는 강박관념이다. 『구약성서』에서 말하는 그 다른 신이란 이스라엘 북쪽의 농경민이 숭배한, 우레로 비를 내리는 바알(「예레미야」 19장 5절)과 그 배우자인 대지모신인 아세라(「신명기」 7장 5절)에 대한 신앙으로 그들은 바빌로니아 페니키아에서 유래된 풍요의 신들이었다. 그런데 대지모신인 아세라는 성적 무질서를 이유로 철저히 혐오되는 반면 남성 성기를 뜻하는 돌기둥으로 상징되는 바알은 야곱이나 모세 등의 예언자들이 여호와에게 맹세하는 경우에 건립하는 것으로 나타난다. 또한 바알이 갖는 우레도 여호와가 갖는 후광으로 인정된다. 여호와가 바알 신앙을 질투한 또 하나의 이유는 그것이 유아를 제물로 바치는 제사를 지냈기 때문이다. 즉, "그들이 바알을 위하여 산당을 건축하고 자기 아들들을 바알에게 번제로 불살라 드렸"기 때문이다(「예레미야」 19장 5절).

「에스겔」 6장에서는 바알 신도들을 '산당'이라고 부르며 그들을 잔혹하게 죽이라고 명한다. 그것을 철저히 배격하여 이스라엘 남쪽의 유목민인 유대족을 중심으로 이스라엘 전체를 여호와 신앙으로 통일한다는 정치적 이데올로기가 구약이다. 그래서 그 여호와는 전쟁의 신이자 군대의 신이었다. 그뿐만 아니라 유대교의 신은 잔인하게 시험하는 신이다. 「신명기」8장 2~3절에 다음과 같은 모세의 설교에서 보듯이 말이다.

> 네 하나님 여호와께서 이 사십 년 동안에 네게 광야 길을 걷게 하신 것을 기억하라. 이는 너를 낮추시며 너를 시험하사 네 마음이 어떠한지 그 명령을 지키는지 지키지 않는지 알려 하심이라. 너를 낮추시며 너를 주리게 하시며 또 너도 알지 못하며 네 조상들도 알지 못하던 만나를 네게 먹이신 것은 사람이 떡으로만 사는 것이 아니요 여호와의 입에서 나오는 모든 말씀으로 사는 줄을 네가 알게 하려 하심이니라.

신과 백성 사이에서 모세는 한편으로는 분노하는 신을 달래고, 한편으로는 신의 분노와 함께 신의 가호를 백성에게 신을 더욱 열심히 믿으라고 설교한다. 백성은 그렇게 말하는 모세와 그들에게 시련의 고통을 준 신에게 항의하지만, 신은 시련을 이겨야 영광이 온다고 말한다. 이러한 사도-마조히즘적 패턴은 뒤에 유대왕국이 멸망한 뒤 유대인들이 바빌로니아에 끌려가 맞게 되는 바빌로니아 탈출에서도 그대로 반복된다.

『구약성서』의 핵심은 십계명 1조 '살인하지 마라'라는 계율의 이중성이다. 모세 10계명 중 첫째인 '살인하지 마라'라는 것은 유대민족 내부에서 적용되는 대내적 윤리이지, '약속의 땅' 탈환전의 상대방인 가나안족에 대한 행동규범이 아니었고, 도리어 그 대외적 윤리는 '살인하라'라는 것이었다. 또 그 대내적 윤리로서 살인 금지라는 것도, 일반적인 의미의 동포간 살인 금지가 아니라, 가부장제 사회의 존립을 내부에서 위험하게 만드는 형제살인을 금지한다는 의미였다. 이는 나아가 빈부 차이가 사회를 파괴할 정도여서는 안 되고 상호부조가 유지될 수 있을 정도의 범위 내에 그쳐야 한다는 사회적 요구와 결합한 것이었다. 그래서 「신명기」를 위시한 『구약성서』 전반에, 유대인을 노예로 삼는 경우에는 7년째에 반드시 해방한다든가, 과부나 고아처럼 약한 위치에 있는 동포는 모욕하지 않고 반드시 원조해야 한다는 규정이 들어 있다. 그러나 대외적으로는 전혀 그렇지 않음을 「신명기」 20장 10~17절에서 볼 수 있다.

네가 어떤 성읍으로 나아가서 치려 할 때에는 그 성읍에 먼저 화평을 선언하라. 그 성읍이 만일 화평하기로 회답하고 너를 향하여 성문을 열거든 그 모든 주민들에게 네게 조공을 바치고 너를 섬기게 할 것이요, 만일 너와 화평하기를 거부하고 너를 대적하여 싸우려 하거든 너는 그 성읍을 에워쌀 것이며, 네 하나님 여호와께서 그 성읍을 네 손에 넘기시거든 너는 칼날로 그 안의 남자를 다 쳐죽이고, 너는 오직 여자들과 유아들과 가축들과 성읍 가운데에 있는 모든 것을 너를 위하여 탈취물로 삼을 것이며 너는 네 하나님 여호와께서 네게 주신 적군에게서 빼앗은 것을 먹을지니라. 네가 네게서 멀리 떠난 성읍들 곧 이 민족들에게 속하지 아니한 성읍들에게는 이같이 행하려니와 오직 네 하나님 여호와께서 네게 기업으로 주시는 이 민족들의 성읍에서는 호흡 있는 자를 하나도 살리지 말지니 곧 헷 족속과 아모리 족속과 가나안 족속과 브리스 족속과 히위 족속과 여부스 족속을 네가 진멸하되 네 하나님 여호와께서 네게 명령하신 대로 하라.

『구약성서』가 보여주는 또 하나의 특징인 대지모신에 대한 혐오는 「창세기」의 이브를 비롯한 여성에 대한 혐오로 나타난다. 그리스신화의 대지모신인 가이아에서 보듯이 여신이 창조된 뒤에 남신들이 등장하는 것과 달리 「창세기」에서는 여호와가 아담을 먼저 만들고 이어 그가 '혼자 사는 것이 좋지 못'하다고 하여 그의 신체의 일부로 이브를 만든다. 이 점도 여성 혐오라고 할 수 있다.

한편 그리스신화에서 대지모신인 가이아와 관계하는 남신들은 모두 모신의 부속물에 불과한 존재로 나타난다. 즉, 모신의 자식이자 애인이라는 이중적 존재로 나타난다. 이처럼 모신이 남신에 비해 우월하다는 점이야 말로 부신 제우스가 우월한 지배자로 나타나는 호메로스의 올림포스 신들의 세계와 대조적인 점이다. 하늘(천공) 숭배에 대응하는 땅(대지) 숭배다.

그런데 올림포스 신의 세계에 모신적 여신들은 들어가지 못한다. 그리스의 여러 곳에서 숭배된 데메테르조차 올림포스산에서는 불안한 지위에 놓이고 제우스에게 거의 주목을 받지 못한다. 게다가 여신들은 가부장적 남성 우위의 관점에서 그 모습이 변형되어 남신의 노예나 장난감 또는 남신을 유혹하는 창부 같은 존재로 타락한다. 이러한 두 세계는 각각 집단보다도 개인이 강조되어 전투에 뛰어난 이동적인 영웅이 활약하는 유목적 남성 중심 사회와, 이와 반대로 개인보다도 집단의 존속을 강조하고 풍요의 현실과 생명의 양육을 강조하는 농경사회를 반영한 것이었다.

또 본래는 대지모신의 상징이었던 뱀이 이브를 유혹하여 타락시키는 존재로 변모되었다는 점도 여성 혐오의 표현이다. 「민수기」 21장에서도 유대인들이 신과 모세를 원망하자 여호와가 독사를 보내서 많은 사람이 독사에 물려 죽는 장면이 나온다. 이처럼 모권적 가치체계에서는 영원한 생명의 상징이자 교사인 성스러운 동물이었던 뱀이 부권적 가치체계의 유대교에서는 악과 추의 반가치적인 존재로 전락한다. 또 뱀에 의한 타락 이후 여성은 자식을 낳게 되고 "남편을 원하고 남편은 너를 다스릴 것"(「창세기」 3장 16절)이라고 하는 점도 여성 차별적이다. 따라서 『구약성서』는 철저히 부권주의적이고 남성주의적이라고 할 수 있다.

「창세기」의 제국주의

호메로스의 작품이 최종 형태를 갖춘 것은 기원전 300년경인 반면 『구약성서』가 온전한 형태를 갖춘 것은 그보다 100년 정도 뒤였다. 유대교가 시작된 것은 기원전 600년 전후의 소위 바빌로니아 유배 이후였으며, 제대로 골격을 갖춘 것은 그 800년 뒤인 기원후 200년경이었다. 유대의 유일한 신이라는 여호와(야훼)도 중동의 많은 신 가운데 하나에 불과했고 기원전 7세기 전까지는 아내도 있는 존재였다. 유대인과 신의 성약成約, 부활 같은 것도 메소포타미아의 조로아스터교에서 수입된 것이었고 천지창조, 아담과 이브, 타락 등은 그 뒤에 생겨났다. 「창세기」에 나오는 낙타는 기원전 1000년대 말 이후에 사육된 동물이고, 헤시오도스의 『신통기』(기원전 730~700년)에 나오는 판도라 이야기나 이브 이야기는 유사하다. 모세만이 아니라 아브라함, 노아, 여호수아, 다윗, 솔로몬 등의 인물이나 유대인의 이집트 유배와 가나안 정복, 솔로몬 제국, 바빌로니아 유배 따위를 모두 사실이라고 볼 수 있는 증거는 전혀 없다. 유대인들은 처음부터 정복민이었고, 정복으로 인한 토지 소유의 정당성을 주장하기 위해 신과의 성약이라고 하는 것을 발견했으며, 이를 위해 그 지역의 신들과 다른 특수한 유일신을 발명했을 수도 있다.

유대 민족의 역사서인 『구약성서』와 예수 이후의 『신약성서』는 다르다고 하지만 관련이 없는 것은 아니다. 예수도 아담을 시조로 하는 족보에 들어간다. 그러나 중요한 것은 『구약성서』에서 신이 이스라엘 민족에게 한 약속을 복음 교회가 승계했다고 하는 로마 가톨릭의 교리다. 이것이 존 도커John Docker가 "세계사를 통틀어 가장 파괴적인 신념의 하나로, 역사의 진정한 계승자라고 스스로 믿는 특정한 민족과 집단이 다른 민족을 없애거나 제거하거나 대체해야만 한다는 관점"이라고 풀이하는 대체신학이다. 자기 민족을 '역사의 진정한 계승지'라고 믿는 것이 선민의식이다. 일제강점기에 일본인들이 그렇게 주장한 것을 모방해 한국인이 신의 소명을 받은 선민이라고 주장한 기독교인이 많았는데, 함석헌도 그중 한 사람이었다.

「창세기」 17장에서 신은 아브라함과 그 자손이 할례를 한다면 이집트에서 유프라테스까지 모든 땅(당시에는 그것이 세계의 전부였으니 사실은 세계 지배였다)을 주겠다고 말한다. 할례란 즉 '포경수술'이다. 이 이야기는 정말 어이가 없다. 할례가 성 능력의 강화를 위한 것이라고도 생각되듯 '인간 능력의 변화를 뜻하는 어떤 비유인가' 하고 상상해본 적이 있지만 역시나 어이없기는 마찬가지다. 중요한 것은 지배다. 약속의 땅 가나안으로 가는 그 모든 곳에는 브리스족과 거인들을 비롯한 수많은 적이 있는데, 신이 그들을 직접 제거하거나 히브리인이 제거하도록 돕겠다고 다짐하는 장면이 「여호수아」에 끝없이 나온다. 신이 무찌르는 거인들은 그리스신화에도 자주 나오는 외국산 괴물들이고 이들은 서양의 중세와 근대에도 계속 등장한다.

이러한 내외국 구별은 노예제에서도 드러났다. 유대 노예제를 보여주는 「레위기」 25장 39~46절에서는 동족 중에서 노예를 구하지 말고 다른 민족에게서 구해야 한다고 하며 가나안 사람과 모든 비히브리인의 노예화를 정당화했다. 이러한 기록은 「출애굽기」나 「신명기」 등에서도 볼 수 있다. 「출애굽기」에 의하면 과거 이스라엘에서 부채로 인해 노예가 된 자는 7년째 되는 해에 해방되었다. 이는 『함무라비 법전』 등 고대 오리엔트에서도 인정된 제도였으나 『함무라비 법전』에서 해방은 4년째부터 가능했다. 따라서 이스라엘의 법제가 다른 지역의 법제보다 인간적이었다고는 결코 말할 수 없다.

노예제는 예수가 살았던 로마제국과 팔레스타인에서도 만연한 사회의 기본 질서였다. 그 속에서 예수, 바울, 베드로, 아우구스티누스 등의 초기 기독교인은 물론이고, 토마스 아퀴나스Thomas Aquinas 등의 중세 기독교 사상가와 계몽시대를 살았던 사람들과 19세기 후반 미국의 노예 해방 전까지, 서양 세계 대부분의 기독교인은 노예제에 찬성했다. 노예는 노동의 기본이었다. '누구든지 일하지 않으면 먹지 마라'는 기독교의 교의는 노동의 신성함을 강조하면서 노동 제도로 노예제를 인정하고 그 발전에 기여했다.

자민족 사이에서는 노예제를 부정하고 타민족의 노예만을 인정한 유대인들이 타민족인 독일 나치에 극심한 인종차별을 당해 노예같이 살았다는 사실과 그렇게 학살된 600만 명의 유대인 중 100만 명을 살육한 아우슈비츠 수용소 문 앞에 걸린 구호가 '노동이 자유를 만든다ARBEIT MACHT FREI'라는 사실은 참으로 아이러니컬하다. 이 구호는 헤겔이 만든 것인데, 헤겔은 노예제를 고통 속에서 헤어날 수 있는 자유의 기초이자 생존을 위한 최소한의 담보이며 보증서라고 하면서, 역사를 주인과 노예의 상호작용이라고 하고 그것은 결국 양자의 변증법적 극복으로 끝나야 한다고 말했다. 이 구호 앞에서 히틀러의 웃기는 콧수염만을 떠올리고 자신의 자애로운 신에게 기도한 사람이나 독일 나치의 대부분이 기독교인이었다. 기독교인들이 1,900년간 노예제를 용인했고, 게다가 유대인 이상으로 수많은 이민족을 착취하고 살육했다는 사실을 안 뒤에도 과연 그 신에게 계속 기도할 수 있을까?

우리의 유대인 사랑

세계에서 유대인이 진출하지 않은 거의 유일한 나라가 한국이라는 이야기가 있다. 이웃 중국은 말할 것도 없고 일본만 하더라도 유대인이 상당수 살아서 그들이 쓴 책까지 발산되는 것을 본 적이 있는데 유독 한국에만 유대인이 없다는 것이다. 그만큼 외국인에 대해 배타적이라는 것이지만, 반면에 한국에서만큼 유대인의 역사가 널리 읽히고 유대인이 찬양되는 나라도 없다. 매주 일요일이면 전국에서 유대인의 역사를 기록한 『구약성서』의 문장을 인용하면서 이 땅의 기독교인들이 살아가야 할 길을 설교하는 목사나 신부의 말을 경청하는 국민이 1,000만 명을 넘는다. 게다가 곧잘 우리를 유대인과 비교할 정도로 친근감을 가지고 있기도 하다. 물론 유대인은 우리와 비교한 적이 없다. 그러니 일종의 짝사랑이다.

한국인이 쓴 유대인 책도 많다. 그중 가장 대중적인 책은 "전 세계에서 가장 영향력 있는 민족을 꼽으라면 단연 유대인을 꼽는다"라는 문장으로 시작한다. 유명한 유대인이 많다는 것인데 그 근거로 주로 공부와 장사의 재주를 꼽는다. 그리고 이스라엘 건설은 미국의 지원에 의해서가 아니라 유대인의 독자적인 노력에 의한 것이라고 찬양한다. 한국에 나와 있는 유대인 책들이 대부분 그런 몇 가지에 대한 찬양에 집중되어 있다. 내가 몸담고 있는 대학은 기독교대학이 아님에도 그곳 도서관에는 기독교 책과 함께 유대인 책으로 넘쳐난다. 반면 이슬람이나 팔레스타인에 대한 책은 정말 귀해도 너무 귀하다.

최소한 이슬람 측 입장도 고려는 해야 하지 않을까? 지금 이스라엘은 2,000년 전까지 유대인들이 살았던 땅이지만, 그 뒤로 그들은 그곳에서 쫓겨나 전 세계를 방랑하다가 거의 2,000년 만에 돌아왔다. 그런데 그곳에는 2,000년 동안 당연히 다른 민족인 팔레스타인들이 살고 있었는데, 이스라엘이 그곳에 세워지자 이제는 그들이 방랑하게 되었고, 결국 이스라엘과 전쟁을 벌이게 되었다. 그게 지금 소위 중동전쟁의 핵심이다. 그런데 그 문제에 대해 우리는 언제나 일방적으로 이스라엘 편만을 든다.

일본이 조선을 침략할 때 그들이 과거 조선을 지배한 임나일본부를 되찾기 위해서라는 주장을 하지는 않았는데, 이스라엘은 건국 시에 『구약성서』를 갖다 대며 본래 '팔레스타인은 유대 땅 또는 이스라엘 땅'이라고 하며 그들의 건국을 당연히 하고 팔레스타인인들을 그 땅에서 쫓아낸 것은 분명한 사실이다. 그럼에도 우리는 팔레스타인에 대해서는 거의 모르거나 기껏 폭력단체 정도로 알고 그들과 싸우는 이스라엘에 대해서만 사막의 기적을 이룬 천재적 민족으로 찬양하며 우리도 그렇게 되기를 바라고 있다.

이렇게 된 원인 중 하나는 미국이 갖는 관점을 우리가 그대로 답습하고 있다는 점이다. 소위 외신이라고 하는 것만이 아니라 학문적인 관점에서도 우리는 미국 일변도이기 때문이다. 그중 하나가 가령 마이클 왈저 Michael Walzer 같은 정치학자들의 '정당한 전쟁' 운운하는 이스라엘 옹호론이다. 그런 왈저의 책이 7종이나 우리말로 번역되어 있다. 그는 유대인 옹호론에서, 알제리에 자기 어머니가 산다는 이유에서 알제리 독립에 반대한 알베르 카뮈 Albert Camus를 인용했다. 이에 대해 어느 알제리 작가는 중요한 것은 자기 어머니만큼 정의를 사랑하는 일이라고 비판했다. 왈저의 책들뿐만 아니라 한국에 나온 정치학 관련 저서는 대부분 그 모양이다.

왈저는 한국에서도 인기를 끌고 있는 공동체주의자다. 그는 보편적으로 적용할 수 있는 정의의 기준은 없고, 결국은 연고에 따라 자기 민족을 특별한 존재로 다룰 수 있을 뿐이라고 한다. 연고인 자민족에 유리한 쪽으로 갈 수밖에 없다는 것이다. 이스라엘은 그 시작이 되는 시오니즘부터 그랬다. 가령 1862년 시오니스트들은 유대인이 중동 심장부에 건설할 나라는 서구 제국의 이익에 이바지하고 미개 동양에 서구 문명을 이식하는 하는 데 도움이 되어 야만에 맞서는 문명의 전초가 된다고 주장해 서구의 지지를 얻어냈고, 결국 팔레스타인인을 쫓아내고 이스라엘을 세웠다.

나는 그런 지독한 유대인 짝사랑의 차원에서 다시금 그런 식의 유대인 이야기를 쓰려고 하는 것이 아니다. 사실 팔레스타인 이야기는 더 쓸 것도 없다. "팔레스타인 문제의 가장 적절한 해결책은 무엇이라 생각하십니까?"라는 질문에 대해 간디는 "유대인들이 테러를 비롯한 모든 형태의 폭력을 포기하는 것입니다"라고 답했다. 그렇게 말한 1947년 이후 70년이 되었지만 변한 것은 아무것도 없다. 그리고 그 문제의 유일한 해결책은 앞으로도 마찬가지로 유대인들의 폭력 포기뿐이다.

제15장

예수와 기독교 이야기

서양의 기독교 전통

1989년, 37세라는 늦은 나이로 미국에 처음 가서 1년 반 정도를 살았을 때의 기억 중에 지금까지 가장 선명하게 남아 있는 일이 있다. 어느 날 버스에서 한 흑인이 내 어깨를 치면서 자기가 입양한 한국 고아들의 사진을 보여주었다. 그 뒤 몇몇 미국 가정을 방문했을 때도 종종 한국 입양아를 만났고 유럽에서도 만났다. 그럴 때마다 한국에 돌아가면 꼭 고아를 입양하고 입양 운동도 벌이겠다고 결심했지만, 이런저런 사정으로 결국 입양도, 입양 운동도 제대로 하지 못한 것이 내 인생에 가장 큰 아쉬움이다.

자식이 둘이나 있는데 웬 입양이냐, 차라리 더 낳으라고 하는 부모의 반대가 가장 큰 장벽이었지만 충분히 설득하지 못한 점이 지금도 후회된다. 결국 내 의지가 약한 탓으로 뜻을 이루지 못했다. 입양을 해도 과연 내 자식처럼 잘 키울 수 있을지 자신이 없기도 했다. 나도 한국인이기에 제 핏줄에 대한 집착이 강하지 않을까 하는 두려움도 있었다. 평생 그런 집착을 버리고자 노력했지만, 남들에게 공감을 받기는커녕 내 자식에게 원망만

받는 것이 아닌지도 두렵다.

지금까지 살아오면서 유일하게 부러워한 서양 세계의 풍토는 그들이 비서양인 고아들을 기꺼이 입양해서 돌본다는 점이다. 그 이유가 무엇인지 자세히는 모르지만 막연히 기독교 탓이라고 짐작한다. 예수가 그 어머니와 형제를 부정하고 도리어 뜻을 함께한 사람들을 어머니와 형제라고 부른 탓이 아닐까(「마가복음」 3장 35절). 반면 동양인으로서 유일하게 부끄럽다고 생각한 것은 수많은 동양인 고아가 외국으로 수출되는데도 오로지 제 핏줄 잇기에만 집착하고 있는 점이다. 그 이유가 무엇인지도 잘은 모르지만 아마도 유교 탓이 아닐까?

최근 기업인 조사 결과, 한국은 CEO 2세나 3세의 기업 승계가 보편적인 반면, 서양은 물론 중국과 일본에서는 2~3세 기업인의 창업이 일반적이라는 보도를 보고, 역시 한국은 핏줄 계승이 강하다는 생각을 했다. 하기야 남북한의 정치에서도 공통적으로 그런 가족주의적 현상이 보이지 않는가?

그런데 서양의 입양 전통이 기독교 때문이라면, 서양보다 기독교가 성행하는 한국에서 입양이 잘되고 있지 않은 까닭은 무엇일까? 입양뿐 아니라 가난한 타국과 그곳 사람을 돕는 일, 아니 국내의 가난한 이들을 돕는 일에조차 우리의 기독교가 소극적인 이유는 무엇일까? 교회마저 핏줄 잇기나 재산 축적, 권력, 출세, 사교놀이에 열중하는 이유는 무엇일까? 나는 어린 시절부터 기독교를 믿는 사람들은 대부분 대단히 이기적이고 영리적이며 기회주의적이고 출세주의적이고 권력 지향적이라고 생각했고, 그들 가까이 가기를 거부해왔다. 이는 나의 특별한 경험에서 비롯된 것일까? 아니면 잘못된 편견일까?

서양에 대해 공부하면서 언제나 기독교를 생각했다. 생각해야만 했다. 특히 제국주의와 노예제를 비롯한 차별에 기독교가 어떤 역할을 했는지를 고민했다. 기독교에서는 제국주의와 노예제 등을 없애는 데 기독교가 적극 기여했다고 주장하지만, 실상은 그 반대로 제국주의와 노예제의 유지나 강화에 적극적이었다. 그런 점과 입양 문제는 모순으로 보이기도 하지만 별개의 문제일 수도 있다. 개인적인 덕성과 국가적인 정책은 다를 수 있다.

기독교든 유교든 불교든 무조건 옳거나 그르다는 평가는 있을 수 없다. 인류의 오랜 역사에서 다양한 종교가 생겨온 것을 무조건 부정하거나 긍정할 수도 없다. 종교의 허구성을 비판하는 사람도 많지만, 그렇다고 역사에 존재하는 종교 자체를 부정할 수는 없다. 기독교의 교조인 예수나 그의 제자들이 사랑, 이웃 사랑, 비폭력을 말한 점 때문에 나는 기독교를 좋아한다. 그러나 그러면서도 그 당시에 만연했던 로마의 제국주의나 노예제, 남녀 차별을 비롯한 여러 문제에 대해 아무 말도 하지 않고 모른 체했다는 것에는 유감스럽다. 서양 역사에 지금까지도 인종차별이 남아 있다는 것도 유감이다. 그러나 그것이 어디 기독교만의 문제인가? 모든 종교의 문제 아닌가? 불교의 '자비'나 이슬람교의 '평화'나 유교의 '인仁'도 나는 사랑하지만, 이 종교들의 한계에는 마찬가지로 유감을 갖는다.

기독교에 대해 먼저 유대교와의 관계부터 생각해보자. 질투의 신인 여호와의 본질적 속성인 만군萬軍의 신, 즉 전쟁신인 여호와를 신으로 보는 것을 예수는 거부했다. 배교자를 극도로 싫어하는 질투의 신인 여호와에게 예수는 당연히 배교자였다. 그것을 잘 알았기에 예수는 자신이 일으키는 기적이나 설교가 민중을 매혹한 사실을 제대로 알리지 말라는 침묵 명령을 내렸고, 몇 번이나 자신의 처형을 예고했다. 예수는 신을 유대인식으로 여호와라고 부르지도 않고 아람어로 친애하는 아버지라는 뜻인 아빠라고 불렀다. 질투의 신이 사랑의 신으로 변한 것이다.

「누가복음」에서 집중적으로 나타나는 사마리아인 문제에서도 유대교와 기독교의 차이가 나타난다. 사마리아인은 유대인과 이민족의 혼혈집단이고, 그 종교도 정통 유대교가 아닌 이단이어서 유대인에게서 멸시를 당했다. 사마리아는 본래 북이스라엘 왕국의 수도였으나, 아시리아에 의해 멸망당한 뒤 이방인이 많이 유입되어 바알 신앙이 침투한 탓이었다. 그런 상황에서 예수는 사마리아인 중에서 뛰어난 사랑의 힘을 갖는 사람이 있다고 하고, 그들에게 배워야 한다고 말했다. 나아가 예수의 사랑은 정통 공동체에서 배제된 피차별민들에게 집중되었다.

유대교와 기독교가 구별되는 또 하나의 생각이 '하늘의 나라', '신의 나라'에 대한 것이다. 유대교의 그것은 여호와가 '약속한 땅'이거나 '재건될 다윗 왕국'이지만, 예수의 그것은 마음의 병이 치유되어 무거운 짐에서 벗어나는 사람들의 마음 그 자체를 말한다.

아나키스트 예수

예수에 대해 수많은 이야기가 있지만 가장 인상 깊은 것은 예수가 부처와 마찬가지로 출가했다는 점이다. 이를 분명히 보여주는 것이 『도마복음』 55장에서 예수가 제자들에게 "누구든지 그의 아버지와 그의 어머니를 미워하지 않으면 나를 따르는 자가 될 수 없다. 그리고 누구든지 그의 형제와 그의 자매를 미워하지 않고 나의 길에서 그 자신의 십자가를 지지 않으면 내게 합당하지 않다"고 한 말이다. 가족을 미워하라는 이 가르침이 좀더 일찍 한국에 알려졌더라면 기독교 전파에 중대한 장애가 되었을지도 모른다. 부모를 미워하라고 한 예수의 뜻이 무엇인지에 대해서는 논쟁이 있겠지만, 씨족주의나 가족주의의 이기적 틀을 벗어나야 한다는 뜻으로 해석할 수도 있다.

출가한 예수는 40일 동안 사탄의 시험을 받았다. 즉, 빵과 권력의 유혹이었는데 예수는 그 어느 것에도 넘어가지 않았다. 특히 권력은 사탄의 것이니 권력을 갖지 않으며 앞으로도 갖지 않는다는 점을 분명히 밝혔다. 권력은 악마의 것으로 악마가 나라에 주는 것이고 악마는 자신에게 절하는 자에게만 권력을 주어 나라를 만들기 때문이었다. 국가도 권력자도 악마의 것인데, 예수는 그 악마를 권력자나 국민이 신처럼 숭배한다고 비판하며 악마의 권력에 대항했다. 권력이나 국가가 사탄의 것이라는 예수의 말은 묵시록에서 그것을 거대한 괴물에 비유하는 것으로도 나타났다. 이처럼 예수는 어떤 권력도, 권위도, 계급도 없는 새로운 사회를 세우고자 왔다. 그래서 그는 "회개하라 천국이 가까이 왔느니라"(「마태복음」 4장 17절)라고 외치며 민중의 구원에 나섰다. 하나님 나라는 사탄의 유혹에 반하는 것이고, 따라서 빵과 권력을 독점하기 위해 수단과 방법을 가리지 않는 것을 배격했다. 부자나 기득권자는 그곳에 들어갈 수 없다고 예수는 못 박았다.

예수의 적들은 로마 황제에게 세금을 내는 것이 옳은지 그른지 예수에게 물었다. 예수는 그들의 의도를 알아채고 로마 동전을 가져오게 해서 그 동전에 새겨진 초상과 글이 누구 것이냐고 물었다. 로마 동전에는 당시 황제인 카이사르의 얼굴이 새겨져 있었고, 그 동전은 황제의 소유물로 여겨졌다. 따라서 예수가 "가이사(카이사르)의 것은 가이사에게, 하나님의 것은 하나님께 바치라"(「누가복음」 20장 25절)라고 말한 것은 동전을 소유권자인 황제에게 돌려주라고 말한 뻔한 소리다. 신의 나라와 지상의 국가를 엄격하게 구별해야 함을 의미한 것이 아니라 돈으로 상징되는 황제의 권력과 하나님을 대립시킨 것이다.

예수에게 돈은 인간의 죄와 죽음을 낳는 욕망 자체이고 순종을 요구하는 권력 자체였다. 따라서 인간의 생명, 즉 삶과 죽음에 황제는 어떤 권한도 없었다. 사람들을 전쟁에 몰아넣을 권한도, 도시를 황폐하게 하고 파괴시킬 권한도 없었다. 황제의 것은 돈밖에 없었다. 예수는 그 돈을 타락한 것으로 보고 하나님과 대립시켰다. 돈은 예수의 것이 아니라 악마의 것이었다. 따라서 돈을 숭배해서는 인 된다. 마찬가지로 황제를 숭배해서는 안 된다. 더불어 동전은 기술의 상징이기도 하다. 따라서 기술도 숭배해서는 안 되었다.

예수가 거친 마지막 시험은 재판이었다. 예수는 재판 절차에 결코 복종하지 않고 철저히 침묵했다. 그 침묵이야말로 모든 권력을 부정하고 조롱한 것이었다. 예수는 권위에 도전했다. 그는 자기를 잡으러 온 제사장들을 권력을 가진 사탄으로 보았다. 예수는 빌라도에게 "위에서 주지 아니하셨더라면 나를 해할 권한이 없었으리니 그러므로 나를 네게 넘겨준 자의 죄는 더 크다"(「요한복음」 19장 11절)라고 했다. 여기서 "위에서"라는 말은 '사탄의 권력'이라고 보는 것이 옳다. 따라서 이 부분을 '하늘'이라고 번역한 『공동번역성서』의 번역에는 의문이 있다("네가 하늘에서 권한을 받지 않았다면 나를 어떻게도 할 수 없을 것이다").

앞에서 언급한 『신약성서』의 몇 부분만이 아니라 그 전체를 보아도, 예수는 권력에 저항한 아나키스트였다. 그러나 그가 노예제를 인정했다는 사실은 지적할 수밖에 없다(기독교인들은 대부분 이 점에 대해 언급하지 않는데 이는 예수 신화를 형성하는 요인이다). 예수는 유대교가 오랫동안 노예제를 인정해왔고 인간을 신의 노예라고 하면서 신의 절대성을 강조한 것을 그대로 답습했다. 당시 그리스의 소피스트나 후기 유대교의 에세네파는 노예제를 부정하고 노예의 해방과 자유를 주장했으나, 예수는 노예의 자유나 해방에 대해 그 어떤 요구도 하지 않았다.

에세나파는 재산이 없는 독신 성직자들의 수도 공동체로서 기도와 엄격한 규칙 생활, 성서 주해註解, 수공업과 농업에 종사하면서 상업과 전쟁, 특히 노예 소유를 철저히 거부하는 등 현존 사회질서를 초월했다. 그들의 기록에서는 "노예는 자기에게 명령하는 자를 증오하듯이 주인을 영원히 증오하라"는 구절이 있었다. 신 앞에서 모든 인간은 평등하다고 믿은 에세나파는 노예제가 이스라엘과 신의 약속을 파기하는 불순종이라고 생각했다.

예수는 세계 구원의 사명을 내면세계에서 구했지, 바깥 세계에서 구하지 않았기 때문에 노예제의 폐지에 소극적이었다. 그래서 전통 유대교처럼 각자에게 주어진 현재 상태를 그대로 유지하면서 노예는 노예로서 주인은 주인으로서 그 직분과 소명을 다해야 한다고 주장했다. 그런 점에서 예수는 플라톤, 소크라테스, 공자와 같았다. 로마의 키케로나 세네카와도 마찬가지였다. 그러나 예수의 이러한 한계를 인정한다고 해서 그가 아나키스트로서 권력과 부에 저항한 것을 무시할 수는 없다. 나아가 그의 아나키스트적 측면을 볼 때, 노예제를 부정하지 않았다는 것은 후세 사람에 의한 왜곡이라고 볼 수도 있다.

노예제를 옹호한 바울과 베드로

앞에서 보았듯이 예수가 유대교의 전쟁신인 여호와를 거부하고 사랑을 가르친 반면 그 제자인 바울은 그런 예수의 가르침보다 소극적인 길을 갔다. 여호와까지는 아니지만 예수보다는 여호와에 가까워졌다. 또 예수가 적극적으로 보호한 피차별 소수파에 대해서도 바울은 소극적이었다. 바울의 사랑은 교회 내의 기독교 상호간의 사랑에 그쳤다. 따라서 노예를 배려하지도 않았다.

고대사회에 노예제는 일반적이었지만 그리스·로마의 노예제는 여타 지역의 노예제보다 훨씬 가혹했다. 예수와 바울이 여러 가지로 다른 것은 사실이지만, 노예제를 인정한 점에서는 다르지 않았다. 그러나 예수와 달리 바울은 로마를 사랑하고 로마에 충성했다. 자신이 로마 시민임을 자랑했고 로마제국의 위대함을 찬양했다. 이는 그가 로마의 기독교인에게 보내는 편시인 「로마서」 13장에서 모든 권력에 복종하라고 명령한 점에서 명백히 드러난다. 통치자와 관료의 권위는 신에게 부여받은 것이니 권력에 대한 거부는 곧 신에 대한 거부라고 하면서 네로와 같은 폭군이 왕위에 올라도 절대적으로 복종해야 한다고 가르쳤다. 심지어 인간은 국가에 빚을 지고 있고 로마제국은 세계를 혼란에서 구하고 악의 횡포를 저지하기 위해 신이 내린 도구라고 찬양했다.

그런 점에서 바울은 플라톤과 아리스토텔레스의 영향을 받았는데, 영혼과 육체를 구분하고 육체를 업신여긴 것도 그들의 영향 때문이었다. 바울에게 육체는 그리스도가 없는 인간성으로서 유혹 앞에 무력한 죄의 실존이었다. 따라서 그리스도 안에 있어야 육체는 속죄되고, 예수의 죽음으로 속죄된다고 주장했다. 그러니 외부의 정치적 전제나 사회적 계급은 물론 사악한 노예제도 신을 경외하는 노동으로 인정했다.

바울은 코린토스인에게 보낸 첫 편지에서 노예와 여자의 해방을 주장하는 코린토스 적대자들에게 반대하면서, 가부장적 유대교회의 전통을 옹호하고 사회적 신분을 현재 그대로 유지해야 한다고 주장했다. 나아가 「에베소서」 등에서는 남편에 대한 아내의 순종과 주인에 대한 노예의 복종을 설교했다. 주인을 하나님 섬기듯이 해야 한다는 바울의 말은 19세기 말 미국의 흑인 노예 시대까지 성서의 가장 중요한 가르침이었다. 또 바울은 노예화의 원인을 죄의 결과로 보았기 때문에 복음에 의해서만 노예제가 없어진다고 하고 완전한 자유란 신의 뜻에 절대적으로 순응하고 복종하는 것이라고 주장했는데, 이는 그야말로 말장난에 불과했다. 노예제도는 「창세기」에 나오는 노아와 세 아들의 이야기로도 정당화되었다. 즉, 술에 취해 나체로 누운 노아를 보고 함이 비웃자 노아는 그에게 노예가 되라고 저주했고, 그에 따라 함의 후손인 아프리카인이 노예가 되었다는 것이다.

네로의 기독교 탄압을 본 베드로가 기독교 윤리의 본질을 권력과 제도에 대한 복종이라고 주장한 「베드로전서」의 노예관도 예수나 바울의 그것과 마찬가지였다. 특히 그는 권력의 신성과 국가에 대한 신의적神意的 국가이성國家理性을 강조해, 뒤에 나오는 왕권신수설 혹은 국가신성설의 원조가 되었다.

그러나 바울이나 베드로의 이러한 가르침과 달리 「사도행전」에 나오는 초기 기독교 공산공동체(의례가 아니라 타인에 대한 사랑과 배려에 근거해 돈과 노동을 평등하게 분배하고 평등을 실현한 공동체)에서 기독교의 아나키즘을 볼 수 있다. 「사도행전」 2장 44~45절에서 "믿는 사람이 다 함께 있어 모든 물건을 서로 통용하고, 또 재산과 소유를 팔아 각 사람의 필요를 따라 나눠 주"었다고 하듯, 예루살렘 교회에서는 첫 번째 성령강림주에 재산을 공유하는 기독교 공산주의를 실천했다. 또한 초기 기독교에서는 남녀평등이 인정되었다. 가령 「로마서」에 나오는 뵈뵈의 사례다(「로마서」 16장 1절).

그러나 기독교는 기원후 313년 로마제국의 국교가 되면서 명백히 아나키즘과는 배치되는 길을 걸었다. 국가권력과 기독교가 일치하기 시작했고 국가권력의 엘리트가 국가와 종교를 지배하게 되었으며, 십자군전쟁 등을 통해 종교가 폭력과 통하면서 타락했다. 이는 사회질서를 유지하는 중요한 도구인 국가를 신이 신성한 것으로 보았기 때문에 교회는 국가를 지지해야 한다는 주장으로 정당화되었다. 특히 '정의로운 전쟁'이라는 이유로 기독교가 국가에 봉사하고 무력을 행사할 수 있다는 주장은, 중세의 십자군을 비롯한 수많은 전쟁과 미국의 아랍 침략 전쟁에서도 나타났다.

절대적 정치권력을 인정한 아우구스티누스

아우구스티누스는 중세의 정신세계를 지배한 자로, 그리스 · 로마의 고전 세계에서 기독교로 전향해 헬레니즘과 헤브라이즘의 융합을 보여주었다는 점에서 유명하다. 이를 단적으로 보여주는 『고백록』이나 『신국록』은 한국의 고전 목록에 반드시 들어가는데, 유대교 이래의 보수적 전통을 보여줄 뿐 새로운 것은 별로 없는 이 책을 도대체 왜 고전이라고 하는지 이해할 수 없다. 서양에서는 그의 『신국록』을 두고 인류문명사에 획기적인 전환점을 이룬 책이라고도 하는데, 내가 보기에는 제국주의나 노예제를 비롯한 서양의 못된 전통을 정리해 더욱 강화한 책이다. 아우구스티누스는 『신국록』에서 국가와 국가 사이의 지배와 예속을 필연적인 것이라고 하며 근대 제국주의 이론의 초석을 세웠다. 플라톤의 책들이나 성서도 이에 못지않다.

아우구스티누스가 플라톤에게서 받은 영향은, 눈에 보이는 사물의 세계부터 눈에 보이지 않는 철학적 관념론과 이상국가에 이르기까지였다. 특히 플라톤은 사회적 신분 개념에 근거해 세운 사회질서의 이상을 인간과 신의 질서와 정의로 바꾸었다. 즉, 신을 찬양하고 신 앞에서 즐거워하는 완전한 질서 속에서 이루어진 평화야말로 피조물이 누릴 수 있는 유일한 평화라는 것이다. 또 국가는 신적 기원을 가지며 통치자들은 신의 권위를 가진 자들이기 때문에 사악한 통치자라고 해도 그들을 공격하거나 제거하려는 행위는 죄악이라고 했다. 다시 말해 모든 지배는 신이 만든 질서이므로 무조건 선하고 그것에 대한 공격은 허용될 수 없다는 것이다.

아우구스티누스는 국가 수호를 위해서는 전쟁에 참여해야 한다고 주장해 근대적 권력국가의 이념적 기초를 제공했다. 이는 그 이전 초기 교회의 오리게네스Origenes나 테르툴리아누스Tertullianus가 재산 공유와 군복무 거부, 전쟁과 무기 제작 배격, 검투법 금지와 같이 반국가적 태도를 취한 것을 단호하게 반대하면서, 신민은 통치자의 종교나 명령에 무조건 복종해야 한다고 주장했다. 또한 국가의 목적은 평화 유지이므로 강제법을 사용해야 하고, 강력한 권위주의적 지배체제가 유지되어야 한다고 역설했다. 이처럼 절대적 정치권력을 인정하고 강자에 대한 약자의 예속을 정당화하며 현존 질서를 수호하고 복종하는 것이 평화라고 말한 그야말로 국가주의와 권위주의의 뿌리라고 할 수 있다.

아우구스티누스는 인류가 아담과 이브가 범한 원죄의 대가로 자유를 상실하게 되었다고 하고, 노예제를 신이 원죄를 지은 인류에게 내린 필연적인 형벌이라고 보았다. 따라서 노예 해방이 문제가 아니라 노예의 영혼 구제가 문제였다. 그는 가정에 필수적 존재인 노예가 주인에게 불복종해 평화를 파괴하면 주인은 노예를 처벌할 수 있는 징벌권을 행사해야 한다고 보았다.

이러한 아우구스티누스의 주장은 노예제를 신성한 것으로 보았다는 점에서, 노예제에 대한 이론 중에서 가장 사악한 것이라고 평가할 수 있다. 심지어 아우구스티누스나 암브로시우스Ambrosius 같은 초기 교회의 교부敎父들은 가난하면 가난할수록 덕은 더욱 높아진다고 하면서 노예제가 실제로 노예에게 유익하고, 교훈적인 감화인 동시에 은혜로운 것이라고도 주장했다. 2~3세기에서 6세기까지 상당수의 로마 법학자들이 노예제를 자연과 자연법에도 반하는 제도로 인식했음에도, 아우구스티누스를 비롯한 초기 교부들이 그런 주장을 했다는 것은 놀라운 사실이다.

지금까지 보았듯이 인류 역사에서 고대는 착취자(주인)와 피착취자(노예)로 구성된 계급사회, 즉 노예 소유자 사회였다. 기독교가 등장한 기원전후도 마찬가지였지만 기독교는 그런 계급사회를 비판하거나 부인하지 않았다. 기독교보다 훨씬 앞선 불교나 유교나 그리스철학, 기독교보다 훨씬 뒤에 나타난 이슬람교도 마찬가지였다. 그러고도 오랜 세월 갖가지 침략 전쟁과 살육, 제국과 식민지, 경멸과 차별 등이 종교의 이름으로 행해졌다. 지금도 종교가 그런 비인간적 참살慘殺의 원인이 된다. 처음부터 종교가 그런 것이 아니었고, 지금도 어떤 종교인도 그렇게 주장하지 않음에도 말이다.

　종교에 우월은 없다. 우수한 종교를 찾아 평생을 방황했다는 사람의 이야기를 들은 적이 있지만, 모든 종교가 믿는 신이 하나라면 각 종교는 지역과 시대에 따라 신을 믿는 다양한 형식에 불과할 것이다. 그러니 종교 전쟁이라고 하는 어불성설이 일어날 필요도 없을 것이다. 제발 종교를 가진 자들끼리 싸우지 말고 각 종교 아래서 서로 사랑하면서 평화롭게 살도록 노력하자. 씨족사회처럼 제 핏줄에 집착하듯 제 종교와 제 교회의 허무한 권위에 사로잡혀 타 종교와 타 교회보다 자신이 우월하다고 주장하지 말고, 예수나 부처와 같은 교조敎祖의 말을 충분히 읽고 잘 알아서 사랑과 자비만을 실천해야 할 것이다.

제16장

우리의 고대 인문 이야기

중국과 한반도

이제 우리는 인류 인문의 역사 중 고대의 마지막 장에 이르렀다. 지금까지의 이야기를 총괄하면서 우리 이야기를 해보자. 인류사 혹은 세계사의 차원에서 한반도를 중심으로 한 한민족 이야기가 독자적으로 등장하는 경우는 거의 없고, 간혹 있다고 해도 6·25전쟁과 관련해서 언급되는 것이 보통이다. 좀더 상세히 언급할 때도 중국 문명이나 동아시아 문명의 일부로 등장하는 게 보통이고, 그것도 한사군이나 고구려부터 언급된다. 외국인이 쓴 세계사는 물론이고 한국인이 쓴 세계사에서도 대부분 그렇다. 최근 국내에서 한사군이라는 존재를 부정하려는 민족주의적 경향이 강하게 나타나고 있는데, 한사군이 존재하던 무렵 중국이니 한국이니 하는 구별은 없었다.

흔히 현대 중국이 과거 제국을 통일한 진시황에서 비롯된다고 하지만, 이때 국가라는 것은 지금 우리가 말하는 국가와는 달랐다. 실제로 중국이 진·한·당·명·청이라는 나라 이름 대신 중국이라는 국호를 사용한 것은 20세기 들어서다. 진·한·당·명·청은 고려왕조나 조선왕조라고 할 때의 왕조명이 아니라 나라 이름이다. 한반도나 유럽에서는 왕조가 바뀌어도 국가가 바뀌지 않았지만, 중국에서는 왕조(정부)가 바뀌면 국가 이름도 바뀌었다. 중화사상은 중국이 세상의 중심이니 나라의 이름이 필요 없다는 것을 뜻하기도 했다.

그런 중국 중심의 세계관에서 볼 때 한반도와 같은 변방은 나라일 수가 없었다. 중국에서는 한반도가 속한 동쪽 지역을 동이東夷, 즉 동쪽 오랑캐라고 불렀다. 동이 지역은 시대에 따라 변했다. 한나라 이전에는 현재 중국의 산둥성, 장쑤성, 허베이성을 뜻했으나 그곳의 이민족은 춘추전국시대에 대부분 한족에 흡수되었다. 한나라 이후에는 중국 동쪽의 만주, 한반도, 일본 등을 뜻했다. 세계사에서 한국의 비중이 너무 낮은 것을 두고 섭섭한 마음을 가질 수도 있으나, 사실 세계사 차원에서 국가나 민족이라는 것이 명확하게 의식된 것은 19세기 이후였고, 한국을 비롯한 비서양에서는 대부분 20세기에 들어서다. 그러므로 고대 한국의 국가라고 하는 것은 현대의 국민국가 개념을 과거, 그것도 먼 고대에 투영한 원근법적인 착각에 불과한 것일 수 있다.

특히 전통적인 농경사회에서는 대부분의 사람들이 국가라는 것을 의식할 필요가 거의 없었다. 고대 한국의 농민이란 씨족 구성원의 하나였고, 국가 자산인 토지와 마찬가지로 왕이 가진 자산의 하나로 인식되었다. 이는 조선시대까지 마찬가지였다. 농민을 포함한 민중이 한국인이라는 의식을 갖게 된 것은 최근 몇십 년 사이의 일이다. 농경사회에서 상공사회로 변해 일상생활에서 국가라는 것이 항상 강조되는 지금도 일반인은 국가를 크게 의식하지 않고 사는데, 오랜 세월 한 지역에서 친족끼리 농사를 짓고 살아간 농경사회에서는 더욱이 국가가 의식되지 않았다. 혈통을 중심으로 한 가족주의 외에 일반인에게 특별히 주입되는 이념 같은 것은 없었다. 혈통마저 점차 붕괴되어 핵가족주의화되는 오늘이지만, 지금도 무시할 수 없는 것이다.

언젠가 중국을 방문한 한국인들이 중국 어느 마을 사당에 걸린 중국인의 초상화를 보고 "아니 우리 조상들 옷을 입었잖아"라고 하면서 자랑스러워하는 모습을 본 적이 있다. 그가 자기 이름의 성씨가 중국에서 비롯되었음은 물론, 우리 전통의 대부분이 중국에서 비롯된 것임을 아는지 모르는지 알 수 없지만, 설령 안다고 해도 부끄러워할 필요는 없다. 내 씨족의 조상 중에 벼슬아치가 없다고 해서 부끄러워할 이유가 없는 것과 마찬가지다. 과거 동아시아는 거대한 강과 평야를 가진 중국 중심의 중원과 그 변방으로 이루어졌다. 우리는 그 변방 중 동쪽 끝에 있는 한반도에서 중국의 눈치를 보고 살아야 했다. 그것이 과거 수천 년간 우리의 현실이었다. 그것을 군이 부정할 필요는 없다. 부정한다고 해서 없어지는 것도 아니다.

도리어 우리는 중국이라는 제국의 권력이 미치지 못한 변방에서 중국보다 훨씬 자유롭게 살았을 수도 있다. 나는 우리의 고대를 그렇게 상상한다. 그러나 그것은 어디까지나 상상이다. 그렇게 자유롭게 살았다고 볼 수 있는 증거가 없기 때문이다. 그러나 그 반대의 증거도 없다. 그래서 나는 자유로웠다고 생각한다. 그 자유의 인문은 적어도 철저한 계급 구분 위에 세워진 유교라고는 생각되지 않는다. 도리어 불교나 도교 또는 그것들과 유사한 샤머니즘이었을 것이다.

유교의 뿌리는 한반도인가?

서울대학교 명예교수 한영우는 『미래와 만나는 한국의 선비문화』에서 산둥성 태생인 공자가 동이족 출신이며, 유교의 뿌리는 동이족의 문화이므로 중국인보다 한국인이 유교를 열렬하게 실천했으며 미래에도 유교 선비문화를 실천해야 한다고 주장한다.

한영우는 1967년부터 2003년까지 36년간 서울대학교 국사학과 교수를 지냈고, 국사학계의 여러 가지 중임을 맡은 한국의 대표적 국사학자중 한 사람으로, 과거 국사 교과서가 국정이었을 때 그 집필자이기도 했다. 그가 집필한 『다시 찾는 우리 역사』는 1997년에 초판이 나온 뒤 지금까지 49쇄를 거듭하면서 20만 부 이상 팔렸다. 2003년에 행한 강연을 책으로 펴낸 『미래와 만나는 한국의 선비문화』가 한국연구재단의 '석학인문강좌' 첫 번째인 것으로 그에 대한 학계의 평가를 짐작할 수 있다.

그 강좌의 토론자이자 한영우의 제자인 단국대학교 교수 문철영은 한국 역사의 정체성을 실증적 토대 위에서 하나의 틀로 담을 수 있는 사람은 한영우뿐이라고 찬양했다. 그러나 내가 보기에는 한국 문화의 여러 가지를 하나의 틀에 무조건 억지로 주워 담은 잡동사니, 게다가 실증은커녕 창작에 불과하며 그것도 대단히 졸렬한 짜깁기에 지나지 않는다.

그 하나의 틀이라는 것이 선비정신이다. 한영우는 선비정신이 단군신화와 같은 무교巫敎에서 출발해 불교와 유교를 융합해 한국인의 체질이 되었다고 하면서, 그 토대인 무교의 유무로 한국인을 중국인이나 일본인과구별한다. 그러나 중국이나 일본에도 무교가 존재하지 않았는가? 단군신화의 특징이라는 하늘 숭배는 천손 신화天孫神話가 있는 곳이라면 어디에나나오는 것이 아닌가? 그런 샤머니즘이야 아시아나 아프리카 어느 민족에서나 볼 수 있는 것이 아닌가? 게다가 단군신화는 춘추전국시대에 한반도로 이민 온 몽골족이나 흉노족 등의 유목민 신화에서 나온 것이 아닌가? 우리의 신화는 단군신화 외에도 신라나 가야처럼 남방의 난생 신화나 농경민 신화에서 나온 것 등 다양하지 않은가? 그런 농경민 신화가 유목민신화보다 빨리 한반도 고대에 나타난 것이 아닌가? 단군신화 같은 북방계천손 신화보다 남방계 난생 신화가 한반도에 고유한 것 아니었는가?

한영우는 일본의 샤머니즘은 근대에 신도神道로 발전되어 가미카제 특공대를 만들었다고 해서 우리의 샤머니즘과 구별한다. 그러나 일본의 샤머니즘이 처음부터 그러했던 것은 아니고, 고대 일본에도 샤머니즘은 존재했으며, 일본사상사에서 그 샤머니즘과 유교와 불교 등의 '습합褶合'은 가장 중요한 쟁점이 되어왔다. 또 한영우의 책에는 불교에 대한 이야기는 거의 없어서 그가 말하는 선비정신에 불교가 어떻게 포함되었는지를 파악하기 힘들다. 게다가 무교와 유교의 융합이란 것도 내용이 없고 그 둘은 거의 비슷한 공동체 윤리라는 것에 그치고 있다. 그러나 고대사회에서 공동체 윤리를 갖지 않는 지역이 어디 있는가?

한영우는 선비정신이란 단군신화의 홍익인간이고 그것이 고조선의 국가 이념이었다고 한다. 그러나 『삼국유사』에 처음 나오는 홍익인간이란 말이 수천 년 전에 세워진 나라의 이념이었다고 볼 수 있는 증거는 어디에도 없다. 또 어떤 신화에도 홍익인간의 정신이 있음을 부정할 수 없으므로 그 점을 특별히 단군신화의 특징으로 볼 수도 없다. 출산과 질병과 농상의 풍흉에 관련해 삼신에게 치성을 드리는 풍습도 농경사회에 공통된 것이다. 사실 홍익인간이란 지극히 추상적인 말이다. 한영우는 그것을 공동체 윤리라고 하는데 어느 사회에서든, 특히 고대사회에는 공동체 윤리가 있기 마련이고, 따라서 그것이 한국 특유의 것이라고 볼 여지는 전혀 없다.

한영우는 선비라는 것이 우리 고유의 것이라고 한다. 선비라는 말은 선비족鮮卑族과 같은 발음인데 고조선·부여·고구려 등도 선비족이었고, 선비족은 싸움에 능해 무사를 선비로 불렀으며, 최초의 선비는 단군이었다고 한다. 그러나 선비족은 기원전 1세기부터 6세기 사이에 남만주와 몽골지방에서 거주한 튀르크족과 몽골족의 혼혈 유목 민족으로 우리가 말하는 선비와는 무관한 민족명이다. 따라서 최초에는 무사를 선비로 불렀다거나 단군을 최초의 선비로 보는 것은 창작에 불과하고 어떤 근거도 없다.

선비를 고조선 때부터 내려오는 고유 언어라고 하는 것도 그의 창작이다.

그가 말하는 선비란 것도 우리가 흔히 말하는 교육 수준이 높은 학자나 지식인층을 말한다. 그들은 소수로 다수인 농민이나 노비 위에 군림하는 자들이다. 그런 선비정신이 한국인 모두의 체질이 되었다니 도저히 이해할 수 없다. 도리어 전통 농경사회의 다수였던 농민의 정신이 한국인 모두의 체질이 되었다고 보는 것이 옳을 것이다. 그러나 농민의 정신이 무엇이었는지 나는 모른다. 그래서 한국인의 체질이나 DNA 같은 황당한 이야기를 할 수 없다.

중국과 고대 한반도의 인문

1998년 충청북도에서 발견된 '소로리 볍씨'는 약 1만 7,000년에서 1만 3,000년 전의 재배 볍씨로 밝혀졌는데, 이는 그때까지 세계에서 가장 오래된 볍씨로 알려진 중국 후난성에서 출토된 1만 1,000년 전의 볍씨보다 수천 년이나 오래된 것이다. 이로써 농경사회가 중국에서보다 일찍 한반도에 성립되었을 가능성을 보여주었다. 그 농경사회가 중국 문헌에 나오는 조선이라고 하는 이름이었는지는 알 수 없다. 최초의 농경사회는 불특정 소규모 지역 집단이었을 수도 있다. 그 법인 8조의 법금法禁 중 현재 전해지는 3개 조항을 통해 그곳에 화폐와 노비와 사유재산이 있었으며, 당시 무덤에서 출토되는 화려한 부장품을 통해 계급 분화가 상당했음을 알 수 있다.

흔히 한반도 최초의 국가라고 하는 고조선에 대해서는 관련 기록이 적고, 그 기록들이 추상적이고 모호하며 직접적으로 고조선의 것임을 암시하는 유물·유적이 발견되지 않아서 많은 논란이 있으나, 조선과 구별하기 위해 고조선이라고 부르는 관례가 성립되었다. 고조선과 그 건국신화라고 하는 단군신화는 1988년부터 역사적 사실로 교과서에 기록되었고, 한사군의 존재는 본문이 아니라 각주로 처리되었으나, 이에 대해서는 많은 비판이 있다. 나는 고조선을 우리 역사의 첫 농경시대로 본다.

흔히 한반도에 유교, 불교, 도교가 전해진 것은 4세기경 고구려가 처음이었다고 한다. 그러나 유교, 불교, 도교는 이미 기원전 5세기경에 성립했고 그것이 당시 한반도에 들어오지 않았다고 볼 수는 없다. 특히 한영우처럼 공자가 한반도 혹은 동이족 출신이라고 보면 더욱더 그렇게 볼 수 있다. 또 중국에서 유교가 국교화되는 한무제 때 한사군이 설치되어 약 400년간 유지되었다고 본 종래의 견해에 의하면, 한사군 지배 시기에 유교가 더욱 적극적으로 들어왔을 가능성이 크다. 나아가 7세기에 성립한 당나라에 의해 유교가 불교나 도교와 함께 상대화된 시기에 해당되는 삼국시대에는 그 3가지가 공존했다고 볼 수 있다.

여기서 주의할 점은 법가의 전래다. 흔히 중국에서는 진시황이 유가를 배척하고 법가를 채택했고, 진나라가 망한 뒤에 한나라에서 유가를 국교로 채택해 유교로 삼았다고 한다. 그러나 법가든 유가든 종교라기보다도 정치적 이데올로기의 성격이 강했고, 한나라에서 유가를 그런 이데올로기로 선택하면서 법가도 정치의 실질적 내용으로 선택했다고 볼 수 있다. 그런 법가가 한반도에도 유가와 함께 들어온 것이다. 유가는 가족과 친족 질서를 중시하지만, 법가는 엄격한 신상필벌의 원리를 중시한다. 따라서 이 두 가지가 표리表裏 관계로 결합되면 가족에 대한 특례를 인정했다.

유교와 관련된 제도로 중요한 것이 과거다. 과거에 대한 평가는 찬반으로 갈리지만, 능력 위주의 공정한 시험제도라는 긍정적 평가와 함께 유교의 출세 도구화와 함께 학문의 교조화, 시험만능주의, 입시 위주 교육 등 학문과 교육의 부정적 측면의 근원이 되었다. 특히 정책이나 법률의 실천이 아니라 유교 경전만을 암기한 것이 관료로서 능력 발휘에 어느 정도로 도움이 되었을지도 의문이다.

과서는 한자와도 관련된다. 중국에서 한자가 표의문자로 만들어진 이유는 말이 서로 다른 여러 지역 사람들이 표음문자로는 통할 수 없었기 때문이다. 그러나 더 큰 이유는 유교가 승인하는 계급사회의 지배계급 문자로 적합했기 때문이다. 과거는 한자라는 문자와 그것을 응용한 문장의 능력을 시험하는 것이었다. 반면 한자를 모르는 피지배계급은 정치적인 불만이 있어서 반항하고자 해도 문자로 의사를 규합할 수 없으므로 단결할 수 없었다. 그래서 한자는 반민중의 문자였다.

이처럼 유교가 지배계급에 의한 정치 만능의 이데올로기로 기능할 때 피지배계급은 물론 지배계급 중에도 희생자는 나오기 마련이고, 그 희생자를 구제하는 종교가 불교와 도교였다. 중국의 도교는 특히 과거에 떨어진 사람들을 위로하는 역할을 했다. 물론 이는 유교가 불교나 도교를 압도하는 시기의 이야기고, 그렇지 않은 시기에는 불교는 한반도에서, 도교는 중국에서 유교를 압도하거나 유교와 평등한 관계를 유지했다. 그러나 전반적으로 보면 중국과 한반도의 역사에서는 유교가 압도적이었다. 이는 불교나 도교의 가치를 폄훼하려는 것이 아니라, 그것들이 중국과 한반도의 전통사회에서 유교를 보완하는 것에 그쳤다는 역사적 사실을 말하는 것이다.

전통적 인문 이야기의 틀

나는 단군신화를 우리의 전통적 인문 서사의 시작이나 틀로 잡을 생각은 조금도 없다. 그것이 고조선 건국 당시의 생각을 보여준다고 가정한다고 해도, 지배집단이 만든 것이라고 생각하기 때문이다.

고대 중국이나 한반도에는 조상 숭배가 번성했다. 그러나 이를 동아시아만의 특징이라고 할 수는 없다. 아시아・아프리카에서 공통적으로 볼 수 있는 샤머니즘의 하나기 때문이다. 동아시아의 샤머니즘은 고대 이집 트에서 볼 수 있는 사후 내세에 대한 신앙이 아니라, 조상의 영혼이 현세의 자손을 지켜준다고 하는 지극히 현세적인 것이었다. 이는 지금까지도 유지되고 있는 가장 강력한 전통이다. 그런 차이로 인해 이집트에서는 씨족 제도가 일찍이 없어졌지만, 중국과 한반도에는 지금까지도 남아 있다. 공자는 귀신에 대해 소극적인 태도를 보였지만, 조상숭배의 제사를 부정하지는 않아서 그 점에서 유교와 샤머니즘은 어떤 갈등도 일으키지 않았다. 이러한 점에서 유교가 종교적인 성격을 갖는 것은 분명하지만 내세를 믿는 인도나 유럽의 종교와는 분명히 다르다.

중국의 인문에는 논리가 부족한데 그 이유로 중국어의 고립어적 특성이 지적되기도 한다. 그렇다면 고립어가 아닌 한국이나 일본어에는 논리적인 인문이 있었는가? 나는 그렇지 않다고 생각한다. 동아시아의 인문에는 불교의 선禪에서 그 극단을 보듯 논리보다 직관이 강조되는데, 그 원인은 언어에서 찾을 것이 아니다. 그렇다고 해서 자연과의 친화니 하는 막연한 추상에서 찾을 수도 없다. 도리어 동아시아 인문의 전통을 수립한 지배집단의 권위주의가 논리가 아닌 비논리의 인문적 틀을 초래했다. 민주주의에는 논리적인 설득에 근거한 쌍방적 의사소통이 필요한 반면 비민주적 권위주의에는 명령을 주로 하는 상명하달식의 일방적인 의사 전달이 필요하다.

현대 한국의 인문 부재를 단적으로 보여주는 것은 수첩공주라는 별명을 가진 박근혜 전 대통령의 유체이탈 화법이라고 하는 반논리, 반현실, 반소통의 일방적 명령 어법이다. 이러한 지도자의 반인문적 태도야말로 현대 한국의 인문을 저해하는 최악의 요소다. 대통령뿐 아니라 정치인들, 법조인들, 언론인들 등 지배집단의 화법이 모두 그렇다. 정치적 발언이나 판결문이나 신문 논설에도 논리가 아니라 비논리가 판을 친다. 이는 교육도 마찬가지다. 어려서부터 논리를 가르치지도 않고 암기만을 가르치고 암기 능력만을 시험해, 지극히 교조적이고 보수적인 지도층을 길러낸다.

그런 자들이 선비라면 선비는 미래의 지도자일 수 없고, 그들의 정신 은 유지되어서는 안 된다. 특히 중국과 한반도에서 선비나 양반들은 권력 과 명성은 물론 엄청난 부정 수입을 올리는 특권을 지금까지도 유지하고 있고, 심지어 인문을 독점해왔다. 이러한 지식 독점의 단적인 사례가 일반 인이 접근할 수 있는 서점의 봉쇄 현상과 선비의 서적 독점이었다. 책의 독점은 일찍부터 서점이 발달한 중국이나 일본에서는 볼 수 없는 현상이 었다.

우리가 선비라고 하는 사람들은 모두 과거에 합격해 관료로 출세하거 나 과거에 실패해 재야에 남은 양반이었다. 이는 관리와 양반의 인문 독점 과 문화 독점을 초래했다. 선비나 그 정신의 가장 큰 독소는 인문 독점이고 그것이 인문의 관료화, 교조화, 소수화, 보수화, 출세 수단화 등 갖가지 폐 해를 초래했다. 따라서 대단히 강력하게 권력화되고 정치화되었다. 지식 과 권력, 예술과 권력, 문화와 권력의 관계가 동아시아 전통 인문에서만큼 강력하게 나타난 역사도 다시 없을 정도다.

이러한 인문의 변태는 유교뿐 아니라 불교나 도교에서도 볼 수 있다. 한국 불교가 언제부터 호국불교, 사십구재 등의 명복불교, 공양불교, 심지 어 관광불교가 되었는지 알 수 없다. 하지만 아직도 윤회가 인도의 미신이 아니라 불교의 핵심이라고 믿으며, 부처의 가르침은 소승불교가 아니라 대승불교라고 생각하는 승려나 신도가 많은 것이 사실이다.

현대 한국의 특징과 전통 인문

한영우의 『미래와 만나는 한국의 선비문화』는 그것보다 4년 전에 낸 『한국선비지성사』에 바탕을 둔 책인데,『한국선비지성사』에서 그는 현대 한국의 특징을 지역 갈등, 권력 이동, 집단주의, 학자 정치, 성취욕으로 보았다. 남북 분단이나 계급 분단 같은 것이 포함되어 있지 않는 반면, 정치적으로 그다지 비중이 크지 않은 교수의 정치 참여가 포함되어 있고, 어느 사회에나 있는 성취욕 같은 것이 포함되어 있는 등 이 5가지를 과연 현대 한국의 특징이라고 할 수 있는지 의문이다.

그 첫 번째 특징인 지역 갈등은 "백제와 신라의 지역 경쟁이 아직도 청산되지 못한" 탓으로 "신라에 의한 무력 통일의 후유증이 삼국 유민들의 일체감을 높이는 데 장애가 된 것"이고 "광복 후 특정 지역의 오랜 권력 장악이 지역 통합을 어렵게 만"들었고 "지금의 정당들이 지역성을 강하게 띠고 있는 것"도 그 결과라는 것이다. 그러나 최근의 지역감정은 1970년대 초 대통령 선거에서 김대중을 견제한 박정희가 조장한 이후에 생긴 것이다.

한영우처럼 지역감정의 뿌리를 삼국시대까지 소급하는 것은 1970년대 이후의 정치적 과오에 대해 면제부를 주는 것이 아닐까? 사실 삼국시대 전후로 지역 갈등이 있었는지 없었는지에 대한 역사적 근거는 없고, 무력 통일 후유증 운운하는 것은 지극히 단순한 추리에 불과하다. 특히 백제는 호남이 아니었다. 호남에 백제가 있었던 적은 없었고, 서울, 경기, 충청도가 백제 땅이었다. 고려시대에도 호남 출신은 지배층 배출에서 어떤 차별도 받지 않았고, 고려 말 대몽 항쟁 이후 1,000년간 어떤 지역 갈등도 없었다. 조선시대에도 영남에서 민란이 압도적으로 많았던 것을 보면 영남이 차별을 받았다. 관료 출신지는 영호남이 비슷했고 서북이 차별되었다.

문헌에 나타나는 특정 지역인에 대한 폄훼는 호남만이 아니라 전국 어느 지역에 대해서도 존재했다. 오히려 호남인에 대한 찬양도 무수히 존재했다. 조선시대에 전주는 어향御鄕으로, 임진왜란 때는 우국과 충절의 지역으로 대접받았다. 반면 조선시대에 영남인이 차별을 받은 사례가 많았고, 심지어 정조 때는 과거 시험 응시도 거부되었다.

이러한 현상은 어떤 전근대 농업사회에서도 혈통이 중요하지 지역이 중요하지 않았으며, 농민들은 지역 이동을 할 필요가 전혀 없으므로 지역 갈등이 의식될 수도 없고, 지역 갈등이 생긴다고 해도 이는 정치적 이유에 의한 것이라는 원리를 보여주는 것이다. 사실 이러한 원리는 지금 한국에서도 마찬가지다. 영호남 갈등은 권위주의 정치인들이 날조한 것이다. 따라서 그 기원은 삼국시대가 아니라 지배집단의 권위주의다. 굳이 역사적 기원을 따진다면 권위주의의 모형인 유교에 그 기원이 있다.

한영우가 현대 한국의 두 번째 특징이라고 하는 "권력 이동과 사회 이동이 매우 격심한" 것은 역대 대통령이 서울이 아닌 "상대적으로 소외되고 낙후된 지역에서 어렵게 성장한 입지전적 인사들이 대부분"이고 역대 왕조도 적통이나 명가 출신이 거의 없으며 사회 지도층도 마찬가지이기 때문이었다고 한다. 그러나 역대 왕조의 시조는 지역 출신이었지만, 수백 년간 그 왕조를 이어간 후예들은 그 자녀들이었고 이는 오늘날 남북한에서도 볼 수 있는 현상이다. 또 소위 사회 지도층이 과연 그랬는지는 의문이다. 과거 합격자들은 몇몇 양반 가문에 집중되었고 과거와 무관한 음서제 등이 있었으며 오늘날에도 그 유산을 볼 수 있기 때문이다. 양반이 아닌 사람은 아무리 능력이 뛰어나도 과거 응시 자격부터 봉쇄되었고 부모의 신분은 자녀에게 그대로 계승되었다.

한영우는 조선의 과거 분석 등을 통해 한국 전통사회의 사회 이동이 매우 격심했다고 하지만, 이는 계급사회, 특히 노예사회라고 할 정도로 조선에서 노예를 비롯한 하층계급의 비율이 높았음을 전제하지 않는 것이다. 조선을 노예사회라고 보는 견해를 부정하는 논거로 한국의 노비는 인종이 같고, 양인과의 결혼이 원천적으로 봉쇄되지 않았다는 점을 내세우는 주장은 한국 사학의 수준을 웅변한다. 조선시대뿐만 아니라 최치원처럼 학문의 경지가 높았지만, 신분제의 벽에 가로막혔던 삼국시대부터 계급 갈등은 극심했다.

현대 한국의 세 번째 특징이라고 하는 집단주의에 대해 조선의 붕당정치가 국론 분열의 원인을 제공했지만, "그것이 몰고 온 정치적 역동성이 정책 경쟁과 정치의 민주화를 촉진시킨 점도 무시할 수 없다"고 한다. 이는 무슨 말인가? 조선의 붕당이 정책 경쟁과 정치적 민주화를 촉진시켰다니……. 조선이 민주적이었다는 말인가? 한영우는 의병운동도, 외환위기 때의 금 모으기 운동도 집단주의 탓이라고 하는데, 이 역시 문제가 있는 말이다. 특히 집단주의를 없애기보다 이를 "대승적 협동체로 키우는 노력이 필요"하다고 하는데, 어떻게 그것을 가능하게 할지에 대해서는 침묵한다.

현대 한국의 네 번째 특징으로 보는 교수의 적극적인 현실 참여를 "선비·학자들이 정치를 이끌어온 오랜 전통의 유산"이라고 보면서, 정책 개발 등 긍정적인 측면도 있지만 학문 발전에는 장애를 초래한 부정적인 측면도 있다고 한다. 그러나 교수의 현실 참여, 특히 그 비판적 기능조차 반학문적이라고 보는 점에 대해서는 이론의 여지가 있고, 교수의 현실 참여 자체가 현대 한국의 특징이라고 볼 만큼 중요한 것인지 의문이 있다. 이는 현대 한국의 다섯 번째 특징이라는 '공부·성취욕·근면성' 혹은 '빨리빨리' 문화에서도 마찬가지다. 공부나 근면성은 어느 문화에나 존재하며, 과거 한국은 '빨리빨리' 문화가 아니었다. 한영우는 남북 분단이나 관존민비를 일제의 유산이라고 하지만, 이 점에도 의문이 있다. 적어도 관존민비는 조선은 물론 그 이전부터 내려오는 오랜 전통이었다.

여하튼 한영우는 이 문제를 극복하는 대안으로 '한국인의 문화적 DNA'라는 선비정신의 부활을 주장한다. 그는 선비정신 혹은 전통문화의 핵심을 공익 정신이라고 한다. 그러나 한영우가 개인주의라고 비판하는 서구의 자유민주주의에도 공익은 불변의 가치로 존재한다. 그러나 그는 공익을 삼강오륜이라고 하고 그 증거를 한류 드라마 등에서 찾는다. 그래서 그에게 역사란 한류 드라마가 된다. 그러나 한류 드라마에 흐르는 유교적 보수주의나 공동체주의는 과연 바람직한 것인가? 선비정신이라고 하는 것이 자유와 평등, 인권과 개성, 특히 양심의 자유나 사상의 자유, 학문의 자유나 표현의 자유 등과 같은 민주주의의 가치를 전혀 반영하지 못하더라도 우리 미래의 청사진이 되어야 할 것인가?

어떤 인문을 추구해야 할까?

한국 사회는 역사 교과서 국정화 문제로 시끄러웠다. 박근혜 정부의 역사 교과서 국정화 시도는 역사를 정치적 목적의 실현을 위한 정치적인 도구로 이용하는 것이기 때문에 나는 반대한다. 그 보기를 우리는 4·19혁명을 부정하고 5·16 군사쿠데타를 정당화하고 독재를 위해 10월 유신을 한국적 민주주의라고 칭했던 박정희에게서 보았다. 이는 헌법이 규정하는 교육의 권리와 표현의 자유를 침해하는 행위이고, 교육기본법 제6조에서 "교육은 정치적·파당적 또는 개인적 편견을 전파하기 위한 방편으로 이용되어서는 아니된다"고 규정한 것을 위배하는 행위다. 역사 교과서 국정화는 학생의 교육받을 권리를 침해하는 것이자 교육 전문가인 교사가 자유로이 교재를 선택해 교육할 수 있는 권리를 침해하는 것이며, 국가가 지정한 역사 교과서만을 배우고 가르쳐야 하므로 실질적으로 표현의 자유를 침해하는 것이다.

OECD 국가 중에 국정 교과서를 채택한 국가는 없다. 미국·영국·프랑스·오스트레일리아·네덜란드·독일 등 6개국은 교과서 자유 발행제를 채택하고 있다. 캐나다는 국가가 교과서로 적합한 도서를 골라 목록을 만들어 학교에 제공하는 인정제를, 일본은 한국과 같은 검정제를 적용하고 있다. 국정 교과서를 채택하고 있는 나라는 북한과 베트남뿐이다. 국가가 역사적 관점을 하나로 통일하려 하는 것은 그런 전체주의 국가에서나 있는 일이다.

역사적으로 보면 국정 교과서 제도는 과거 시험 과목이었던 사서오경과 그것을 오로지 성리학이라는 관점에서 시험 답안을 써야 했던 과거 제도의 전통이라고 해도 과언이 아니다. 사실 교과서 자체가 문제다. 앞서 말한 미국 등지에서 말하는 교과서란 정확하게 말하자면 교육 교재다. 반면 우리에게 교과서란 영어의 canon, 즉 절대적인 정전이라는 의미에 더 가깝다. 그래서 '교과서 같은 사람'이라는 획일주의적 냄새가 나는 도덕인상도 나온다. 이러한 교과서주의는 양심과 사상의 자유, 언론 출판 등 표현의 자유를 가로막고 사상의 획일성을 강요하는 국가보안법 등의 근원으로, 유교의 전체주의이고 권위주의적인 성격에서 나오는 것이 분명하다.

한국의 자유의 수준은 해가 갈수록 더 낮아지고 있다. 가령 '국경 없는 기자회'가 매년 발표하는 '세계언론자유지수'의 2015년 순위에서 한국은 60위로 이전 해보다 3단계 떨어졌다(2016년은 70위, 2017년은 63위). 국제 인권 감시단체 '프리덤하우스'는 한국을 2011년 이전에는 '언론자유국'이라고 했으나, 그 뒤로는 '부분적 언론자유국'이라고 발표했다. 특히 2014년 한국은 조사 대상국 197국 가운데 68위였다(2015년은 65위, 2016년은 66위).

자유만이 아니라 삶의 수준 전반이 낮아지고 있다. 가령 미국 여론조사기관 갤럽이 2015년 145개국을 대상으로 한 '2014 세계웰빙지수'에서 한국은 117위를 기록했다. 2013년 순위(75위)에서 42단계 낮아진 것이다. 세계웰빙지수는 인생 목표와 사회관계, 경제 상황, 공동체의 안전, 건강 등 5개 항목을 기준으로 측정한다. 이 중 3개 항목 이상에서 한국이 '번영 중'이라고 답한 한국인은 9.4퍼센트에 불과했다. 항목별 순위는 경제 상황이 53위로 가장 높았으며 나머지 항목은 96~138위였다. 미국은 23위를 차지했으며 일본과 중국은 각각 92위, 127위에 그쳤다. 동아시아 국가가 100위 전후에 포진한 것이다.

인문이란 삶의 질을 높이자는 것이다. 한국은 지나치게 물질 중심적이고, 사회적 관계의 질이 낮다. 이는 한국의 낮은 행복도와 밀접하게 관련된다. 특히 물질 중심주의적 가치관은 최빈국인 짐바브웨보다 심하다는 보고도 있다. 즉, 한국은 인문의 절대적 빈곤국이라는 것이다. 과거로 상징되는 사회적 지위나 경쟁에 집착하지 말고 내면의 인문적 추구라는 즐거움에 더욱 관심을 가져야 그런 정신적 빈곤 상태에서 벗어날 수 있을 것이다. 과연 그렇게 미래가 변할 수 있을지에 대해 비관적인 생각만 드는 것은 무엇 때문일까?

나는 한국 인문이 추구해야 할 목표는 선비정신이 아니라 자유로운 인간들이 자치하는 사회를 자연스러운 환경에서 추구하는 것이라고 본다. 이를 위해 평화와 협력과 연대가 필요하고, 권위(국가)주의나 투쟁(경쟁)주의나 갈등(계급)주의나 패거리(집단)주의나 전체(획일)주의는 없어져야 한다. 이는 국내적인 차원만이 아니라 국제적인 차원에서도 필요하다. 따라서 한민족이나 한국과 같은 지역 집단적인 국수주의나 폐쇄주의도 극복해야 한다. 인문은 인간을 중심으로 하는 것이다. 어디까지나 개인이 중심이어야 한다. 그래서 인문은 휴머니즘이어야 한다.

Joy Palmer, 『Fifty Key Thinkers on the Environment』, Brunner-Routledge, 2001.

Ronald Inglehart, 『The Silent Revolution』, Princeton University Press, 1977.

가라타니 고진, 조영일 옮김, 『세계공화국으로』, 도서출판B, 2007년.

──────, 조영일 옮김, 『세계사의 구조』, 도서출판B, 2012년.

거자오광, 이등연 외 옮김, 『중국사상사』, 일빛, 2007년.

곽철완, 『도서관의 역사』, 조은글터, 2012년.

기세춘, 『동양고전산책』(전2권), 바이북스, 2006년.

김상봉, 『그리스 비극에 대한 편지』, 한길사, 2003년.

김용옥, 『도올 논어』(전3권), 통나무, 2000/2001년.

김월회 외, 『문명 밖으로』, 한길사, 2011년.

낸시 캐서린 샌다스, 이현주 옮김, 『길가메시 서사시』, 범우사, 2000년.

니얼 퍼거슨, 구세희·김정희 옮김, 『시빌라이제이션』, 21세기북스, 2011년.

니코스 카잔차키스, 이윤기 옮김, 『그리스인 조르바』, 열린책들, 2009년.

니콜 하워드, 송대범 옮김, 『책, 문명과 지식의 진화사』, 플래닛미디어, 2007년.

니콜로 마키아벨리, 강정인·안선재 옮김, 『로마사 논고』, 한길사, 2003년.

단테 알리기에리, 박상진 옮김, 『신곡』, 민음사, 2013년.

대니얼 J. 부어스틴, 강정인 옮김, 『탐구자들』, 세종서적, 2000년.

대니얼 클라인, 김유신 옮김, 『철학자처럼 느긋하게 나이 드는 법』, 책읽는수요일, 2013년.

데이비드 S. 랜즈, 안진환·최소영 옮김, 『국가의 부와 빈곤』, 한국경제신문사, 2009년.

데이비드 크리스천, 김용우·김서형 옮김, 『세계사의 새로운 대안 거대사』, 서해문집, 2009년.

데즈먼드 모리스, 김석희 옮김, 『털 없는 원숭이』, 문예춘추사, 2011년.

도넬라 H. 메도즈·데니스 L. 메도즈·요르겐 랜더스, 김병순 옮김, 『성장의 한계』, 갈라파고스, 2012년.

라이어넬 카슨, 김양진 옮김, 『고대 도서관의 역사』, 르네상스, 2003년.

레이철 카슨, 김은령 옮김, 『침묵의 봄』, 에코리브르, 2011년.

로널드 잉글하트 · 크리스찬 웰젤, 지은주 옮김, 『민주주의는 어떻게 오는가』, 김영사, 2011년.

로마 클럽, 김승한 옮김, 『인류의 위기』, 삼성문화문고, 1972년.

루이스 버즈비, 정신아 옮김, 『노란 불빛의 서점』, 문학동네, 2009년.

루치아노 칸포라, 김효정 옮김, 『사라진 도서관』, 열린책들, 2007년.

루크레티우스, 강대진 옮김, 『사물의 본성에 관하여』, 아카넷, 2012년.

루키우스 안나이우스 세네카, 김경숙 옮김, 『화에 대하여』, 사이, 2013년.

리샤르드 카푸시친스키, 최성은 옮김, 『헤로도토스와의 여행』, 크림슨, 2013년.

리쩌허우, 이유진 옮김, 『미의 역정』, 글항아리, 2014년.

리처드 도킨스, 홍영남 옮김, 『이기적 유전자』, 을유문화사, 2006년.

아우렐리우스 아우구스티누스, 성염 옮김, 『신국론』, 분도출판사, 2004년.

─────────────, 최민순 옮김, 『고백록』, 바오로딸, 2010년.

마르쿠스 아우렐리우스, 천병희 옮김, 『명상록』, 숲, 2005년.

마르틴 하이데거, 박휘근 옮김, 『형이상학 입문』, 문예출판사, 1994년.

마이클 샌델, 이창신 옮김, 『정의란 무엇인가』, 김영사, 2010년.

마이클 왈저, 권영근 · 김덕현 · 이석구 옮김, 『마르스의 두 얼굴』, 연경문화사, 2007년.

─────, 김용환 옮김, 『자유주의를 넘어서』, 철학과현실사, 2001년.

─────, 김은희 옮김, 『해석과 사회비판』, 철학과현실사, 2007년.

─────, 데이비드 밀러 엮음, 최흥주 옮김, 『마이클 왈저, 정치철학 에세이』, 모티브북, 2009년.

─────, 송재우 옮김, 『관용에 대하여』, 미토, 2004년.

─────, 유홍림 옮김, 『전쟁과 정의』, 인간사랑, 2009년.

─────, 정원섭 외 옮김, 『정의와 다원적 평등』, 철학과현실사, 1999년.

마틴 버널, 오흥식 옮김, 『블랙 아테나』(전2권), 소나무, 2006/2012년.

마틴 호제, 김남우 옮김, 『희랍문학사』, 작은이야기, 2010년

몽테뉴, 손우성 옮김, 『수상록』, 동서문화사, 2007년.

문동환, 『예수냐 바울이냐』, 삼인, 2015년.

미셸린 이샤이, 조효제 옮김, 『세계인권사상사』, 길, 2005년.

박찬국, 『하이데거는 나치였는가?』, 철학과현실사, 2007년.

박찬운, 『로마문명 한국에 오다』, 나남, 2014년.

박홍규, 『그리스 귀신 죽이기』, 생각의나무, 2009년.

───, 『독학자, 반 고흐가 사랑한 책』, 해너머, 2014년.

───, 『디오게네스와 아리스토텔레스』, 필맥, 2011년.

───, 『반민주적인, 너무나 반민주적인』, 필맥, 2008년.

───, 『셰익스피어는 제국주의자다』, 청어람미디어, 2005년.

───, 『소크라테스 두 번 죽이기』, 필맥, 2005년

───, 『시대와 미술』, 영남대학교출판부, 1997년.

참고문헌

──────, 『윌리엄 모리스의 생애와 사상』, 개마고원, 1998년.

──────, 『자유인 루쉰』, 우물이있는집, 2002년.

──────, 『플라톤 다시 보기』, 필맥, 2009년.

발터 부르케르트, 남경태 옮김, 『그리스 문명의 오리엔트 전통』, 사계절, 2008년.

배리 스트라우스, 최파일 옮김, 『스파르타쿠스 전쟁』, 글항아리, 2011년.

버나드 루이스, 이희수 옮김, 『중동의 역사』, 까치, 1998년.

버트런드 러셀, 서상복 옮김, 『러셀 서양 철학사』, 을유문화사, 2009년.

──────────, 송은경 옮김, 『게으름에 대한 찬양』, 사회평론, 2005년.

베르길리우스, 천병희 옮김, 『아이네이스』, 숲, 2007년.

빌헬름 바이셰델, 안인희 옮김, 『철학의 에스프레소』, 프라하, 2011년.

사이먼 블랙번, 윤희기 옮김, 『국가론 이펙트』, 세종서적, 2014년.

새뮤얼 노아 크레이머, 박성식 옮김, 『역사는 수메르에서 시작되었다』, 가람기획, 2000년.

샤론 왁스먼, 오성환 옮김, 『약탈 그 역사와 진실』, 까치, 2009년.

샤를 드 몽테스키외, 김미선 옮김, 『몽테스키외의 로마의 성공, 로마제국의 실패』, 사이, 2013년.

──────────────, 이재형 옮김, 『법의 정신』, 문예출판사, 2015년.

섹스투스 엠피리쿠스, 오유석 옮김, 『피론주의 개요』, 지만지, 2012년.

스테판 버크 외, 박경혜 옮김, 『중동의 역사』, 푸른길, 2012년.

스튜어트 A. P. 머리, 윤영애 옮김, 『도서관의 탄생』, 예경, 2012년

스티븐 미슨, 김명주 옮김, 『노래하는 네안데르탈인』, 뿌리와이파리, 2008년.

시오노 나나미, 김석희 옮김, 『로마인 이야기』(전15권), 한길사, 2007년.

──────, 이목 옮김, 『문학의 탄생』, 웅진지식하우스, 2009년.

쑤치시 · 웡치빈 외, 김원중 · 황희경 외 옮김, 『동양을 만든 13권의 고전』, 글항아리, 2011년.

아르놀트 하우저, 백낙청 외 옮김, 『문학과 예술의 사회사』(전4권), 창비, 2016년.

아리스토텔레스, 김재범 옮김, 『형이상학』, 책세상, 2009년.

──────────, 천병희 옮김, 『니코마코스 윤리학』, 숲, 2013년.

──────────, 천병희 옮김, 『정치학』, 숲, 2009년.

──────────, 천병희 옮김, 『시학』, 문예출판사, 2002년.

──────────, 천병희 옮김, 『아리스토파네스 희극 전집 1』, 숲, 2010년.

아마르티아 센, 김지현 · 이상환 옮김, 『정체성과 폭력』, 바이북스, 2009년.

──────────, 박우희 옮김, 『자유로서의 발전』, 세종연구원, 2001년.

──────────, 이경남 옮김, 『아마티아 센, 살아 있는 인도』, 청림출판, 2008년.

알랭 드 보통, 정명진 옮김, 『젊은 베르테르의 기쁨』, 생각의나무, 2005년.

──────────, 정명진 옮김, 『철학의 위안』, 청미래, 2012년.

알베르 카뮈, 김화영 옮김, 『이방인』, 민음사, 2011년.

──────────, 김화영 옮김, 『최초의 인간』, 열린책들, 2009년.

알베르트 슈페어, 김기영 옮김, 『기억』, 마티, 2007년.

앨프리드 화이트헤드, 오영환 옮김, 『과정과 실재』, 민음사, 2003년.

얀 아스만, 변학수 옮김, 『이집트인 모세』, 그린비, 2010년.

언스트 곰브리치, 백승길 · 이종승 옮김, 『서양미술사』, 예경, 2003년.

엄복, 양일모 · 이종민 · 강중기 옮김, 『천연론』, 소명출판, 2008년.

에두아르노 갈레아노, 조구호 옮김, 『갈레아노, 거울 너머의 역사』, 책보세, 2010년.

에드워드 데보노, 김진욱 옮김, 『사상 이야기』, 문화광장, 1988년.

에드워드 사이드, 박홍규 옮김, 『오리엔탈리즘』, 교보문고, 2007년.

에마뉘엘 아나티, 이승재 옮김, 『예술의 기원』, 바다출판사, 2008년.

에피쿠로스, 오유석 옮김, 『쾌락』, 문학과지성사, 1998년.

오비디우스, 김원익 평역, 『사랑의 기술』, 메티스, 2016년.

─────, 천병희 옮김, 『로마의 축제들』, 숲, 2010년.

─────, 천병희 옮김, 『변신 이야기』, 숲, 2005년.

왕지아펑 외, 김인지 · 양성희 옮김, 『대국굴기』, 크레듀, 2007년.

요한 요아힘 빙켈만, 민주식 옮김, 『그리스 미술 모방론』, 이론과실천, 2012년.

요한 하위징아, 이종인 옮김, 『호모루덴스』, 연암서가, 2010년.

우훙, 김병준 옮김, 『순간과 영원』, 아카넷, 2001년.

위르겐 하버마스, 한승완 옮김, 『공론장의 구조변동』, 나남, 2001년.

윌리엄 B. 어빈, 박여진 옮김, 『직언』, 토네이도, 2012년.

윌리엄 맥닐, 김우영 옮김, 『세계의 역사』(전2권), 이산, 2007년.

윌리엄 모리스, 박홍규 옮김, 『에코토피아 뉴스』, 필맥, 2008년.

이명박, 『대통령의 시간』, 알에이치코리아, 2015년.

이반 일리치, 박규홍 옮김, 『병원이 병을 만든다』, 형성사, 1987년.

이본 셰라트, 김민수 옮김, 『히틀러의 철학자들』, 여름언덕, 2014년.

이언 모리스, 최파일 옮김, 『왜 서양이 지배하는가』, 글항아리, 2013년.

이윤기, 『이윤기, 그리스에 길을 묻다』, 해냄출판사, 2003년.

이재숙 옮김, 『우파니샤드』(전2권), 한길사, 1996년.

이중톈, 김택규 옮김, 『이중톈 중국사 1』, 글항아리, 2013년.

이지도어 파인스타인 스톤, 편상범 · 손병석 옮김, 『소크라테스의 비밀』, 간디서원, 2006년.

자와할랄 네루, 곽복희 · 남궁원 옮김, 『세계사 편력』, 일빛, 1995년.

─────, 김종철 옮김, 『인도의 발견』, 우물이있는집, 2003년.

장 자크 루소, 김중현 옮김, 『에밀』, 한길사, 2003년.

장샤오진, 양성희 옮김, 『부흥의 길』, 크레듀, 2008년.

장지엔징, 김견 옮김, 『중국굴기』, 아이필드, 2008년.

재러드 다이아몬드, 김진준 옮김, 『총,균,쇠』, 문학사상사, 2005년.

정규영, 『동서양 교육의 역사』, 학지사, 2011년.

정성호, 『유대인』, 살림출판사, 2003년.

정재현, 『묵가 사상의 철학적 탐구』, 서강대학교출판부, 2012년.

정혜신, 『그리스 문화 산책』, 민음사, 2003년.

제이콥 브로노우스키, 김현숙 · 김은국 옮김, 『인간 등정의 발자취』, 바다출판사, 2009년.

조기빈, 조남호 옮김, 『반논어』, 예문서원, 1996년.

참고문헌

조르조 아감벤, 박진우 옮김, 『호모 사케르』, 새물결, 2008년.

존 D. 버널, 김상민 외 옮김, 『과학의 역사』(전3권), 한울, 1988~1995년.

존 러스킨, 김석희 옮김, 『나중에 온 이 사람에게도』, 열린책들, 2009년.

존 밀턴, 이창배 옮김, 『실낙원』, 동서문화사, 2013년.

존 브라이트, 엄성옥 옮김, 『이스라엘의 역사』, 은성, 2002년.

지크문트 프로이트, 이은자 옮김, 『인간 모세와 유일신교』, 부북스, 2016년.

칼 포퍼, 이한구 옮김, 『열린사회와 그 적들』, 민음사, 2006년

크리스 하먼, 천경록 옮김, 『민중의 세계사』, 책갈피, 2004년.

크리스타 볼프, 김재영 옮김, 『메데이아, 또는 악녀를 위한 변명』, 황금가지, 2005년.

크리스토퍼 로이드, 윤길순 옮김, 『지구 위의 모든 역사』, 김영사, 2011년.

크리스티앙 들라캉파뉴, 하정희 옮김, 『인종차별의 역사』, 예지, 2013년.

크세노폰, 최혁순 옮김, 『소크라테스 회상』, 범우사, 2002년.

클리퍼드 코너, 김명진 외 옮김, 『과학의 민중사』, 사이언스북스, 2014년.

키스 W. 휘틀럼, 김문호 옮김, 『고대 이스라엘의 발명』, 이산, 2003년.

타밈 안사리, 류한원 옮김, 『이슬람의 눈으로 본 세계사』, 뿌리와이파리, 2011년.

테리 이글턴, 강주헌 옮김, 『신을 옹호하다』, 모멘토, 2010년.

테오도어 W. 아도르노 · 막스 호르크하이머, 김유동 옮김, 『계몽의 변증법』, 문학과지성사,
        2001년.

토마스 만, 안삼환 외 옮김, 『토니오 크뢰거 · 트리스탄 · 베니스에서의 죽음』, 민음사, 1998년.

톰 모리스, 이주만 옮김, 『철학이 삶을 구할 수 있다면』, 중앙북스, 2013년.

톰 홀랜드, 이순호 옮김, 『페르시아 전쟁』, 책과함께, 2006년.

폴 존슨, 민윤정 옮김, 『새로운 미술의 역사』, 미진사, 2006년

폴 케네디, 이일주 옮김, 『강대국의 흥망』, 한국경제신문사, 1997년.

프리드리히 니체, 박찬국 옮김, 『비극의 탄생』, 아카넷, 2007년.

플라톤, 박종현 옮김, 『에우티프론, 소크라테스의 변론, 크리톤, 파이돈』, 서광사, 2003년.

──, 천병희 옮김, 『고르기아스, 프로타고라스』, 숲, 2014년.

──, 천병희 옮김, 『국가』, 숲, 2013년.

──, 천병희 옮김, 『소크라테스의 변론, 크리톤, 파이돈, 향연』, 숲, 2012년.

──, 천병희 옮김, 『파이드로스, 메논』, 숲, 2013년.

플루타르코스, 김병철 옮김, 『플루타르코스 영웅전』, 범우사, 1999년.

피터 왓슨, 이광일 옮김, 『생각의 역사』(전2권), 들녘, 2009년.

하인리히 창클, 도복선 옮김, 『과학의 사기꾼』, 시아출판사, 2006년.

한국갤럽조사연구소, 『한국인의 철학』, 한국갤럽조사연구소, 2011년.

한영우, 『다시 찾는 우리 역사』(전3권, 제2전면개정판), 경세원, 2014년.

──, 『미래와 만나는 한국의 선비문화』, 세창출판사, 2014년.

──, 『한국선비지성사』, 지식산업사, 2010년.

험프리 D. F. 키토, 박재욱 옮김, 『고대 그리스, 그리스인들』, 갈라파고스, 2008년.

헤로도토스, 우위펀 엮음, 강은영 옮김, 『페르시아 전쟁사』, 시그마북스, 2008년.

헤로도토스, 천병희 옮김, 『역사』, 숲, 2009년.

헤르만 브로흐, 김주연·신혜양 옮김, 『베르길리우스의 죽음』(전2권), 시공사, 2012년.

헤시오도스, 천병희 옮김, 『신통기』, 한길사, 2004년.

헨드릭 빌럼 판론, 곽복록 옮김, 『세계 예술의 역사』, 문화문고, 2004년.

──────, 김대웅 편, 『반 룬의 세계사 여행』, 지양사, 2010년.

──────, 박성규 옮김, 『반 룬의 인류 이야기』, 아이필드, 2015년.

──────, 이덕렬 옮김, 『예술사 이야기』(전3권), 들녘, 2000년.

──────, 임경민 옮김, 『반 룬의 지리학』, 아이필드, 2011년.

호스트 월드마 잰슨, 이일 옮김, 『서양미술사』, 미진사, 1985년.

인문학의 거짓말

ⓒ 박홍규, 2017

초판 1쇄 2017년 5월 15일 찍음
초판 4쇄 2021년 11월 15일 펴냄

지은이 | 박홍규
펴낸이 | 강준우
기획·편집 | 박상문, 고여림
디자인 | 최진영
마케팅 | 이태준
관리 | 최수향
인쇄·제본 | (주)삼신문화

펴낸곳 | 인물과사상사
출판등록 | 제17-204호 1998년 3월 11일

주소 | (04037) 서울시 마포구 양화로7길 6-16 서교제일빌딩 3층
전화 | 02-325-6364
팩스 | 02-474-1413
www.inmul.co.kr | insa@inmul.co.kr

ISBN 978-89-5906-443-4 03300
값 19,000원

이 도서의 국립중앙도서관 출판시도서목록(CIP)은 서지정보유통지원시스템 홈페이(http://seoji.nl.go.kr)와
국가자료공동목록시스템(http://www.nl.go.kr/kolisnet)에서 이용하실 수 있습니다.
(CIP제어번호: CIP2017010901)